新型大学组织
与经济发达城市共生发展

阙明坤 著

人民出版社

序 一

摆在我们面前的这本书,是研究新型大学组织以及大学与城市共生互动发展的专著。

相对而言,人们对传统大学比较了解,脑海里也有具体的形象。但是,随着经济增长、产业转型、科技进步、政绩考核等多种因素的驱动,大学的形态也在悄然发生着变化:大学异地举办研究院、研究生院、分校,举办新型研发机构,开展中外合作办学,直至举办独立设置的新型研究型大学。大学已经不再是"象牙塔"式的孤立存在,而是与社会各个方面发生着日益紧密的互动联系的"生命体",在社会生活中发挥越来越广泛作用的同时,也改变着自己的存在方式。

其实,新型大学组织的创生、大学形态的变化及其与城市的共生互动,是一个世界高等教育发展中的共同话题。

美国城市史学家托马斯·本德(Thomas Bender)曾言,"若无一所优秀的大学,则城市不完整"。在美、英、日等发达国家,创生新的大学组织、推动大学与城市的互动共生早已频繁发生。例如,美国硅谷与区域内包括斯坦福大学、加州大学伯克利分校、加州大学圣塔克鲁兹分校、圣何塞州立大学和圣克拉拉大学等十几所全球知名高校创建产业—高校联盟,助力其问鼎世界科创中心;再如,英国大伦敦区的帝国理工学院、伦敦大学学院、伦敦大学国王学院、伦敦政治经济学院等学校,致力于区域协同发展,促使伦敦完成从工业之都到金融之都,再到知识之都的三次城市转型;又如,日本东京都市圈更是依靠区域内东京大学、东京医科齿科大学、东京工业大学、庆应义塾大学、早稻田大学、筑波大学等高校建设高等教育枢纽,通过专业和产业匹配设置,并将其列入"国家规划",直接使得东京都市圈在 20 世纪进入"经济腾飞"时代,也提高了域内高校的国际化程度。

我国改革开放尤其是进入新时代以来,在经济和各项社会事业迅速发展的同时,一些城市呈现出经济发展水平和教育资源、人才资源不够匹配的状况。为弥补教育资源和人才资源的不足,解决这种瑕瑜错陈的问题,经济发达城市主动选择与高水平大学签订战略合作协议,希冀"筑巢引凤"或"借鸡生蛋",实现加快发展,主要形式便是设立研究院、研究生院、附属医院以及开设新校区等。这种"移植"和"复制"对高校和合作城市的发展确实带来了好处:新的大学组织不断创生、高等学校的办学形态更加多样、高校服务社会的能力有所提升,合作城市的创新能力有所提高、人力资本质量有所提高。但是,这也带来教育资源的不均,同时也增加了大学的运营成本和资源配置的浪费。

那么,在当今时代,大学该怎样发展?城市该怎样支持?双方该怎样进行合作?大学与城市的互动该怎样进行?阙明坤研究员所撰写的《新型大学组织与经济发达城市共生发展》对此提出了新的见解和比较全面的回答。

阙明坤研究员年轻有为、思维敏捷、勤于研究,是教育界青年学者的一个杰出代表。他长期深耕于教育领域,尤其是在高等教育、教育体制和教育政策等方面拥有自己的真知灼见。近年来,他笔耕不辍、孜孜不倦,在《教育研究》《管理世界》《高等教育研究》《中国高教研究》《中国教育学刊》等期刊和《人民日报》《光明日报》《经济日报》《中国教育报》等报纸发表各类文章300多篇。此外,他还承担高校教育智库的研究工作,将学术研究成果积极转化为咨询报告,100多篇决策咨询报告被中共中央办公厅、国务院办公厅、全国政协、全国工商联、教育部等采纳,多篇资政报告得到党和国家领导人的批示,为教育政策的制定和教育改革的深入推进贡献了自己的力量。

面对大学与城市之间的互动该如何进行,阙明坤研究员的《新型大学组织与经济发达城市共生发展》以宏大的视野、丰富的数据、超前的思维,对大学与城市共生互动中的痛点、难点问题,进行了深入的分析,形成理性认识和思考,厘清两者未来发展走向。

细品近400页的书稿,笔触流畅,洋洋洒洒,观点鲜明,给人启迪。

一、理论视野前瞻,具有重要指导意义

本书总共九部分,包括绪论、理论基础、新型大学组织的兴起与样态、新型大学组织与经济发达城市共生发展的现状分析、新型大学组织与经济发达城市共生发展的机制探究、新型大学组织与经济发达城市共生发展的实证研究、新型大学组织与经济发达城市共生发展的现实挑战、新型大学组织与经济发达城市共生发展的国内案例分析、新型大学组织与经济发达城市共生发展的策略,由表及里、深入浅出地阐述新型大学组织与城市共生互动发展相关内容。

书中首先提出新型大学组织在高等教育加快发展、大学增强服务国家和社会的职能以及大学结构组织变革的大背景下悄然而生,已经成为中国高等教育新的生力军。随后从新型大学组织与城市共生的发展现状入手,以组织理论、新经济增长理论、共生理论为指引,通过案例分析总结两者互动的作用机制。而新型大学组织与城市共生并不是一帆风顺的,作者又通过分析两者共生发展的现实挑战以及借鉴国内校城互动的做法提出我国的对策建议,比较全面地回答了新型大学组织与城市共生发展的方向问题,提出了若干具体的对策建议。显然,本书不仅为学界研究新型大学组织与城市共生发展提供了镜鉴启示,更是对高校和地方互动提供决策咨询和参考,帮助其破除当下"互动难""融合差"的瓶颈,对于地方政府、高校、教育管理部门都极具指导意义,是一本研究新型大学组织的有用参考书。

二、作用机制新颖,具有强烈现实意义

目前,学界尚未对新型大学组织有清晰的界定,大部分研究是针对城市与高校的相互影响和利弊关系进行探讨,对新型大学组织与城市共生关系的作用机制问题的研究还没有明确的解答,缺乏理论深度和对现实问题的直面回应。作为高等教育领域的一项重大制度变迁,新型大学组织与城市之间的共生发展是一个全新的领域和命题,涉及大学、地方政府、地方教育管理部门、企业等多方主体,同时具备跨越国界、地域、空间、行业多个维度的特征,其作用机制的研究庞大而又复杂,需要在理论和实践上进行创新和突破。

阙明坤研究员抽丝剥茧,通过对新型大学组织与经济发达城市的特点、模

式、赋能、培育进行探究,总结出两者的共生发展机制,既呈现出校城共建、人才共育、资源共享、产教共融、利益共生、价值共创的内在互动机理,同时又对新型大学组织发展相对突出的 33 个城市辅以实证模型的验证,分析我国新型大学组织和城市之间的整体耦合水平对城市发展、新型大学组织发展的影响效应,剖析新型大学组织和城市的耦合水平所产生的作用实效,建立新型大学组织与城市的耦合模型,将两者共生关系和发展态势可视化。

三、研究内容翔实,具有浓厚实践意义

本书内容丰富,不但充满理论色彩,更涵盖数据统计、案例分析和政策解读,对新型大学组织和城市共生关系的现状、机制和未来发展等方面均有系统研究,其中第五章实证研究、第六章现实挑战、第七章案例分析,运用大量的调查研究和典型案例,既充实文章内容又对观点进一步加以支撑,使得文章有血有肉、有骨有魂。

不同地区的大学组织与城市所呈现的共生方式不尽相同,各个城市引进、培育、建设的新型大学组织往往与当地的定位、人口、产业等结构相适应,大体上要保持组织类型与城市定位相适应、学科结构与产业结构相适应、人才需求与人口结构相适应。同时由于大学与城市共生共进在全球以不同速度、不同形式发生,新型大学组织与城市的共生模式也并不统一,现有的研究大多是从大学的组织模式进行解构,但呈现的都是大学本位的"单向度输出",极易忽视城市在双方互动中的关系。而本书以共生理论为指引,实质上提供了一种交互、动态的视角,丰富两者互动的内涵。细化来说,新型大学组织在服务城市产业转型升级、助力城市高端人才集聚、提升城市科技创新水平、促进城市文化品牌建设、提升城市对外开放水平的同时,城市也在促进大学改善办学条件、服务学科专业建设、构筑产教融合平台、提供办学经费保障、给予教师事业编制,从而形成完整、系统的互动机制。

城市孕育大学,大学滋养城市。大学作为城市系统的关键要素为城市发展提供了充足的动力,城市也因大学的文化基因而拥有更加深厚的内涵。阚明坤研究员的新作为校城互动的研究打开了新的局面、提供了新的思路。衷心祝愿中国高等教育事业在城市发展的际遇中有新的成绩,为实现中国式现代化贡

献新的力量,也期待阙明坤研究员能够在高等教育这一方沃土继续深耕,有更大突破。

　　仓促成笔,聊以为序。

　　联合国教科文组织工程教育研究中心顾问委员会委员、国家
教育咨询委员会委员、中国高等教育学会第六届理事会会长、
中国农业大学原党委书记

瞿振元
2023 年 11 月 24 日

序　二

阙明坤研究员是一位勤奋好学、思想敏锐、开拓进取的青年教育学者。近年来发表了许多颇具真知灼见、富有创意的研究文章,主持了多项国家社科基金课题,在咨政建言、智库建设方面尤为突出。最近又喜读阙研究员的新著《新型大学组织与经济发达城市共生发展》,试谈一点儿读后感,代为序。

教育、科技、人才是全面建设社会主义现代化国家的基础性、战略性支撑,党的二十大报告提出,"深入实施区域协调发展战略、区域重大战略、主体功能区战略、新型城镇化战略","深入实施科教兴国战略、人才强国战略、创新驱动发展战略,开辟发展新领域新赛道,不断塑造发展新动能新优势"。教育在社会主义现代化建设中具有基础性、先导性、全局性的作用,建设教育强国是全面建成社会主义现代化强国的战略先导,其中,高等教育是建设教育强国的龙头,是科技第一生产力、人才第一资源、创新第一动力的重要结合点,其重要作用不言而喻。

在创新驱动发展的背景下,高等教育在区域和城市发展中起着越来越重要的作用。在人类历史长河中,大学与城市发展始终紧密相连,相互促进。大学,尤其是研究型大学作为国之重器,既是智慧的源泉和人才的摇篮,又是创造和传承知识的重要场所,成为培养人才、推动科技自立自强和社会发展的中坚力量。城市,尤其是经济发达城市则是经济与社会发展的重要引擎,为地处其中的大学提供了丰富的资源和必要的保障,使得大学能够落地生根、发挥作用,两者相互依存、相互赋能,共同描绘了人类文明的辉煌画卷。

新型大学组织是城市创新体系的重要组成部分,是基础研究的主力军,是科技创新的源泉。科技创新能够增强城市的创新能力、提升城市经济竞争能力、改善城市生态环境,在城市发展中起着至关重要的作用。随着城市化进程的加速和产业转型升级,越来越多的发达城市实施科教兴市和人才强市战略,大力引进国际国内优质科教资源,新建或与"双一流"大学联合创办新型大学组织,提升城市科技创新能力,推动城市高质量发展。

新型大学组织与经济发达城市互动,一方面提高了新型大学组织的教育质量和创新能力,推动了知识的转化与应用,促进了大学与社会的联系和互动,提高了大学的声誉;另一方面,经济发达城市引进新型大学,开展人才培养、科研合作、技术转化和产业化应用,促进知识的转化与创新成果的落地,为城市的创新发展、产业结构转型升级、经济发展水平提升提供重要的人才与科技支撑。

目前,学界对高等教育与经济发展的关系、大学与城市的关系关注较多,而新型大学组织与经济发达城市共生发展这一领域的研究凤毛麟角,且研究视角以单一理论为主,难以有效地解释新型大学组织与城市互动中存在的复杂问题;研究方法以思辨为主,实证研究偏少。

浙江大学国家高端智库教育学院分中心执行主任围绕新型大学组织与经济发达城市共生发展进行深入探讨,系统研究这种关系对社会、经济和文化发展的巨大影响,这一研究有利于完善高等教育管理体制改革基本理论,推动新时期新型大学组织与城市共生发展实践,为政府构建高等教育新发展格局提供有益的决策参考。《新型大学组织与经济发达城市共生发展》全书包括绪论、理论基础、发展概况、案例分析、机制探究、实证研究、现实挑战以及对策建议等。纵览全书,呈现了以下特征。

一、研究视角具有独特性

作者敏锐地把握城市引进培育大学、大学资源流动、大学加强与政府企业互动等社会极为关切的现象,从新型大学组织发展的经济、社会、教育、人口、产业等背景入手,运用教育学、经济学、管理学、城市学等多学科理论,以组织理论、新增长理论、共生理论等为理论基础,以研究型大学、大学异地校区、研究院等新型大学组织为切入点,深入洞察新型大学组织与城市共生发展的规律,采用多学科、跨领域、全方位研究的方法,揭示了各种各样的新型大学组织与城市互动的内在机理和改进策略,研究视角独特。

二、研究内容具有开拓性

作者构建了新型大学组织与城市耦合发展的理论模型,引入道格拉斯生产函数,计算新型大学组织与城市耦合发展的协调度,构建了新型大学组织与城市共生发展理论模型;基于新发展格局的指向和要求,开拓性地提出了促进新型大学组织与城市共生发展的对策建议,为新型大学组织与城市共生发展释疑解惑、提供指导。尤其是提出了适合中国高等教育和城市未来发展的方案,为培植欠发达地区城市高等教育"造血基因"、促进区域协调发展,提供了宝贵的建议,助力新型大学组织与所在城市之间互利双赢、共生共荣。

三、研究观点具有创新性

作者率先提出了新型大学组织的"四新"特征,即办学体制新颖、跨界融合鲜明、管理机制灵活、经费渠道多元;通过深度访谈、案例研究、调查统计,深入分析新型大学组织与城市共生发展的现状、成效、挑战,分析其内在机理;从高等教育区域布局结构调整、相关政策体系优化、健全治理体系、强化外部保障、高质量发展等方面,提出了促进新型大学与城市共生发展的对策建议,从而促进高等教育和区域经济社会高质量发展。

四、研究方法具有新颖性

作者坚持"问题导向、理论驱动、数据解释、案例支撑",强调量化研究与质性研究相结合的实证研究。该书对全国30多个城市的220多个新型大学组织进行调查,诊断新型大学组织与城市共生发展过程中的共性问题,确定评价指标体系,测算两个系统的耦合度和耦合协调度;通过实地调研、深度访谈,挖掘新型大学组织与城市共生发展的基本情况、存在困境与建议,掌握了第一手资料;采用案例研究法,选取了国内新型大学组织发展较快的深圳市、重庆市、青岛市、苏州市四个典型城市作为案例,对典型案例进行了深入研究。

朱熹在《观书有感》中诗云:"问渠那得清如许?为有源头活水来。"阐明坤研究员对该领域的深入洞察和精细思考,正是源于他长期以来的走访调查和实践经验,为学术研究注入了活水。"活水源流随处满,东风花柳逐时新"。他聚焦新型大学组织与经济发达城市共生发展这一主题,持之以恒,孜孜以求,勤奋攻读,扎实深厚的学术积累和长期的工作历练,使他视野广阔、思想深邃,全书饱含浓厚的人文底蕴与时代气息。概言之,该书深入研究了新型大学组织与经济发达城市共生发展的理论模型、历史脉络、基本现状、内在机理、问题挑战与策略展望,丰富和发展了高等教育基本理论,为新型大学组织与城市共生发展提供了指导建议,为各级政府主管部门和经济发达城市出台相关政策文件提供了决策参考,促进政策供给和创新,对于我国经济社会和高等教育高质量发展大有裨益。

中国高教学会高等教育学研究会原理事长、上海师范大学原校长
杨德广
2023 年 12 月 3 日

目　录

绪　　论

近年来,新型研究型大学、中外合作大学、大学异地办学、大学分校、新型研发机构等新型大学组织纷纷涌现,经济发达城市不遗余力地引进和建设大学,成为广受社会各界关注的现象。彼得·德鲁克认为,新组织的产生是原有组织功能变革与创新的结果,为了支持这种创新,必须在原有组织结构之外有一个新的独立组织结构。大学同样面临功能演进与组织变革相互协调的问题。新型大学组织与所在城市之间到底如何实现共生发展? 在构建新发展格局的背景下,该问题非常值得深入研究。

第一节　研究背景

一、研究缘起

(一)大学与城市的关系是一个古老而又历久弥新的话题

现代意义上的大学源于中世纪的欧洲,自诞生之日起,大学与其所在的城市之间就构成了重要的互动关系。在西方,有些大学本身就是城市最重要的组成部分,形成"大学城"。一部大学发展史也是一部大学与城市互动史,二者之间互动有着内在逻辑。布罗克里斯(Laurence Brockliss)认为,欧洲大学与城市的历史大致分为两个阶段:第一阶段为 13 世纪到 19 世纪,该阶段大学虽然寄身于城市当中,但并不从属于城市;第二阶段为 19 世纪至今,该阶段是两者间关系越来越密切的时期。①

---

① Brockliss L., *Gown and Town: The University and the City in Europe*, *1200 – 2000*, Minerva, pp.147–170.

19世纪以降,随着工业化和城市化的推进,大学教授开始关注城市管理和社会事务。拉里·罗利(Larry L.Rowley)认为,美国大学与社区之间存在文化冲突,早期克尔主张的现代大学功用主要是定位于"满足于劳动力市场需求"的"社会服务站"已经宣告失败,这主要是因为大学更专注于广泛的"人类和社会需要",大学中的人们往往趋于保守,并且强调机构自治,因而很难与社会变革的节奏合拍。他们对知识的探求旨趣与地方社区所需要的直接社会服务也很少有关联。这种文化冲突实际上就是研究型大学内部的学术文化与社区的实用文化间的冲突,也是布尔迪厄的精英文化与平民(大众)文化间的冲突。[①] 大学将知识运用于经济活动,被认为是第二次学术革命。

从大学的职能变迁历史来看,大学与城市的互动关系由松散走向日趋紧密。遵循内在办学规律与外部社会发展趋势的双重逻辑,大学的发展历经纽曼式单一职能大学、洪堡式双职能大学、范海斯式三位一体大学、克尔式巨型大学四个阶段。[②] 大学在中世纪最初的职能主要是培养有教养的绅士,美国高等教育创造和践行了"为社会服务"的理念。1862年美国《莫雷尔法案》出台,增强了高校服务地方的意识。1887年美国颁布《哈奇法案》,支持高校面向社会开展短期课程,强化大学与地方的关系。1903年至1918年,查尔斯·范海斯(Charles Van Hise)担任威斯康星大学校长,提出"威斯康星理念",即"教育应该影响人们的生活,超越课堂的界限"。[③] 1963年,克拉克·克尔(Clark Kerr)在哈佛大学演讲时提出"多元化巨型大学",认为纽曼时期的大学是"一个居住僧侣的村庄",弗莱克斯纳时期的大学变成了"一座由知识分子垄断的工业城镇",而他自己所处时代的大学则更像"一座变化无穷的城市"。[④] 他强调,现代美国大学不再是脱离社会的"象牙塔",并不专注于任何单一的职能,而是具有生产职能、消费职能和公民职能,要"为若干种顾客服务"。[⑤] 20世纪

① Rowley L.L.,"The Relationship Between Universities and Black Urban Communities:The Clash of Two Cultures",*The Urban Review*,2000,pp.45-65.

② 史秋衡、季玟希:《我国大学职能内涵嬗变的多维分析》,《高等教育研究》2021年第4期。

③ 《威斯康星大学麦迪逊分校》,2022年5月22日,见 https://www.wisc.edu/wisconsin-idea/。

④ [美]克拉克·克尔:《大学的功用》,陈学飞等译,江西教育出版社1993年版,第26页。

⑤ Kerr C.,*The Uses of the University*(5th ed.),Boston:Harvard University Press,2001,p.65.

80 年代,美国《贝多法案》激励大学科研成果向产业部门转移,成为大学技术商业化的分水岭,被认为是促成美国生产率提升、收入增加和就业增长的重要因素。①

(二)新发展格局背景下区域与高等教育之间的互动更加紧密频繁

当今世界正经历百年未有之大变局,新一轮科技革命和产业变革是影响大变局的重要变量。我国已转向高质量发展阶段,主要特征是从"数量追赶"转向"质量追赶",从"规模扩张"转向"结构升级",从"要素驱动"转向"创新驱动",从"高碳增长"转向"绿色发展",构建新发展格局,核心是"循环",打通生产、分配、流通、消费的堵点和梗阻,生产环节重在畅通创新链、产业链和供应链。② 构建以国内大循环为主体、国内国际双循环相互促进的新发展格局,是根据我国发展阶段、环境、条件变化,特别是基于我国比较优势变化,审时度势作出的重大决策。

在新发展格局背景下,我国高等教育发展的外部环境、办学模式发生新的变化,大学与经济社会发展的关系进入新的调试期。高等教育深度融入新发展格局受到层次、学科专业、类型和区域结构体系不相匹配,科技创新支撑和引领力不足,教育对外开放有待加强,教育治理水平不相适应等现实短板的掣肘。③ 在全球化和本地化的进程中,知识和技能对本地的实用性越来越重要,高校和城市越发紧密地联系在一起,高校被看作知识和创新的源泉、发展的引擎,区域和高校正在共同利益的基础上建立合作伙伴关系。④ 许多地方政府纷纷与"双一流"大学签订战略合作协议,详见表 0-1。

---

① Mowery D.C., Nelson R.R., Sampat B.N., et al., "The Growth of Patenting and Licensing by U.S.Universities:An Assessment of the Effects of the Bayh-Dole Act of 1980", *Research Policy*, 2001, pp.99-119.

② 王一鸣:《百年大变局、高质量发展与构建新发展格局》,《管理世界》2020 年第 12 期。

③ 李捷:《"双循环"背景下高等教育发展格局的优化研究》,《高校教育管理》2021 年第 5 期。

④ 经济合作与发展组织:《高等教育与区域:立足本地　制胜全球》,清华大学教育研究院译,教育科学出版社 2012 年版,第 11 页。

表 0-1   部分"双一流"大学与省市政府签订合作协议表（2015—2023 年）

序号	大学名称	合作政府	签约数量	协议名称
1	清华大学	山西、黑龙江、河南、安徽、四川、贵州、浙江、福建、云南、湖北、湖南、江西、广东、江苏、辽宁、青海、广西、宁夏、西藏、上海、天津、深圳、长沙、徐州、沈阳、宜宾、阿坝州、苏州、景德镇、安阳、厦门、成都、开封、肇庆、潮州、济宁、包头、濮阳、无锡、牡丹江、重庆、百色、张家口、菏泽、中山、盐城、安阳、吉安	48	《山西省人民政府清华大学关于共建清华大学山西清洁能源研究院的合作协议》等
2	中国人民大学	河南、青海、河北、安徽、四川、山东、浙江、贵州、甘肃、山西、重庆、宁夏、黑龙江、南阳、信阳、自贡、商丘、深圳、嘉兴、玉溪、开封、青岛、贵阳、嘉峪关、顺德、鹤壁、南平	27	《河南省人民政府中国人民大学战略合作框架协议》等
3	北京大学	山东、江西、江苏、广东、福建、贵州、山西、湖南、黑龙江、浙江、吉林、四川、甘肃、海南、广西、南通、无锡、深圳、济南、青岛、鄂尔多斯、洛阳、邯郸、遵义、汕尾、中山、武威	27	《北京大学 济南市人民政府战略合作协议》等
4	浙江大学	安徽、江西、吉林、海南、四川、云南、山西、河南、广西、建德、杭州、丽水、南昌、贵州、嘉兴、义乌、温州、龙泉、衢州、海宁、金华、巩义、台州、南阳	24	《嘉兴市人民政府与浙江大学文化建设合作协议》等
5	北京航空航天大学	山西、云南、广西、河南、浙江、安徽、四川、邢台、温州、宁波、诸城、杭州、东莞、合肥、泸州、大理、台州、玉溪、东营、大同、成都	21	《山西省人民政府北京航空航天大学战略合作协议》等
6	东南大学	海南、甘肃、黑龙江、湖南、贵州、河北、云南、溧阳、无锡、淮安、红河、吉安、东阳、铜陵、雅安、井冈山、苏州、南京、南通	18	《无锡市人民政府东南大学市校合作共建无锡分校框架协议》等
7	西安交通大学	河南、吉林、甘肃、青海、江西、安徽、河北、黑龙江、四川、咸阳高新区、咸阳、西安、榆林、安康、介休	15	《河南省人民政府西安交通大学全面战略合作协议》等
8	厦门大学	四川、贵州、黑龙江、龙岩、宁德、三明、福清、厦门、南平、铜仁、吉安、绵阳、中卫	13	《三明市人民政府厦门大学战略合作协议》等
9	中央民族大学	贵州、云南、西藏、内蒙古、黑龙江、宁夏、海南、通辽、额尔古纳、阿坝、贵阳、玉树、文山	13	《贵阳省人民政府中央民族大学战略合作框架协议》等
10	上海交通大学	四川、宁夏、内蒙古、河南、海南、大理、长沙、郑州、上海、淄博、成都、扬州、苏州、南通、三亚	15	《长沙市人民政府上海交通大学战略合作协议》等

序号	大学名称	合作政府	签约数量	协议名称
11	同济大学	四川、贵州、河南、海南、福建、重庆、长沙、嘉兴、烟台、太原	10	《嘉兴市人民政府同济大学全面合作框架协议》等
12	天津大学	贵州、河南、四川、青海、浙江、海南、无锡、三明、乌海、鹤壁、绍兴、常州	12	《三明市人民政府、天津大学战略合作框架协议》等

在知识生产模式与城市竞争不断升级的背景下,高等教育与区域之间的融合程度进一步加深,发达地区探索以新机制新模式"另起炉灶"建立新型高等教育机构,出现了高等教育与区域的创新式"共谋"产物——新型大学组织,这些新的高等教育样态逐渐成为地区经济社会发展的"动力源"和"加速器"。

（三）经济发达城市引进新建国内外一流高教资源明显加速

改革开放40多年来,中国部分沿海城市经济快速发展,成为经济总量大、经济结构优、经济活力足、产业实力强的经济强市,无论是城市 GDP,还是财政收入,均大幅跃升。人均 GDP 1 万美元是从中等收入阶段进入高收入阶段和发达阶段的界限。国际经验表明,人均 GDP 突破 1 万美元后,经济增长步入以提高质量为主的稳定增长阶段,增长速度减缓,有其合理性。随着深圳、苏州、无锡、杭州、青岛等发达城市人均 GDP 迈过 1 万美元门槛,城市转型升级加快,原有的人口、土地、劳动力等资源红利逐渐减弱,生产要素成本提高,迫使大量企业外迁,环境污染、生态保护问题日益突出,城市发展的压力增大,必须寻求新的增长点。根据美国经济学家迈克尔·波特的经济发展阶段理论,国家的经济发展可以分为要素驱动、投资驱动、创新驱动和财富驱动四个阶段。人均 GDP 突破 1 万美元后,世界城市普遍注重发展创新型经济和服务型经济,大都实现了从以模仿创新为主到以原始创新为主的战略转变,根据自身优势,发展各具特色的主导产业集群。

中国经济高速增长与体制和制度因素密不可分。钱颖一、Weingast 等认为,中国地方政府的强激励有两个基本原因:一是行政分权,地方政府拥有相对自主的经济决策权;二是以财政包干为内容的财政分权改革,财政收入越高,地方的留存就越多。正是这两方面的激励使得地方政府有热情去推动地方经济增长。同时,晋升锦标赛作为政府官员的激励模式,是中国经济奇迹的重要根源。① 我国长期以来实行以经济建设为中心的政策,在经济考核指挥棒下,地方政府官员将主要精力用于招商引资、发展经济。目前,我国许多经济发达城市在经历了生产要素驱动、投资驱动发展阶段后,已经迎来了创新驱动经济发展时代,面临结构性变革,由过去依赖外部技术引进转向提升自主创新能力,由过去依靠外部的需求拉动转向依靠内生需求的增长。在此背景下,管理者为了追求政绩,纷纷将目光投向了大院大所、名校名企,声誉卓著的一流大学成为城市竞相追逐的稀缺资源。特别是经济发达的东部沿海城市引进新建国内外一流高教资源的速度提升、力度加大,纷纷瞄准国内外一流科教资源,希冀通过借助大学学科和智力资源,为城市发展增添科技动能。国内一流大学与发达城市合作办学、携手"联姻"现象层出不穷,"双一流"大学(A 类)异地办学明显加速,详见表0-2。

表0-2 "双一流"大学(A 类)异地办学机构数量统计表

序号	学校	序号	学校
1	清华大学(41)	2	北京大学(33)
3	浙江大学(30)	4	中国人民大学(21)
5	东南大学(18)	6	北京航空航天大学(18)
7	西安交通大学(15)	8	上海交通大学(14)
9	华中科技大学(14)	10	厦门大学(12)
11	北京师范大学(12)	12	中国科学技术大学(11)
13	复旦大学(11)	14	天津大学(11)
15	电子科技大学(10)	16	中央民族大学(10)
17	同济大学(10)	18	西北工业大学(9)
19	哈尔滨工业大学(8)	20	四川大学(8)
21	山东大学(8)	22	吉林大学(8)
23	大连理工大学(7)	24	南京大学(7)
25	北京理工大学(6)	26	中国海洋大学(5)
27	中南大学(5)	28	华南理工大学(5)

---

① 周黎安:《中国地方官员的晋升锦标赛模式研究》,《经济研究》2007 年第 7 期。

续表

序号	学校	序号	学校
29	武汉大学(5)	30	中山大学(4)
31	兰州大学(4)	32	重庆大学(4)
33	华东师范大学(3)	34	中国农业大学(3)
35	南开大学(2)	36	国防科技大学(2)

近年来,国际知名大学与国内大学、政府、企业合作共建中外合作大学,西交利物浦大学、宁波诺丁汉大学、上海纽约大学、昆山杜克大学等10多所"家门口的国际化大学"竞相创建;发达城市地方政府或企业大力支持以新机制新模式新理念新建研究型大学,如西湖大学、南方科技大学、上海科技大学等;清华大学、北京大学、浙江大学、复旦大学、上海交通大学、南京大学等一批"双一流"大学跨省市落户举办异地校区、分校、研究生院和研究院……全国形成了"南深圳、北青岛、中苏州"的高等教育后发城市"逆势崛起"现象,谱写了新时代名城名校互动共生的崭新篇章,成为中国高等教育界的一道亮丽风景线。

这些不同于传统大学的新型大学组织,在城市的大力支持下快速发展,为所在城市的产业转型升级、技术转移、成果转化、科技创新提供了有力支撑。与此同时,"始生之物,其形必丑",新型大学组织在数量增长和规模扩张的同时,也面临着发展定位、政策支持、资金保障、规划布局、移植发展、融入城市等诸多方面的挑战。因此,深入研究和关注这一群体,促进新型大学组织与经济发达城市的共生发展,对于提升中国高等教育办学水平、加快高质量发展、建设教育强国,为中国式现代化开辟发展新领域新赛道、塑造发展新动能新优势,具有重要的意义。

二、选题价值

本研究的价值主要体现在理论创新和实践应用两个方面。

(一)理论价值

第一,有利于完善高等教育管理体制改革基本理论。新型大学组织与城市耦合发展涉及办学体制、投入体制、管理体制改革、高等教育布局与高等院校设置、大学治理模式与运行机制等领域,本研究有利于深化新时代高等教育管理体制基本理论。

第二,有利于丰富中国特色高等教育理论体系。新型大学组织是高等教育国际化、普及化、市场化背景下中国本土诞生的新型办学模式,本研究有助于深入挖掘新型大学组织发展背后的规律,探究大学职能演变历程,丰富具有中国特色、时代特征的高等教育理论体系,与国际高等教育理论对话。

(二)应用价值

第一,推动新时代新型大学组织与城市共生发展实践。目前深圳、苏州、青岛等城市纷纷另辟蹊径,引进大学、新建大学、创建各类新型大学组织。本研究可以破解其发展中的规划、设置、管理、质量等问题,为城市与高校共生发展注入新动能,提供实践指导,促进高等教育和区域高质量发展。

第二,为政府构建高等教育新发展格局提供决策建议。探索新型大学组织与城市共生发展之道,对于优化我国高等教育资源配置、促进大学资源合理流动、激发大学办学活力、提升城市和大学治理能力现代化水平具有借鉴意义,为破解东部资源密集、中西部资源稀疏的"东高西低"现象,缩小地区差距,加快构建以国内大循环为主体、国内国际双循环相互促进的高等教育领域新发展格局提供科学建议。

第二节　概念界定

一、新型大学组织

新型大学组织是一个具有较宽外延的概念,是指在经济全球化、信息化和市场化大背景下,大学随着经济社会发展不断加强与外界的融合交流,跨国、跨界流动和融合加速,经济发达城市新建或与"双一流"大学联合创办的一种开放式、融合式、无边界新型高起点、高层次、高水平的高等教育组织形态。新型大学组织既包括新成立的具有独立法人资格的中外合作大学、研究型大学,也包括传统"双一流"大学的异地分校、校区、研究生院、研究院、新型研发机构等高等教育机构。其具有创办时间短、创新意识强、城市支持力度大、体制机制活、运行模式新、办学质量高、发展速度快的特征,有的甚至"四不像"。

新型大学组织以混合组织为载体,通过拓展传统的教学与科研职能,承担促进国家和区域经济社会发展的使命,扮演区域知识创新主体的角色,积极开展科学研究、人才培养、社会服务活动,不断追求卓越,逐渐成为地区乃至整个国家经济社会发展的"动力源"和"加速器"。

"新型大学组织"是一个集成性概念,其内涵与当前我国高等教育实践中关注的"创业型大学""新型研发机构""新兴大学"既有相似之处,也存在一定差异,通过对相关概念的辨析,有益于为新型大学组织内涵的界定奠定基础。

本研究的新型大学组织主要关注"双一流"大学与城市共建的新型高等教育机构,一般省属高校与城市合作创办的高等教育机构不纳入本研究范畴。

(一)新型大学组织与创业型大学的概念辨析

近年来,创业型大学作为一种独立的大学组织,同时被看作大学的一种办学策略,受到各界广泛关注。从广义来看,凡是具有变革精神且致力于改革实践的大学都是创业型大学;从狭义来看,创业型大学是指在继承和拓展研究型大学培养人才和发展科学的传统职能基础上,注重通过培养创业型人才和知识资本化以促进经济和社会发展的新型大学。[①] 有学者认为,创业型大学是一种办学模式,选择转型为创业型大学的高等教育机构,往往因为它们在高等教育系统的竞争体制中处于不利地位,转而寻求新的生存与发展空间,因而这一模式适合起点低、基础弱、以赶超先进为目标的大学。[②] 还有观点认为,只有研究型大学才能走"创业"道路,研究型大学是"过渡阶段的创业型大学"。[③] 总的来说,创业型大学是注重开展创业活动、注重培养学生的创业精神、注重知识应用的大学,是相对独立的社会学术机构。正如埃茨科维兹所言,"大学本身就是创业者"[④],"创业型大学"概念更加强调大学的创业行为。"新型大学组织"不等同于"创业

---

① 张应强、姜远谋:《创业型大学兴起与现代大学制度建设》,《教育研究》2021年第4期。

② 宜勇、张鹏:《论创业型大学的价值取向》,《教育研究》2012年第4期。

③ [美]亨利·埃茨科维兹:《三螺旋:大学·产业·政府三元一体的创新战略》,东方出版社2005年版,第38页。

④ [美]亨利·埃茨科维兹、王平聚、李平:《创业型大学与创新的三螺旋模型》,《科学学研究》2009年第4期。

型大学",其外延更广,包括一些多方共建的大学分校、校区、研究院,其具有知识应用的相关特性,但并不刻意强调大学组织的学术资本化行为。

（二）新型大学组织与新兴大学概念辨析

近年来,在我国高等教育体系内出现了一批"新兴大学",如上述提到的上海纽约大学、西湖大学等。这类学校不仅建校时间短,而且呈现出有别于我国传统大学的发展态势。如有学者归纳了新兴大学基本内涵,即将改革创新作为学校发展的基本价值起点,以引领我国高等教育未来发展方向为使命,以成为新时期我国优质高等教育资源新供给者为己任。[1] 有学者从时间、知识、管理和信念四个维度归纳了新兴大学的基本内涵和独特性,具体指建立时间较短,通过采用不同于传统大学的办学体制以及知识生产方式,获得卓越办学成效,并表现出持续发展潜力的大学。[2] 新型大学组织包含"新兴大学"所指代的对象,其在很大程度上也具有上述内涵,但不同的是,"新兴大学"主要关注那些独立颁发学位证书的大学,而不涉及"双一流"大学异地研究院、校区等新型机构。新型大学组织的类型显然更加多样,其同时强调学校办学的异地性与服务地方的适切性。

（三）新型大学组织与新型研发机构概念辨析

当前,广东、北京、江苏、浙江等全国各地区纷纷出台新型研发机构发展专项政策。根据《科技部印发〈关于促进新型研发机构发展的指导意见〉的通知》,所谓新型研发机构,是指"聚焦科技创新需求,主要从事科学研究、技术创新和研发服务,投资主体多元化、管理制度现代化、运行机制市场化、用人机制灵活的独立法人机构,可依法注册为科技类民办非企业单位（社会服务机构）、事业单位和企业"[3]。新型研发机构一般应符合以下条件:具有独立法人资格,内控制度健全完善;主要开展基础研究、应用基础研究,产业共性关键技术研发、科技成果转移转化,以及研发服务等;拥有开展研发、试验、服务场所必需的条件和设施;具有结构相对合理稳定、研发能力较强的人才团队;具有相对稳定的收入来源。

---

① 伍宸:《我国"新兴大学"的特征、内涵及实践品格》,《大学教育科学》2020 年第 5 期。

② 朱炎军、宋彩萍:《世界新兴大学:内涵、动力机制与发展策略》,《国家教育行政学院学报》2018 年第 3 期。

③ 科技部:《关于促进新型研发机构发展的指导意见》,2019 年 9 月 12 日,见 http://www.gov.cn/gongbao/content/2020/content_5469722.html。

多元投资设立的新型研发机构,原则上应实行理事会、董事会决策制和院长、所长、总经理负责制,依照章程管理运行。

新型研发机构中由高校创办的属于新型大学组织,这一类高校新型研发机构不同于企业举办的新型研发机构,最大的区别是举办主体不同。高校新型研发机构一般是由大学、骨干教师、科研团队与政府、企事业单位等共同组建的独立法人机构,依托大学的科研与人才优势,结合人才培养、学科建设的需要,坚持应用研究为主,广泛开展科学研究、产业推进和人才培养的立体化合作,打造高端引领、柔性互动的科研载体。高校新型研发机构大多数在名称上冠以"某大学某市研究院(研究所、研发中心、工程中心等)"、"某大学某地方某(学科领域)技术中心(联合实验室、研究院)"或"(企业名称或简称)某某大学研究院(研究所、研发中心、工程中心等)"等。

二、经济发达城市

城市最早是政治统治、军事防御和商品交换的产物,"城"是由军事防御产生的,"市"是由商品交换(市场)产生的。① "城市"是在"城"与"市"功能叠加的基础上,以行政和商业活动作为基本职能的复杂化多样化的客观实体。② 城市归根结底是由剩余物资的交换和争夺产生的,也是社会分工和产业分工的产物。③

日本学者山田浩之认为,城市必须具有三个特点:密集性,这是城市的一般性质;非农业土地利用,这是城市的经济性质;异质性或多样性,这是城市的社会性质。他指出,"我们可以把兼有密集性、非农业土地利用、异质性等三个性质的地域叫作城市,或叫城市地域"④。而在中国,这类地区通常以市级行政区域来划分。

由于城市发展的不均衡,发展快速的城市便衍化为发达城市,评价一个城市

---

① 徐钜洲:《宋代城市的发展及其历史作用》,《城市规划》2018 年第 8 期。
② 孙志刚:《论城市功能的叠加性发展规律》,《经济评论》1999 年第 1 期。
③ 向国成、刘晶晶、罗曼怡:《马克思恩格斯的分工与市场思想及其当代价值》,《经济学动态》2021 年第 9 期。
④ [日]山田浩之、成方休:《城市经济学的对象和任务》,《世界经济与政治论坛》1985 年第 4 期。

发达与否,虽然可从经济、文化、空间、生态等维度来看,但其中最重要的因素却是经济因素,也就是说,我们可以称经济发达城市为发达城市。

城市的经济发达体现在许多方面,一般认为,人均 GDP、工业化水平、科技水平、金融水平等是评判经济发达的重要标准。城市人均 GDP 代表城市的经济发展状况、人民的生活水平;工业化水平代表城市工业发展状况,是提升城市经济"量"的关键;科技水平代表城市科技创新能力,是提升城市经济"质"的关键;金融水平代表城市金融实力、金融活力、金融资源配置能力,以及金融服务实体经济效能。城市制造业的发达程度可以代表工业化水平,生产性服务业的发达程度可以代表科技水平、金融水平,也就是说城市经济竞争的核心要素是制造业和生产性服务业。[1]

综上所述,经济发达城市主要是指产业发达(包含制造业、服务业)、人均 GDP 高的市级行政区域(含直辖市、副省级城市、地级市、县级市)。

三、共生发展

共生发展由共生和发展两大关键词组成。"共生"源于"共生理论"(Symbiosis Theory),最早出现在生物学领域。按照德国生物学家德贝里的定义,共生是相互性活体营养性联系,是一起生活的生物体某种程度的永久性物质联系。[2] 目前,生物学中研究种间关系都要用到共生概念,共生意味着不同生物密切地生活在一起,很多现象都可以被理解成共生,如寄生、腐生、共存等。斯格特明确地提出共生是两个或多个生物,在生理上相互依存程度达到平衡的状态,而不是一方依赖另一方的关系。[3] 随着共生学说的研究与发展,国际生物学界对"共生理论"越来越重视,逐渐开始运用到社会科学领域。袁纯清和吴飞驰将生物学中的共生现象拓展为经济学中的"共生理论",建立了经济学领域共生分析的理论框架,认为共生的本质是协同与合作,协同是自然与人

---

[1] 刘书瀚、张召利:《生产性服务业是经济中心的核心要素——基于上海和香港的实证分析》,《当代财经》2011 年第 5 期。

[2] 胡晓鹏:《产业共生:理论界定及其内在机理》,《中国工业经济》2008 年第 9 期。

[3] Scott G.D.,*Plant Symbiosis in Attitude of Biology*,Studies in Biology on 16 Edward Arnold London,1969,p.58.

类社会发展的基本动力之一,对称互惠共生是自然与人类社会共生现象的必然趋势等。① "对称互惠共生"是共生系统演变的最终方向,学界将其运用到城乡共生、旅游共生、教育共生等各个领域,提出"共生发展"概念。例如,有学者提出"城乡对称互惠共生发展"的理论框架,包含三层含义:一是对称性发展理念,即城乡平等与社会公正;二是互惠性发展路径,即双向交流与合作补益;三是共赢性发展格局,即"政治共享、经济共荣、文化共融、社会共建、生态共治"的格局。②

因此,综合"共生理论"内涵以及运用共生理论开展的相关研究,本研究认为,"共生发展"即两个或多个主体之间为了生存和发展,相互协同合作,资源共享,优势互补,由小到大、由简单到复杂、由低级到高级,最终实现协调、共存、融合与可持续进步的变化过程。

第三节　文献综述

一、国内研究现状

目前,与"新型大学组织与城市互动"这一议题直接相关的研究较少,而关于新型研究型大学,高等教育与经济发展的关系,大学与城市的关系,城市引进大学现象等主题,已有许多学者进行了深入研究,为本研究提供了有力支撑,奠定了坚实的基础。

(一)高等教育与经济发展的关系受到学界广泛关注

通过教育形成的各种知识和能力为个人和社会带来的经济价值和社会价值比以往任何时代都要大得多(闵维方,2017)。③ 在已有的研究文献中,有学者认为高等教育对经济增长的贡献更大(杭永宝,2007)④,且对长期经济增长具有积

---

① 杨玲丽:《共生理论在社会科学领域的应用》,《社会科学论坛》2010年第16期。
② 武小龙:《城乡对称互惠共生发展:一种新型城乡关系的解释框架》,《农业经济问题》2018年第4期。
③ 闵维方:《教育促进经济增长的作用机制研究》,《北京大学教育评论》2017年第3期。
④ 杭永宝:《中国教育对经济增长贡献率分类测算及其相关分析》,《教育研究》2007年第2期。

极作用(郝晓伟、闵维方,2022)。① 因此,高等教育与经济发展的关系研究历来是一个广受学界关注的议题。

1. 高等教育与经济发展的理论研究

有学者总结了可用于分析高等教育与区域经济发展之间关系的理论基础,并阐释了两者相互作用的机制(王守法、王云霞,2006)。② 我国研究高等教育区域化的理论依据主要有教育外部关系规律理论、教育成本分担理论、非均衡发展理论、全息结构理论、教育方针论等(张振助,2003;钞秋玲、李秀岭,2007)。③ 同时考虑到我国经济社会和高等教育的实际发展,亟须建构与国家主体功能区发展模式相匹配的中国高等教育区域发展本土化新理论和新路径,特别建构以"三关系"和"四模式"为核心内容的新理论框架,即区域高等教育存在先导发展、伴生发展、跟随发展三种关系,相应的高等教育区域发展应分别采取政府主导、科教驱动模式;市场主导、经济驱动模式;政府扶持、生态驱动模式和混合动力、多元驱动模式(吴岩等,2010)。④

2. 高等教育与区域经济协调发展的研究

从全国的总体情况来看,高等教育发展与区域经济发展的协调程度不高,在配置大学资源时应充分考虑地方经济的可支撑能力(毛盛勇,2009)。⑤ 这意味着高等教育与区域经济的协调发展是在国家的宏观调控下,各地区根据自身经济发展情况,确定发展的规模、速度、发展水平和目标的过程。因此讨论两者协调发展的问题,多是从宏观的政策建议层面出发。近年来,研究发现中国区域高等教育与区域发展水平的协调性逐渐增强,同时证明了高等教育的适度超前能

---

① 郝晓伟、闵维方:《各级教育投入与经济增长的关系研究》,《清华大学教育研究》2022 年第5 期。

② 王守法、王云霞:《高等教育与区域经济发展关系的理论探讨》,《北京工商大学学报(社会版)》2006 年第 3 期。

③ 张振助:《高等教育与区域互动发展研究——中国的实证分析及策略选择》,《教育发展研究》2003 年第 9 期;钞秋玲、李秀岭:《高等教育与区域经济互动发展关系理论综述》,《开放教育研究》2007 年第 3 期。

④ 吴岩等:《建构中国高等教育区域发展新理论》,《中国高教研究》2010 年第 2 期。

⑤ 毛盛勇:《中国高等教育与经济发展的区域协调性》,《统计研究》2009 年第 5 期。

够提升区域经济发展的潜力(许玲,2014)。① 但从城市尺度来看,高等教育与区域经济发展的协调性存在下降趋势(高耀、顾剑秀、方鹏,2013)。② 可能是由于之前所论述的大学资源是在大区域(全国)内的相对均衡,而在小区域(行政区划内)中,则呈现相对非均衡现象。彭说龙、吴明扬(2021)③的研究也证实了以上现象:2009 年至 2018 年,10 年间我国各省高等教育规模与区域经济发展的耦合协调水平总体上有较大提升,但处于良好协调等级的省份仍然不多;耦合协调度存在地区差异,其分布特征与我国区域经济发展现实状况相对应,呈现出东高、西低、中部居中的态势;耦合协调度相似的省份在空间上相对集中分布。由于西部地区的经济发展水平相对滞后,又是政府对大学资源的倾斜配置区,因此,西部地区是考察高等教育与区域经济发展之间协调性的重点研究区域。相关研究表明,大部分西部省份处于低水平协调状态,并且高等教育对地区的促进效率较低(张文耀,2013;高新才、杨芳,2016)。④

3.高等教育与区域经济增长的关系研究

高等教育与经济发展之间的关系,本质上是一种双向多维的非均衡互动关系(潘懋元,2002)。⑤ 高等教育与经济增长的双向促进机理为:社会经济增长提供高等教育系统运作所需的社会资源,获得人力、财力等资源投入的高等教育系统输出高等人才和科研成果。继而高等教育产出进入物质生产过程,经过物化,高等人才与物质生产资料相结合,科学转化为技术,形成直接生产力,进而促进经济增长。然后,经济增长再次为高等教育投入提供社会资源保障,并由此展开

①　许玲:《区域高等教育与经济发展水平协调性研究——基于 2004 年和 2011 年横截面数据的分析》,《教育发展研究》2014 年第 1 期。

②　高耀、顾剑秀、方鹏:《中国十大城市群主要城市高等教育与区域经济协调综合评价研究——基于 107 个城市 2000 年和 2010 年的横截面数据》,《教育科学》2013 年第 3 期。

③　彭说龙、吴明扬:《我国高等教育规模与区域经济耦合协调发展研究》,《统计与决策》2021年第 9 期。

④　张文耀:《西部高等教育与区域经济协调发展的关系分析》,《财政研究》2013 年第 5 期;高新才、杨芳:《西部地区高等教育与经济发展水平测度——兼论其协调性》,《西北师大学报(社会科学版)》2016 年第 2 期。

⑤　潘懋元:《多学科观点的高等教育研究》,《高等教育研究》2002 年第 1 期。

新一轮的循环作用过程(赵树宽等,2011)。① 国际上相关研究结果也表明,各级教育对于经济增长的作用取决于当地的经济发展水平:经济发展水平越高,高等教育对于经济增长的影响越大。具体表现为,高等教育每 10 万人在学人数提高 1%,人均 GDP 提高 0.221%(郝晓伟、闵维方,2022)。② 通过研究 2006 年至 2015 年天津高等教育与区域经济发展之间的匹配关系发现,高等教育是引领经济增长的推动器(隋杰等,2017)。③ 要增强教育体系与社会匹配度,并加强大学与社会、企业之间的联系(王家齐、闵维方,2021)。④

(二)高等教育布局结构调整研究受到部分学者重视

自 1999 年扩招以来,我国高等教育规模迅速扩大,在规模扩大的进程中,高等教育区域布局结构不够合理,存在的不均衡、不协调现象引起了学者的高度重视。解决大学资源的空间分布与区域配置等问题是提升高校办学水平、发挥高校创新源头作用、实现都市圈快速发展的重要手段,受到了国内学者的较多关注。王新凤和钟秉林(2020)⑤、邬大光和王怡倩(2021)⑥等学者指出,要加快高等教育结构优化调整,服务新发展格局。

1. 高等教育资源的空间分布问题研究

政府出台的系列政策是大学找准自身定位、规划发展方向的重要参考,在大学资源的空间分布及演化中发挥主导作用(张燕燕等,2013;刘晶,2020)⑦,可以说,大学资源的空间分布在很大程度上是服从于国家与整体区域经济发展战略

---

① 赵树宽、余海晴、刘战礼:《高等教育投入与经济增长关系的理论模型及实证研究》,《中国高教研究》2011 年第 9 期。

② 郝晓伟、闵维方:《各级教育投入与经济增长的关系研究》,《清华大学教育研究》2022 年第 5 期。

③ 隋杰、胡士悦、王力平:《天津高等教育与区域经济发展的耦合性研究》,《华北金融》2017 年第 10 期。

④ 王家齐、闵维方:《教育公平对省域经济增长的影响研究》,《教育与经济》2021 年第 1 期。

⑤ 王新凤、钟秉林:《我国高校实施"强基计划"的缘由、目标与路径》,《高等教育研究》2020 年第 6 期。

⑥ 邬大光、王怡倩:《我国东西部高等教育发展水平的若干分析》,《兰州大学学报(社会科学版)》2021 年第 5 期。

⑦ 张燕燕、王孙禺、王敏:《我国高等教育资源区域分布历史演变驱动因素与作用机制分析》,《清华大学教育研究》2013 年第 2 期;刘晶:《高校异地办学的"共谋"行为与跨行政区治理》,《高等教育研究》2020 年第 3 期。

的(李立国等,2010)。① 受历史因素影响,中国高等教育资源主要集中在少数中心城市,随着中国经济的快速发展,这种较集中的大学布局造成了知识资源的区域间分配失衡。为了缓解大学资源的区域不平衡,并出于缩小地区差异的考虑,政府在中西部地区设立了一批大学,即便如此,中国的大学资源仍面临行政区划分内的不均等状况(薛颖慧、薛澜,2002)。② 在省级行政区域内,大学资源主要集中在省会城市和副省级城市等行政核心城市,其他城市的大学资源则较薄弱,这些城市即使拥有少量大学资源,也因历史等原因,而局限在师范和医学类等院校,一些综合性、研究能力较强的大学仍较为不足(侯龙龙、薛澜、黄沛,2008;张德祥、贾枭,2018)。③ 有学者提出,根据大学资源的分布特点,大学资源布局的调整重点应放在行政区内部,并与行政区内的城市化进程协调发展(侯龙龙、薛澜,2009)。④ 从近期大学资源的空间分布与演化趋势来看,中国的大学资源表现出多中心分布格局,并呈现均衡化发展态势。另外,高等教育规模扩张对地区经济发展具有促进作用,尤其是对于大学资源相对不足的地区而言(劳昕、薛澜,2016)。⑤ 也有研究基于在校生、专任教师和生均教育经费等数据,发现大学资源空间分布的极化程度呈上升趋势(刘华军、张权、杨骞,2013)。⑥ 杨振芳(2021)⑦基于 2009—2019 年的统计数据对我国高等教育区域布局的变化及均衡程度进行了分析,研究结果表明,我国高等教育区域布局总体上趋于均衡,但优质高等教育资源区域布局仍处于失衡状态。

---

① 李立国、赵义华、黄海军:《论高校的"行政化"和"去行政化"》,《中国高教研究》2010 年第 5 期。

② 薛颖慧、薛澜:《试析我国高等教育的空间分布特点》,《高等教育研究》2002 年第 4 期。

③ 侯龙龙、薛澜、黄沛:《我国地方高等院校空间分布研究——对三个案例省份的考察》,《北京师范大学学报(社会科学版)》2008 年第 3 期;张德祥、贾枭:《我国高等教育布局结构优化的一个战略选择——逐步向中小城市布局高等学校》,《西北工业大学学报(社会科学版)》2018 年第 4 期。

④ 侯龙龙、薛澜:《我国高等教育地区差距的实证分析》,《北京大学教育评论》2009 年第 1 期。

⑤ 劳昕、薛澜:《我国高等教育资源的空间分布及其对地区经济增长的影响》,《高等教育研究》2016 年第 6 期。

⑥ 刘华军、张权、杨骞:《中国高等教育资源空间分布的非均衡与极化研究》,《教育发展研究》2013 年第 9 期。

⑦ 杨振芳:《我国高等教育区域布局结构的变化与分析——基于 2009—2019 年教育统计数据》,《国家教育行政学院学报》2021 年第 6 期。

2. 大学资源配置的研究

有研究表明,1999 年至 2013 年中国高等教育效率呈现"先小幅上升,后保持平稳,再小幅上升"的变化趋势,整体效率在 71.6%—76.5%;地理因素和社会特征对高等教育效率产生显著的空间溢出效应;地区开放程度、高等教育管理水平与高等教育效率收敛性呈正相关,高等教育平均规模对高等教育效率收敛性有负向影响,地区经济发展水平对高等教育效率收敛性影响不显著(闫超栋、马静,2017)。① 尽管大学资源配置在不断朝着均等化的方向发展,但大学高质量发展的区域差异呈现持续扩大的态势,同时,大学资源的区域均等化配置其实是"不经济"的行为。丁岚(2012)②通过将 2001 年至 2008 年 68 所教育部直属高校的生产效率进行分解,对影响高校生产效率的基本因素进行回归分析,结果发现:虽然目前我国高等教育行业的资源配置正逐步趋于合理,但还不能通过有效的资源配置实现生产力的最大化;资金投入、青年教师人数、博士生规模是影响高校生产效率的主要因素。

3. 高等教育集群发展的研究

经济圈建设背景下的高质量教育是一种教育与经济和而共生的教育新形态。区域经济发展的一个必然结果是要建立一个与之相适应的区域性高等教育体系,故高等教育的地方化成为区域经济发展的必然趋势。袁婷等(2022)以价值共创为分析视角发现,大学通过价值主张—匹配行动—吸引成员—协调结构促进生态系统成员链接和关系适配进而推动其演化;大学经历了从发起价值共创、促进价值共创到参与价值共创的角色转变。③ 学者们在大学(或地方高校)与区域发展关系方面的研究较为成熟,且以某一个或多个区域群为研究对象来探究两者互动关系的实证研究较多。黄艳等(2022)基于价值链模型构建了城市高等教育竞争力评价指标体系,进而分析了长江经济带城市高等教育竞争力

① 闫超栋、马静:《中国高等教育效率的区域差异及空间收敛性研究》,《湖北社会科学》2017年第 4 期。

② 丁岚:《"985 工程"实施中教育部直属高校生产效率的计量分析》,《高等教育研究》2012年第 7 期。

③ 袁婷、王世斌、郄海霞:《大学如何影响城市群创新生态系统形成与演化?——基于价值共创视角的案例研究》,《科学学与科学技术管理》2022 年第 4 期。

水平,其中,下游的 4 个城市的高等教育综合竞争力优势明显,地处中游的武汉和地处上游的成都是所在流域高等教育的优势城市。① 顾岩峰、何淼(2022)基于对河北省高等教育与区域经济发展的关系考察,证明了高等教育集聚对经济增长的正向作用。② 与此同时,在国家大力推动西部大开发的背景下,川渝陕区域高等教育资源集聚效应凸显,增速加快且多元发展趋势明显(杨瑾瑜、钟秉林,2022)。③ 有学者在对京津冀城市群、长三角城市群、珠三角城市群、长江中游城市群和成渝城市群的 95 个城市进行统计分析后发现,五大城市群的高等教育呈现"科研资源分布更加集中""知识生产源头更为集中"等特点,且相较于数量规模而言,"质量集聚"更能促进区域创新(周光礼等,2023)。④ 这意味着,高等教育资源的空间布局不应一味追求数量增长或规模扩张,更应注重质量提高,高校异地办学对区域创新的影响并不是绝对有利的。

(三)城市发展与教育科技人才的关系是学界关注的重要领域

随着高等教育在城市发展中的作用逐渐显现,学者们对城市发展与教育科技人才的关系的研究也在不断深入,并取得了丰富的研究成果。党的二十大报告将教育、科技、人才放在一起系统谋划、整体布局,体现了党对中国式现代化规律性认识的深化。因此,亟待进一步强化教育、科技、人才的协同支撑能力,助力城市发展。

1. 城市转型发展的研究

城市竞争能力的强弱决定着城市的兴衰(王发曾、吕金嵘,2011)。⑤ 有学者认为,城市化的基本特征即要素集聚,聚集经济是城市化的基本动力(苏雪串,2004)⑥,

① 黄艳等:《长江经济带城市高等教育竞争力水平测度与空间分布研究》,《现代教育管理》2022 年第 11 期。
② 顾岩峰、何淼:《区域高等教育资源"集聚"配置促进经济增长的效率测度与策略选择》,《河北师范大学学报(教育科学版)》2022 年第 6 期。
③ 杨瑾瑜、钟秉林:《川渝陕区域高等教育集群发展态势和策略研究》,《中国高等教育》2022 年第 8 期。
④ 周光礼、赵之灿、耿孟茹:《高等教育资源空间布局及其对区域科技创新能力的影响——基于中国五大城市群的实证研究》,《现代大学教育》2023 年第 1 期。
⑤ 王发曾、吕金嵘:《中原城市群城市竞争力的评价与时空演变》,《地理研究》2011 年第 1 期。
⑥ 苏雪串:《城市化进程中的要素集聚、产业集群和城市群发展》,《中央财经大学学报》2004 年第 1 期。

突破产业转型路径依赖的关键在于新企业的市场进入与地区人力资本水平的提升,打破路径依赖锁定,推动资源禀赋优势转化,使资源型城市实现转型(张生玲等,2016)。① 有研究指出,从短期来看技术进步对于城市发展潜力的作用影响是最大的,而从长期来看,公共制度的影响最大(张可,2011)。② 在不同的发展阶段,社会经济要素在中心城区的集聚程度与城市经济增长的关系是明显不同的(卢硕等,2020)。③ 区域一体化合作有利于促进地区产业结构升级(郑军等,2021)④,产城融合是转型发展的必然要求,是形成以服务经济为主的产业结构的必然选择,是优化城市空间结构、提升城市核心功能的手段之一(许健、刘璇,2012)。⑤ 还有学者对城市产业升级进行了研究,认为产业结构升级是产业结构知识化、外向化、生态化、整合化有机结合的演变过程(李诚固等,2004)⑥,政府主导下的城市转型,必须在培育和发展战略性新兴产业的过程中提高"瞄准效率",从而为新兴产业提供支持(李程骅、黄南,2014)。⑦

2. 城市科技创新的研究

提高智力密集型城市科技创新资源利用效率是政府和学术界共同关注的重要问题(赵玉林、贺丹,2009)。⑧ 有学者发现,城市既是经济社会发展的重要载体,也是创新要素的主要聚集地,科技创新在城市发展中的作用愈加凸显(王兰英、杨帆,2014)。⑨ 一项基于全球 436 个城市数据的研究发现,公共制度、内部

① 张生玲、李跃、酒二科:《路径依赖、市场进入与资源型城市转型》,《经济理论与经济管理》2016 年第 2 期。

② 张可:《城市发展潜力及其评价》,《华中科技大学学报(社会科学版)》2011 年第 1 期。

③ 卢硕、张文忠、余建辉:《资源型城市演化阶段识别及其发展特征》,《地理学报》2020 年第 10 期。

④ 郑军、郭宇欣、唐亮:《区域一体化合作能否助推产业结构升级?——基于长三角城市经济协调会的准自然实验》,《中国软科学》2021 年第 8 期。

⑤ 许健、刘璇:《推动产城融合,促进城市转型发展——以浦东新区总体规划修编为例》,《上海城市规划》2012 年第 1 期。

⑥ 李诚固、韩守庆、郑文升:《城市产业结构升级的城市化响应研究》,《城市规划》2004 年第 4 期。

⑦ 李程骅、黄南:《战略性新兴产业引领城市转型的路径选择》,《南京社会科学》2014 年第 2 期。

⑧ 赵玉林、贺丹:《智力密集型城市科技创新资源利用效率实证分析》,《中国软科学》2009 年第 10 期。

⑨ 王兰英、杨帆:《创新驱动发展战略与中国的未来城镇化建设》,《中国人口·资源与环境》2014 年第 9 期。

平台是最重要变量,通过多种途径影响城市创新能力(倪鹏飞等,2011)。① 经济基础和人力资本因素对城市创新能力的形成影响较大(何舜辉等,2017)②,推动创新型城市建设,是我国实施创新驱动发展战略的重要抓手(章文光、李伟,2017)③,我国的创新中心布局由以国家为主体的科技中心转向了以城市为主体的创新中心竞争格局(李福、赵放,2018)。④ 获取和开发科学技术已经成为提高城市竞争力的一个基本驱动力量,培育一个城市的科技创新能力,也就意味着这个城市获取了科技进步、经济繁荣的引擎(孙珏等,2008)。⑤ 地理距离阻碍了城市间的科研合作,城市的科研规模、人口规模、世界一流大学数量、制度邻近性和社会邻近性促进了城际联系(桂钦昌等,2021)⑥,各城市应结合自身特点与区位条件,有针对性地出台相应政策以吸引科技创新人才(叶晓倩、陈伟,2019)。⑦

3. 城市人力资本的研究

人力资本对于促进城市产业结构升级发挥了重要作用。有学者认为,未来30 年内,我国城市人口老龄化进程将不断加快,如何承载 4 亿多老年人的各种需求,成了一个十分严峻的社会课题(张海鹰,2010)。⑧ 市场经济环境下,劳动力特别是高技能劳动力更多地流向了人力资本水平更高的城市(夏怡然、陆铭,2019)。⑨ 城市人才争夺如火如荼,具有省会为主、各县发力、多维补贴、百策求贤

① 倪鹏飞、白晶、杨旭:《城市创新系统的关键因素及其影响机制——基于全球 436 个城市数据的结构化方程模型》,《中国工业经济》2011 年第 2 期。
② 何舜辉、杜德斌、焦美琪:《中国地级以上城市创新能力的时空格局演变及影响因素分析》,《地理科学》2017 年第 7 期。
③ 章文光、李伟:《创新型城市创新效率评价与投入冗余分析》,《科技进步与对策》2017 年第 6 期。
④ 李福、赵放:《创新中心的形成:创新资源的集聚与利用模式》,《中国科技论坛》2018 年第 4 期。
⑤ 孙钰、李泽涛、马瑞:《我国城市科技创新能力的实证研究》,《南开经济研究》2008 年第 4 期。
⑥ 桂钦昌、杜德斌、刘承良:《全球城市知识流动网络的结构特征与影响因素》,《地理研究》2021 年第 5 期。
⑦ 叶晓倩、陈伟:《我国城市对科技创新人才的综合吸引力研究——基于舒适物理论的评价指标体系构建与实证》,《科学学研究》2019 年第 8 期。
⑧ 张海鹰:《城市人口老龄化面临的形势及对策》,《人口学刊》2010 年第 2 期。
⑨ 夏怡然、陆铭:《跨越世纪的城市人力资本足迹——历史遗产、政策冲击和劳动力流动》,《经济研究》2019 年第 1 期。

的特点(喻修远、王凯伟,2019)。① 高质量人力资本投资可以带动产业结构升级,进而促进经济增长(何小钢等,2020)。② 研究表明,高等教育人力资本集聚对小型、中型和大型城市的产业结构升级的影响均显著为正(周启良、范红忠,2021)。③

4. 城市教育问题的研究

有学者认为,教育程度与城市居民幸福感呈显著正向关系(黄嘉文,2013)④,主要城市高等教育对区域经济发展的贡献是非常显著的,但贡献度随时间推移有所下降。改革以来,中国教育机会总量的增加,特别是高等教育机会的扩大,并未如人们所预期的那样明显地缩小教育分层(郝大海,2007)。⑤ 城市之间经济发展差距逐步加大,且经济发展速度之间的差异整体上远大于高等教育发展速度之间的差异(高耀等,2013)。⑥ 城市偏向的教育经费投入政策是城乡教育水平、城乡收入差距扩大的重要决定因素(陈斌开等,2010)。⑦ 有学者认为,高等教育可以促进技术进步、引领产业演进、助推城市化进程,并通过提高人口素质促进城市经济增长(张臻汉,2013)。⑧ 从国际视角来看,城市创新发展离不开高等教育,大学推动城市发展经历了"寄生—共生—服务—支撑"四个阶段,形成了"自然支撑型—推动支撑型—转型支撑型"三种类型,呈现出"大学城—创新城市群—大都市"三种形态。深圳高等教育与城市发展互动关系历经了从参与到融合的两个"二十年"(马陆亭等,2022)。⑨ 有学者通过实证研究,证

---

① 喻修远、王凯伟:《城市人才争夺:问题生成、利弊博弈与化解策略》,《中国行政管理》2019年第3期。

② 何小钢、罗奇、陈锦玲:《高质量人力资本与中国城市产业结构升级——来自"高校扩招"的证据》,《经济评论》2020年第4期。

③ 周启良、范红忠:《高等教育人力资本集聚对产业结构升级的非线性影响——基于中国287个地级及以上城市面板数据的实证分析》,《重庆高教研究》2021年第4期。

④ 黄嘉文:《教育程度、收入水平与中国城市居民幸福感——一项基于CGSS2005的实证分析》,《社会》2013年第5期。

⑤ 郝大海:《中国城市教育分层研究(1949—2003)》,《中国社会科学》2007年第6期。

⑥ 高耀、顾剑秀、方鹏:《中国十大城市群主要城市高等教育与区域经济协调综合评价研究——基于107个城市2000年和2010年的横截面数据》,《教育科学》2013年第3期。

⑦ 陈斌开、张鹏飞、杨汝岱:《政府教育投入、人力资本投资与中国城乡收入差距》,《管理世界》2010年第1期。

⑧ 张臻汉:《高等教育与城市化的关系研究》,《兰州大学学报(社会科学版)》2013年第6期。

⑨ 马陆亭、张伟、王绽蕊:《高等教育如何支撑创新型城市发展——深圳案例与国际视角》,《高等教育研究》2022年第6期。

实了城市教育设施对住宅价格的正向影响,购房者和投资者愿意为教育质量或可达性支付附加价格(温海珍等,2013)。[①] 还有学者对中国城市子女的教育获得情况调查研究发现,管理阶层的资源优势正逐步转化成其下一代的教育机会,教育不平等的产生机制转变为资源转化与文化再生产双重模式并存(李煜,2006)。[②]

(四)大学与城市互动发展是多学科研究领域的焦点

大学与城市的互动关系演变曲折而漫长,19 世纪至今,大学与城市的关系从相互隔离、结缘互动逐渐走向共生共荣(刘晖、李嘉慧,2018)。[③] 目前大学与城市互动发展的相关问题是多学科研究领域的焦点,学者们对此进行了广泛探索,且已取得较多成果。

1. 高等教育与城市系统发展关系的研究

有学者较早关注到大学城这一现象,认为大学城是高等教育与社会经济协同发展的枢纽,并将成为高等学校成为经济社会中心的重要基地(潘懋元等,2002)。[④] 我国部分发达地区出现的大学城现象,是政府、高校、社会等多种力量积极参与和共同努力的产物,对我国高等教育改革和发展具有多重意义,但其发展过程中存在的规划、投入、管理等问题也不容忽视(顾建民、王爱国,2003)。[⑤] 梁悦、费腾(2020)基于协同创新理论,探讨了在知识经济背景下,城市与大学协同创新发展的路径。[⑥] 徐龙志、钱华生(2020)以常州打造大学城为例,从实证层面上对大学促进城市转型发展进行了研究,进而归纳出集聚化发展高等教育与创新型城市之间的互动机制。[⑦] 有学者指出,大学数量规模对区域经济增长具有推动作用,但高校扩招以后产生的推动作用有减弱的趋势,大学数量规模具有

① 温海珍、杨尚、秦中伏:《城市教育配套对住宅价格的影响:基于公共品资本化视角的实证分析》,《中国土地科学》2013 年第 1 期。
② 李煜:《制度变迁与教育不平等的产生机制——中国城市子女的教育获得(1966—2003)》,《中国社会科学》2006 年第 4 期。
③ 刘晖、李嘉慧:《论大学与城市发展的时空逻辑》,《教育发展研究》2018 年第 5 期。
④ 潘懋元等:《大学城的功能与模式》,《高等教育研究》2002 年第 2 期。
⑤ 顾建民、王爱国:《大学城:我国发达地区高等教育发展的新探索》,《高等教育研究》2003 年第 4 期。
⑥ 梁悦、费腾:《促进校城协同创新的城市型大学更新策略》,《建筑与文化》2020 年第 12 期。
⑦ 徐龙志、钱华生:《大学城与创新型城市互动机制研究——以常州市为例》,《对外经贸》2020 年第 9 期。

空间溢出效应,但东部地区呈现"负溢出"效应(郑浩、张印鹏,2017;高杨、张艳芸、李静晶,2017)。① 大学作为创新第一动力、科技第一生产力、人才第一资源和文化第一软实力的重要结合点,它的地位、职能和作用等发生了根本性变革,逐步从社会的边缘走向社会的中心,同经济、科技、社会紧密结合,成为推动科技进步和经济社会发展的重要力量(李春林等,2020)。②

2. 大学与城市内部空间互动的研究

分析大学与城市的主要行为主体及其相关要素,我们可以发现,大学与政府、产业和市民均有密切的互动关系,涉及土地、教育、交通、环境等多种因素。其中,大学与产业组织的互动主要是关于知识、技术和人才等要素,其与经济发展的相关性最大(郄海霞,2008)。③ 高等教育扩张对大学在城市内部空间布局的最明显影响就是"大学城"的兴起与快速发展,表现为大学由城市核心向郊区的集中式扩散(韩婷婷、张强,2017)。④ 可以说,中国的大学城发展就是高等教育发展与城市化的缩影。大学城对于中国城市的空间蔓延发展起到了强有力的推动作用(杨宇振,2009)。⑤ 大学通过参与产业规划、园区建设等方式对城市产业空间重塑,尤其是创新和创意产业,发挥了不可忽视的作用(刘强,2007;朱华晟等,2013;杨凡等,2017)。⑥ 同时,大学师生对大学周边地区的商业绅士化也具有驱动作用,政府对大学周边地区进行商业化改造是衰退邻里活力再生的可

① 郑浩、张印鹏:《中国高校数量规模对经济发展影响的实证研究》,《中国高教研究》2017年第8期;高杨、张艳芸、李静晶:《中国高校数量规模对经济增长的空间溢出效应研究》,《中国高教研究》2017年第8期。

② 李春林、王开薇、陆风:《一流大学建设中高校科技创新服务区域经济社会发展研究》,《科技管理研究》2020年第24期。

③ 郄海霞:《大学与城市互动的分析模型》,《高教探索》2008年第4期。

④ 韩婷婷、张强:《经济发展战略转型中的高校空间布局理论分析》,《黑龙江高教研究》2017年第3期。

⑤ 杨宇振:《权力、资本与空间:中国城市化1908—2008年——写在〈城镇乡地方自治章程〉颁布百年》,《城市规划学刊》2009年第1期。

⑥ 刘强:《同济周边设计产业集群形成机制与价值研究》,《同济大学学报(社会科学版)》2007年第3期;朱华晟等:《大学与城市创意产业空间—网络构建——以北京市规划设计业为例》,《经济地理》2013年第3期;杨凡等:《城市内部研发密集型制造业的空间分布与区位选择模式——以北京、上海为例》,《地理科学》2017年第4期。

行途径(孙洁等,2018)。① 但大学城在空间生产的同时,也伴随着多种时空矛盾和社会分化问题(叶超等,2013)。② 根据英国的实践经验,大学与城市的共生发展有三种典型模式,分别为城市大学、大学科技园和产学联盟(刘佳燕、徐瑾,2016)。③ 郄海霞(2009)系统追溯了美国大学与城市之间的互动关系,指出处在城市化不同阶段的城市与大学之间的相互影响,揭示了城市与大学之间的复杂关系。④

3. 经济发达城市引进大学的研究

目前,国内高教资源不足城市中有很大一批属于经济强市或经济上相对较发达的区域,这主要是我国高教资源不够充足且分布不均造成的。然而,当城市发展进入一定阶段后,这些城市都不约而同地选择了引进大学的方式来解决自身教育资源不足的问题。由于这些城市集中在东南沿海地区,所以,目前学者们的研究主要集中在对具体案例的探讨上。周萍(2005)较早注意到城市高教资源不足原因与区域发展之间的关联。⑤ 一部分学者从实践角度探讨了城市引进优质高等教育资源的"深圳案例"和"青岛案例"(方海明、吴婉湘,2017)⑥,在引进高等教育资源的策略上,虽然深圳、苏州、青岛的目标是基本一致的,但是在具体策略上却有所不同(戴笑笑、黄泽军,2017)。⑦ 根据城市竞争理论,虽然一些后发城市在发展初期与高等教育之间呈现出"弱互动"状态,但是伴随城市竞争态势的剧烈化,高等教育与城市发展必将走向"强互动"(陈先哲,2020)。⑧ 还

---

① 孙洁等:《文化消费驱动的高校周边地区商业绅士化研究——以南京大学与南京师范大学老校区为例》,《城市规划》2018 年第 7 期。

② 叶超、郭志威、陈睿山:《从象征到现实:大学城的空间生产》,《自然辩证法研究》2013 年第 3 期。

③ 刘佳燕、徐瑾:《全球化挑战下大学和城市的共生之路——来自英国的经验》,《城市发展研究》2016 年第 8 期。

④ 郄海霞:《美国研究型大学与城市互动机制研究》,中国社会科学出版社 2009 年版,第 1—36 页。

⑤ 周萍:《长三角中心城市高等教育发展模式初探》,《江苏高教》2005 年第 5 期。

⑥ 方海明、吴婉湘:《城市引进优质高教资源的战略举措——以"南深圳、北青岛"现象为例》,《高教发展与评估》2017 年第 5 期。

⑦ 戴笑笑、黄泽军:《深圳、青岛、苏州三地优质高等教育资源引进工作的调研与对杭州的启示》,《现代城市》2017 年第 4 期。

⑧ 陈先哲:《城市竞争阶段升级与高等教育发展战略转型:深圳案例》,《高等教育研究》2020 年第 9 期。

有学者注意到邻近区域间高等教育资源的流动,集中分析了福建地区从台湾地区引进优质高等教育资源的经验(陈伟等,2018)。①

4. 高校异地办学现象的研究

高校异地办学现象是大学流动、高教资源转移的一个典型现象,尤其在近几年,高校异地办学增多,成为学界研究的一个热点。有专家认为大学异地办学有助于实现优势互补、资源共享、改善办学条件,提高整体办学实力,还能在更大范围服务地方经济(王培松、冷泽兵,2005)。② 田凤、姜宇佳(2022)从正反两方面分析了高校异地办学的利与弊,一方面,高校异地办学在促进学校自身发展的同时,带动了当地经济文化发展,通过积聚智力资本,刺激异地校区本地经济的发展;另一方面,由于存在多头管理、资源配置失衡、大学精神文化传承缺失等问题,异地办学的高校往往存在学校治理混乱、人才培养质量不高、服务地方能力不强等问题。③ 有相当数量的学者对高校异地办学持反对意见,他们认为目前在异地办学矛盾重重,且有的问题直接或间接地影响到了大学的发展,必须引起重视。崔秋灏、戴庆洲(2001)归纳异地办学的主要弊端有教学设施缺乏、重复投资、师资水平较低、大学精神缺失、校园文化苍白等。④ 此外还有部分学者认为,中国大学的异地办学过程自始至终都存在着政府行为。异地办学涉及高等教育宏观布局和结构的调整,不可能通过充分竞争和市场选择的途径来实现,政府在其中起着不可替代的特殊作用;同时,高校也更习惯于找政府主管部门解决问题。史秋衡等(2017)⑤、方海明等(2017)⑥、赵俊芳等(2020)⑦、燕山等(2020)⑧、卢彩晨等

---

① 陈伟、苏金福、张再俭:《福建引进台湾优质高等教育资源的认识和实践》,《福建农林大学学报(哲学社会科学版)》2018年第1期。

② 王培松、冷泽兵:《关于高校异地办学的思考》,《宜宾学院学报》2005年第4期。

③ 田凤、姜宇佳:《高校异地办学的利弊分析及其分类治理》,《教育发展研究》2022年第5期。

④ 崔秋灏、戴庆洲:《高校异地办学的利弊及建议》,《吉林教育科学》2001年第2期。

⑤ 史秋衡、康敏:《我国高校异地多校区设置管理刍议》,《国家教育行政学院学报》2017年第7期。

⑥ 方海明、吴婉湘:《城市引进优质高教资源的战略举措——以"南深圳、北青岛"现象为例》,《高教发展与评估》2017年第5期。

⑦ 赵俊芳、王博书:《一流大学异地办学的生成逻辑与增值效应》,《高等教育研究》2020年第4期。

⑧ 燕山、郭建如:《资源依赖理论视角下异地办学校区办学特征与问题》,《高教探索》2020年第9期。

（2020）①对"双一流"高校集体东扩、高校与城市"强互动"、深圳引进大学等进行了研究，认为异地办学要谨防地方政府的"短视效应"。

（五）大学组织结构与功能变迁研究逐渐受到学界关注

大学组织结构变革是一个复杂的系统过程，持续改进和追求卓越是大学组织结构变革的永恒主题。随着高等教育外部经济社会环境发生变化，大学组织的理念、目标、功能、结构、形态等均产生了显著变化，也随之催生了新型研究类大学、中外合作大学、企业大学、创业型大学、新兴大学、产业学院、未来技术学院等各种大学组织样态的出现，成为学者重点关注的话题。

1. 大学组织结构的变革研究

社会需求、政策与实践为大学组织结构的重构提供了可能，组织结构决定着大学组织的形态和效能，是大学活动的存在形式。大学组织结构系统内生地蕴含着路径依赖与路径创造两种重要机制，涉及不同层面的众多影响因素，是两种既存在区别又有着内在逻辑关联的路径演化形式。② 构建内外部环境匹配的组织结构，是新时代高校有效推进"双一流"建设、"新工科"发展、地方本科院校转型、双创教育等的举措（彭云飞、邓勤，2019）。③ 在新世纪之初，就有学者基于当时互联网技术的发展提出了有关"网络大学"的设想，试图在虚拟空间中实现对高等教育组织形态的重构（陈肖生，2002）。④ 李献策（2012）注意到了社会形态对大学组织形态的影响，处在"后工业社会"的大学组织应具有不确定性、复杂性、开放性、协作性等特征，因此面向未来的大学应是一种基于合作制的组织。⑤ 还有学者进一步追溯了大学组织转型的历史背景，指出大学组织结构的变迁是与社会中主导性的知识形态高度相关的，而当前"后现代知识转型"强调了知识的多元标准，大学组织结构需要更为弹性灵活（伍醒，2016）。⑥ 根据新时代地方

① 卢彩晨、廖霞：《我国"双一流"建设高校扩张模式与区域走向研究——基于区域经济发展的视角》，《中国高教研究》2020 年第 12 期。
② 廖辉：《基于路径演化的大学组织结构变革》，《中国高教研究》2014 年第 3 期。
③ 彭云飞、邓勤：《新时代地方院校组织结构重构研究》，《现代教育管理》2019 年第 12 期。
④ 陈肖生：《网络大学的组织形态及管理理念》，《现代大学教育》2002 年第 4 期。
⑤ 李献策：《后工业社会大学组织模式探析：一种合作制组织的视角》，《理论界》2012 年第 1 期。
⑥ 伍醒：《知识演进与大学基层学术组织变迁》，《安徽师范大学学报（人文社会科学版）》2016 年第 4 期。

院校面对的内外部环境变化,应用型大学应在充分考虑学术权力与行政权力平衡、适应敏捷人才培养的前提下,构建新的内部组织结构(彭云飞、邓勤,2019)。① 大学作为一类特殊的社会组织,不能将其单纯地看成只强调理性的知识组织,还应承认它是需要适应环境的社会组织(李立国,2006)。② 在知识经济时代,网络组织模型将逐步成为大学的重要组织形式,并对大学治理体系的构建发挥关键作用(赵彦志,2011)。③ 大学组织具有非营利性、利益相关性、模糊性、二元权力结构、教师的"双重忠诚"、趋同性、连带性、非进步性与成本最大化、复杂性和多样性等特性。大学始终处于发展变革中,大学组织形态由传统的学术组织变革为学术组织、科层组织、政治组织与企业化组织并存的组织形态,这一形态变迁是学术逻辑、社会逻辑和市场逻辑交互作用的结果。④ 在高等教育高质量发展阶段,从"科教分立"到"科教融合"的转变也是高等教育哲学观变革的表现,"科教融合"是大学组织知识属性决定的大学理念的回归,也是大学组织功能的有效实现(周详、杨斯喻,2017)。⑤

2. 新型大学组织的样态特征研究

学术界根据近年来出现的诸多新型大学组织,提出了"创新型大学""新兴大学""年轻大学""中外合作大学"等概念,用以概括高等教育领域出现的这些新现象。有学者通过研究近年来我国出现的诸多大学样态,试图归纳这些高等教育机构的核心特征。高等教育机构是"一个复杂的有机组织",有学者在对西交利物浦大学、南方科技大学等大学进行研究之后提出,"新兴大学"在师资机构、学院(专业)结构、办学理念、内部治理体系、人才培养模式等方面都有显著不同(伍宸,2020)。⑥ 有学者对"新型大学组织"进行了明确定义,并指出该类型的大学相较传统大学,在组织性质、组织体制等方面具有新的特征(阚明坤、

① 彭云飞、邓勤:《新时代地方院校组织结构重构研究》,《现代教育管理》2019年第12期。
② 李立国:《大学组织特性与大学竞争特点探析》,《高等教育研究》2006年第11期。
③ 赵彦志:《大学组织模型:一个基于知识分析的理论框架》,《教育研究》2011年第5期。
④ 李立国:《大学发展逻辑、组织形态与治理模式的变迁》,《高等教育研究》2017年第6期。
⑤ 周详、杨斯喻:《从"科教分立"到"科教融合":大学功能的结构、变迁与实现》,《首都师范大学学报(社会科学版)》2017年第3期。
⑥ 伍宸:《我国"新兴大学"的特征、内涵及实践品格》,《大学教育科学》2020年第5期。

顾建民,2022)。① 还有一些学者则更为关注特定类型的新型大学组织,认为新型研究型大学之"新"主要体现在"新世纪出生""新理念导航""新教师队伍""新学生养成""新内在形成""新外在优势""新竞争态势""新主体举办""新机制运作""新体制保障"等十个方面(沈红等,2021)。② 新型研究型大学是基于研究型大学的一种"自我迭代",以培养未来的创新者为目标、以开展问题和需求导向的基础性、应用性、开发性研究为任务,以跨学科、有组织的知识生产模式为特征,强调创新力、引领力、合作力的协同,由此与此前的研究型大学形成了鲜明对比。③

3. 新型大学组织的发展动力研究

关于新型大学组织的发展动力,学者们尝试从不同角度做出解读。后发型国家通过"强调有为的建设主体和科学合理的制度供给"所举办的"年轻大学",助力其能够在短期内实现建设世界一流大学的目标。知识生产模式的变革催生了新型研究型大学,同时也构成了新型大学组织发展的动力(沈红等,2021)。④根据对世界各国兴起的新兴大学的研究,主导新兴大学发展的因素主要来自四个方面,包括政府提供的政策和资源保障、高等教育系统产生的溢出效应、社会环境提供的孵化和阻碍正反两方面推动,以及组织战略让新兴大学得以稳步发展(夏人青、朱炎军,2017)。⑤ 因此我国要发展世界新兴大学,就需要在政策上惠及年轻大学、建立多元分类评价体系,以及提升国际化和创新创业水平等(朱炎军、宋彩萍,2018)。⑥

二、国外研究现状

高校与城市的互动来源于中世纪时期"市民与学人"(town and gown)之间

---

① 阙明坤、顾建民:《新型大学组织与城市共生发展》,《教育研究》2022 年第 9 期。
② 沈红等:《新型研究型大学的"新"与"生"》,《复旦教育论坛》2021 年第 6 期。
③ 沈红:《研究型大学的自我迭代:新型研究型大学的诞生与发展》,《教育研究》2022 年第 9 期。
④ 沈红等:《新型研究型大学的"新"与"生"》,《复旦教育论坛》2021 年第 6 期。
⑤ 夏人青、朱炎军:《世界新兴大学的分布特征及动力机制》,《现代教育管理》2017 年第 1 期。
⑥ 朱炎军、宋彩萍:《世界新兴大学:内涵、动力机制与发展策略》,《国家教育行政学院学报》2018 年第 3 期。

的冲突,其中代表性的案例是牛津大学与牛津城的冲突。之后,随着城市化、工业化的发展,高校出现了除了培养人才、科学研究以外的第三个职能,即服务社会,高校与城市之间的联系日益紧密,学者们开始关注高校与城市之间的互动关系,这方面的研究不断增多。关于高校和城市关系之间的研究,主要包括以下五个方面:高校选址的研究;高校在城市中的作用研究;高校与区域创新的研究;高校参与方式的研究;政策对高校发展的影响研究。

(一)高校选址的研究

有学者发现,高校的地理位置在城市和区域的竞争地位中起着重要作用(Baltzopoulos 和 Broström,2013)①,"城市的刺激对学术兴趣有很大影响,地理位置是形成高校的形式和内容的关键因素,也是高校能够为城市作出实质性贡献的决定性因素"(Parsons,1963)②。然而,也有学者认为高校的存在及其人力资本不足以刺激城市的创新和创造财富。城市保持竞争力的本质是保持高校、工业和政府之间的良性互动(Laursen、Reichstein 和 Salter,2011)。③ 这涉及管理这些基于空间范围的每个组织的利益相关者之间的关系。城市有能力通过不同的活动和不同的层次来优化合作。

关于高校位置和城市发展关系的研究主要从物理和功能两个层面展开。

一是从物理层面来看,城市支持创新活动的政策环境可能会影响大学和其他组织的选址决定(Katz,2014)。④ Den Heijer(2011)记录了荷兰高校转型的物理迹象,在从小型和排他性机构转变为向大众开放的大型机构的过程中,荷兰大学分三个阶段建立了校园。首先,20 世纪初的大学是实际融入城市结构的小型机构。随着大学发展,他们的校园扩展到城市的边缘(20 世纪 50 年代到 70 年代),一些大学搬离市中心,以扩建新校园。随着近几十年荷兰城市的快速发

① Baltzopoulos A.,Broström A.,"Attractors of Entrepreneurial Activity 'Universities,Regions and Alumni Entrepreneurs'",*Regional Studies*,2013,pp.934-949.

② Parsons K.C.,"Universities and Cities 'The Terms of the Truce between Them'",*The Journal of Higher Education*,1963,pp.205-216.

③ Laursen K.,Reichstein T.,Salter A.,"Exploring the Effect of Geographical Proximity and University Quality on University-Industry Collaboration in the United Kingdom",*Regional Studies*,2011,pp.507-523.

④ Katz B.,*The Rise of Innovation Districts:A New Geography of Innovation in America*,Metropolitan Policy Program at Brookings,2014.

展,大学校园再次成为城市的一部分。① 这些高校是被动地"城市化",它们本身建在城市之外,高校的存在促进了周边地区城市的发展,城市化导致的扩张最终使得大学地理位置与城市邻近(Curvelo Magdaniel,2016)。② 由此可见,高校的地理位置有从城市外围到城市中心的转变趋势,欧洲和美国的大学已经有了一些例子,组织它们从郊区搬到城市,而不仅仅是等待城市的实际扩张(Haugen 和Aasen,2016)。③

二是从功能层面来看,学者们普遍认为,无论高校处于城市的哪个位置,他们都在经历从单一功能校园到多功能校园的转变,这一转变体现在功能类别的两个极端(即从单纯的学术或商业社区向校园社区的转变)。Carvalho 等(2017)发现,一些校园、科学园区正在城市化,因为这些地方增加了新的功能,如住房设施和文化设施。④ Van Winden 等(2016)认为,许多地方正在从单一功能的商业和研究导向转变为多样化、开放和城市环境。实证数据表明,高校呈现远离纯粹的学术功能,并走向混合校园社区的趋势。⑤

高校与城市关系的这些变化明显表明,高校越来越多地与城市共享物理和功能资源,这些资源可以被有效地利用和管理,以实现共同的目标,刺激创新和促进可持续性发展。高校可以受益于城市—大学合作伙伴关系提供的城市功能网络,城市也可能会受益于大学生和知识工作者,增强了校园邻近地区的活力。

(二)高校在城市中的作用研究

高校对当地的就业、商业创新乃至社会发展都具有重大的直接和间接影响。学者们清楚地认识到高校在城市中的重要性,并试图了解高校是如何为城市和

①　Den Heijer A., " Managing the University Campus: Information to Support Real Estate Decisions",*Eburon Uitgeverij BV*,2011.

②　Curvelo Magdaniel F.T.J., "Technology Campuses and Cities: A Study on the Relation Between Innovation and the Built Environment at the Urban Area Level",*Delft University of Technology*,2016.

③　Haugen T., Aasen T.M., "Campus Alive-Transformation and Integration of University Work and Campus Space//CFM Second Nordic Conference Proceedings", Århus: Polyteknisk Boghandel og Forlag,2016,p.7.

④　Carvalho L., Winden W.V., "Planned Knowledge Locations in Cities: Studying Emergence and Change",*International Journal of Knowledge-Based Development*,2017,pp.47-67.

⑤　Van Winden W., Carvalho L., "Urbanize or Perish? Assessing the Urbanization of Knowledge Locations in Europe",*Journal of Urban Technology*,2016,pp.53-70.

区域发展作出贡献的。一些学者探讨高校的经济影响（McNicoll，1995）。① 还有一些学者则强调高校带来的各种好处，包括它们作为以下角色发挥的作用：通往全球知识来源的管道（Bathelt 等，2004）②；区域产业集群的驱动因素（Malecki，2012）③；新的高科技公司的来源（Siegel 等，2004）④；改进区域治理的专家来源（Gunasekara，2006）。⑤ 还有一部分人探讨了高校对区域创新网络或者说是生态、技术创新系统的贡献（Asheim 和 Coenen，2005）。⑥ 还有的学者指出高校是基于知识城市发展过程的驱动因素，并创建了鼓励合作和知识溢出的空间框架（Yigitcanlar 等，2008）。⑦

具体来看，Russo 等人（2007）提出了一个可持续的城市—大学关系模型，并用9个高等教育发展良好的欧洲城市作为案例进行研究，发现只要城市成功地将知识嵌入当地的社会和经济网络，高校就可以成为城市发展的动力，这在很大程度上取决于高等教育各利益相关者之间交流过程中的平衡。地方政策和规划在维持和加强这种联系方面具有重要作用。⑧ Goddard 和 Vallance（2013）基于对英国部分城市的案例研究，审查高校与城市经济之间的联系、高校在地方建设和当地社区中的作用，发现了高校在促进城市发展可持续性和文化发展方面的作用。⑨ Benneworth 等人（2015）着重探讨了城市—大学互动发展过程，以及随

① McNicoll I. H., "The Impact of the ScottishHigher Education Sector on the Economy of Scotland", *COSHEP*, 1995.

② Bathelt H., Malmberg A., Maskell P., "Clusters and Knowledge: Local Buzz, Global Pipelines and the Process of Knowledge Creation", *Progress in Human Geography*, 2004, pp.31-56.

③ Malecki E.J., "Regional Social Capital: Why It Matters", *Regional Studies*, 2012, pp.1023-1039.

④ Siegel D.S., Waldman D.A., Atwater L.E., et al., "Toward a Model of the Effective Transfer of Scientific Knowledge from Academicians to Practitioners: Qualitative Evidence from the Eommercialization of University Technologies", *Journal of Engineering and Technology Management*, 2004, pp.115-142.

⑤ Gunasekara C., "Reframing the Role of Universities in the Development of Regional Innovation Systems", *The Journal of Technology Transfer*, 2006, pp.101-113.

⑥ Asheim B.T., Coenen L., "Knowledge Bases and Regional Innovation Systems: Comparing Nordic Clusters", *Research Policy*, 2005, pp.1173-1190.

⑦ Yigitcanlar T., O'Connor K., Westerman C., *The Making of Knowledge Cities: Melbourne's Knowledge-Based Urban Development ExperienceCities*, 2008, pp.63-72.

⑧ Russo A.P., van den Berg L., Lavanga M., "Toward a Sustainable Relationship between City and University: AStakeholder Ship Approach", *Journal of Planning Education and Research*, 2007, pp.199-216.

⑨ Goddard J.B., Vallance P., *The University and the City*, Routledge, 2013.

着高技能毕业生的创造和嵌入,大学对地方的总体影响,并制定了一套衡量毕业生吸引力和本地就业率及地方整体综合效应的指标,这些指标能够较好地衡量城市中人力资本创造和流动效应,作者认为在大学区域发展的背景下,需要更多地关注大学在促进地方人才流动培养、改变这些地方作为更广泛的城市系统和层次结构中的节点的性质方面所发挥的作用。① Withycombe 等(2018)探讨了城市—大学合作伙伴关系在解决城市面临的可持续性问题方面的作用。② 具有可持续性专业知识的大学可以成为对实施可持续性措施感兴趣和有责任的城市的有力合作伙伴(Allen 等,2017)。③ 城市—大学合作伙伴关系在可持续发展科学和实践中越来越普遍,代表了双方合作伙伴的新功能范式。通过合作,大学行动者和城市管理部门分享科学理论和应用知识,有助于应对当地的可持续性挑战(Keeler 等,2016)。④ Chatterton(2000)则将重点放在了分析高校文化对地方的影响上,展示了高校和地方社区之间存在的多方面和多样化的文化关系,指出高校正在从精英大学的文化角色转变为当代大众大学更广泛的文化角色。大学的环境、本土化和全球化过程的相互作用,正在重塑大学和地方社区之间的文化关系。⑤

由此可见,学者们普遍认为高校对城市/区域发展存在积极作用,高校和城市之间的合作关系也在不断加强,并形成城市—大学伙伴关系,从而促进经济发展,提高城市生活质量。

(三)高校与区域创新的研究

随着许多先进工业国家"知识经济"的发展,学者们对区域创新系统及高校在这些创新系统中可能发挥的作用的兴趣越来越大。高校被视为区域创新能力

---

① Benneworth P., Herbst M., "The City as a Focus for Human Capital Migration: Towards a Dynamic Analysis of University Human Capital Contributions", *European Planning Studies*, 2015, pp.452-474.

② Withycombe Keeler L., Beaudoin F.D., Lerner A.M., et al., "Transferring Sustainability Solutions Across Contexts Through City-University Partnerships", *Sustainability*, 2018, pp.29-66.

③ Allen J.H., Beaudoin F., Gilden B., "Building Powerful Partnerships: Lessons from Portland's Climate Action Collaborative", *Sustainability: The Journal of Record*, 2017, pp.276-281.

④ Keeler L.W., Wiek A., Lang D.J., et al., "Utilizing International Networks for Accelerating Research and Learning in Transformational Sustainability Science", *Sustainability Science*, 2016, pp.749-762.

⑤ Chatterton P., "The Cultural Role of Universities in the Community: Revisiting the University-Community Debate", *Environment and Planning A*, 2000, pp.165-181.

的潜在贡献者,因为它是知识管道,将全球最先进的科学和技术带入该区域。将这些知识转化为商业应用可以在区域内嵌入并获取价值,提高现有工业企业滞后的创新能力,提高其全球竞争力。Benneworth 等人(1930)总结了高校在提升区域创新系统方面发挥的三个主要作用:深化区域合作伙伴之间的互动水平;通过让外部合作伙伴参与并消除不同部门集群之间合作的障碍来扩大网络的范围;为创新创造一个更宽裕的环境。[1]

在一个全球化的知识环境中,大学参与区域经济发展必须建立在知识网络和基于市场的知识互动的基础上,Benneworth 等人(2006)考察了荷兰的特文特老工业区,研究发现特文特大学在建立地方网络方面发挥了重要作用,能够将当地特色和"全球管道"联系起来,吸引外部投资,投资与支持当地创新体系的活动,从而使其对未来几轮外部投资更具吸引力。[2] Huggins 等人(2008)评估了知识网络的结构和功能,以及大学和企业界在区域环境下的参与模式,阐述了区域经济发展理论如何推动政策制定,并分析了大学在多大程度上能够刺激区域创新活动和经济发展。[3]

高校还可以通过知识转让促成区域创新。通过为商业和工业提供知识和创新系统,高校知识和研究的转让与商业化已被视为经济增长的一个日益重要的刺激因素(Thanki,1999)[4],高校促成知识的转移和商业化在各级政府政策中发挥着越来越普遍的作用(Lambert,2003)。[5] 人们进一步认识到,教育水平的区域差异和基于创新的创业精神是未来区域经济发展潜力的重要方面。越来越多

① Benneworth P., Coenen L., Moodysson J., et al., *Co - Evolution in Constructing Regional Advantage: Exploring the Multiple Roles of Lund University in Strengthening the Scania Regional Innovation System*, 1930.

② Benneworth P., Hospers G.J., "Jongbloed B., New Economic Impulses in Old Industrial Regions: The Case of the University of Twente", *Innovation: Technical, Economic and Institutional Aspects*, Münster: lit, 2006, pp.1-24.

③ Huggins R., Johnston A., Steffenson R., "Universities, Knowledge Networks and Regional Policy, Cambridge Journal of Regions", *Economy and Society*, 2008, pp.321-340.

④ Thanki R., "How do We Know the Value of Higher Education to Regional Development?", *Regional Studies*, 1999, p.84.

⑤ Lambert R., *Lambert Review of Business - University Collaboration*, University of Illinois at Urbana-Champaign's Academy for Entrepreneurial Leadership Historical Research Reference in Entrepreneurship, 2003.

的学者提出要建设"创业型大学",发展"学术企业家",通过高度参与商业化活动,如建立大学衍生企业,以及通过技术许可和专利登记开发知识产权,潜在地影响区域经济发展(Shane,2004)。① Cooke 和 Piccaluga(2004)将区域创新系统细分为两个关键要素:知识生产部门(大学、研究实验室和商业研究设施)和知识使用部门(高科技公司和商业开发设施)。在此基础上,他们提出了区域知识实验室的想法,以探讨这两个部门在实践中是如何相互关联的。这类似于公司研发实验室,研究必须与市场驱动的开发工作相匹配,因此,创新市场的新进入者,可以比其他地方更容易获得学术和企业知识资本,因此可以获得竞争优势。②

大学越来越多地被纳入到区域发展产业集群的规划中,学者们就大学如何影响区域产业集群的发展展开了一系列研究。Paytas 等人(2004)采用交叉案例的方法对美国 8 所高校进行分析,以探究大学参与与其所在地区经济增长(高于、接近或低于美国平均水平)之间的关系。研究发现,大学最有可能通过技术转让影响集群发展。转移区域集群的关键因素是其组织模式、市场趋势和产业或技术的生命周期阶段。③ Antonopoulos 等人(2009)发现科学园区和三螺旋结构的机构可以激发在欧洲某些地区的创造力。以希腊的佩特雷为例,就创新、创造力和创业的区域经济和政策环境等方面进行研究,探索学术界、商界和地方政府之间有效的集体学习渠道和过程,认识到在地区规划中保持一致性和连续性的必要性,达成多层次合作。④

(四)高校参与方式的研究

随着高校在支持城市技术发展和塑造创新文化方面的作用得到更广泛的承认,其知识溢出能力被越来越多的学者认可。Chatterton 和 Goddard(2000)提出,"参与型"大学不仅是一所在技术开发方面具有创业精神的大学,而且也是适应

① Shane S. A., *Academic Entrepreneurship: University Spinoffs and Wealth Creation*, Edward Elgar Publishing, 2004.

② Cooke, Philip N. and Andrea Piccaluga, eds., *Regional Economies as Knowledge Laboratories*, Edward Elgar Publishing, 2004.

③ Paytas J., Gradeck R., Andrews L., *Universities and the Development of Industry Clusters*, Carnegie Mellon University, Center for Economic Development, 2004.

④ Antonopoulos C. N., Papadakis V. G., Stylios C. D., et al., "Mainstreaming Innovation Policy in Less Favoured Regions: The Case of Patras Science Park Greece", *Science and Public Policy*, 2009, pp.511-521.

该区域需要的大学,通过社区服务在增加社会资本方面发挥更广泛的作用。①
三螺旋模型的作用正式确定,并将高校视为越来越多的"创业型"或"生成型"机
构,其中知识的溢出是战略内部重组的结果,这有助于孵化器或科技园的发展
(Etzkowitz 等,2006)。② 但并不是所有学者都认为高校应该侧重于社会服务,比
如 Feller(2004)认为,如果大学想发展技术商业化,就应该把重点放在提高研究
能力(知识创造)上③,而另一些学者则认为,必须建立更有效的机制,将知识转
让给私营和公共部门(Stoneman 和 Diederen,1994)。④ Feldman 和 Desrochers
(2003)通过研究约翰·霍普金斯大学的案例发现,大学的科研能力和知识传播
应用能力不一定匹配,尽管该校是美国联邦资助最高的研究学校之一,但它未能
将巴尔的摩转变为一个高科技中心。⑤

高校参与地方和城市发展的方式主要有三种:组建技术转让部门、创建科学
园区和制定合作方案。

第一,技术转让部门的主要职能是协助教师进行知识产权的披露和专利申
请、成立初创公司和安排许可证销售等法律程序。这些技术转让部门的成功与
一些组织、文化和环境因素有关,包括代理商的专业精神、管理和领导风格、代理
商的报酬,以及是否存在创建大学衍生企业的明确战略等(Markman 等,2005⑥;
Debackere 和 Veugelers,2005⑦;Lockett 等,2003⑧)。一些最具创业精神的大学,

---

① Chatterton P.,Goddard J.,"The Response of Higher Education Institutions to Regional Needs",
European Journal of Education,2000,pp.475-496.

② Etzkowitz H.,Zhou C.,"Triple Helix Twins:Innovation and Sustainability",*Science and Public Policy*,2006,pp.77-83.

③ Feller I.,"Virtuous and Vicious Cycles in the Contributions of Public Research Universities to State Economic Development Objectives",*Economic Development Quarterly*,2004,pp.138-150.

④ Stoneman P.,Diederen P.,"Technology Diffusion and Public Policy",*The Economic Journal*,1994,pp.918-930.

⑤ Feldman M.,Desrochers P.,"Research Universities and Local Economic Development:Lessons from the History of the Johns Hopkins University",*Industry and Innovation*,2003,pp.5-24.

⑥ Markman G.D.,Phan P.H.,Balkin D.B.,et al.,"Entrepreneurship and University-Based Technology Transfer",*Journal of Business Venturing*,2005,pp.241-263.

⑦ Debackere K.,Veugelers R.,"The Role of Academic Technology Transfer Organizations in Improving Industry Science Links",*Research Policy*,2005,pp.321-342.

⑧ Lockett A.,Wright M.,Franklin S.,"Technology Transfer and Universities' Spin-out Strategies",*Small Business Economics*,2003,pp.185-200.

包括美国麻省理工学院、斯坦福大学和卡内基梅隆大学,都非常重视技术研发以及应用,与地方工业合作具有悠久历史。

第二,建立科学园区是大多数高校增加知识溢出的战略的核心(Storey 和 Tether,1998)。① 科技园区除了为公司提供补贴的实验室空间外,还经常提供咨询服务、网络及加强与大学教师、其他公司和风险资本家的联系。科学园区旨在促进快速技术转让,为学术项目提供更好的资金,帮助吸引研究人员,赞助研究协议,学生安置,并创造机会将知识产权商业化(Chatziioanou 和 Sullivan,2004)。②

第三,高校越来越多地通过推广服务、商业援助及外联方案向小公司提供服务。商业援助方案侧重于通过提高理论知识和技术示范、信息搜索和转介服务及教育和培训传播知识(Shapira 和 Rosenfeld,1996)。③ 这些项目旨在传播高校在新技术和商业实践方面的专业知识,通过在职培训等形式提高企业人员技能,帮助地方发展。经济良好地区的大学还会通过应用研究和咨询项目向社区和经济发展提供援助(Tornatzky 等,2002)。④

表 0-3　高校参与城市发展的方式

方式	作用	影响成功的因素
组建技术转让部门	管理知识产权专利和许可方面的法律程序 建立和推广大学衍生企业 科学研究,决定商业化战略	技术转让人员的专业水平(Markman 等,2005) 分散管理(Debackere 和 Veugelers,2005) 对技术转让人员的财政激励措施(Markman 等,2005) 清晰的愿景和领导能力(Lockett 等,2003) 与外部人员的社会关系(Harmon 等,1997)

① Storey D.J.,Tether B.S.,"Public Policy Measures to Support New Technology-Based Firms in the European Union",*Research Policy*,1998,pp.1037-1057.

② Chatziioanou A.,Sullivan E.,"University Technology and Research Parks:Panacea or Menace for Engineering Education?",*Industry and Higher Education*,2004,pp.125-129.

③ Shapira P.,Rosenfeld S.,*An Overview of Technology Diffusion Policies and Programs to Enhance the Technological Absorptive Capabilities of Small and Medium Enterprises*,Chapel Hill,NC,1996.

④ Tornatzky L.G.,Waugaman P.G.,Gray D.O.,*Innovation U:New University Roles in a Knowledge Economy*,Research Triangle Park,NC:Southern Technology Council,2002.

续表

方式	作用	影响成功的因素
创建科学园区	资助实验室空间/工作空间 与大学教师的接近和联系 接近其他高科技公司,实现技术转化 学生/研究生入学机会 大学里的知识和知识产权 咨询服务	招租能力(AURP,2006) 地理位置靠近大学(Phan 等,2006) 学院开放与设在科学园的公司合作(Etzkowitz,2006) 跨国公司研究实验室
制定合作方案/继续教育	科学研究,决定商业化战略	理论知识学习 技术应用示范 高管/经理培训项目 科研和转介服务

(五)政策对高校发展的影响研究

大学的创业取向和态度,可能取决于政府高等教育部门知识商业化活动有关的基本国家和区域政策环境。有学者认为,由于 1980 年美国出台了《拜杜法案》,美国的大学知识商业化系统比欧洲更加活跃和分散,该法授予大学而不是个别研究人员在其范围内确立的创新的头衔(Goldfard 和 Henrekson,2003)。[1] Couchman 等人(2008)指出政府划分了对知识的创造、转移和转换的特定空间,这些空间被赋予了各种不同的名字,如"智能区域""科学城市""创新走廊"等。通过对比英国东北部的纽卡斯尔科学城和澳大利亚昆士兰州的黄金海岸太平洋创新走廊两个例子,实现政策导向有助于促进产业集群,促进经济发展和多样化,并将其与经济、社会和文化再生联系起来。[2]

尽管许多城市正在制定旨在增加大学知识转移的政策举措,但这些政策的直接影响还无法确定(Paytas 等,2004)。[3] Porter 和 Ketels(2003)指出人们仍然对如何通过来自大学的知识转移来创造有效的影响缺乏理解,以及各地区作为

---

[1]　Goldfarb B.,Henrekson M.,"Bottom-Up Versus Top-Down Policies Towards the Commercialization of University Intellectual Property",*Research policy*,2003,pp.639-658.

[2]　Couchman P.K.,McLoughlin I.,Charles D.R.,"Lost in Translation?:Building Science and Innovation City Strategies in Australia and the UK",*Innovation:Management Policy and Practice*,2008,pp.211-223.

[3]　Paytas J.,Gradeck R.,Andrews L.,*Universities and the Development of Industry Clusters*,Carnegie Mellon University,Center for Economic Development,2004.

这些过程中的一部分所起的作用。① 在一项关于美国—瑞典知识转移和商业化差距的研究中,Goldfarb 和 Henrekson(2003)认为,尽管瑞典大学制度似乎取得了成功,但与美国相比,学术成果的商业化率很低,至少部分是由于瑞典自上而下的国家政策。虽然瑞典采取了许多针对大学的技术转让举措,但衡量大学成功的关键指标仍然是学术成果,缺乏鼓励大学商业化的动力,从一定程度上扼杀了大学知识商业化的积极性。② 这种模式与欧洲其他国家的模式相似,它对学术界开展针对商业部门的知识转让,特别是加州大学伯克利分校高等教育研究中心的道格拉斯、霍金斯认为,世界一流需要一个更包容的理解空间,大学发展需要一种更优化的理念模式,他提出新旗舰型大学强调更主动的社会经济嵌入发展意识、更浓郁的内部学术文化,以及更强调自我提升的管理体制等特征,包括六个特征:①强调为地区与国家服务;②广泛的专业/学科设置;③发展充分的"学术核心";④院校自治;⑤基于循证的内部管理;⑥国际化。③ 建立衍生企业产生了强烈的抑制作用。④

三、文献评述

综观已有的研究成果,现有文献从不同角度勾勒了传统大学与城市互动发展的基本现状,分析了存在的问题,就高等教育与经济发展的关系、高等教育布局结构调整的必要性、城市发展与教育科技人才的关系等方面达成一些共识,为今后的研究奠定了基础,但也存在一些不足,亟须加以深化推进。

(一)研究内容偏向传统大学,对新型大学组织关注有待加强

从研究内容来看,已有研究主要关注大学对城市发展的作用,偏重静态的内涵和特征探索,未能突出大学与城市互动发展的本质与过程,对于新型大学

---

①　Porter M.E.,Ketels C.H.M.,*UK Competitiveness:Moving to the Next Stage*,2003.

②　Goldfarb B.,Henrekson M.,"Bottom-Up Versus Top-Down Policies Towards the Commercialization of University Intellectual Property",*Research Policy*,2003,pp.639-658.

③　Douglass J.A.,Hawkins J.N.,*Envisioning the Asian New Flagship University:Its Past and Vital Future*,2021.

④　Goldfarb B.,Henrekson M.,"Bottom-Up Versus Top-Down Policies Towards the Commercialization of University Intellectual Property",*Research Policy*,2003,pp.639-658.

组织产生、发展的内在机理和作用机制仍然有待探索。例如,大学异地办学、大学分校、分支机构等新型大学组织为何纷纷涌现,其成效怎样? 新型大学组织与城市共生发展的机理是什么? 如何发展建设适合于我国历史文化和现实的新型大学组织? 等等。这方面研究较少,亟待将新型大学组织与经济发达城市互动协调发展背后的机理机制等本质问题纳入分析范围,进行进一步探讨。

(二)研究视角以单一理论为主,需要运用多学科理论

从研究视角来看,已有研究虽然有一些综合运用社会学、经济学、管理学等多学科理论知识,但是仍然缺乏跨学科和多元化的视角。单一的学科视角和研究方法不能有效地解释新型大学组织与城市互动中存在的复杂棘手的问题。而高等教育结构系统是一个极其复杂的系统,研究人员之间、研究机构之间缺乏合作交流,不能形成开放多元的研究视角,从而影响研究结论的丰富性及对策建议的有效性,因而研究视角的多样性显得尤为重要。管理学、社会学、经济学等学科知识应逐渐被纳入本研究中,多元化的理论及其视角将为本研究的丰富和成熟发挥积极作用。通过不同学科视角的具体分析能够吸收相关学科领域的研究成果,从多个维度探究新型大学组织运行过程中的特征、机理,针对研究问题进行更为立体、深入地解读,形成具有一定阐释力的分析框架,加深对研究问题的认知。

(三)研究方法以思辨为主,需要加强实证研究

从研究方法来看,现有研究主要使用理论思辨和经验描述来探讨新型大学组织的运行规律,缺乏长期跟踪调查、深度访谈、典型案例,无法对新型大学组织和城市发展之间的关系进行全面系统的分析和描述。当前实证研究方法的欠缺与实证调查资料的不足,容易导致新型大学组织与城市共生发展的研究浮于表面或失之全面。与此同时,大学组织结构的复杂性和城市支持力度的差异,导致不同类型和不同地区的新型大学组织的特征具有一定差异,对城市经济社会发展产生影响的程度也不尽相同,这也有待通过实证研究进行进一步检验。

第四节　研究设计

一、研究目标

本研究坚持问题导向,主要目标体现在理论构建、实践指导、政策咨询三个方面。

一是理论目标。构建新型大学组织与城市共生发展理论模型。通过深度调研新型大学组织与城市共生发展的现状、成效、问题,建立共生发展模型,明晰"新型大学组织"这一崛起的群体在高等教育之林中的地位,洞悉高等教育组织形态创新与职能演变的趋势丰富和发展高等教育管理理论。

二是实践目标。为新型大学组织与城市共生发展释疑解惑、提供指导。系统回答城市新型大学组织存在的盲点、痛点、堵点问题,为优化发展、推动实践提供经验、路径、方法指导,助力新型大学组织与所在城市之间互动双赢、共生共荣。

三是政策目标。提出新型大学组织与城市共生发展的具体对策建议。新型大学组织与经济发达城市共生发展亟须政府提供政策指引和制度保障,完善治理体系,本研究可以直接为各级政府主管部门和经济发达城市出台相关政策文件提供决策参考,促进政策供给和创新。

二、研究思路

首先,对相关国内外大学与城市共生发展的研究进行文献回顾、总结和评析,为后续研究打下基础。梳理大学与城市互动发展的历史,运用组织学理论、新经济增长理论、共生理论等多学科知识对问题进行理论分析,构建一个多层次、多主体参与、多向内嵌的系统分析框架。

其次,在全国范围内针对新型大学组织、城市的相关管理者、行业企业、教育行政人员开展调查和访谈,听取国内外相关专家意见,在实地考察的基础上,发掘现有新型大学组织与城市共生发展存在的问题,探询改进的建议。同时,开展典型案例分析,梳理国内外典型城市发展新型大学组织的实践做法,提炼互动模式,分析哪些举措可让中国新型大学组织与城市共生发展有所借鉴。

再次,基于全国范围内的量化研究和质性研究,构建新型大学组织与城市耦合发展的理论模型,设定关键数据指标,引入道格拉斯生产函数,计算新型大学组织与城市耦合发展的协调度,建立新型大学组织与经济发达城市的耦合模型。

最后,根据新发展格局的指向和要求,提出促进新型大学组织与经济发达城市共生发展的对策建议,制定适合中国高等教育和城市未来发展的方案,培植欠发达地区城市高等教育"造血基因",促进区域协调发展,增强城市高等教育自主发展能力,破解人民群众期盼良好高等教育与优质资源相对短缺的矛盾,促进新型大学组织与经济发达城市共生发展。

概括而言,本研究以组织理论、新经济增长理论、共生理论为指导,通过深度访谈、案例研究、调查统计,深入分析新型大学组织与经济发达城市共生发展的现状、成效、挑战,分析其内在机理,借鉴国内外做法,最后提出促进策略。基本框架如图 0-1 所示。

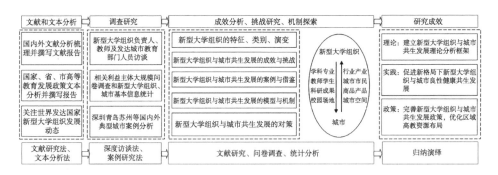

图 0-1　基本框架

三、研究方法

坚持"问题导向、理论驱动、数据解释、案例支撑",采用"定性与定量"相结合的混合研究策略。

(一)统计分析法

在教育部发展规划司、高教司、省级教育行政部门、城市教育部门、新型大学组织的支持下,在前期积累的基础上,对全国 30 多个城市的 220 多个新型大学组织进行调查,发现新型大学组织与城市共生发展过程中的共性问题,确定评价指标体系,利用熵权法确定各指标的权重,对数据进行无量纲处理,利用熵值法计算各指标贡献度,得出权重,测算两个系统的耦合度和耦合协调度。

（二）深度访谈法

通过实地调研,对新型大学组织负责人、管理人员和经济发达城市政府发改、教育、科技等部门负责人,以及省级教育部门负责人进行个别访谈和团体焦点访谈,挖掘新型大学组织与城市共生发展的背景、缘由、现状、困境和建议,掌握第一手资料,对访谈数据、文献数据进行可视化处理。

（三）案例研究法

桑德斯(1982)建议多案例研究须具代表性。选取国内不同区域新型大学组织发展较快的典型城市(深圳市、重庆市、青岛市、苏州市)作为案例;对典型案例进行深入研究,剖析城市经济、产业、人口、科技、教育发展状况,揭示新型大学组织与城市共生发展的成功经验。

四、创新之处

本研究的创新点体现在以下三个方面。

（一）研究视角较为独特,采用多学科理论深入洞悉大学与城市共生发展

本研究采用教育学、经济学、城市学、管理学等多学科理论,以组织理论、新增长理论、共生理论等为理论基础,敏锐把握城市引进培育大学、大学资源流动、大学加强与政府企业互动等社会极为关切的现象,以新型研究型大学,中外合作大学,大学异地校区、分校、研究生院、研究院等新型大学组织为切入点,深入洞察新型大学组织与城市共生发展的历史演变、基本现状、成效和面临的挑战,建构新型大学组织与城市的内在关联,为两者共生发展提供新的思路,避免就教育谈教育,就城市谈城市。通过多学科、跨领域、全方位研究,揭示各种各样的新型大学组织与城市互动的内在机理和改进策略,避免研究的碎片化,有力增强研究的说服力和厚度。

（二）研究观点较为新颖,揭示新型大学组织与城市共生发展机制

本研究从新型大学组织发展的经济、社会、教育、人口、产业等背景入手,揭

示新型大学组织的"四新"特征:一是办学体制新颖,由以前的政府单一主办的传统公办体制,转变为多主体参与办学。二是跨界融合鲜明,新型大学组织具有明显的跨越国界、地域、空间、行业的特征,表现出大学与政府、企业、行业融合的特征,体现出大学组织边界的扩张延伸,呈现交互大学、无边界高等教育特征。三是管理机制灵活,由以前统一领导、统一管理的整齐划一模式,转变为扁平化、多样化模式。四是经费渠道多元,由主要依靠从同级财政部门取得拨款,转变为多种来源渠道。在考察国内典型案例,借鉴国外相关做法的基础上,本研究从高等教育区域布局结构调整、相关政策体系优化、健全治理体系、强化外部保障、促进高质量发展等五个方面提出对策建议,促进新型大学与经济发达城市共生发展,从而促进高等教育和区域经济社会高质量发展。

(三)研究方法注重创新,强调量化研究与质性研究相结合的实证研究

在新型大学组织和经济发达城市政府部门支持下,对新型大学组织、城市进行调研访谈,统计新型大学组织(数量、规模、运营模式、发展成效)及所处城市的基本特点(区域位置、GDP、政府一般公共财政预算收入、人口、高校数),掌握扎实的第一手数据,进行量化分析,深入开展国内典型案例分析,为理论构建和政策建议提供实证基础。基于市级面板数据测算新型大学组织与经济发达城市系统的耦合度和耦合协调度,分析其分布特征和发展规律;分析我国新型大学组织和经济发达城市发展的同步性和整体耦合水平、不同地区新型大学组织和城市发展的耦合协调发展程度及地区差异;分析二者耦合发展关系中的关键制约因素。研究方法运用紧贴研究主题,综合使用,注重实证,从而保证研究的创新性。

第一章　理论基础

本章对组织理论、新增长理论、共生发展理论的起源与发展进行系统梳理，探讨三种理论的内涵与关键特征，结合新型大学组织特殊的组织性质、经济发达城市经济增长的内在奥秘，以及新型大学组织与经济发达城市的共生逻辑，阐述相关理论与本研究的契合之处，为后续新型大学组织与经济发达城市共生发展机制研究做理论铺垫。

第一节　组织理论：阐释新型大学组织涌现的视角

"组织"是社会科学长期关注的研究对象之一，在政治学、经济学、社会学等学科中，研究者基于不同视角对其均有论述，组织社会学、组织管理学等新兴学科更是直接将"组织"作为学科研究的核心概念。本研究以组织理论，尤其是随着知识社会的崛起而受到研究者关注的"知识型组织"和"创新型组织"研究作为理论基础之一，从组织理论的视角看待新型大学组织的兴起。

一、组织理论的源起与发展

组织理论的演变与组织内的管理实践深化，以及组织外社会环境的调整高度相关。泰勒（F.W.Taylor）在《科学管理原理》①中，基于企业这一组织形态首次对"组织"问题展开深入讨论，其后，社会科学家继续对"组织"这一社会结构中的重要组成部分开展了一系列研究，研究数量逐渐增多、研究论述逐渐系统。从发展历程来看，组织理论先后经历了古典时期的组织理论、行为科学时期的组

---

① ［美］泰勒：《科学管理原理》，赵涛译，电子工业出版社 2013 年版，第 2 页。

织理论、现代组织理论等阶段,而当前的新制度主义组织理论正在逐渐成为主流。

（一）组织理论的产生

古典时期的组织理论诞生于 19 世纪末 20 世纪初。此时,在美国和欧洲地区,各类企业在工业化和全球化的推动下规模日益扩大,针对组织管理的研究不仅成为企业家关注的重点,也逐渐成为研究者试图探寻的问题。这一时期的组织理论主要关注组织合理化或组织效率问题,尤其着重探讨了组织结构的设计、组织运行的原则、组织管理过程中的基本职能等问题,对"组织"这一研究对象进行了初步的探讨。

具体而言,这一时期的组织理论可分为三个脉络:以泰勒为代表的科学管理研究、以法约尔为代表的行政管理研究,以及以马克斯·韦伯为代表的官僚制研究。针对西方资本主义发展过程中,企业组织中出现的管理效率低下、资源浪费等现象,泰勒提出"科学管理"的概念①,即通过科学方法来实现组织运行效率的提升,由此,他主张对组织要实现"职能管理制",即区分组织内部的各项职能,并找到合适的人员来承担相应的职能。为此,他提出:"在过去,人是第一位的,而在未来,制度是第一位的"②。在科学管理研究的脉络中,组织理论的论述更多是针对个体工人而展开的,而以法约尔为代表的行政管理研究则更为关注从整体角度考察组织管理的问题。法约尔"首先从组织角度贯穿人类协作问题",并且用"动态的视角给管理一个清晰的定义"。③ 法约尔进一步提出,组织管理应包括五个基本职能:计划、组织、指挥、协调和控制,由此为组织研究的细化作出了贡献。马克斯·韦伯作为社会学的先驱性人物,其提出的组织理论是建立在他的理性主义观点之上的,这一理论的核心就是"官僚制"。如果科学管理研究主要关注的是管理方法的科学化,行政管理研究主要关注的是管理原理和原则的理性化,那么韦伯的关注点则是组织制度的科学化和体系化。韦伯提出,在

---

① ［美］泰勒:《科学管理原理》,赵涛译,电子工业出版社 2013 年版,第 3 页。

② 黄崴:《西方古典组织理论及其模式在教育管理中的运用与发展》,《华南师范大学学报(社会科学版)》2000 年第 6 期。

③ 陶向南、赵曙明、邹亚军:《法约尔管理思想及其在管理学史中的地位》,《经济与管理研究》2016 年第 12 期。

官僚体制内,组织应排除人为影响,建立系统制度,用制度来实施管理。① 在考察各类组织的运行现实后,他发现,成功的组织运行必须建立在三种基础之上,即理性基础、传统基础和克里斯玛基础。这三者也是韦伯在其社会学研究中提出的合法性的三种来源。总体而言,古典时期的组织理论是建立在当时资本主义快速崛起,封建主义逐渐退场,公司、企业等商业性机构逐渐占据社会主导的背景之下的,其理论阐述适应了社会生产体制由作坊式小生产体制向工厂化、社会化大生产体制的转化,是服务于当时商业组织提高效率和发展生产力的需求的。

(二)组织理论的发展

虽然古典时期的组织理论在一定程度上开启了组织研究范畴,启迪了后续的众多研究者,不过,由于其更强调外在于个体的结构性因素,忽视了个体的能动性和主动性,由此在具体实践中产生了诸多问题。从理论发展来看,研究者开始更为关注"人的因素"在组织管理中的重要性,以行为科学为基础的组织理论开始盛行,构成了对古典时期的组织理论的有益补充和完善。从社会背景来看,1920 年以后,制约组织效率提升的不再是技术问题,而是人的激励问题,1929 年爆发的经济危机更加促使人们对归属感的需求日益增加。由此,行为科学的组织理论应运而生,其代表人物是梅奥和巴纳德等人。1924 年,梅奥带领哈佛大学研究小组进行了著名的"霍桑实验"②,其首次将组织内的"人"作为实验对象③,并提出"社会人"假设,即认为组织成员是复杂的,成员不仅追求金钱,还有安全性、归属感、友情、受尊重等社会性和心理性需求④,因此,梅奥也被认为是"人际关系学派"的创始人。与此同时,梅奥还注意到存在与"正式组织"相互对立并相互依存的"非正式组织",他认为,组织内的非正式群体对组织效率有着

---

① 〔美〕丹尼尔・A.雷恩:《管理思想的演变》,李柱流等译,中国社会科学出版社 1997 年版,第 254—258 页。
② 〔美〕梅奥:《工业文明的社会问题》,时勘译,机械工业出版社 2016 年版。
③ 田毅鹏:《工业社会学的起源与百年演进》,《南开学报(哲学社会科学版)》2022 年第 5 期。
④ 李功网、桂起权:《从科学哲学观点看管理学方法论——泰勒与梅奥的古典管理理论解读》,《自然辩证法研究》2010 年第 7 期。

重要影响。巴纳德则主要提出了组织理论的社会系统论。① 其主要观点包括组织是人与人之间相互作用的系统②,其中,"共同的目标""为实现共同目标而持续努力的意愿""较高水准的信息沟通"构成了组织的三个基本要素,组织管理者的基本职能就是搭建信息交流的平台、提升组织成员的合作意愿、明确组织目标。③ 针对一类特殊的组织管理者——权威,巴纳德则提出"权威接受论",即认为"权威"源自下级对上级的认同,而不是取决于上级的地位。④

行为科学时期的组织理论是对古典时期理论的一次纠正,其最大贡献是重新正视组织成员的情感、心理和社会需求,从而为解决组织内动力结构的问题提供了答案。相较于古典时期组织理论将中央集权式、等级制作为组织的"理想型",行为科学时期的组织理论构建的是分权型、层级制的组织形式,包括事业部制、超事业部、矩阵等形式。

20 世纪下半叶,组织理论与社会科学其他领域的结合日益紧密,其中,社会学理论被组织研究者大量引入,进一步丰富了自身理论体系。尤其是通过引进包括帕森斯(Talcott Parsons)的制度思想、以默顿(Robert Merton)和塞尔兹尼克(Philip Selznick)为代表的哥伦比亚学派社会学思想⑤,加之在管理学领域以马奇和西蒙(Herbert Simon)为代表的卡内基学派思想,这些理论资源在进入组织研究领域后逐渐产生了组织理论的新制度主义。1977 年,迈耶(John Meyer)与罗恩(Brian Rowan)合著的《制度化的组织:作为神话和仪式的正式结构》⑥被认为是组织研究新制度主义的奠基之作⑦,组织研究的新制度主义正式走上学术舞台。组织研究往往将效率机制作为研究的主要目标之一,这一观点是将组织内的各种现象作为组织追求效率的结果。

---

① 方盛举:《现代组织理论视域中的社会治理共同体》,《思想战线》2022 年第 6 期。
② 郭铁:《巴纳德行政组织理论初探》,《沈阳师范大学学报(社会科学版)》2013 年第 4 期。
③ 方盛举:《现代组织理论视域中的社会治理共同体》,《思想战线》2022 年第 6 期。
④ [美]切斯特·巴纳德:《组织与管理》,詹正茂译,机械工业出版社 2016 年版,第 173 页。
⑤ [美]斯科特:《制度与组织——思想观念与物质利益》第 3 版,姚伟、王黎芳译,中国人民大学出版社 2010 年版,第 25—30 页。
⑥ Meyer J.W., Rowan B., "Institutionalized Organizations:Formal Structure as Myth and Ceremony", *American Journal of Sociology*,1977,pp.340-363.
⑦ 张永宏:《组织社会学的新制度主义学派》,上海人民出版社 2007 年版,第 451 页。

1988 年,德鲁克(Peter F.Drucker)发表的《新型组织的出现》一文可以被视为现代组织理论的开端。① 德鲁克针对当时大型企业中出现的知识工人(Knowledge Workers)、扁平型组织结构(Flat Structure)、员工自我控制(Self-control)等现象提出,新型企业组织将逐渐以知识为基础、倾向于采用专家型结构,从而与传统企业组织形成鲜明的对比。如果说行为科学时期的组织理论通过宣扬组织成员个体性、重视个体价值等方式构建了更为多样化的组织内图景,那么现代组织理论在某种程度上实现了对古典时期组织理论的回归。通过引入系统论、关系论、生成论、有机论等作为新的理论基础②,现代组织理论将组织看成一个开放系统。斯科特(W.Richard Scott)和戴维斯(Gerald F.Davis)将组织进一步抽象为"一个复杂的社会过程集合",由此提出组织研究中存在的三种视角,即理性系统视角、自然系统视角和开放系统视角。③ 现代组织理论不仅从组织内的视角出发,对组成组织内的各子系统进行剖析,阐明各子系统之间的关联,而且注重从外部视角出发,探讨组织与外部环境的交互作用,更加强调了组织不仅是环境适应的产物,更是影响环境、改造环境的主体。这一时期,系统组织理论、权变—系统组织理论、群体生态理论和资源依赖理论等是现代组织理论的代表。

国际知名的组织社会学家、组织研究的新制度学派的主要代表人物之一、美国斯坦福大学社会学系教授 W.理查德·斯科特与杰拉尔德·F.戴维斯出版了《组织理论:理性、自然与开放系统的视角》,认为"组织是许多基本社会过程的基础,例如社会化、沟通、等级化、行为准则的形成、权力的运用以及目标的设定与实现"④,强调组织在社会发展中具有重要作用,"从更广泛的层面上,可以说当代的历史发生在组织中,通过组织而演进。经济发展是政府政策(公共组织)与创建并运行私人组织的行动结合的结果"⑤。值得关注的是,斯科特教授认为,组

---

① 参见罗珉:《论组织理论的新范式》,《科研管理》2006 年第 2 期。

② 参见罗珉:《论组织理论的新范式》,《科研管理》2006 年第 2 期。

③ [美]W.理查德·斯科特、杰拉尔德·F.戴维斯:《组织理论:理性、自然与开放系统的视角》,高俊山译,中国人民大学出版社 2011 年版,第 32—35 页。

④ [美]W.理查德·斯科特、杰拉尔德·F.戴维斯:《组织理论:理性、自然与开放系统的视角》,高俊山译,中国人民大学出版社 2011 年版,第 8 页。

⑤ [美]W.理查德·斯科特、杰拉尔德·F.戴维斯:《组织理论:理性、自然与开放系统的视角》,高俊山译,中国人民大学出版社 2011 年版,第 9 页。

织的许多特点很大程度上源于这些组织诞生时的环境条件，"不同的文化、法律和历史造就了不同的国家制度，其中的组织形态自然也各不相同"，"在考察组织多样性时，一定不要忘记时代、地域和文化因素"。斯科特教授从研究者、组织管理者、各种参与者乃至普通大众的视角来阐释组织理论问题，对组织研究学者和管理实践人员具有重要的借鉴意义。

现代组织理论普遍看到了组织与外部环境之间的互动关系是决定组织生存的关键因素，这主要是因为当时的组织与工业革命初期、资本主义大发展时期的企业组织都有了显著不同，其所面对的市场环境、社会环境和政治环境也均有较大不同，既有的科层制模式难以适应，必须通过组建以团队为模块的工作单元、构建更为灵活的组织结构、推行扁平化的管理层级，组织才能更好地应对日趋复杂的外部环境和日趋激烈的竞争挑战。

（三）知识型组织和创新型组织研究

"知识型组织"与"创新型组织"是组织研究领域中与本研究高度相关的两个主题。早在 1965 年，斯廷奇科姆（Stinchcombe）就发现，组织的结构形态在很大程度上"源于这些组织诞生时的环境条件"①，换句话说，适应不同阶段、不同制度环境的社会条件，组织必然展现与这些外在条件相应的诸多特征。如果传统的组织研究更多将关注点聚集在建基于工业化生产方式的各类企业上，那么当信息化、网络化、数字化彻底改变社会之后，组织也将展现不同的形态和特征，而这就是当前组织研究者极为关注的"知识型组织"和"创新型组织"。

"知识型组织"一词最早由瑞典学者卡尔·爱立克·斯威比（Karl Erik Sveiby）于 1986 年提出。斯威比等发现，"知识型组织"均具有一个共同特征，即"在战略上都涉及如何在人类所拥有的知识与诀窍的基础上建立持久性组织"，在此基础上，其对知识型组织的组织特征、生命周期、治理结构和成功要素进行了系统研究，由此也开创了"知识型组织"这一组织研究的新领域。② 其后，美国学

---

① 转引自［美］W.理查德·斯科特、杰拉尔德·F.戴维斯：《组织理论：理性、自然与开放系统的视角》，高俊山译，中国人民大学出版社 2011 年版，第 17 页。

② ［瑞典］卡尔·爱立克·斯威比、［英］汤姆·劳埃德：《知识型企业的管理》，梁立新译，海洋出版社 2002 年版，第 2—13 页。

者彼得·德鲁克提出了"信息型组织""新型组织"等概念①,日本学者野中郁次郎则提出"知识创新型组织"的概念——这一概念指向的是通过持续创造新知识、迅速开发新技术和新产品来获取竞争优势的组织②,这些概念均可被视为"知识型组织"概念的进一步拓展。在国内,李海双对截至 2014 年的知识型组织研究成果进行了综述,他指出,知识型组织与非知识型组织的本质区别在于"紧密地互相依赖、高度协调的组织结构、过程、系统、能力和价值结构",进一步说,即知识取代传统生产要素而成为组织获取未来竞争力的实际推动力。③

与"知识型组织"研究不同,虽然对组织创新行为、创新现象的研究有较长历史,但是针对以创新作为自身核心使命的"创新型组织"的研究历史则相对较短。江飞涛追溯了技术革命浪潮下创新型组织的演变进程,他指出,伴随每一次工业革命,新技术均会引发"生产范式和创新组织的变革",而在最近的以数字技术为核心的科技革命和产业变革中,数字技术直接催生了以平台企业为代表的新型组织形态,在这一背景下,企业的"动态能力"变得更为重要,这意味着,企业的组织学习能力成为决定企业竞争力的关键,而"去中心化、去中介化、深化分工的网络组织"将成为主要的组织形态之一。④ 于畅海针对创新型组织内部存在的组织张力展开了研究,其认为,为了适应市场中的创新压力,创新型组织必须处理好一致性和适应性两种组织张力间的平衡,这也造成了创新型组织内部存在双重结构。⑤

二、组织理论的内涵与特征

"组织"(organization)一词的希腊语原意是"和谐、协调"。组织理论则是对

---

① Drucker Peter F.,"The Coming of the New Organization",*Harvard Business Review*,1988,Vol. 66,No.1,p.45.

② Nonaka,Kujiro,"The Knowledge‐Creating Company",*Harvard Business Review*,1988,Vol.69, No.6,p.96.

③ 李海双:《知识型组织文献综述》,《现代商业》2014 年第 27 期。

④ 江飞涛:《技术革命浪潮下创新组织演变的历史脉络与未来展望——数字经济时代下的新思考》,《学术月刊》2022 年第 4 期。

⑤ 于畅海:《创新型组织研究的新动态:双重性组织研究综述》,《科学学与科学技术管理》2007 年第 3 期。

人类在组织中采取各种行动、产生各类现象的解释,当前的组织理论涉及管理学、政治学、社会学、人类学、社会心理学、哲学、经济学等多种学科。

对如何定义"组织"这一问题,组织理论从古典时代到现代,进而到当下的新制度主义,组织研究者基于不同立场作出了诸多解释,总结其中的共同点包括:组织是为了实现组织目标而存在的,通常是为了应对个体无法解决的问题而设立的;组织的构成包括规范体系、等级系统、信息沟通体系等;组织与外部环境之间存在一定的边界,并与环境产生交互影响;组织内既有正式关系,也存在一系列非正式关系;组织不仅是组织成员分工协作、相互配合的场域,也是组织成员间竞逐权力和利益的场域;随着社会分工的日趋复杂,组织的类型也日渐丰富。

组织一般具有整体性、系统性、协作性、开放性、目的性等特征。依据这些特性可将组织要素分为组织的外部环境、组织的内部环境、组织目标、组织管理主体和组织管理客体。这些要素在组织系统中,并非独立运转,而是相互作用、相互协调、相互影响的。组织能否存续取决于这些要素间能否形成良性、协调、和谐发展的耦合关系,如果不能,甚至各要素之间相互排挤、相互矛盾,则会导致组织走向灭亡。

作为现代组织理论的延续,组织理论的新制度主义学派则跳出了效率机制研究的框架,结合社会学理论,提出了组织内的"合法性机制"问题,强调合法性机制在组织内,以及在组织与制度环境互动中的作用。迈耶和罗恩认为,组织不仅是适应技术环境的产物,同时也是制度环境的产物,这意味着组织内的各种现象不仅是被单一的效率目标所支配,而且更深层地受到合法性追求的驱动。与此同时,这也解释了组织在既定社会中的种种表现,以及组织驱动现象。[①]

在迈耶等人的基础上,鲍威尔(Walter Powell)和迪马吉奥(Paul DiMaggio)进一步梳理了新制度主义对社会学传统中老制度主义的继承与突破。[②] 他们指出,新老制度主义都对组织研究中的"理性—行动者"模型提出了质疑,并认为制度化限制了组织的策略选择,减少了组织内的工具理性倾向;新老制度主义都

---

① 周雪光:《组织社会学的新制度主义学派》,载张永宏主编:《组织社会学的新制度主义学派》,上海人民出版社 2007 年版,"序言"第 4—5 页。
② [美]沃尔特·W.鲍威尔、保罗·J.迪马吉奥:《组织分析的新制度主义》,姚伟译,人民出版社 2008 年版,第 13—14 页。

更强调组织与环境之间的关系,强调文化在形塑组织中的作用。两者不同的是,新制度主义认为环境对组织的影响并不是直接的、简单化的,而是通过一系列复杂的过程产生微妙且深远的影响;在环境的影响下,组织内部并不是严密、僵化的结构,更像是"一种标准元件构成的松散结合序列"。① 他们认为,"在现代社会中,正式的组织结构实际上仍然是在高度制度化的环境中产生的","现代科层组织的本质,就在于这些构成要素的理性化和非人格化,以及把这些构成要素联系在一起的目标的理性化和非人格化"。②

理查德·斯科特(Williams Richard Scott)是组织研究新制度主义学派的集大成者,其研究专注于分析组织与制度环境之间的关系,他更倾向于以开放系统视角来看待组织问题。斯科特等指出,在理性系统视角下,"组织是一种相对而言高度正式化的集体,组织目标具体化能够为不同行动的选择提供明确的准则"③;在自然系统视角下,组织追求的目标在组织发展过程中日益复杂、发散,具有易变性,组织成员更多受到个人利益的激励,因此,组织是不同成员在相互协同中各自追求多样化的利益并"保持其永续长存的价值"的群体④;在开放系统视角下,组织并不是一个封闭的体系,而是依赖于人员、资源和信息的交流,是"相互依赖的活动与人员、资源和信息流的汇聚,这种汇聚将不断变迁的参与者同盟联系在一起,而这些同盟则根植于更广泛的物质资源与制度环境"⑤。斯科特通过强调开放系统视角,凸显了组织的"嵌入性"特征,由此,诸多组织的问题实际可追溯至更大社会系统中的种种问题,组织理论的可解释性得到了进一步扩大。

系统组织理论对早期的组织理论进行了综合,强调应将组织内人的因素与

---

① [美]沃尔特·W.鲍威尔、保罗·J.迪马吉奥:《组织分析的新制度主义》,姚伟译,人民出版社 2008 年版,第 13—14 页。
② [美]沃尔特·W.鲍威尔、保罗·J.迪马吉奥:《组织分析的新制度主义》,姚伟译,人民出版社 2008 年版,第 13—14 页。
③ [美]W.理查德·斯科特、杰拉尔德·F.戴维斯:《组织理论:理性、自然与开放系统的视角》,高俊山译,中国人民大学出版社 2011 年版,第 8 页。
④ [美]W.理查德·斯科特、杰拉尔德·F.戴维斯:《组织理论:理性、自然与开放系统的视角》,高俊山译,中国人民大学出版社 2011 年版,第 8 页。
⑤ [美]W.理查德·斯科特、杰拉尔德·F.戴维斯:《组织理论:理性、自然与开放系统的视角》,高俊山译,中国人民大学出版社 2011 年版,第 8 页。

组织结构的作用结合起来,从而构建既体现人性化又体现约束性的组织结构;权变—系统组织理论则更为强调组织与环境的适配性,由于环境总是变化无常的,所以为了适应外部环境,组织结构也并无优劣之分,只要能够在市场竞争中生存下来、与环境形成良性互动,该组织内部的结构即被认定为有效①;群体生态理论则是建立在生物学的群体生态理论之上,这一理论从更加宏观的角度出发分析组织问题,更为强调环境的选择作用,弱化了组织成员主动性所发挥的影响②;资源依赖理论是对群体生态理论的修正,该理论一方面认为组织运行有赖于外部资源的汲取能力,另一方面认为组织成员在塑造这种资源汲取能力时具有关键作用,由此,组织不仅是环境关系中的被动接受者,更是积极参与者。③

三、组织理论与新型大学组织涌现

在我国教育科学中,组织理论所具有的跨学科视角能够帮助教育研究者更好地解释和看待教育问题。

(一)作为理解新型大学组织的前提

眭依凡认为,大学是实施高等教育的社会组织,具有区别于其他组织十分突出的特性,即复杂性、多样性、统一性、开放性、矛盾性五大特性。④ 金顶兵、闵维方进一步讨论了大学组织的分化和整合,认为在大学组织的整合过程中,科层、文化和市场三种机制都发挥一定的作用。⑤ 吴慧平借由组织理论探讨我国20世纪90年代初出现的高校"合并风""升格热""更名潮",提出大学组织的发展与变革要考虑外部制度环境的合法性机制。⑥ 胡建华讨论了大学内部具有"科层制"的管理组织与学术组织的矛盾及调适。⑦ 张德祥和朱艳从强迫机制、模仿

① 李生琦、徐福缘、吴锋:《企业系统组织结构的若干问题探究》,《科技进步与对策》2004年第1期。
② 周颖洁、张长立:《试析西方组织理论演变的历史逻辑》,《现代管理科学》2007年第5期。
③ 郭柏林、杨连生:《资源依赖理论视角下高校交叉学科发展的路径》,《中国科学基金》2023年第1期。
④ 眭依凡:《关于大学组织特性的理性思考》,《高等教育研究》2000年第4期。
⑤ 金顶兵、闵维方:《论大学组织的分化与整合》,《高等教育研究》2004年第1期。
⑥ 吴慧平:《大学组织变革趋同的社会学思考》,《高教探索》2007年第2期。
⑦ 胡建华:《大学中两种组织的矛盾与调适》,《教育研究》2012年第5期。

机制和社会规范机制三个层面探讨了大学组织发展同质化的成因。① 上述表明,组织理论为我国高等教育研究开辟了新的视角,特别是在大学组织的研究中发挥了重要作用。

斯科特和戴维斯认为:"当组织成为有代表性的社会结构时,了解组织如何运转无疑会极大地帮助我们解释其参与者的行为与经历","组织的初始战略和结构以及管理团队的构成通常都反映了创建人的期望、偏好甚至一时兴致,他们对组织的运行会留下长远的影响——或好或坏","不同的文化、法律和历史造就了不同的国家制度,其中的组织形态自然也各不相同"。② 斯廷施凯姆(Stinchcombe,1965)提出了组织结构的烙印的观点,认为"新组织形式在其创立时获得的特征并倾向于在未来也保持这些特征","各个行业的基本特征——劳动力特征,创立锡资本密集度、管理阶层的相对规模、办公室职员与生产线职员的相对规模和管理人员中的专业人员比例等在组织创立时就具有系统性的差异"。③ 运用成熟的组织理论无疑会对我们理解新型大学组织特征提供帮助。譬如,"现代科层组织的本质,就在于这些构成要素的理性化和非人格化,以及把这些构成要素联系在一起的目标的理性化和非人格化"④,科层体制受到组织研究者们的广泛尊崇,"没有一位社会学家会怀疑,今天占统治地位的组织类型(无论在私人部门或在公共部门)是科层组织的集体"⑤。由此我们便可以较好地理解和解释部分新型大学组织中存在的行政干预和科层现象,进而预测并列举出这种现象所导致的显而易见的后果。

在巴纳德的组织系统理论指导下,我们可以将新型大学组织看作一个由各个子系统相互作用、有机联系而成的系统,这就很好理解为什么部分新型大学组织内部分化出诸多实体组织,进而解码新型大学保持系统内部各子系统及要素间均衡

---

① 张德祥、朱艳:《基于制度视角的大学组织发展同质化研究》,《教育科学》2011 年第 6 期。

② [美]W.理查德·斯科特、杰拉尔德·F.戴维斯:《组织理论:理性、自然与开放系统的视角》,高俊山译,中国人民大学出版社 2011 年版,第 8 页。

③ 转引自张永宏:《组织社会学的新制度主义学派》,上海人民出版社 2007 年版,第 451 页。

④ [美]沃尔特·W.鲍威尔、保罗·J.迪马吉奥:《组织分析的新制度主义》,姚伟译,人民出版社 2008 年版,第 13—14 页。

⑤ 胡仁东:《大学组织内部治理研究:基于权力场域的视角》,南京大学出版社 2022 年版,第 47 页。

的奥秘。在斯科特的意义上,新型大学组织是一个理性的学术组织:它的组织目标明确,即为生产知识、转化知识而存在。这一目标又能够为组织内部的教学、科研、社会服务的各种行为提供具体的规则与规章。教师、学生、管理人员等作为这个组织的成员,有各自的分工与角色,体现出了高度的专门化;"自然系统"视角解释了新型大学组织管理中的目标并不等同于作为理性组织的最终目标,其必须耗费大量的人力物力资源在维持本身作为一个组织的存续上。组织成员(教师)作为参与者,并不仅仅按照组织为他们设定的角色来行动,往往带着自己的价值观和利益抉择。所以在新型大学组织规章制度、职位界定这些正式结构之外,还有着一些非正式结构,对办学产生着更为深刻的影响。"开放系统"这一特征在新型大学组织身上表现尤为明显:不同于中世纪的"象牙塔",新型大学组织不可避免地与社会发生着越来越密切的联系,用于组织发展的资源、设备、人员、制度等都是从环境中获取的。"把社会上合法的理性要素整合进其正式结构的组织,能够最大化其合法性,并增强其资源获得和生存能力。"①斯科特的开放系统视角强调"组织形态的本质取决于它必须联系的环境的类型。具体地说,环境越同质、越稳定,组织的正式化和层级化程度就越高;环境越多样化、越常变,正式化程度低和有机化程度高的组织就越能适应"②。新型大学组织要寻求生存和发展,除了要保持内部系统的稳定,还要保持与政府、企业、行业、社区各种环境间不断相互影响,从而达到相互改善的动态平衡,组织理论为解释这些现象提供了完整的分析框架。

组织理论发展至今,不仅在理论体系上枝繁叶茂,而且研究方法的范式和研究领域也有了很大的拓展;不仅注重宏观的理论构建,而且还拓展到微观层次并注重实证研究。所以,它不仅是一种组织理解框架,更是一种组织分析框架;不仅具有理论先导性意义,更具有系统性的方法意义。本研究是在多案例基础上对一种存在于现实世界中的组织现象进行细化分析,以及对这种分析的结果进行合理解释,并在尽可能的条件下提出进一步的变革主张,而组织理论的引入实质上是作为一种理论理解和分析的前提。

---

① [美]沃尔特·W.鲍威尔、保罗·J.迪马吉奥:《组织分析的新制度主义》,姚伟译,人民出版社 2008 年版,第 13—14 页。

② 转引自[美]沃尔特·W.鲍威尔、保罗·J.迪马吉奥:《组织分析的新制度主义》,姚伟译,人民出版社 2008 年版,第 13—14 页。

（二）组织理论与新型大学组织涌现的逻辑统一

自人类社会存在以来，组织的涌现现象一直贯穿其间，组织理论对组织涌现现象有着深刻的理论阐释。当前，最新的组织理论认为，组织本身在运行过程中发展系统自催化现象，任意一个组织系统在发展过程都是从微小涨落开始，逐渐发展成整体的巨涨落，也即发生"涌现"现象。① 关于组织涌现问题的讨论，有些学者关注的是世界系统、社会等宏观层面，有些学者从组织本身或组织子系统等微观层面分析，还有些学者采取组织场域等中观层次的分析概念与分析单位。有学者认为"在现代社会中，正式的组织结构实际上仍然是在高度制度化的环境中产生的。职业、政策与规划都是与产品和服务一并创造出来的，并且被认为是合理地生产这些产品和服务的。这使得新的组织不断涌现，并驱使既有的组织采纳新的实践做法和程序"②。在对新型大学组织涌现的考察和研究过程中，组织理论赋予了多种视角和多种可能，我们可以非常明晰地观察和体会到与组织理论阐释相耦合的新型大学组织涌现逻辑。

近年来，我国各地区新型大学组织纷纷涌现，成为高等教育界的新现象。组织理论认为，涌现的本质是由小生大、由简入繁、由局部发展到整体的优化过程。这种作用逐步扩大，直至发展到整体大的涨落，即整体出现"涌现"现象。每次局部涨落的发生，实际上就是该子系统发生了结构的优化和功能的强化，它们遵循层次转化律、结构功能律和整体优化律进行局部的或整体的改进。③ 新型大学组织脱胎于传统大学组织，是基于知识生产、传播和应用的本质特性而形成的组织体系，在本质上是一个充满活力的知识创新系统，其基本构件是以创新知识为界的大大小小异质化的知识单元。新型大学组织的涌现是一种从低层次到高层次的过渡，是在微观主体进化的基础上，宏观系统在性能和机构上的突变，在这一过程中从旧质中可以产生新质，它具有不同于传统大学的特征。在这个意

---

① 韩蓉、林润辉：《基于自组织临界性理论的知识创新涌现分析》，《科学学与科学技术管理》2014 年第 4 期。

② ［美］沃尔特·W.鲍威尔、保罗·J.迪马吉奥：《组织分析的新制度主义》，姚伟译，人民出版社 2008 年版，第 13—14 页。

③ 杨桂通：《涌现的哲学——再学系统哲学第一规律：自组织涌现律》，《系统科学学报》2016 年第 1 期。

义上,组织理论解释了新型大学组织为何涌现,用组织理论的话语可以较为确定地将新型大学组织表述为组织场域中的一个子系统,其涌现及与其他方面的相互作用则可逻辑地置于组织场域中看待。

第二节　新增长理论:洞察经济发达城市崛起的窗口

新世纪以来,我国城市经济增长开始出现资本收益边际递减的趋势,大规模的物质资本和劳动力的投入推动城市经济增长已经变得不可持续,城市经济的增长速度开始放缓。与此同时,一些城市的经济增长势头依旧迅猛。本研究将借由新增长理论对这一现象进行阐释,深入剖析高质量的人力资本作用于城市经济增长的机制,为后续研究提供理论支撑。

一、新增长理论的源起与发展

新增长理论(内生增长理论)兴起于 20 世纪 80 年代中期,是西方经济理论的一个分支。彼时,西方发达国家的经济增长缓慢甚至长期停滞,通货膨胀严重,而一些发展中国家和地区的经济却相继实现了持续的高增长,社会经济发展水平与发达国家的差距在不断缩小。发达国家与发展中国家之间的鲜明对比,引起了西方经济学界的警觉和担忧,促使一些经济学家将注意力转向经济增长问题。他们对增长问题的研究最终促成了新增长理论的诞生。

(一)新增长理论的萌芽

在新增长理论诞生之前,新古典增长范式长期占据西方经济学界的正统地位,其核心要义是,如果没有外部推动力,经济体系不可能实现可持续增长。在新古典范式指导下,"对实物资本装备的累积投资将促进人均 GDP 增长,但由于资本收益递减,这存在某个上限"[1]。这种以资本和劳动的投入来解释经济增长的理论框架限制了理论学家对于经济长期增长事实的考察,"它(新古典增长理论)解释了一切,却唯独不能解释长期增长"[2]。不过,在新古典增长理论大行其

---

[1]　[美]福斯特、卡普兰:《创造性破坏》,唐锦超译,中国人民大学出版社 2007 年版,第 16 页。
[2]　别朝霞、代谦:《增长理论向历史研究的回归》,《经济学动态》2016 年第 9 期。

道的工业革命时代,一部分经济学家(甚至新古典经济学派的信奉者们)对经济增长的原理提出过不同看法。其中,被誉为"古典经济学之父"的亚当·斯密(Adam Smith)所归纳的分工理论就已涉及专业化知识积累在促进经济增长方面的作用。① 1776年,他在《国民财富的性质和原因的研究》(上卷)一书中强调了劳动分工对经济增长的贡献,首次将工人技能的提高视为经济增长的根本来源,并论证了人力资本投资和工人技能的提高对人均收入的影响。斯密指出,国民财富的增长取决于两个条件:劳动力数量和劳动生产率水平。"劳动生产率的提高,以及最大程度地利用劳动时间的能力、技能和判断力,似乎都是分工的结果。"②斯密进一步将分工、专业化和技术变革联系起来,表明其意识到,专业知识积累能够带来递增收益,从而为经济增长提供持续的动力。

美国经济学家J.B.克拉克同样意识到工人技术提高的巨大好处。他认为,所有的劳动生产力都是多年来技术进步的结果,没有技术进步,工薪阶层的未来就没有希望。③ 技术进步提高了收入,同时也导致了劳动力和资本的"向上"流动。经济学家阿尔弗雷德·马歇尔(A.Marshall)关于知识和技术的讨论也很有启发意义。他认为,知识是最大的生产力,在某些方面甚至超越了物质要素,并且随着时间推移这种重要性在不断增加。④ 通过强调人的健康、精力和技能在经济上的重要意义,马歇尔预见了我们今天讨论的人力资本问题,相关观点或多或少地给予后来者启发,构成了新增长理论的雏形。

（二）新增长理论的产生

进入20世纪,随着实践的快速发展,一些经济学家对旧有的经济增长理论进行了反思,辩证地看待经济长期增长的源泉,构筑了一种新的增长理论。1962年,美国经济学家肯尼斯·阿罗(Arrow K.)创新性地提出一个"知识积累的内生理论",并以此解释技术进步现象。⑤ 1965年,曾受阿罗邀请并担任其助手的日本经济

---

① 陆静超:《经济增长理论的沿革与创新——评新古典增长理论与新增长理论》,《哈尔滨工业大学学报(社会科学版)》2004年第5期。

② [英]亚当·斯密:《国民财富的性质和原因的研究》上卷,郭大力、王亚南译,商务印书馆1972年版,第5页。

③ 参见庄子银:《创新、企业家活动配置与长期经济增长》,《经济研究》2007年第8期。

④ [英]阿尔弗雷德·马歇尔:《经济学原理》,朱志泰译,商务印书馆1981年版,第72页。

⑤ 吉萍:《新经济增长理论述评》,《云南民族大学学报(哲学社会科学版)》2004年第2期。

学家宇泽弘文(Uzawa H.)描述了一个最佳增长模型,该模型的基本思路:教育部门产出的专业化知识中附着的人力资本是技术变革动力源泉,这类知识将会提高社会生产力,并被其他部门以零成本获得,从而增加生产部门的产出。① 在该模型中,仅人力资本的积累就能促进人均收入的持续增加。阿罗和宇泽弘文所强调的"教育投资产出内生性知识进而刺激经济持续增长"的观点为新增长理论奠定了基础。

保罗·罗默(Romer P.)《收益递增与长期增长》(1986)及卢卡斯(Lucas R.)《论经济发展机制》(1988)两篇文章的发表被视为新增长理论产生的标志。② 20世纪80年代中期,以罗默和卢卡斯为代表的经济学家,将被新古典增长理论学派忽视的"技术"这一变量引入增长模型,同时指出技术是内在的、对资本与劳动直接产生作用的重要变量,这与索洛提出的"技术是外生"的论断截然不同,故又称内生增长理论,或新增长理论。③ 罗默指出,除考虑经济增长的两个因素——劳动与资本外,还应加进第三个因素——知识。他认为,首先,知识能提高投资收益,因而会带来一国长期收益的增长;知识也是生产要素,要增长必然要在知识上进行投资。其次,知识具有外部效应或溢出效应。技术进步、知识积累是其他经济活动的副产品,知识的运用具有共享性即非竞争性,这是导致收益递增的关键所在。④ 这种以知识为基础的新的经济增长理论大大加快了技术革命的步伐,推动了知识经济时代的来临。⑤

二、新增长理论的内涵与特征

新增长理论的出现回应了经济学中一个重要且复杂的问题,即如何实现经济长期可持续增长的问题。基于新增长理论视角,人们将焦点从将经济增长视为外部因素的结果转向了经济系统内的内生力量,知识积累、技术进步等受到了关注,由此,投资人力资本、加大研发力度和推动成果转化等就成为促进经济可持续增长的有力举措。

---

① 庄子银:《新增长理论的兴起与知识经济的出现》,《经济评论》1999年第6期。
② 朱勇、吴易风:《技术进步与经济的内生增长——新增长理论发展述评》,《中国社会科学》1999年第1期。
③ 梁小民:《高级宏观经济学教程》(下),北京大学出版社1996年版,第704—718页。
④ 朱勇:《罗默的新增长理论述评》,《中国人民大学学报》1997年第5期。
⑤ 庄子银:《新增长理论的兴起与知识经济的出现》,《经济评论》1999年第6期。

经济可以实现内生增长是新增长理论的核心观点。新古典增长理论只考虑两个生产要素:资本和劳动,知识或技术被解释为资本和劳动对经济增长的附加效应;而罗默及其同行则将知识和技术视为与资本和劳动同等重要,甚至更为重要的生产要素。首先,知识与技术是"内生的",虽然特定的技术突破(或知识的出现)可能随机发生,但总体上与人们贡献的资源成比例。其次,知识(或技术)具有递增的边际生产率。最后,投资刺激着知识积累,而知识积累反过来促进投资,从而形成良性循环。此外,新增长理论与其他经济增长理论的区别在于几个核心原则。第一,持续增长可以通过经济体制的内部因素来实现,而不是仅仅依靠外部力量。第二,知识产出和技术进步是经济增长的主要动力,是资本投资的结果,目的是利润最大化。第三,技术和人力资本具有外溢效应,这对经济的可持续增长至关重要。第四,与税收、贸易和工业有关的政策可能对经济增长有重大影响,政府补贴促进研究和发展活动已被证明在刺激经济增长方面是有效的。

具体而言,新增长理论主要有以下特点:一方面,它注重知识、技术和人力资本的积累,以产生增量回报,提高其他投入要素的回报,最终促进持续的经济增长。另一方面,它强调政府通过及时提供制度和适当的政策来促进技术创新。技术变革被公认为经济增长的主要来源。① 一个国家(或城市)要想获得先进的技术,政府必须在研究和开发方面进行更多的投资,至关重要的是,政府必须制定适当的鼓励政策,尤其是通过制度调整,使技术创新的私人成本和社会成本一致,为技术创新提供充足的经济刺激,使社会各界愿意为技术创新买单。

综上所述,新增长理论对经济社会发展提出了许多深刻的见解,对经济学界和各国经济实践产生了广泛影响。当前,经济增长理论不断发展,新的经济增长模式不断完善,一些限制性框架逐渐被突破。经济学家越来越多地将政策和制度变量纳入新增长框架,一些学者利用新增长理论的分析框架对各国经济增长进行实证分析。随着研究的深入,新增长理论将不断成熟。

---

① 许先进、陈苏白、刘永跃:《新增长理论的思想与启示》,《华东经济管理》2001年第5期。

三、新增长理论与经济发达城市崛起

新经济增长理论涉及知识产权保护、竞争政策、劳动力市场改革等内容,将教育政策同研究和创新投资结合在一起,为经济发展城市崛起提供理论指导与镜鉴启示。

(一)作为理解经济发达城市的前提

"经济发达"是城市竞争力的体现,一座城市有竞争力,是指其在关键性的经济指数上与其他城市存在系统性差异,而这种差异使得一个城市相对其他城市而言具有更强的吸引力。进一步来说,一座城市为何较其他城市而言更具竞争力,特别是在经济层面脱颖而出,新增长理论对这个问题给出了最优解答。新增长理论将知识积累和技术进步看作经济发展的核心动力,知识和技术能够使社会投资增值,社会投资又使知识和技术更有价值,形成一个良性循环,促进经济稳定增长。这一论断有助于我们理解经济发达城市实现经济增长的实质,即一个城市要实现长期稳定可持续的经济增长,首先要从观念上认识到知识、技术和人力资本积累的重要性,有意识地增加上述要素的积累,以获取这些要素产生的增量回报。长期以来,我国大部分城市主要依靠增加要素投入量来推动经济增长,但随着闲置资源的减少,这种粗放的经济增长模式已经难以为继。为了保证城市经济实现稳定增长,必须转变经济增长方式,从依靠初级生产要素投入(自然资源、气候、地理位置、非技术人工等)转变为依靠高级生产要素(高等教育人力资源培养、现代化通信的基础设施、大学与研究机构等)投入。在波特"钻石"体系(Michael Porter Diamond Model)基础上,建立城市竞争力理论模型(见图1-1),其中强调生产要素是一个城市发展的基础,且相对于初级生产要素,高级生产要素对于城市的发展更为重要。①

为此,需要城市公共部门调整和完善顶层设计,制定一系列维持和刺激经济长期增长的政策,如补贴教育(尤其是高等教育)、研发、鼓励人力资本投资、保护知识产权、激励新思想的产生及其在城市体系中的快速传播。

---

① 刘望、郑昭:《当代中国市场营销前沿问题》,国防科技大学出版社2003年版,第54页。

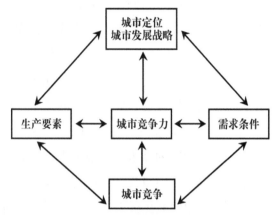

图 1-1　城市竞争力理论模型

（二）新增长理论与经济发达城市崛起的逻辑统一

既然知识和技术是城市经济发展的秘诀，那么如何产出知识和技术就成了经济发达城市崛起所要回应的首要问题。在现代社会里，大学被誉为人类社会发展的"智力机构""动力站""自动化天堂"，以大学为首的知识型机构为城市发展注入了活力。作为知识和技术富集空间的大学组织也就成为学者们关注的重点。许多学者将经济发达城市崛起与大学组织相联系，如刘耀指出，大学建设于城市社会经济发展的区域"空间坐标系"中，大学和城市的相互建构，在环境变迁和组织制度选择中形成共生，如意大利的博洛尼亚市便是一座城市与大学共谋发展的典范。① 史秋衡、周良奎认为，大学与城市共生既是知识经济时代的特征，也是知识社会发展的必然趋势。② 亚历山德拉·登海耶等指出，城市的成功发展越来越依赖于城市与区域管理部门、知识型机构与企业之间的合作。③ 于志晶等指出，高等教育在美国不同阶段的城市化进程中起到了至关重要的推动作用。④

---

① 刘耀：《博洛尼亚：城市的战略转型与大学的制度选择》，《高等教育研究》2011 年第 9 期。

② 史秋衡、周良奎：《校城共同体：地方应用型本科高校与城市共生关系新范型》，《高等工程教育研究》2022 年第 4 期。

③ ［美］亚历山德拉·登海耶等：《发展中的知识城市——整合城市、企业和大学的校园发展战略》，《国际城市规划》2011 年第 3 期。

④ 于志晶、李玉静：《城市化进程与高等教育发展：美国的历程与策略》，《职业技术教育》2015 年第 36 期。

越来越多的案例研究表明,一个城市是否有大学与其对企业和社会机构的吸引力之间存在明显的相关性。克拉克也肯定大学对当代社会发展的杰出贡献,赞扬它们有能力维护、传播和研究永恒的真理,探索新知识,为文明社会的多个领域提供宝贵的服务。① 城市越来越需要大学的助力,城市中几乎没有任何社会机构可以像大学这样提供社会发展各行各业所需要的知识,没有任何社会组织可以像大学这样关联着城市发展的过去、现在和未来。② 这恰恰解释了近年来我国许多在初期依靠生产要素投入的城市不遗余力引进高等教育资源的行为,而行动较早的城市已经借此实现了能级提升及经济腾飞。由此可见,新增长理论在经济发达城市与新型大学组织共生关系之间搭建了一座桥梁,为本研究开展提供了适切的理论视角。

第三节 共生理论:揭示新型大学组织与经济发达城市关系的纽带

新型大学组织与经济发达城市紧密相连,具有一种互利共赢的共生关系。共生理论为理解上述二者之间的内在联系提供了科学的理论启迪和方法论借鉴,为本研究的开展提供了一种整体性思路。

一、共生发展理论的源起与发展

"共生"一词最初源于生物学概念,最早由德国植物学家德贝里于 1879 年提出,用来描述地衣中某些藻类和真菌之间的关系。德贝里在 1879 年明确指出:"共生是不同生物紧密地生活在一起",1884 年,他又谈论了共生、寄生、腐生的问题,描述了许多生物体相互共生的情况。从那时起,共生概念引起了一些著名生物学家的关注,如苏联的范敏特、科尔斯基、科左波利斯基和哈西纳等。19世纪末,苏联蠕虫学家斯克利亚平抨击西方的寄生虫学家把寄生和共生的概念混为一谈,在修改寄生的定义时,特别强调"给宿主带来危害"这一点。随后,遗

---

① [美]克拉克·克尔:《大学的功用》,陈学飞等译,江西教育出版社 1993 年版,第 29 页。
② 张德祥、李枭鹰:《大学与城市互动发展论》,科学出版社 2018 年版,第 5 页。

传理论的发展为共生概念提供了理论支撑,而器官的发展和物种的分化也被越来越多地证明与共生相关。科罗拉多大学的解剖学家伊万·沃林(1883—1969)提出了共生发源说,指出新物种是通过共生产生。英国化学家詹姆斯·洛夫洛克提出了盖娅假说,认为大气中的气体、地球表面的岩石和水的组成有规律地调节着生物的生长、死亡、新陈代谢和其他活动,所有生物都互相联系着。[1]

20世纪50年代初,法国莫尔写了《寄生与共生》这部名著,其中搜集了许多寄生、共生的案例,包括一些罕见的、说不上是寄生或共生的现象,勉强地归之于共栖。[2] 他比较深刻地分析了寄生与共生的普通生物学原理,一定程度上发展了共生理论。1970年,美国生物学家玛格里斯提出"细胞共生学说",该学说在细胞的鞭毛和中心体的起源问题上,最初有着不符合科学事实之处,受到抨击和指责,但无论如何不能不承认她对于共生概念发展的贡献。随着对共生研究不断深入,对物种间关系复杂性的新见解也不断被发现,共生概念也在不断发展和变化,由此逐步建立起体系化的共生理论。

在社会科学领域,随着共生理论的发展,研究者发现共生现象不仅存在于生物领域,而且在社会领域、经济领域也广泛存在,由此该理论逐渐在社会、经济、管理等众多领域得到广泛应用。目前,针对社会科学领域中的共生关系,许多学者采用了过程视角,强调了共生是基于异质性基础的相互依存关系;部分学者从结果视角出发,认为共生关系的核心在于"价值共创"。[3] 在中国,1940年以后,"共生"概念被经济学、管理学、社会学、民族学等领域的学者们接纳,费孝通在《乡土中国》一书中将"共生"与"契洽"并列[4],并认为两个概念指向了"人与人、团体、社会之间相互需求、相互依存的生存状态"[5];其后,民族学领域对社会群体的共生问题也展开了一些探讨,并提出了包括民族共生单元、民族共生模式、民族共生界面三个层次的"民族共生理论"。

---

① 参见李友钟:《社会共生论理论渊源考察》,《理论界》2014年第7期。

② 参见洪黎民:《共生概念发展的历史、现状及展望》,《中国微生态学杂志》1996年第4期。

③ 卢晖等:《组织间共生关系:研究述评与展望》,《外国经济与管理》2021年第10期。

④ 费孝通:《乡土中国》,上海人民出版社2006年版。

⑤ 李安辉、钟观福:《族群边界视野下赣南畲族与客家共生互补关系》,《广西民族研究》2019年第1期。

进入21世纪以来,随着外部环境的急速变化,尤其是数字技术的加速迭代,组织间共生关系的问题得到了一些学者的关注,由此促使组织研究与共生理论形成了交集。不同于一般的组织合作,"组织间共生关系是不同组织紧密联系在一起所形成的共同协作、互惠互利和共同进化的复杂关系"①。崔甫等指出,组织间共生关系与组织合作关系的显著区别在于,前者是将"以共享为关键举措、共存为基本前提、共演和共创为发展使命的命运共同体"作为关系构建的目标②。在这一目标的支持下,组织间的共生实际创造的是各组织有机联系、构成错综复杂网络的生态系统。因此,组织间共生关系研究更加广泛地从资源依赖理论、社会网络理论、组织生态学、资源基础观、交易成本理论和制度理论等研究中吸收理论成果,逐渐拓展为一个新兴的研究领域。

二、共生理论的内涵与特征

共生理论是研究多个不同而又相互作用的生物或组织之间各种不同类型的关系的一门学说,在共生理论中,共生的要素包括共生单元、共生模式和共生环境。共生单元是构成共生关系的基本单位;共生模式是共生单位之间相互作用的形式;共生环境是除共生单元以外的所有因素的总和。③

"共生"有两种英文表达形式,即symbiosis与conviviality。从词源上看,symbiosis是希腊语源,指生态学的"共栖",特别指双方从合作关系中获益,以维持一种相互联系的平衡关系。而conviviality则源于拉丁语,指具有不同目标、理想、利益和文化背景的个体之间的联合状态,这种状态下个体尊重与他人的差异,相互启发,在追求各自目标(而不是消除个体目标并强加一个单一的目标)的基础上进行交流。因此,symbiosis寻求"所有存在形式的和谐统一",conviviality则重视"生存的各种形式的杂然生机",进而可以归纳出共生的核心内涵,即互利、协作、相互交流与异质统一。④

---

① 卢珊等:《组织间共生关系:研究述评与展望》,《外国经济与管理》2021年第10期。

② Cui V., Yang H.B., Vertinsky l., "Attacking Your Partners: Strategic alliances and Competition Between Partners in Product Markets", *Strategic Management Journal*, 2018, pp.3116-3139.

③ 程大涛:《基于共生理论的企业集群组织研究》,浙江大学博士学位论文,2003年。

④ 李萍:《日本现代社会中的共生伦理》,《湘潭师范学院学报(社会科学版)》2002年第5期。

共生理论在各个领域的广泛应用,如生物学、社会学等,相关概念在理解系统相互依存的本质方面具有重要意义。在生物学中,"共生"指"两个或多个物种之间的密切相互作用,不同的有机体以寄生、互惠共生、共栖等形式生存在一起"①。这种关系可以是互利的、有害的,也可以是中性的;可以发生在同一或不同物种的个体之间,可以是暂时的,也可以是长期的。在社会学中,"共生"主要是指在一个社区内具有不同形式或性质的各种单位之间的相互依赖。② 共生与竞争是相互关联的,是群落系统正常运行的基本要素。无论是人类之间的共生,还是其他生物之间的共生,其本质都是特定区域内的单位为了生存而相互依存。③ 共生促进了单位之间的互利和相互依赖,使它们能够通过这种关系实现可持续发展。这些单位之间的相互依存关系是不可分割的,需要每一方的存在和平衡,以确保和维持共生系统内其他方的生存和发展。

基于上述"共生"的基本定义,可以抽象出共生的几个关键特征④。

第一,共生是一种自组织现象,其过程既有自组织的一般特征,也有共生过程独有的特性。它是共生单元之间的相互吸引和合作,在共生关系中单个共生单元的性质不会消失,而是继承与保留;共生单元之间不是一种相互替代,而是相互补充和相互依赖。

第二,共生过程以共生单元的共同进化为特征,构成了一定时空条件下的必然演化过程。共生为共生单元提供了一种理想的进化路径,其本质是共同进化、共同发展和共同适应,在共生过程双方或多方通过相互刺激合作进化。相较于独立进化,合作进化更有效率。

第三,共生关系不仅影响共生单元的存在和发展,也会对环境中的类似单元产生影响。换句话说,共生关系可以对环境产生积极、消极或中性的影响。

第四,共生反映了组织之间的相互依赖,这种关系的出现和发展可以使组织向更有活力的方向发展。在经济领域,共生关系促进资源的有效配置,对推动经济创新和技术变革至关重要。

---

① 马小茹:《"共生理念"的提出及其概念界定》,《经济研究导刊》2011 年第 4 期。
② 《中国大百科全书》,中国大百科全书出版社 1991 年版,第 76 页。
③ 《中国大百科全书》,中国大百科全书出版社 1991 年版,第 76 页。
④ 袁纯清:《共生理论及其对小型经济的应用研究(上)》,《改革》1998 年第 2 期。

三、共生理论对新型大学组织与经济发达城市融合发展的启示

在了解共生理论的源起、发展与内涵、特征的基础上,我们可以就新型大学组织与经济发达城市之间各式各样的关系进行全面的讨论,包括一些良性的合作以及一些相对失败的案例,具有重要的启发意义。

(一)作为理解新型大学组织与经济发达城市共生的前提

目前,共生理论在我国教育领域得到广泛应用,在诠释校地合作等方面取得了显著的效果。如毛才盛等对应用型本科院校、政府和企业的共生关系作出新的阐释。① 孙德超等要求优化教育资源配置理念、内容及方式,强调城乡教育资源从共享走向共生。② 蒋开东等运用共生理论重构高校治理体系框架,创新高校区域协同路径。③ 龚静等借助共生理论发现地方高校一流学科成长遵循的共生逻辑。④ 上述研究作为共生理论运用的一个缩影,证实了共生理论作为分析工具的独特性和合理性,它有着多元的分析视角、丰富的理论内涵,其中对共生模式(点共生、间歇共生、连续性共生、一体化共生),以及共生行为模式(寄生共生、偏利共生、互惠共生)的精妙概括为人们理解新型大学组织与经济发达城市共生模式提供了参考与借鉴。

从宏观层面来看,共生理论跳出了传统生物学观点中"物竞天择,适者生存"的单一生物关系,描绘了生物体或者组织之间的一种良性共生关系,各共生单元在能量的循环中存在依赖性,强调物质、能量、信息在共生单元之间的交流和传递。回到实践中,新型大学组织与经济发达城市之间在教学、科研、管理等各个方面相互合作、互惠互利,本质上构成了一种共生关系。如果没有经济发达城市政治资源的注入,没有土地资源和财政资金的输入,新型大学组织的形成、发展和快速崛起显然不具备现实基础;反过来,由于新型大学组织的创建,城市

---

① 毛才盛、田原:《地方应用型本科院校产教融合发展路径:共生理论视角》,《教育发展研究》2019 年第 7 期。

② 孙德超、李扬:《试析乡村教育振兴——基于城乡教育资源共生的理论考察》,《教育研究》2020 年第 12 期。

③ 蒋开东、詹国彬:《共生理论视角下高校协同创新模式与路径研究》,《科研管理》2020 年第 4 期。

④ 龚静、张新婷:《地方高校"一流学科"的成长逻辑与路径探讨》,《贵州社会科学》2019 年第 7 期。

经济、社会、文化等各个方面发生了明显的积极变化。这种互动共生关系的探讨置于共生理论之下具有相当的适切性。

（二）共生理论与新型大学组织及经济发达城市共生发展的逻辑统一

在当今构建人类命运共同体的背景下,共生发展成为国与国之间、组织与组织之间关系发展的主旋律,共生理论为解释这股发展潮流奠定了坚实的基础。同样,新型大学组织与经济发达城市互动共生的发展逻辑与共生理论描述的现象一致,可以较好地通过共生理论进行解释。

共生理论能较好描述新型大学组织与经济发达城市之间共生模式的演进。在城市引进高教资源、建设新型大学组织初期,经济发达城市与新型大学组织之间的合作尚处在尝试与磨合阶段,双方的共生关系带有很大的随机性,内外部环境的不确定性、合作对象的有限性等都预示了新型大学组织与经济发达城市之间的共生模式将随着时间推移进行多方面调整。在共生理论的预设下,新型大学组织与经济发达城市之间存在三种可能的共生模式:一是寄生,即新型大学组织完全依赖并过度利用经济发达城市资源,损害城市经济社会发展;二是偏利共生,即新型大学组织或城市系统基于自身发展需要与对方开展"短平快"的合作,合作过程中或导致合作对象权益受损;三是互惠共生,即新型大学组织或城市系统基于相近的发展理念,在合作过程中兼顾对方权益,形成利益与情感共同体,呈现出一种原始、稳定的互惠共生关系。实际上,新型大学组织与经济发达城市关系的演进也的确如共生理论描述的一般,至于能否顺利推动二者向互惠共生的理想状态演化,需要在理论指导下因地制宜、长远谋划。

不仅如此,共生理论强调的共生单元、共生环境对于本研究而言极具解释力。以共生单元来说,新型大学组织、经济发达城市都是一种有生命特征的社会有机体,共生就是有机体之间的相互作用。但如果仅把新型大学组织与经济发达城市简单地看作两个有机体之间的相互作用又有失偏颇,需要把这两者进一步拆解成更多单元,如新型大学组织可以拆解为教师、学生、管理人员、科研人员等;经济发达城市可以拆解为政府、行业、企业、社区等。共生指的是上述各个不同单元之间发生的相互作用,可以说,共生理论在一定程度上拓宽了我们看待新型大学组织与经济发达城市共生关系研究的视野。从共生环境出发,强调新型大学组织对经济发达城市内外部环境的能动作用。在共生理论意义上,经济发达城市内外部环境分成正向、中性和反向等三类共生环境。同样,根据共生模式的不同,新型大学组织对经济发达城市内外部环境的影响也分成正向、中性和反向等三类作用。这也比较符合新型大学组织与经济发达城市共生的实际。

第四节　新型大学组织与经济发达城市共生发展的理论分析框架

组织理论、新增长理论、共生理论可以解释各自领域的现象,彼此结合能够对新型大学组织与经济发达城市共生发展进行系统、整体的阐释和洞察,理论涉及的诸多要素可以契合本研究,进而发挥验证假设、回应问题、提供对策的作用。

一、新型大学组织与经济发达城市共生发展的理论框架

组织理论对于新型大学组织的出现具有阐释意义,理论内蕴的组织目标、要素、激励、管理技术、组织与环境变化等内容在描述新型大学组织内外部关系中起到至关重要的作用。作为一类实体组织,新型大学组织内部有明确的目标愿景、规章制度、专业化的人员以及分工明确的组织架构,在发展目标的指引下践行人才培养、科学研究、社会服务职能。其中,也涉及微观层面的组织成员的激励问题,如高层次人才的引进与培育、教师薪酬激励机制等,要求新型大学组织管理人员具备科学管理方法、战略管理眼光与能力,能够开展有效的内部治理,同时对新型大学组织发展做出前瞻性的规划。新型大学组织的外部,则可以笼统地称为社会系统,其中具有更加庞杂的要素,城市、政府、产业通过各种方式对新型大学组织施加影响,比如城市空间结构的改变、政府规制政策的变动等,相关主题的讨论多多少少能反映出"环境对组织发展的重要性",新型大学组织需要对外部环境的变化作出及时回应。通过对新型大学组织内外部系统的一系列刻画,能够具象出一幅现实运作的图景:"新型大学组织"将不再是一个宏观的、抽象的概念,而是一个"有血有肉"、生机勃勃的有机体。

新增长理论对经济发达城市的转型升级作出解释,该理论所强调的知识与技术内生化、研发投入、人力资本等内容为洞察城市的新发展指明了方向。一座城市初期可以依靠生产要素投入实现崛起,成为一般意义上的经济发达城市,但

在后期不可避免地面临经济发展增速放缓、迟滞甚至经济水平下滑的情况。在此过程中,加速经济发达城市转型显得尤为重要,这就要求经济发达城市摆脱单纯的依赖物质,转向倚重科技创新、技术研发、人力资本开发,通过创新驱动与培养更多高规格人才刺激城市经济社会的长期可持续增长。这些措施需要依靠知识生产的专业化部门(教育部门)来实现,当然其中就包括本研究所关注的新型大学组织。可见,新增长理论在关注经济问题的同时,还强调了教育的重要性,为经济和教育跨领域的交融搭建了一个互通渠道,这恰恰是本研究所需要的。

共生理论中关于共生单元、共生模式、共生环境等内容的阐发形塑了新型大学组织与经济发达城市的互动关系,有助于对二者共生的现象作出合理解释。对于实践中存在的各种各样的关系,如果不借助理论,则很难获得合理的结论与实质上的研究进展,对于本研究亦是如此。新型大学组织与经济发达城市的互动关系存在复杂性、多样性特点:复杂性体现在共生环境的复杂,二者互动关系受到宏观政策导向、城市内外部环境的制约;多样性体现在共生模式的多样,新型大学组织与经济发达城市互惠共生的状态不是一天就能达成的,需要历经长期的试错磨合,在不同发展阶段表现出各异的共生样态。借助共生理论,能够辨明新型大学组织与经济发达城市的互动逻辑,并将互动关系的复杂性与多样性合理呈现。从理论意义上讲,共生理论实现了两个不同领域研究对象的融合统一,新型大学组织与经济发达城市两个共生单元将被平等置于同一层级讨论。

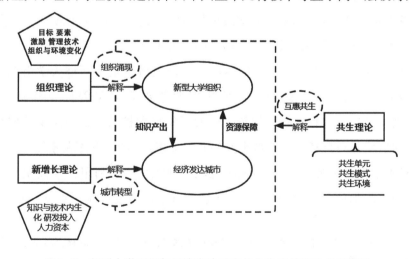

图1-2 新型大学组织与经济发达城市共生发展的理论分析框架

　　本研究关注我国高等教育结构布局过程中形成的新型大学组织与经济发达城市共生发展问题,在整合组织理论、新增长理论和共生理论的基础上,构建了一个兼具诊断、描述和分析功能的一般性框架(见图1-2)。"之所以要发展和利用一种一般性框架来研究某一问题,原因在于它有助于识别各个要素及其之间的联系;框架兼具诊断和描述的功能;对于所研究的问题,一般性框架的意义在于提供一种超出任何特定理论的语言,使得为解释或解决该问题所发展出的各种不同理论之间的比较成为可能。"①该框架由理论内核、解释路径及问题域共同构成。其中,组织理论重点关注新型大学组织的生存与发展,新增长理论强调城市经济长期增长的内生动因,共生理论刻画新型大学组织与经济发达城市的互动关系。三种理论关注范畴有重点也有交叉,彼此交互融汇,共同回应新型大学组织与经济发达城市共生发展问题。据此,本研究提出一条基本假设,即经济发达城市为了促进地方经济社会发展,不遗余力地引进、培育新型大学组织,并最终促进新型大学组织知识产出和经济发达城市资源保障互换基础上的共生发展关系。

二、新型大学组织与经济发达城市的价值共创

　　新型大学组织与经济发达城市承载着人类的美好愿景,政治的稳固、经济的繁荣、文化的昌盛、科技的创新、生态的和谐是新型大学组织与经济发达城市共生发展的责任和使命。当新型大学组织与经济发达城市形成互惠共生关系时,往往能达成"1+1>2"的效果,创造出无与伦比的价值。

　　第一,新型大学组织与经济发达城市共创经济价值。新型大学组织逐步推进经济发达城市的技术创新、制度创新、服务创新、环境创新,与企业、科研机构、创新服务机构和政府等创新主体形成集聚和扩散知识与技术的网络系统,主动适配并契合经济发达城市经济和产业发展需求,发挥人才集聚的知识与信息集中合力优势,积极开展知识创新与科学研究,利用人才集聚溢出效应,产出高附加值创新成果,破解经济发达城市经济发展瓶颈难题,促进经济

---

　　① [英]格里·斯托克、华夏风:《作为理论的治理:五个论点》,《国际社会科学杂志(中文版)》1999年第1期。

发达城市经济效益扩大与提升。

第二,新型大学组织与经济发达城市共创文化价值。新型大学组织是社会发展的头脑,经济发达城市是社会发展的开路先锋,当政府、企业、社团等机构探索人类社会的发展道路和发展模式时,新型大学组织能够承担引领者的角色。在对传统大学继承和创新的基础上,新型大学组织具备创造前沿知识的能力,担负着文化创新和传播的社会责任,各种社会机构的存在"有赖于那些有专门知识和特殊技能的人的存在……随着长期贸易扩大而发展起来的机构都要求有一批具备新知识的人才"。新型大学组织是以前沿科技知识为基本加工材料,以对前沿科技知识的理解、传播为基本活动方式,以培养科技创新人才为根本目的的社会机构。其人才培养模式与后知识经济时代的科技主题相呼应,为社会文化发展作出卓越贡献。

第三,新型大学组织与经济发达城市共创社会价值。新型大学组织与经济发达城市的共生发展最终是为了人的发展,这是新型大学组织与经济发达城市共同的责任与使命。新型大学组织以人为本,人是新型大学组织的主体,更是受教育的对象,新型大学组织的发展归根结底是为了人的发展。在新型大学组织的社会贡献中,一些活动明显提高了居民的生活质量,例如,新型大学组织师生参与经济发达城市或社区的志愿活动,或面对面向社区居民提供医疗保健服务。经济发达城市也是如此,作为这些城市的主人,我们应该认识到,经济发达城市的政治、经济、科技、文化等方面的发展是为了让人发展得更好。一言以蔽之,新型大学组织与经济发达城市的联合、共生和发展,在根本上不是为了新型大学组织与经济发达城市自身,而是为了人的发展,两者在这一点上具有内在的一致性,这正是新型大学组织与经济发达城市互动发展的内在动因和终极目标。

第二章　新型大学组织的兴起与样态

新型大学组织是以新机制新模式创办的不同于传统大学的高等教育机构，一般具有办学历史较短、多元主体合作举办、管理运行机制新颖、办学水平较高等特点。它既包括新成立的具有独立法人资格的新型研究型大学、中外合作大学，又包括城市新引进建设的研究型大学分校、校区、研究生院、研究院和高校新型研发机构等高等教育组织。

第一节　新型大学组织的兴起背景

新型大学组织作为不同于传统大学的高等教育样态，其诞生、兴起有着特定的历史背景。

一、高等教育在地国际化加速大学开放融合

20 世纪 90 年代以来，全球化的总体趋势加快了人员、资源、技术等要素的网络化动态互动，中外高等教育交流愈发密切。在这一过程中，出现国外国际化和在地国际化两种并行的国际化模式。[①] 其中，作为相对传统的国际化模式，依托物理空间跨境流动的国外国际化具有较强的外部依赖性，易受到政治格局、社会经济、学术文化、生态环境等组合因素的驱动和制约，人员流动等在较大程度上受政治、经济等资本的支配规律影响。这容易使得具有先发优势的国家或地区过度汇聚世界高等教育资源，造成传统高等教育国际流动格局下的马太效应，

---

① 王建梁、杨阳：《在地国际化：印度高等教育国际化的最新战略》，《西北工业大学学报（社会科学版）》2022 年第 4 期。

引发高等教育运行体系的脆弱性问题，且难以满足本土社会培养大规模国际性人才、反哺本土高等教育自主发展的需求，影响输入地高等教育的健康生态。

在此背景下，新时期在地国际化逐渐发挥影响作用，依据世界多极化、经济全球化以及日益增多的跨国、跨地区交流趋势，越来越多的国家选择在建立民族学术自信的基础上，实现共同合作、优势互补，打破目前优质高等教育资源高度集聚的格局，促使发展中国家有机会在新型全球化背景下健全本国高等教育体系。在国际化稳步推进的过程中，我国也进一步重视"引进来"和"走出去"的实质性转化，通过探索创办中外合作大学、中外合作专业、国外大学研究院等方式，形成向外辐射的国际吸引效应。一方面，顺应国际交流与合作，在全新的国际化理念下加大大学开放程度，引入新的办学理念、新的教育内容、新的教育手段和新的教学方法，在寻求共同理解的氛围中达成多样化、多元化、综合性的高等教育可持续发展态势，为创办国际化新型大学组织积累经验；另一方面，坚持"以我为主，为我所用"，将国际优质高等教育资源内化到本土高等教育发展之中，引育"复杂变量"建设新型大学组织，构筑本土地方城市群核心优势，融合形成包容开放、博采众长的区域高等教育创生路线，提高人才培养质量，①在国际化大潮中彰显本土特质与中国影响力。

二、以政治论为基础的高等教育哲学强调大学服务职能

"大学确立地位的主要途径有两种，即存在两种高等教育哲学，一种哲学主要以认识论为基础，另一种哲学则以政治论为基础。"②以政治论为基础的高等教育哲学从社会需要出发，强调大学为国家和社会服务，贯穿于我国高等教育的历史使命之中。从成立之始，我国大学就蕴含救亡图存、富国强民的内在基因，以社会变革为主轴，提供社会发展的原生智力支持。③ 在实施科教兴国战略的背景下，我国大学基于人才培育、科研与社会服务等职能，优化完善学科专业布

---

① 李亭松、杨希：《"国外"抑或"在地"——不同国际化方式对研究生国际化能力的影响研究》，《中国高教研究》2022年第10期。
② ［美］布鲁贝克：《高等教育哲学》，浙江教育出版社2002年版，第12期。
③ 刘炯天：《新时代高校服务国家战略和区域经济社会发展的思考》，《中国高教研究》2018年第4期。

局,提升社会引领能力,并通过输送人才和科技成果等服务经济社会发展。

在创新驱动发展新时期,大学更是不断革新突破,增强改革创新的历史主动性,探索新模式、新机制、新体制,在与区域社会的紧密互动中提高服务职能,成为区域创新体系的重要支撑、创新型人才培养的基地、高新技术的辐射源,为地方经济社会发展服务。① 新时期,供给侧结构性改革和产业转型呼吁科技自立自强,对人才培育和科技创新提出了更高的要求,创新成为国家兴旺发达的不竭动力,需要大学在新的发展起点上坚持革故鼎新,牢牢把握新一轮世界科技革命和产业变革机遇,进一步转化实现大学与社会经济发展之间的深度融合,加强战略性、基础性、前瞻性研究,以创新力量支撑服务国家战略行动和区域社会经济发展,实现从"跟跑""并跑"到"领跑"的转变。从现实来看,大学依托城市和区域而不断生长,地方发展和城市转型对高校的期待和要求越来越高,需要大学走出"象牙塔",不断加强主动作为,瞄准人才培养、科研创新、社会服务等着力点,分析国家战略需要和区域经济社会发展人才需求状况和产业创新需求,进一步深化产教融合、科教融合,思考学科链、创新链与产业链、服务链的对接问题,积极引导科研资源嵌入地方支柱和主导产业价值链,加快现实生产力的有效转化,着力提高大学对地方转型升级的贡献率,增强校地互动。

三、知识生产模式转型推动大学组织结构变革

长期以来,大学近乎是垄断性的知识生产机构。从纽曼的"大学是传授知识的场所",到洪堡的"大学也是研究高深学问的机构",再到后来成为社会创新生产与再生产的主轴,大学在历史延展中逐步承担起知识保存、传播、创造等使命②,是大学适应社会发展需要的必然结果,也是大学赖以生存和发展的重要基础。而在新时期,知识生产模式发生了转变,从原本着眼于学科知识延展的知识生产模式 1 走向围绕问题解决的知识生产模式 2,致力于形成社会性、弥漫性的知识结构,促使大学需要沿着这一趋势,对传统学术组织及其结构进行变革。

---

① 史秋衡、周良奎:《校城共同体:地方应用型本科高校与城市共生关系新范型》,《高等工程教育研究》2022 年第 4 期。

② John Henry Newman, *The Idea of A University*, South Bend: University of Notre Dame Press, 1982, pp.1–428.

对此,创设新型学术组织成为大学变革的方式之一,以此寻求在新知识生产模式下维系知识生产的优势地位。[①] 一方面,以问题为中心的知识生产活动受到内外部因素综合作用,需要谋求新的组织形式发挥保障作用。围绕问题解决的活动往往涉及多学科领域,而要在传统大学框架中开展跨学科研究活动常常会受到学科知识部落研究范式及其边界的影响,难以突破传统学科组织壁垒,由此形成创新组织形式的驱动力,结合"解构—建构—制度化"的组织变革过程,沿着"内构"与"外拓"的内外双重路径合力创新多样态的跨学科研究组织,建立与跨学科研究组织相匹配的运行机制。另一方面,需要以新的组织结构变革放大新型知识生产的转化与应用,联通多方互动互荣。2015 年,《重新思考教育:迈向全球共同事业》指出超越狭隘的功利主义和经济主义的价值观,促进知识的创造、控制、获取、习得和运用,为可持续的未来承担共同责任。在这种新的社会诉求下,围绕问题的跨学科组织生产活动不仅是一场智识探索,更在于依赖组织结构稳固跨学科研究行为与社会经济发展之间及时、精准、高效的联通渠道,着力创造变革动力,以强内部推力和强外部拉力,积极发挥主流知识模式和其他各种知识体系的作用。在此背景下,新型大学组织的诞生正当其时。

第二节　新型大学组织的主要形态

新型大学组织本质上是知识生产模式转型的产物,其以多元混合型组织为载体,积极承担促进国家和区域经济社会发展的使命,通过拓展科学研究、人才培养、社会服务活动,不断追求卓越,逐渐成为地区乃至整个国家经济社会发展的"动力源"和"加速器"。众多原因使得创建一所大学或许比试图改革一所现有大学更为可取,创建全新大学的过程能够打破传统的桎梏从而带来高度的自主性。[②] 目前,我国东部沿海发达城市利用经济和政策优势新建了一大批新型大学组织,办学形态包括研究院、研究生院、分校和附属医院等,共涉及 53 所

---

① 焦磊、袁琴:《组织变革视域下大学跨学科研究组织形式创新路径研究》,《江苏高教》2022年第 2 期。

② [美]菲利普·G.阿特巴赫等:《新兴研究型大学:理念与资源共筑学术卓越》,上海交通大学出版社 2020 年版,第 1 页。

"双一流"建设高校。① 新型大学组织的兴起与我国经济发展、城市转型、高等教育功能演变密切相关。新型大学组织的样态各式各样,大致可以分为以下四类。

一、高起点建设的新型研究型大学

在知识时代社会,研究型大学是绝佳的可再生资源,一所卓越的研究型大学虽然常被认为是学习和思考的清静之地——因为通常表面上看起来相当平静,但实际上更像是一个不断创造未来的大型"搅拌器"(churning machine)。② 近年来,经济发达城市重视发展高等教育,纷纷支持新建研究型大学,如南方科技大学、上海科技大学、西湖大学、中国科学院深圳理工大学、福耀科技大学、东方理工大学等,这些高教阵营新成员成为我国高等教育体系中一道亮丽的风景线。这类学校不仅建校时间短,而且呈现出有别于我国传统大学的发展态势,被称为新型研究型大学,具有新世纪出生、新理念导航、新城市布点、新财政渠道、新管理体系、新机制运作、新体制保障等特点。③ 放眼全球,一流大学年轻化成为一种现象,新型研究型大学将改革创新作为学校发展的基本价值起点,以引领高等教育改革方向为使命,是新时期优质高等教育资源的供给者。这类大学建立时间较短,通过采用不同于传统大学的办学体制以及知识生产方式,获得卓越办学成效,并表现出持续发展潜力。④

习近平总书记在科学家座谈会上的重要讲话中强调,要加强高校基础研究,布局建设前沿科学中心,发展新型研究型大学。新型研究型大学是贯彻落实党的二十大提出的教育、科技、人才三位一体战略任务的重要场所,正式成为国家"科技自立自强"战略系统的组成部分,成为扎根中国大地探索适切的研究型大学新形态、面向国情社情发展高等教育的新举措。

目前,我国冠以"新型研究型大学"之称或具备新型研究型大学特征的学校

---

① 卢彩晨、廖霞:《我国"双一流"建设高校扩张模式与区域走向研究——基于区域经济发展的视角》,《中国高教研究》2020年第12期。

② [美]菲利普·G.阿特巴赫等:《新兴研究型大学:理念与资源共筑学术卓越》,上海交通大学出版社2020年版,第7页。

③ 沈红等:《新型研究型大学的"新"与"生"》,《复旦教育论坛》2021年第6期。

④ 朱炎军、宋彩萍:《世界新兴大学:内涵、动力机制与发展策略》,《国家教育行政学院学报》2018年第3期。

共有 7 所,约占新型大学组织总数的 2%(见表 2-1)。从举办年份来看,新型研究型大学主要诞生于 2012 年以后,成立时间最早的为南方科技大学,随着近年来国家政策的大力推动,新型研究型大学大有兴起之势。从学校选址来看,新型研究型大学主要位于经济相对发达的城市,包括 1 个直辖市、2 个省会城市、2 个副省级城市,其中深圳市有 2 所新型研究型大学:南方科技大学与中国科学院深圳理工大学;从办学层次来看,新型研究型大学基本上都建立了本硕博一体化人才培养体系,并以培养"未来的拔尖创新者"为己任。[1] 从办学规模来看,新型研究型大学在校生人数和师资总量较少。其中,就在校生人数而言,相对于其他大学动辄数万人的学生规模,新型研究型大学在校生人数一般控制在万人以内,在校生人数最多同时也是发展时间最久的南方科技大学,历时数十年,在校生人数由创校之初的 45 人发展到现在的约 9000 人。[2] 就师资总量而言,新型研究型大学在千人以内,西湖大学在创立之初的师资甚至超过了在校生人数,这些大学的教师队伍,主体都是由具有最"光鲜"的学历,最"训练有素"的经历,既聪慧又勤奋、风华正茂的年轻人构成[3],具有高选拔性和高流动性特征。

表 2-1　新型研究型大学情况

序号	校名	举办年份	地点	占地面积(万平方米)	办学层次	办学规模	
						在校生(人)	师资总量(人)
1	南方科技大学	2012	深圳	194.38	本硕博	约9000	800
2	上海科技大学	2013	上海	约70	本硕博	5006	521
3	西湖大学	2018	杭州	56.3	本博	约900	约180
4	中国科学院深圳理工大学	2018	深圳	56	本硕博	筹备	319
5	大湾区大学	2020	东莞	156.67	本硕博	筹备	筹备
6	东方理工大学	2020	宁波	150	本硕博	筹备	筹备
7	福耀科技大学	2022	福州	87	本硕博	筹备	筹备

注:数据统计截至 2022 年 12 月。

---

① 沈红:《中国新型研究型大学可持续发展的关键》,2023 年 1 月 10 日,见 https://new.qq.com/rain/a/20230110A09D4D00。

② 温才妃:《新型研究型大学何以为"新"》,《中国科学报》2022 年 1 月 11 日。

③ 沈红等:《新型研究型大学的"新"与"生"》,《复旦教育论坛》2021 年第 6 期。

新型研究型大学的举办主体呈现多样化的特点:有两级地方政府的"省管市建",如南方科技大学(广东省主管、深圳市重点投入建设);有政府与科学院的"省管省院共办共建",如上海科技大学(上海市与中国科学院共办共建、上海市主管)、中国科学院深圳理工大学(深圳市和中国科学院共同举办);还有由社会力量举办、国家重点支持的,如西湖大学(杭州市西湖教育基金会举办)、福耀科技大学(河仁慈善基金会)。

二、在地国际化的中外合作大学

中外合作大学这类新型大学组织诞生于 2001 年我国加入世界贸易组织之后,随着教育对外开放不断扩大,《中外合作办学条例》《中外合作办学实施办法》等法律法规出台,国家鼓励引进外国优质教育资源,此类组织由此逐渐兴起。中外合作大学一般由国外知名大学与国内大学、经济发达城市政府合作共建,如西交利物浦大学、宁波诺丁汉大学、上海纽约大学、昆山杜克大学、温州肯恩大学、香港中文大学(深圳)、广东以色列理工学院、香港科技大学(广州)等。经过 10 多年的发展探索,这一群体快速崛起,目前已经呈现出蓬勃发展之势。特别是在粤港澳大湾区,香港城市大学(东莞)、香港理工大学(佛山)、香港都会大学(肇庆)、香港大学(深圳)等一批新建的粤港合作大学蓄势待发。

习近平总书记在全国教育大会上阐述深化教育体制改革时提出,要扩大教育开放,同世界一流资源开展高水平合作办学。这是对新时代中外合作大学的新定位和新要求,意味着中外合作大学在推动教育体制机制改革方面也将承担更为重要和艰巨的历史任务。

目前,我国具有独立法人资格、独立设置的中外合作大学共有 11 所,约占新型大学组织总数的 4%(见表 2-2)。中外合作大学的特色主要体现在人才培养和师资队伍上。从师资队伍方面来看,中外合作大学师资总量不多,部分中外合作大学师资仅 100 多人,其在短时期内组建了一支高度国际化和高水平的师资队伍,这是开展高水平人才培养与科学研究等相关活动的基本前提。如北京师范大学—香港浸会联合国际学院教师团队 100% 具有国外高校留学或工作经历,近 90% 拥有博士学位,其中,各国院士 3 人,教授 50 人,IEEE 等国际学会会士 4 人,入选斯坦福大学全球前 2% 顶尖科学家榜单 10 人。教师很多来自斯坦福大学、哈佛大学、牛津大学、剑桥大学、北京大学、香港大学等世界名校,能够保证为学生提供优质的学术资源和先进的教学方法。从人才培养方面来看,中外合作大学人才培养模式主要具备如下几个特点:一是将博雅教育作为学校本科人才培养的基本模式;二是强调导师制在本科人才培养中的价值;三是重视国际化、小班化、个性化教学在人才培养过程中的重要作用。事实上,这些大学正是因为其全新的人才培养模式,人才培养质量显著提高。以西交利物浦大学为例,面对2021年新冠疫情对全球就业形势的持续冲击,该校2967名2021届本科毕业生毕业去向落实率达到94.91%,高于其他普通本科高校。其中,2544人毕业后选择继续海内外升学,占85.74%;858人进入全球排名前十顶尖学府深造,占33.73%。① 中外合作大学在人才培养质量上成效显著,其毕业生无论是到海内外高校深造还是直接就业,均具有较强的竞争力。

表2-2　中外合作大学情况

序号	校名	举办年份	地点	占地面积(万平方米)	办学层次	办学规模	
						在校生(人)	师资总量(人)
1	宁波诺丁汉大学	2004	宁波	64.5	本硕博	约7800	850
2	北京师范大学—香港浸会大学联合国际学院	2005	珠海	61.1	本硕博	约2000	425
3	西交利物浦大学	2006	苏州	127	本硕博	约15000	700
4	上海纽约大学	2012	上海	79	本硕博	约1300	238
5	昆山杜克大学	2013	昆山	89	本硕	约400	180
6	温州肯恩大学	2014	温州	68	本科	约2000	117
7	香港中文大学(深圳)	2014	深圳	约100	本硕博	约9000	约520
8	深圳北理莫斯科大学	2016	深圳	33.3	本硕博	1340	403
9	广东以色列理工学院	2016	汕头	52.5	本科	999	65

---

① 《西交利物浦大学:积极培养适应未来发展的创新人才》,2022年6月29日,见 https://baijiahao.baidu.com/s? id=1736939282737555387&wfr=spider&for=pc。

序号	校名	举办年份	地点	占地面积（万平方米）	办学层次	办学规模	
						在校生（人）	师资总量（人）
10	香港科技大学（广州）	2022	广州	111.2	本硕博	545	456

注:数据统计截至2022年12月。

三、备受瞩目的大学异地校区、分校、研究生院

随着城市转型升级,对大学、人才、科技的争夺愈演愈烈,名城引进名校,名校流向名城,发达城市与国内知名大学合作共建异地大学校区、分校、研究生院风生水起,成为高等教育改革发展中备受关注的一种现象。从早期的山东大学威海分校、清华大学深圳国际研究生院、北京大学深圳研究生院,到近年来创立的哈尔滨工业大学(深圳)、中国人民大学苏州校区等,既有省内异地办学,也有省外办学,大学异地办学分支机构不断涌现,成为新型大学组织中数量众多的群体。高校异地办学机构是高校与地方政府在各自利益诉求驱动下的"共谋"产物,[①]实质是城市与高校的一种共生关系的体现。在过去20年间,"双一流"建设高校"集体东扩",53所"双一流"建设高校在异地共设立了166个机构,其中分校区35个,占比21%。从机构省际分布来看,以东部沿海,尤其是广东、江苏、山东、浙江、福建5省居多。[②]

近年来受政策限制,"双一流"建设高校异地办学步伐放缓,大学异地校区、分校、研究生院经过精简,数量有所下降。目前,我国共有大学异地分支机构77所,约占新型大学组织总数的28%(见表2-3)。从举办时间来看,大学异地办学机构最早可以追溯到1984年山东大学威海分校,彼时受高等教育扩招政策号召,一批高水平大学在异地开设分校,部分学校在发展过程中变更校名,如2012年山东大学威海分校变更校名为山东大学(威海)、2022年东南大学无锡校区更名为东南大学无锡分校。

---

① 刘晶:《高校异地办学的"共谋"行为与跨行政区治理》,《高等教育研究》2020年第3期。
② 卢彩晨、廖霞:《我国"双一流"建设高校扩张模式与区域走向研究——基于区域经济发展的视角》,《中国高教研究》2020年第12期。

随着"双一流"战略的推进,这些大学异地分支机构的办学空间已不能满足进一步发展的需要,在主校区拓展空间有限的情况下,积极寻求以深化合作、转型升级的方式获取更多的空间资源。地方政府为大学异地办学机构提供了空间资源,解决了母体大学发展空间不足的问题。如北京大学深圳研究生院数年来一直努力争取深圳66.6万平方米的用地安排,清华大学深圳国际研究生院转型新增近19.98万平方米用地,中山大学在深圳获得133.2万平方米用地用于新校区建设。

大学异地分支机构需要保证教学质量,早期不得不依赖母体大学的教师资源。这些教师资源主要归属于母体大学的相关院(系)。一般情况下母体大学师资难以扎根异地办学机构,始终处于悬浮状况,教师来回授课既浪费人力又浪费财力。对母体大学师资力量过度依赖,影响大学异地办学机构的教学质量和科研水平。频繁奔波于异地办学校区和大学本部的教师为解决办学成本和时间冲突等,不得不采取集中教学的方式进行授课。随着大学异地分支机构的发展,为了摆脱对母体大学的师资依赖,大学异地办学机构尝试通过在全球人力资本市场自聘师资来解决矛盾。如2016年中山大学(珠海)校区宣布实施人才倍增计划,培养常驻分校区师资力量,预计师资和研究人员将从370人增加到2000人,这一举措极大地减少了对母体大学教师资源的依赖。又如北京大学深圳研究生院在创院不久就自行招聘师资,通过利用母体大学的声誉资源和所在城市的市场资源吸引学术劳动力,从而替代母体大学院(系)的师资资源,促使教学科研的正常进行。北京大学深圳研究生院独立招聘的教师由2008年的25人增加至2019年的170人,增幅高达580%,而拥有校本部编制的教师在11年间下降约40%,自聘师资成为校区的主要师资资源,同时北京大学深圳研究生院大力引进外籍教师,从境外寻找师资进行替代。

表2-3 "双一流"大学异地分校、校区

校名	举办年份	地点	占地面积(万平方米)	办学层次	办学规模	
					在校生(人)	师资总量(人)
东南大学无锡校区	1988	无锡	33.3	本硕博	2200	约400
河海大学常州校区	1996	常州	29	本硕	5867	590

校名	举办年份	地点	占地面积（万平方米）	办学层次	办学规模	
					在校生（人）	师资总量（人）
暨南大学珠海校区	1998	珠海	60	本硕博	5035	398
华南师范大学（南海校区）	2000	佛山	24	本硕	4000	291
北京师范大学珠海校区	2001	珠海	333	本硕	8100	926
北京大学深圳研究生院	2001	深圳	78	硕博	3040	665
哈尔滨工业大学威海校区	2002	威海	153	本硕博	936	12000
东南大学苏州校区	2005	苏州	8	硕	2100	130
中国农业大学烟台校区	2007	烟台	157.3	本硕	3290	263
山东大学青岛校区	2008	青岛	200	本硕博	13137	约2100
山东大学（威海）	2012	威海	144	本硕博	约16700	约1300
福州大学石油化工学院	2014	泉州	8.43	本硕	1928	126
中山大学深圳校区	2015	深圳	69	本硕博	10150	约800
哈尔滨工业大学深圳分校	2017	深圳	44.3	本硕博	约6200	约400
清华大学深圳国际研究生院	2018	深圳	50	硕博	5290	217
南京理工大学江阴校区	2018	无锡	74.3	本硕	2360	2380（师生）
西北工业大学太仓校区	2018	太仓	118.4	本硕博	10000	2500
南京大学苏州校区	2021	苏州	133.3	本硕博	12000	1000
东南大学无锡分校	2022	无锡	24	本硕	2200	约400

注：数据统计截至2022年12月。

四、迅速发展的高校新型研发机构

顾名思义,高校新型研发机构是由高校、政府及第三方(常见的为科研院所、企业)联合共建,其中又以单一高校与区县级政府共建为主,聚焦于科技创新需求,主要从事科学研究、技术创新和研发服务的一类组织。① 新修订的《中

---

① 方燕翎、毛义华:《高校新型研发机构的现状及问题分析——以区域创新为视角的考量》,《中国高校科技》2021年第Z1期。

华人民共和国科技进步法》赋予了新型研发机构法律地位。当前,广东、江苏等发达地区的城市纷纷出台新型研发机构发展专项政策,由高校尤其是"双一流"高校设立的新型研发机构数量最多,如华中科技大学无锡研究院、河海大学苏州研究院等,高校新型研发机构发展进入了白热化阶段。高校新型研发机构是独立的法人组织,采用企业化的经营管理模式,财务独立核算,但是又把市场需求与基础研究、创新创业教育进行有效深度融合,其实质上是产学研合作的一种形式。[①]与创业型大学类似,高校新型研发机构的发展变革体现了高校学术逻辑从学术人文化或称学术人文主义到学术资本化的发展变化过程。在科技创新发展战略的背景下,这类机构方兴未艾,因其兼具科技研发和人才培养特别是研究生培养功能而正逐渐成为我国新型大学组织中不容忽视的一支力量。

2021年,《中华人民共和国国民经济和社会发展第十四个五年规划和2035年远景目标纲要》明确提出:"支持发展新型研究型大学、新型研发机构等新型创新主体,推动投入主体多元化、管理制度现代化、运行机制市场化、用人机制灵活化。"高校新型研发机构凭借高校与科研和人才资源密切联系的强大优势,结合传统研发组织和企业管理的优势,以开放式创新运作模式联动企业打通市场,加速科研成果转化和提高创新人才的培育质量。

表2-4　部分高校新型研发机构情况

机构名称	所在地	成立年份	举办主体	占地面积(万平方米)	法人性质	目标定位
华中科技大学无锡研究院	无锡	2012	华中科技大学、无锡市政府、惠山区政府	5	事业单位	主要从事数字化、智能化制造技术与装备的产业化研发
北京大学东莞光电研究院	东莞	2012	东莞市人民政府、北京大学	2.4	事业单位	东莞科技创新、科技成果转化、产业孵化和人才培养的基地
武汉理工大学淄博先进陶瓷研究院	淄博	2013	高新区管委会、武汉理工大学、山东工业陶瓷研究设计院有限公司	1.4	事业单位	面向先进陶瓷材料的研究开发、应用技术研究及工程化转化

---

① 罗嘉文、张建岗:《高校新型研发机构发展路径研究》,《科技管理研究》2020年第12期。

续表

机构名称	所在地	成立年份	举办主体	占地面积（万平方米）	法人性质	目标定位
吉林大学青岛汽车研究院	青岛	2015	吉林大学、李沧区政府、青岛科技局	4.8	事业单位	打造车辆工程领域国际一流的产学研融合机构
华南理工珠海现代产业创新研究院	珠海	2016	珠海市政府、华南理工大学	2.4	事业单位	集研究开发、成果转化、企业孵化的研发转化平台
电子科技大学宜宾研究院	宜宾	2017	宜宾市政府、电子科技大学	8	事业单位	新型"政产学研用资"紧密结合的可持续发展创新平台
北京航空航天大学宁波创新研究院	宁波	2018	北京航空航天大学、宁波市人民政府	10	事业单位	建设科技创新、人才培养、成果转化三大平台
浙江大学温州研究院	温州	2019	温州市人民政府、浙江大学	2.3	事业单位	打造新型特色研发机构
国科大杭州高等研究院	杭州	2019	杭州市人民政府、中国科学院大学	9.5	事业单位	科教融合发展的新型教学科研机构
西北工业大学宁波研究院	宁波	2019	宁波市政府、西北工业大学	4.5	事业单位	创建世界一流新型研发机构
中国科学院大学雄安创新研究院	雄安	2020	中国科学院大学、雄安新区人民政府	6.6	事业单位	融科研、教育、智库为一体的一流新型科研机构
江南大学遵义研究院	遵义	2021	遵义市政府、贵州茅台公司、江南大学	3	事业单位	建成集四位一体、西部领先、国内一流的研究院

注:数据统计截至 2022 年 12 月。

目前,我国高校新型研发机构共计 174 所,约占新型大学组织总数的 64%。总体上具备三大显著特点。

一是创新资源集聚性。高校新型研发机构充分利用内外资源,依托高校科研实力,与政府、科研院所、企业等资源联系密切,吸引企业参与到高校研发机构的建设中,有效整合资源开展基础研究、应用研究并进行成果转化。如香港科技大学深圳研究院顺应创新创业的浪潮趋势,建成香港高校在深圳第一家独立自主运营的科技创业企业孵化器——蓝海湾孵化港(前海),聚集深圳和香港的技术、投资和产业等资源,为创业团队提供孵化服务,积极打造最具价值的深港创新创业生态圈,孵化出大疆创新科技有限公司、固高科技等知名企业。

二是区域创新系统性。高校新型研发机构强调市场主体、监管主体和市场环境等元素的系统特质,高校、科技企业、人才形成区域创新系统,进而形成创新产业链和创新生态系统。如北京大学东莞光电研究院根据市场环境的变化和导向,积极探索将科研成果转化融入企业孵化的新途径,以技术能力的商业开发促进科技成果转化,形成良性循环创新生态系统。

三是人才引培集群性。如由广东工业大学与东莞市政府联合共建东莞华南设计创新院近年来引进各级高端人才 14 名、创新团队 5 支。创新院与广东工业大学联合培养硕士研究生 31 名,博士研究生 3 名,同时积极构建学生实践基地,重点与广东工业大学艺术设计学院合作,建立大学生设计创新基地,培养提升大学生创新创业能力。目前,已服务近 1000 家企业,研发设计 1000 项以上作品,产值总额超 500 亿元。

第三节　新型大学组织的基本特征

新型大学组织作为一种不同于传统经典大学范式的高等教育组织,具有以下基本特征。

一、组织性质:独立自主、公益属性

新型大学组织一般具有独立的校园和设施,实施相对独立的教学和管理,且多数具有独立法人资格,能独立承担民事责任。其独立自主特征主要表现为以下两个方面:一是学术独立。早在 1905 年,王国维就提出"学术之发达,存于其独立而已",强调独立之于学术发展和繁荣的重要意义。新型大学组织通过建立一系列完整的、旨在保护学术自由的规则制度,从而避免外界对其学术功能的干预,使其在短时间内实现跨越式发展,达到地方乃至国家学术前沿水平。二是决策独立。新型大学组织立足自身办学实际,综合考虑地方需求,对学校日常管理及改革发展作出独立的评估决策,在民主决议的基础上,对全校资源进行合理配置,一般都拥有独立的管理体系和教师队伍,人、财、物独立运行。例如,东南大学无锡校区创建于 1988 年,是东南大学与无锡市政府合作共建的,以"政产学

研用"为特色的机构,在校生2200余人,研究生占90%以上,与校本部差异化发展。北京大学深圳研究生院结合城市区位优势,以服务深圳和国家战略为目标,在校研究生3590人,2020年科研经费为1.9亿元。

与此同时,新型大学组织作为一个教育机构,坚持公益办学,秉承立德树人,凸显"国家和社会的公共利益",其公益性体现在两个方面。一是增加教育资源供给。在我国高层次、高质量、个性化高等教育供给有限的情况下,新型大学组织的涌现恰逢其时,为受教育者提供多样化的教育选择。这种教育选择的增加,是教育"产品"更为丰富的表现,是教育进步和发展的方向。二是促进地方经济增长。新型大学组织能够发挥人才集聚效应,不仅带动学校周边地区的商圈发展,而且吸引创新创业人才,增加城市就业人口,高水平科研成果的转化也为地方产业转型升级注入新的活力。

二、组织体制:共建共享、互融互通

新型大学组织不同于传统公办高校,由单一的主管部门举办,一般由地方政府、母体研究型大学、基金会、企事业单位、社会组织等多元主体合作共建。其中既有多所大学与一个政府共建,如东南大学—蒙纳士大学苏州联合研究生院,由东南大学、苏州市政府、蒙纳士大学联合共建;也有一对一合作共建,如西安电子科技大学广州研究院由西安电子科技大学与广州市政府合作共建;还有科研院所、地方政府、大学合作共建,如中国科学院深圳先进技术研究院由中国科学院、深圳市政府、香港中文大学三方共建。在共建方式上,各方发挥各自优势,强强联合。

其一,地方政府给予新型大学组织足够的政策、经费支持,包括土地资源、财政资金、事业编制、银行贷款、校园基本建设税费减免等,将新型大学组织纳入区域人才队伍建设体系,给予一定的补贴和奖励,并架构起新型大学组织与高新技术企业沟通合作的桥梁,为其学科、专业、人才建设提供便利。

其二,母体研究型大学为新型大学组织提供高素质的专业人才、知识与技术、管理经验以及人才培养模式,通过组建管理团队指导新型大学组织确立自身办学定位,开展教学科研与人才培养工作。如中国人民大学苏州校区设立管委会,中国人民大学校长林尚立、副校长杜鹏等担任管委会高层领导,全面负责国际学院(苏州研究院)、中法学院、丝路学院等教学科研机构的管理,为苏州校区发展战略布局和优质人力资源引进提供坚实保障。中外合作大学、大学异地校区、高校新型研发机构与母体研究型大学联系紧密,借助母体大学的办学底蕴,在短期内快速集聚人才与优质生源,实现跨越式发展。

其三,企事业单位为新型大学组织提供资金、平台及技术支撑,并通过产教融合、校企合作,合作兴办科技企业,建设集开发研究、成果孵化和规模生产为一体的高科技产业基地,加快新型大学组织科研产出与成果转化。如重庆本地高校、院所、企业等企事业单位与引进类高校新型研发机构广泛开展合作,包括北京理工大学重庆创新中心与重庆地质矿产研究院合作开展地质雷达波探测技术研发;华东师范大学重庆研究院与重庆文理学院合作开展飞秒激光器研发;重庆地大工业技术研究院与重庆凯瑞测试装备有限公司合作研发储氢设备等。[①]

由此,新型大学组织自身形成了一个教育生态系统,地方政府、母体大学、基金会、行业企业、社会组织在这一体系内既有自己固定的位置和功能,又必须相互支撑、相互配合、共同进步。通过政产学研各方共建共享,新型大学组织不仅促进了各方知识、技术和人才有效集成,引导创新要素和资源向企业流动,支持高新技术企业技术革新、转型升级;同时又产生直接和间接经济效益,培育高水平人才,推动地方经济社会发展水平提升,从而实现知识产出互通共享。

三、组织资源:跨界流动、交互融合

边界是组织的本质属性之一,在组织社会学视野中,组织边界是组织与外部环境的分界线。教育资源的跨界流动是新型大学组织的重要特征。随着教育服务贸易市场的日益扩大,加上现代信息现代技术的助推,教育资源的跨界流动正变得越发快捷,逐渐呈现无边界趋势。"无边界"意指跨越高等教育(无论是地理的还是概念的)传统边界的那些发展。[②] 就新型大学组织而言,其边界并非封闭的,而是具有拓展性,与周围环境的联系更紧密。其组织资源的跨界流动主要表现在以下三个方面。

---

① 《40家引进类研发机构与重庆创新主体共建协议》,2021年7月14日,见 http://cq.people. com.cn/n2/2021/0714/c365401-34820303.html。

② 高云、张民选:《教育服务贸易的产物:"无边界"高等教育》,《当代教育论坛》2004年第11期。

（一）跨越物理边界

在物理意义上，大学的边界就是"校园"的边界，也可以称为大学的规模边界，一般强调物质实体的跨越。师资、设施、学生等资源跨越校园流动已经成为新型大学组织的常态特征，同时也得到了地方政府的大力支持，如2016年深圳市出台《关于加快高等教育发展的若干意见》，强调打破高校围墙，深圳西丽湖国际科教城瞄准打造"没有围墙的大学城"目标，其间，南方科技大学、清华大学深圳国际研究生院、北京大学深圳研究生院、哈尔滨工业大学（深圳）等新型大学组织实行跨校课程互选、跨校选课，促进资源"跨界"融汇。①

（二）跨越地理边界

随着现代信息技术的发展，教育资源的流动突破了时间、空间限制，逐步实现跨地区、跨国界流动。一方面，许多新型大学组织从美国、英国等流动到中国，中外合作共建了一批国际化大学。同时，许多"双一流"大学由中西部地区到东部发达城市创办分支机构，实现跨省、跨市办学现象。另一方面，新型大学组织借助互联网等技术手段，加速课程、教材和管理的跨国流动与共享，实现先进教学理念、现代教学方式和教学内容的跨国传播与融合。例如，西交利物浦大学布局数字技术体系，建立了数字技术实验室，并面向全球启动了一个独特的线上平台——"学习超市"，其中引入世界范围内优质的在线教育资源和外部教育品牌及研究成果，帮助教师通过数字技术开展教学。② 除此之外，新型大学组织还重视外籍学者和教师资源，不断在国际舞台上寻找优秀的年轻学者，同时输送师生跨国交流，客观上促进了人才的跨界流动。香港科技大学（广州）采用全新的、学科融合的学术架构，取代传统的学科学术架构，推动学科交叉融合，立志成为世界上第一所融合学科大学。

（三）跨越学科边界

学科边界的突破是当代社会教育和科学发展的必然趋势，其本质是需求驱

---

① 深圳市教育局：《深圳西丽湖科教城片区高校课程互选、学分互认工作实施方案（试行）》，2022年。

② 《中外合作大学加快全球资源整合》，2021年3月15日，见 http://www.jyb.cn/rmtzgjyb/202103/t20210325_464930.html。

动、问题导向的科学创新。新型大学组织以科技创新作为主要活动,以知识密集的人力资源作为主要资本结构,以多样化的创新服务作为主要模式,逐步实现学科知识的交叉融合,打破学科壁垒,在前沿交叉学科领域取得了一系列瞩目成绩。新型大学组织设立了不同于传统单一学科的交叉学科,促进了创新型、复合型人才培养,产出了一批前沿科技成果。例如,2013 年成立的上海科技大学"材料科学与工程"学科 2022 年入选"世界一流学科"建设名单,该学科聚焦新材料、新能源、人类健康、人工智能等关键领域。

四、组织管理:多元治理、决策高效

新型大学组织在遵循知识发展逻辑、适应社会发展需求的过程中,建立了灵活高效的内外管理机制。从外部来看,新型大学组织形成了以学校为中心,政府、母体大学、行业企业、社会组织多边参与的管理机制。从内部来看,新型大学组织广泛采用"1+N"的模式架构,大致包括理(董)事会、校(院)务委员会、专家咨询委员会、学术委员会,以及下设的若干二级学院、创新平台和管理部门等。理(董)事会通常由举办方、建设出资方共同组成,负责决策和监督,校(院)长负责执行,对外行使法人权利,对内负责新型大学组织的日常运行管理。例如,南方科技大学下设有理事会、党委会、党政联席会、校长办公会、学术委员会、学位评定委员会、国际咨询顾问委员会、教授会。①

新型大学组织常见的管理模式有扁平型同级管理和金字塔型逐层管理两种,组织模式则包括科层集中、中央主导和网络开放三种。不同的模式选择体现了新型大学组织在具体管理过程中存在差异,其主要目的是保证新型大学组织的教学质量和创新能力。通过建立多元参与的管理机制,淡化行政色彩,面向社会与市场,高效决策与执行,遵循理(董)事会决策、教授治学、学术自治原则,能够保证新型大学组织坚持中国特色社会主义办学方向,同时形成协调行政权力和学术权力的强有力领导核心,具有创业型大学的特质,客观上提高了组织管理和决策效率。

---

① 伍宸:《我国"新兴大学"的特征、内涵及实践品格》,《大学教育科学》2020 年第 5 期。

五、组织文化:合作开放、创新创业

新型大学组织坚持面向科技前沿、国家战略和市场需求,有针对性地开展科学研究、人才培养及社会服务。在市场逻辑下,科学研究与商业活动知识的边界逐渐模糊,知识被当作一种商品而不是自由传播的物品,知识创新的价值在于其经济回报和市场转化。[①]

走出"象牙塔"是国内外高校改革的共同趋势。新型大学组织作为高等教育改革创新的产物,始终秉持合作开放的组织文化,坚持加强与社会各部门的合作,通过社会服务进一步提升自己的价值和作用。譬如,浙江大学国际联合学院(海宁国际校区)实行"一对多"的国际合作办学模式,设立浙江大学爱丁堡大学联合学院、浙江大学伊利诺伊大学厄巴纳香槟校区联合学院、浙江大学国际联合商学院3个中外合作办学机构、交叉研究中心和成果转化机构。

敢于创新、矢志创业是新型大学组织与生俱来的特质,其拥有创业型大学的基因。创业型大学是指在继承和拓展研究型大学培养人才和发展科学的传统职能的基础上,注重通过培养创业型人才和知识资本化以促进经济和社会发展的新型大学。[②] 埃茨科维兹指出,只有研究型大学才能走"创业"道路,研究型大学是"过渡阶段的创业型大学"。[③] 创业型大学是一种办学模式,选择转型为创业型大学的高等教育机构,往往是因为它们在高等教育系统的竞争体制中处于不利地位,转而寻求新的生存与发展空间,因而这一模式适合起点低、基础弱、以赶超先进为目标的大学。[④] 总体而言,"创业型大学"概念更加强调大学的创业行为,"大学本身就是创业者"。[⑤]

新型大学组织坚持"市场需求牵引+学术前沿引领"结合,打造能够有效推动科技成果转化及科技企业孵化的科技创新体系和创新生态。譬如,深圳清华

---

① 张应强、姜远谋:《创业型大学兴起与现代大学制度建设》,《教育研究》2021 年第 4 期。
② 张应强、姜远谋:《创业型大学兴起与现代大学制度建设》,《教育研究》2021 年第 4 期。
③ [美]亨利·埃茨科维兹:《三螺旋:大学·产业·政府三元一体的创新战略》,东方出版社2005 年版。
④ 宣勇、张鹏:《论创业型大学的价值取向》,《教育研究》2012 年第 4 期。
⑤ [美]亨利·埃茨科维兹、王平聚、李平:《创业型大学与创新的三螺旋模型》,《科学学研究》2009 年第 4 期。

大学研究院通过搭建产学研深度融合的科技创新孵化体系,在科技成果转化及科技企业孵化方面位居全国前列。新型大学组织在区域创新体系中的作用越来越凸显,正如经合组织所称,"在产业集群中,高校扮演了企业的角色,而公司则开发出了学术的维度"。①

第四节　新型大学组织的体制机制

新型大学组织作为创新型组织,其组织形式灵活多变,组织成员、部门机构之间通过直接和间接的方式形成了以学科为基础的节点关系网络。在实施战略规划时,新型大学组织通过建立合理的体制机制来保障这个关系网络能发挥最大效用,从而实现总体绩效的优化。现实中,新型大学组织各式各样,其领导体制和运行机制也不尽相同。主要有以下五种类型。

一、董(理)事会领导下的校长负责制模式

董(理)事会领导下的校长负责制是对高等教育管理体制改革的有益探索和尝试,具有高度的灵活性,能够充分激活专家办学治校的能力,许多世界一流私立大学实行的是这一体制。部分新型大学组织采用了理事会领导下的校长负责制,如西湖大学实行理事会领导下的校长负责制,校长被赋予最大的治校空间。西湖大学校长施一公提出,"西湖大学正在各级党委政府和社会各界的支持下积极探索现代研究型大学的治理制度、科技评价标准,以及拔尖创新人才的培养模式"。又如,浙江大学工程师学院衢州分院与浙江大学衢州研究院"两院"合署运行,实行董(理)事会领导下的院长负责制,董(理)事会由衢州市人民政府、浙江大学选派代表组成,院长由中国工程院院士、浙江大学教授任其龙担任。②

董(理)事会领导下的校长负责制既确立了董(理)事会在办学投入和决策

① 经济合作与发展组织:《高等教育与区域:立足本地制胜全球》,清华大学教育研究院译,教育科学出版 2012 年版,第 11 页。
② 《浙大与衢州战略合作迈向高质量发展新阶段》,2021 年 9 月 30 日,见 http://www.news.zju.edu.cn/_t23/2021/0930/c5216a2427275/pagem.psp。

中的领导地位,也确立了校长在学校管理和执行中的法律地位。一方面,董(理)事会是学校的决策机构,它的领导地位通过授权体现,既具有权威性,又具有超脱性。董(理)事会人员一般由举办单位负责人、地方政府代表、社会捐赠人士、知名专家等担任,董(理)事长则由董(理)事会成员选举产生,负责执行董(理)事会的决议,董(理)事会负责对学校重大事项进行研究、讨论和审批;另一方面,校长执行董(理)事会决定并全面负责学校的教学、行政管理工作,是学校内部全面管理工作的设计者和操作者。校长由董(理)事会聘任,由校长领衔的校务委员会是学校内部最高行政执行机构,校务委员会由熟知办学政策、教育教学规律的专家组成,协助校长执行董(理)事会各项决策决定、研究决定学校各项重要事务。

二、事业单位企业化运作模式

该模式下的新型大学组织拥有事业单位属性,具有一定的引才优势,同时拥有较大的管理自主权。与传统的事业单位受"主管部门垂直管理"的"统治型"机制不同,理事会领导下的事业单位运作模式是一种权力相互制衡的关系,其核心是在法律法规和惯例的框架下,以保护组织本身和政府投资利益为核心的一套权力制衡安排和约束激励机制。作为法人治理组织框架的核心,理事会确定事业单位发展战略和发展规划,行使事业单位重大决策。在该运作模式中,理事会制度的设计重点围绕消除和降低信息不对称所导致的代理成本,其重点着眼于制衡政府部门利益和约束行政官员的管理权力,从而保障新型大学组织发展的独立性。

部分地方政府为吸引名校资源入驻,往往承诺共建的新型大学组织采用理事会领导下的事业单位运作模式,如由华中科技大学与无锡市人民政府、惠山区人民政府共建的华中科技大学无锡研究院属事业单位运营,创造性地采用"实体部门""职责分工""任务编组""功能平台"四项分类进行内部治理,其中理事会发挥统筹领导作用。广东华中科技大学工业技术研究院由广东省科技厅、东莞市政府、华中科技大学共建,按照"事业单位企业化运作"的模式组建(见图2-1)。又如,湖南大学重庆研究院是由湖南大学与重庆两江新区管理委员会联合举办的事业单位,理事会成员来自母体高校(湖南大学)、政府部门(重庆市科学技术局等)、社会企业(重庆两江协同创新区建设投资发展有限公司)等多家单位。浙江大学嘉兴研究院、武汉理工大学重庆研究院等也都采用理事会领导下的事业单位运作模式。该模式在法律地位上解决了事业单位设置的"非行政化"问题和政府对事业单位管理"依法而治"问题。行政主管与非行政代表参与的理事会制度则重建了事业单位"非行政化"后的"政—事关系"联系渠道和机制,为政府各个部门提供对事业单位进行"依法而治的前置沟通平台"。

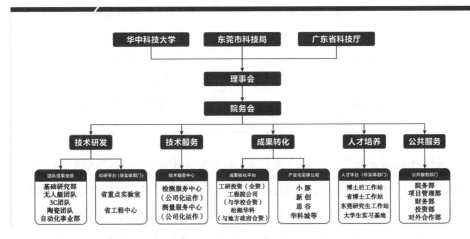

图 2-1　广东华中科技大学工业技术研究院组织架构

三、中外大学共同领导的校长负责制模式

近年来,中外合作办学在我国呈现出繁荣的景象。早在 20 世纪 80 年代,我国就已经开始探索各种形式的中外办学。40 年来,中外合作办学成绩斐然,截至 2021 年,经教育部审批的中外合作办学机构和项目共计 2447 个。其中,独立设置的中外合作大学在我国中外合作办学的进程中仍是新兴事物,包括西安交通大学和英国利物浦大学在苏州设立的西交利物浦大学、宁波万里学院和英国诺丁汉大学在宁波设立的宁波诺丁汉大学、华东师范大学和美国纽约大学在上海设立的上海纽约大学等。

此类新型大学组织实行中外大学共同领导的校长负责制模式,合作高校分别派出人员共同管理学校。以上海纽约大学为例,2012年9月,教育部下发《教育部关于批准设立上海纽约大学的函》,正式批准华东师范大学与纽约大学合作设立上海纽约大学。在办学之初,华东师范大学原校长俞立中任上海纽约大学首任校长,康奈尔大学原校长、北京大学国际法学院创始院长杰弗里·雷蒙任常务副校长。目前,学校决策机构由中美双方共同组成(见表2-5)。

表2-5 上海纽约大学中外领导一览

职务	姓名
校长	童世骏
常务副校长暨美方校长	杰弗里·雷蒙(Jeffrey S.Lehman)
教务长、纽约大学历史系 Julius Silver 讲席教授	卫周安(Joanna Waley-Cohen)
发展战略副校长	郑恩坦(Eitan Zemel)
副校长	丁树哲

该模式能够充分发挥中外合作优势,中外领导相互交流,运用前沿的战略管理经验,充分开拓师生视野,从而提高办学质量。随着2019年新修订的《中华人民共和国中外合作办学条例》深入推进,中外合作大学理事会和管理委员会等相关机构逐步完善,学校的行政管理、人事管理、学生管理、财务管理、资产管理等相关工作的规章制度建设日益加强,确保学校各项工作有章可循。

四、母体高校领导下的二级学院运行模式

新型大学组织中的大学异地办学机构通常采用母体高校领导下的二级学院运行模式,如北京大学深圳研究生院、清华大学深圳国际研究生院等。该模式下,新型大学组织在管理、课程、教学等方面沿袭母体高校,同时充当着母体学校改革试验田的角色,在教师聘任制度、教学科研、理事会治理上进行改革。例如,清华大学深圳国际研究生院突出创新型办学特色,积极探索符合中国实际的世界一流的研究生教育新思路、新机制和新模式,在构建国际化的治理体系和运行机制、探索政产学研互动合作新模式、重塑研究生教育等方面开拓创新。又如,北京大学深圳研究生院进行行政改革,实行全员社会化招聘,采取职员制,取消

寒暑假,强调行政管理使命感和服务性。

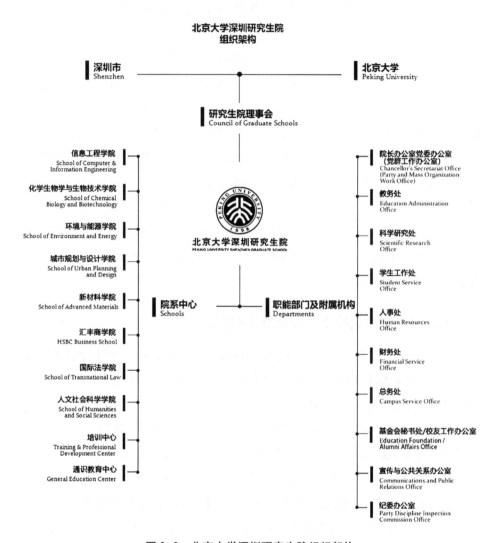

图 2-2 北京大学深圳研究生院组织架构

该模式下新型大学组织机构设置较为精简,职能部门的职责较母体学校而言边界更广,管理层级扁平化。[①] 为提高组织效益,实行该模式的新型大学组织

① 燕山、郭建如:《资源依赖理论视角下异地办学校区办学特征与问题》,《高教探索》2020 年第 9 期。

倾向于打破传统"科层制"的"垂直"组织结构模式,采用"扁平化"管理模式。其人事部门往往兼有组织部、人事部的职能,行政办公室和党委办公室合署办公等,极大地提高了工作效率,如北京大学深圳研究生院(见图2-2)。组织研究集大成者亨利·明茨伯格在《卓有成效的组织》一书中,将组织结构形态归纳为五种,分别是简单结构形态、机械式官僚结构形态、专业式官僚结构形态、事业部制结构形态和变形虫结构形态。[①] 其中,"变形虫结构"具备灵活性优、适应性好、组成单位自主性强、组织内部分权清晰、组织内外部协调度高等特质。实践中,具有"变形虫结构"特征的母体高校领导下的二级学院运行模式,将"金字塔"垂直模式的"塔底"提升,管理重心下移,管理层级扁平,淡化了新型大学组织的行政色彩,对接了行业企业决策过程,解决了决策与行动间的"时滞现象",有效回避了决策和执行中因繁文缛节导致信息传递失真的情况,促进了学术组织的横向交流,调动了组织成员的积极性与主动性,使得新型大学组织有限的人力资源得到充分利用。

五、校政协同领导下的校长负责制模式

在该模式下,新型大学组织由学校和地方政府共同管理,典型的如山东大学威海分校、东南大学无锡校区等。以东南大学无锡校区为例,该校区创建于1988年4月,前身为东南大学无锡分校,校区是东南大学和无锡地方政府合作共建的,以"政产学研用"为鲜明特色。地方政府对学校负有领导管理的职责,同时为学校带来政治和政策资源,有助于推动学校快速融入地方经济社会发展。如无锡市领导在2021年深化市校合作会议上表示,"无锡将一如既往地把东南大学无锡校区建设作为优化高等教育布局、提升城市能级的重中之重,提供充分的政策支持、资源配置和条件保障,促进东南大学无锡校区建设成为特色鲜明的综合大学一流校区"[②]。

实行校政协同领导下的校长负责制模式的新型大学组织普遍强调行政干预,这种干预在带来诸多益处的同时也容易招致批评。如不少学者在谈论高等

---

① 参见柳友荣、廖文秋:《新型大学:"型"在何处》,《重庆高教研究》2017年第4期。
② 《东南大学与无锡市举行深化市校合作工作会》,2021年10月27日,见 https://xxgk.seu.edu.cn/2021/1027/c10804a387711/page.htm。

教育强国,或者"钱学森之问"时,往往言及体制机制,批评我们的高等教育管理体制有问题,如机制不灵活、行政干预过多、学术权力弱化等。针对大学行政干预的偏见由来已久,且有一定的道理,但是结合世界高等教育史可以发现,高等教育管理体制无论是北美大陆强调学术自由的盎格鲁—撒克逊模式,还是强调政府干预的欧洲大陆模式,抑或前两者结合的英国、日本模式,都涌现出一批世界一流大学,培养出一批杰出人才,更代表了全球最强的高等教育。可见,任何一种高等教育管理体制,都与其历史、文化、政治等密切相关,没有定于一尊、一成不变的模式,都可以做到极致,都可以做到最好。校政协同领导下的校长负责制模式的新型大学组织也能够实现高水平发展。

第三章　新型大学组织与经济发达城市
共生发展的现状分析

　　名城滋养名校,名校反哺名城。大学与城市由疏离走向互动,由互动走向融合,经历了漫长过程。新型大学组织作为中国高等教育中一支崭新的力量,从诞生之日起就与城市有着千丝万缕的联系,在创办、发展、壮大的过程中,打下了城市的鲜明烙印。随着新型大学组织不断成长,其与经济发达城市之间的合作互动渐入佳境,双方共生发展持续推进。

第一节　新型大学组织与经济发达城市
共生发展的动力机制

　　新型大学组织与城市共生发展是一个由弱到强的长期过程。在全球竞争日益激烈的时代,"双循环"格局对高等教育来说已经成为事实,尽管国际人才的需求依然会占据主流,但我国更需要进行的是知识和人才供应链的重构。① 新型大学组织与城市的共生发展是驱动这一链条有效运行的引擎,这种关系的形成既得益于新型大学组织与城市自身成长的诉求,同时事关国家的发展战略,受到党和国家的政策推动。新型大学组织与城市的共生发展源于多方面的现实诉求和动力驱动。

一、国家层面:创新驱动发展战略深入推进

　　新型大学组织的兴起及其与城市共生发展,有着深广的经济社会背景。

---

　　①　李海龙:《"双循环"格局挑战与高等教育的应对》,《高校教育管理》2021 年第 3 期。

（一）实施创新驱动发展战略的需要

党的十八大提出实施创新驱动发展战略,2016 年党中央、国务院印发《国家创新驱动发展战略纲要》,特别强调科技创新是提高社会生产力和综合国力的战略支撑,必须摆在国家发展全局的核心位置。[①] 党的十九大报告再次重申,"创新是引领发展的第一动力",要求坚定实施创新驱动发展战略。党的二十大报告提出,坚持科技是第一生产力、人才是第一资源、创新是第一动力,深入实施科教兴国战略、人才强国战略和创新驱动发展战略,这是国家在新的发展阶段确立的立足全局、面向全球、聚焦关键、带动整体的国家重大发展战略,为新型大学组织未来发展方向指明了清晰路径。

随着我国坚持走自主创新道路,不断加大创新投入水平,科技创新水平显著提高。2019 年,全国研发经费投入力度达到 2.19%,已经超过欧盟主要国家平均水平,接近经合组织平均水平;研发人员总量跃居世界第一位;国际专利申请量也首次居世界首位。[②] 与此同时,我国仍有许多产业处于全球创新链的中低端,一些关键核心技术受制于人,发达国家在科学前沿和高技术领域仍然占据明显领先优势。在"十四五"时期,我国经济正由高速增长阶段转向高质量发展阶段,逐渐步入转变发展方式、优化经济结构、转换增长动力的攻关期,国际竞争趋势、国家战略需求和经济社会发展对加快科技创新提出更高要求。

创新驱动发展战略要求大学不断提升科研创新能力,城市要不断健全区域创新体系,深化新型大学组织与城市的共生关系,推动城市引进培育更多面向行业共性技术的新型大学组织,强化新型大学组织创新人才教育培养能力。一方面,新型大学组织具有科技创新功能,能够为行业关键共性技术提供支撑,填补我国很多产业链关键环节的空白,这是企业研发机构所无法替代的。当前,我国东中西部各大城市争相强化城市创新以提高城市竞争力,纷纷通过支持面向市场的新型大学组织,促进围绕区域性、行业性重大技术需求提供产学研深度融合的先进技术研发、成果转化和产业孵化服务,集中攻克一批"卡脖子"行业关键

---

① 参见武建鑫:《面向创新驱动发展战略的新型研究型大学实践路径研究》,《高校教育管理》2021 年第 3 期。

② 郭建等:《"学习贯彻党的十九届五中全会精神"笔谈》,《河北经贸大学学报(综合版)》2021 年第 1 期。

技术,使新型大学组织成为城市产学研协同创新的推动者和承担者。

另一方面,新型大学组织具有人才培养功能。实践证明,人才是创新的核心要素,创新驱动本质上就是人才驱动。一个城市的人才总量就是该城市经济发展的上限,如果人才数量不够多、人才水平不够高,那么这个城市的经济发展就会受到局限,遭遇"天花板"。实施创新驱动发展,就要培养人才、吸引人才、用好人才,建设层次齐全的人才链条,加快形成一支规模宏大、富有创新精神、敢于承担风险的创新型人才队伍,支撑创新链与产业链协同发展。实际上,创新型城市往往鼓励新型大学组织设置前沿学科、交叉学科相关的学科专业,通过推动科技创新人才培养构筑城市创新人才"高地"。与此同时,创新型城市为新型大学组织创造良好环境、提供基础条件,赋予新型大学组织更大自主权,切实发挥组织协调引领作用。

(二)加快高等教育内涵发展的需要

内涵式发展是当前我国高等教育发展的主线,走内涵式发展道路是中国特色社会主义高等教育发展的必然趋势。在党的十九大报告中,习近平总书记明确指出要"加快一流大学和一流学科建设,实现高等教育内涵式发展"。《中国教育现代化 2035》提出了优先发展教育,推进教育理念、体系、制度、内容、方法、治理的现代化,着力提高教育质量等一系列重要思想,旨在推动我国教育事业走内涵式发展道路。[①] 作为高等教育领域内的一个政策性话语,"内涵式发展"不断出现在推动高等教育发展的各种重要政策文件中,是党中央根据我国高等教育的发展阶段及所处的时代环境,对高等教育发展方向目标与实践路径所做的顶层设计。

2022 年,我国高等教育毛入学率已达到 59.6%。从 1993 年到 2022 年,高等学校数量从 1065 所增长到 3013 所,普通高等学校在校人数从 253 万人增长到 4655 万人,每年招生人数从 92.4 万人扩大到 1014 万人,[②]高等教育在数量和规模等方面实现了跨越式发展。在高等教育规模迅速扩大的同时,人们对高等

---

① 崔瑞霞、谢喆平、石中英:《高等教育内涵式发展:概念来源、历史变迁与主要内涵》,《清华大学教育研究》2019 年第 6 期。

② 教育部:《2022 年全国教育事业发展统计公报》,教育部,2023 年。

教育质量的担心与日俱增。许多高校不仅存在师资短缺问题,而且大批教师都是从校门走向校门,没有相应的工作经验积累,这无法让人们不担心教育质量。在传统的外延式发展思路下,高校的招生、收费等方面也出现了问题,因为要增加招生数量,学校内部各方面的控制都放松了,于是就出现了一定的混乱。[①]

内涵式发展明确提出了质量保证这一基本要求,注重学校办学品质的提升,强调学校与外部系统的协同。高校的内涵发展与特色发展、高水平发展、转型发展密切联系,内涵发展是一种积极、进步的发展,意指高校功能活动及其结果品位的提升及相关要素品质的改善和优化,转型发展则赋予了高校内涵新的要素或品质。[②] 就此而言,以新机制新模式建设具有较高办学水平、办学特色、管理运行机制新颖的新型大学组织,如西湖大学、南方科技大学、浙江清华长三角研究院绍兴中心、北京大学(青岛)计算社会科学研究院等,天然具有内涵发展的"基因",走出了独具一格的发展道路。

(三)推进新型城镇化的需要

城市化是现代化、工业化的必由之路,是改革开放 40 多年以来我国经济增长的重要引擎。我国正处于城市化快速推进、从规模扩张向质量提高的转型阶段。2012 年,中国科学院发布《中国新型城市化报告 2012》,指出我国城市化率突破 50%,意味着中国城镇人口首次超过农村人口,我国城市化进入关键发展阶段。党的十八大报告提出"新型城镇化建设"这一新方针。2014 年,中共中央、国务院印发《国家新型城镇化规划(2014—2020 年)》,提出优化东部地区城市群、培育发展中西部地区城市群、建立城市群发展协调机制、促进各类城市协调发展等任务,要求增强城市创新能力,持续推动创新型城市建设,为新型大学组织与城市共生发展提供了理论前提和政策依据。国家政策强调深入推进以人为核心的新型城镇化,对城市与新型大学组织在各方面的互动合作提出了更高要求。

城市化水平是构成新型大学组织与城市互动发展的基础保障。城市化是当今世界各国经济社会发展的普遍趋势,也是衡量一个国家或地区现代化水平的

---

① 王洪才:《论高等教育内涵发展》,《教育发展研究》2006 年第 13 期。
② 别敦荣:《论高校内涵发展》,《中国高教研究》2016 年第 5 期。

重要标准。爱德华·格莱泽(Edward Glaeser)在《城市的胜利》一书中指出:"城市才是人类最伟大的发明和希望所在,城市绝不是矛盾的丛集,而是进步的源泉。"①城市拥有良好的经济条件、文化氛围、基础设施和治理环境,可以为新型大学组织与城市的共生发展提供物质、制度与文化保障。城市化进程所带来的产业结构变化,有助于催生对人力资源和科学技术的旺盛需求,进而对新型大学组织的学科专业结构和人才培养模式提出相应的要求。在贯彻落实现代城市发展战略的过程中,新型大学组织与城市的联系更进一步,逐步向"共荣共生"的新样态迈进。

二、城市层面:转型升级催生教育科技人才需求

作为引进新型大学组织的主体,城市本身是一个具有很强自组织功能的独立系统,发挥着集聚要素、吸引人才、推动产业发展等功能。当前,中国城市的发展已成为全球城市发展的一股引领性的力量。据预测,到 2030 年,全球 50 大城市中有 24 个是中国城市,其中,深圳、苏州、佛山、青岛、无锡、东莞、宁波、烟台等城市将位列其中。而对一个城市来说,高等教育的发展水平是城市发展潜力和竞争力的重要体现。一个城市拥有大学的数量和质量,直接关乎其发展前途、科研创新能力和社会影响力。在高等教育普及化的大背景下,伴随中国城镇化进程从过去的"粗放式发展"进入"精细化运营"时代,城市间竞争的日趋加剧,城市更新、城市产业升级加速调整,城市人口老龄化等趋势日益明显,城市引进新型大学组织的需求也就变得越来越迫切。

(一)加快城市产业升级的需要

从全球范围的趋势来看,城市产业升级催生对高层次人才的需求,构成了城市引进新型大学组织的原始动力。

一是全球产业结构调整促使城市产业升级需求增强。目前,中国在全球产业链中的地位已开始逐渐从"中国制造"向"中国智造"转移,在这一大背景下,各个城市争相引进高新技术产业、调整自身产业结构,尤其是围绕 5G、大数据、物联网、人工智能、生物医药等行业的前沿技术展开的产业,以此快速建立自己

---

① 宋争辉:《一流大学与中心城市的互动发展》,《河南日报》2020 年 10 月 19 日。

在全球产业链中的优势地位。

二是绿色经济发展促使城市产业升级转向明显。从全国范围来看,绿色经济、清洁能源、碳中和等理念成为未来中国产业经济发展的一个重要方向,许多城市大力推进产业转移,如深圳在近 5 年内,大量转移"高耗能、高污染和资源性项目",与此同时,引进现代服务业和高新技术产业项目,通过淘汰劳动密集型、高污染型的产业,抢抓绿色经济的先机。

三是城市竞争加剧促使城市产业升级步伐加快。正如此前所指出的,中国城市在全球经济中的主导性地位日益显现,由此导致的结果是,城市间的竞争也更加激烈,马太效应逐步显现。在竞争中处于优势地位的城市,往往具有更强的资源集聚能力和调配能力,同时,这些城市往往也是科教、文化和创新的中心,丰富的高等教育资源将成为城市巩固竞争优势的有力武器。

(二)调整城市人口结构的需要

高校资源的引进为城市带来大量高层次的人才,而这些高层次人才在毕业后有很大概率会留在本地就业创业,从而为改善城市人口结构带来可能性。因此,调整城市人口结构成为城市引进新型大学组织的第二大原因。

一是城市人口结构的老龄化趋势日趋明显。当前,中国正处于人口结构的快速调整变化时期,据推测,2015 年到 2035 年,0—14 岁人口占总体人口的比例将下降 2.13 个百分点,其中,2035 年该群体人口预计为 2.06 亿人。而与此同时,据统计,2017 年,全国平均每十万人口在校大学生达到 2642 人,东部平均为 3003 人、中部平均为 2580 人、西部平均为 2243 人。这意味着城市亟待通过引进新型大学组织,用以积极应对人口老龄化带来的适龄劳动力不足的问题。同时,通过新型大学组织流入城市的人口中以青年群体居多,在带动城市消费上具有积极作用,不仅能够拉动城市 GDP,同时也能进一步促使现代服务业的转型升级。

二是城市人力资本的增长趋势日益显著。资本流动的方向总是向成本更低的方向转移,因此,初期高度依赖自身自然资源或人力资源发展起来的城市,当自然资源开发成本和人力成本逐渐攀升后,在发展过程中势必遭遇发展瓶颈。新型大学组织的引进,一方面可以为城市产业转型积累更多优质人才,另一方面也可以带来人力资本调整,尤其是大量具有较高技术能力的高层次人才的培养,在一定程度上可以缓解劳动力成本急剧上升为城市发展带来的冲击。

(三)提升城市美誉度的需要

大学对城市发展的积极作用最为核心的,也是最为长远的,体现在对城市文化的引领和普及上。我国优质高等教育资源分布呈现明显的非均衡化趋势,"双一流"大学主要聚集在北京(34 所)、上海(15 所)、南京(13 所)、武汉(7 所)、西安(7 所)、广州(7 所)、成都(7 所)等直辖市和省会城市(见表3-1)。新型大学组织对增加城市吸引力、促进城市文化的传承发挥着至关重要的作用。只有形成高校文化与城市文化之间的良性互动,城市的美誉度才能有所提升,才能进一步提高城市的影响力和吸引力,成为促进城市产业转型、调整人口结构的重要动力。

表 3-1 "双一流"大学城市分布

序号	省、区、市		大学	数量(所)
1	北京		北京大学、中国人民大学、清华大学、北京航空航天大学、北京理工大学、中国农业大学、北京师范大学、中央民族大学、北京交通大学、北京工业大学、北京科技大学、北京化工大学、北京邮电大学、北京林业大学、北京协和医学院、北京中医药大学、首都师范大学、北京外国语大学、中国传媒大学、中央财经大学、对外经济贸易大学、外交学院、中国人民公安大学、北京体育大学、中央音乐学院、中国音乐学院、中央美术学院、中央戏剧学院、中国政法大学、中国科学院大学、华北电力大学、中国石油大学(北京)、中国地质大学(北京)、中国矿业大学(北京)	34
2	上海		复旦大学、同济大学、上海交通大学、华东师范大学、华东理工大学、东华大学、上海海洋大学、上海中医药大学、上海外国语大学、上海财经大学、上海体育学院、上海音乐学院、上海大学、中国人民解放军海军军医大学、上海科技大学	15
3	天津		天津大学、南开大学、天津工业大学、天津医科大学、天津中医药大学	5
4	重庆		重庆大学、西南大学	2
5	江苏	南京	南京大学、东南大学、南京航空航天大学、南京理工大学、南京邮电大学、河海大学、南京林业大学、南京信息工程大学、南京农业大学、南京中医药大学、中国药科大学、南京师范大学、南京医科大学	13
6		苏州	苏州大学	1
7		无锡	江南大学	1
8		徐州	中国矿业大学	1

续表

序号	省、区、市		大学	数量（所）
9	陕西	西安	西安交通大学、西北工业大学、西北大学、西安电子科技大学、长安大学、陕西师范大学、中国人民解放军空军军医大学	7
10		咸阳	西北农林科技大学	1
11	四川	成都	四川大学、电子科技大学、西南交通大学、西南石油大学、成都理工大学、成都中医药大学、西南财经大学	7
12		雅安	四川农业大学	1
13	广东	广州	华南理工大学、中山大学、华南师范大学、暨南大学、广州中医药大学、华南农业大学、广州医科大学	7
14		深圳	南方科技大学	1
15	湖北	武汉	武汉大学、华中科技大学、中国地质大学（武汉）、武汉理工大学、华中农业大学、华中师范大学、中南财经政法大学	7
16	湖南	长沙	中国人民解放军国防科技大学、中南大学、湖南大学、湖南师范大学	4
17		湘潭	湘潭大学	1
19	辽宁	沈阳	东北大学、辽宁大学	2
		大连	大连理工大学、大连海事大学	2
20	黑龙江	哈尔滨	哈尔滨工业大学、哈尔滨工程大学、东北农业大学、东北林业大学	4
21	浙江	杭州	浙江大学、中国美术学院	2
22		宁波	宁波大学	1
23	安徽	合肥	中国科学技术大学、安徽大学、合肥工业大学	3
24	吉林	长春	吉林大学、东北师范大学	2
25		延吉	延边大学	1
26	山东	济南	山东大学	1
27		青岛	中国海洋大学、中国石油大学（华东）	2
28	福建	福州	福州大学	1
29		厦门	厦门大学	1
30	河南	郑州	郑州大学、河南大学	2
31	新疆	乌鲁木齐	新疆大学	1
32		石河子	石河子大学	1
33	山西	太原	太原理工大学、山西大学	2
34	甘肃	兰州	兰州大学	1
35	云南	昆明	云南大学	1
36	河北	天津	河北工业大学	1
37	江西	南昌	南昌大学	1

序号	省、区、市		大学	数量（所）
38	海南	海口	海南大学	1
39	广西	南宁	广西大学	1
40	贵州	贵州	贵州大学	1
41	内蒙古	呼和浩特	内蒙古大学	1
42	宁夏	银川	宁夏大学	1
43	青海	西宁	青海大学	1
44	西藏	拉萨	西藏大学	1

引进新型大学组织是城市开放包容形象的充分展示。引进高等教育，一方面可以彰显城市文化，另一方面也有利于培育开放的心态，提升城市的活力。尤其是在当前，我国正在积极构建新型消费的过程中，新型大学组织带来的优质高等教育资源不仅可以带动城市在消费领域的提档升级，还能进一步提高城市的国际化水平，实现城市国际知名度的全面提升。

引进新型大学组织是发挥高等教育集聚效应的重要基础。一方面，高校中的大师、领袖人物、学术带头人，对整个城市的集聚效应、明星效应和名牌辐射效应是非常显著的，通过这些"明星教授""明星院士"，催生"院士经济"，产业技术的研发速度将大幅加快，科研团队也将围绕这些教授、教师得到迅速的组建，学生群体也会受到这些教授、教师的"感召"，慕名而来，从而成为城市未来发展的潜在智库；另一方面，大学中的硬件设施往往是城市文化的印记、城市文化的地标，能够为城市产出更多集体记忆，从而为凝聚市民提供动力。

三、大学层面：教育强国推动高校与地方经济社会同频共振

从大学层面看，"共谋"行为推动高校与地方经济社会共同发展，新型大学是高校与城市的"共谋"成果。[①] 随着高等教育与地方经济社会发展愈加密切，在互利共赢的利益驱动下，高校与地方在各取所需的背景下展开全方位、深层次的合作与交流。无论是零基础新办院校，抑或外地引入的高质量大学，新型大学组织的出现不仅为地方快速注入优质高等教育资源，带动城市治理水平飞跃，也

---

① 刘晶：《高校异地办学的"共谋"行为与跨行政区治理》，《高等教育研究》2020年第3期。

成为高校获取地方财政与政策支撑、突破体制发展瓶颈、履行社会职能和育人使命的快速通道。

（一）高校寻求办学空间优化的需要

随着高等教育规模的不断扩大，大学里有限的土地空间与不断增加的扩张需求之间的矛盾越来越突出。费佛尔和萨兰奇科认为，一个组织对另一个组织的依赖程度取决于三个决定性因素：资源对于组织生存的重要性；组织内部或外部一个特定群体获得或处理资源使用的程度；替代性资源来源的存在程度。[①]土地资源是大学立足的根基，没有这一基本物质条件，无论大学有多么宏伟的目标，多么崇高的使命，最终都将难以实现。

在当前经济发达城市寸土寸金的情况下，土地无疑成为大学的一项重要的稀缺性资源。"双一流"大学如果缺乏足够的办学空间，实验室、科研中心等硬件设施的建设以及科研成果的转化都将难以实现，大学也很难发挥起国家科技及人才培养中心的作用。此外，大学需要一定的办学空间以为科研人员、教师、学生及工勤人员提供宿舍及其他活动场所。由此可见，土地和空间是大学生存与发展的物质基础，一个大学的运行除了要有明确的目标、有效的管理和良好的文化氛围外，还需要有足够的土地资源作为支撑。作为存在于城市系统的大学，其所需的土地只能通过所在的城市来提供，除此之外没有其他替代性来源。而许多经济发达但是高校匮乏的城市抛出了橄榄枝，吸引办学空间局促的大学异地办学，资源流动。于是大学与城市联姻，成立了新型大学组织。

新型大学组织在融入城市的发展过程中，得到了所在城市的大力支持，城市为新型大学组织实现高水平创造了条件。譬如，青岛市对国内外高水平大学来青举办校区或分校的，划出专门区域并预留 0.33 平方千米至 2 平方千米建设用地；对设立研究院、二级学院等二级办学机构的，根据需要预留相应面积的用地。苏州市在工业园区内开发建设了独墅湖科教创新区，区域总规划面积约 51.85 平方千米，其中聚集了国内外知名大学与研究所，包括牛津大学高等教育研究院（苏州）、中国科学技术大学苏州研究院等 29 个新型大学组织。

一方面，新型大学组织可有效缓解母体地缘劣势的先天不足。我国各地自

---

① 马迎贤：《资源依赖理论的发展和贡献评析》，《甘肃社会科学》2005 年第 1 期。

然要素禀赋的差异,造成了经济、人文格局的巨大地缘差距,以中西部为代表的地方高校普遍面临着区位条件劣势、财政支撑缺位和高层次人才引入困难等诸多问题。① 在高等教育大众化浪潮下,地缘劣势区域往往成为高校师资储备库和生源大规模流出地。② 有学者统计显示仅西北农林大学一所高校在三年间共计调出 125 人,其中包含全校唯一 1 名长江学者。③ 为缓解母体高校地缘劣势,寻求更优质的办学平台,扭转生源和师资流失,以哈尔滨工业大学、西北工业大学为代表的东北地区和中西部地区高校在山东、江苏、浙江、广东等地开办新校区,不仅为高校培养高层次人才营造更加良好的育人环境,也在传承母体文化底蕴与建设经验中实现高校二次发展。④

另一方面,新型大学组织可推动高校寻求办学空间的后天增量。改革开放以来,我国高等教育办学规模不断扩大,在原有城市土地资源紧张,难以获取教育用地新建校区的情况下,高校在本地扩张的需求无法得到满足,转而寻求外地扩张。为改善办学环境和师生的学习生活条件,高校按照新校与主体校区的距离寻找扩张区域,首选在同一城市内择地新建高校新校区,其次则是异地办学。例如,近年来北京市内高校纷纷赴长三角、珠三角、雄安新区办学,中国人民大学苏州校区、清华大学深圳国际研究生院、中国科学院大学深圳校区的成立,既满足了疏解非首都功能的需求,也极大限度地帮助高校实现了办学条件优化。对这些发达地区高校来说,在周边或更远的发达县市设立分校,不仅能以较低的办学成本实现规模扩张⑤,也是逃离原有的高校资源挤兑环境,实现系统性变革的权宜之计。

(二)发展特色学科专业的需要

新型大学组织的选址及其与城市的互动与城市产业结构的专业化和多样化

---

① 王贤:《"双一流"建设背景下西部地区高校教师人力资本失量现象及其治理》,《高教论坛》2021 年第 5 期。

② 刘进、哈梦颖:《"一带一路"背景下中国东西部高校教师流动的"拐点"研究》,《重庆高教研究》2016 年第 5 期。

③ 易小明、李光寒、高辉:《欠发达地区高校人才流失问题研究》,《吉首大学学报(社会科学版)》2008 年第 6 期。

④ 范慧颖、田也壮:《高校异地办学的人才培养定位与教育环境营造研究》,Proceedings of 2013 International Conference on Creative Education(ICCE 2013)Volume 4,2013 年 9 月 21 日。

⑤ 王文龙:《中国高校异地办学的类型、原因与利弊分析》,《北京社会科学》2020 年第 6 期。

程度有关,往往是技术交叉和产业融合的结果。21世纪以来,随着城镇化进程的持续推进,各个城市间的联系越发紧密,逐步形成了大中小城市群,这些城市群具有相似的产业结构,形成了独具特色的产业集群。以长江三角洲城市群为例,该地区工业化、城市化过程发展较快,工业、农业生产水平均居于全国领先地位,是我国经济实力最强的经济核心区。该地区涉及电子、机械、化学、食品、纺织、服装等多个行业,聚集了许多高精尖的技术行业,例如,生物工程、电子信息、新材料等产业。这些不同产业之间形成了资源共享、互相协作的产业集群,加强了区域间城市之间的联系,使得城镇化进程推进快速。①

　　许多"双一流"大学为了发展特色学科专业主动与城市产业融合,从而孕育出新型大学组织,形塑自身办学特色。譬如,得益于安庆市独特的生态产业资源,浙江大学决定与安庆市共建浙江大学安庆未来产业技术研究中心,围绕环保产业、智能制造、现代农业、数字产业等方向,服务安庆产业生态化和生态产业化,支撑打造生态优先绿色发展的样板区。同样,浙江大学出于发展特色专业需求,与金华市共建浙江大学金华研究院,紧密对接人民生命健康需求,推进医药发展与民生改善相互促进;紧密对接共同富裕示范需求,推进现代农业与乡村振兴融合发展。类似情况不胜枚举,清华大学天津电子信息研究院、山东大学淄博生物医药研究院、武汉理工大学先进陶瓷研究院、吉林大学青岛汽车研究院等一批新型大学组织借助城市产业资源,发展地方性特色学科专业,实现了高水平发展。

　　随着知识与技术密集的大中城市和沿海地区逐步建立高新技术产业开发区,对一些对标国际前沿、致力科技创新的新型大学组织产生集聚作用。譬如,珠海国家高新技术产业开发区吸引了中山大学等5所国内著名大学建立新型大学组织,开设了化学工程与技术、微电子科学与工程等一批前沿专业。同时,园区内汇聚了众多高端科技集团、企业,重点发展电子信息、生物技术、新型材料、精细化工、新能源技术及环保技术等产业,与园区内新型大学组织形成协调联动,从而促进其学科专业水平提升。

---

①　杨睿:《基于产业集群的城镇化路径研究》,《智能建筑与智慧城市》2021年第3期。

(三)拓宽办学资金渠道的需要

大学是消耗型学术组织,一所大学水平越高,所需办学经费越多。一流大学之所以愿意远走他乡,"下嫁"异地,一个重要因素是地方政府提供了丰厚经费支持。当包含办学资金在内的一些支持因素共同产生作用时,新型大学组织与城市的共生发展便有了很好的基础。2018 年,浙江省委、省政府发布了《关于全面实施高等教育强省战略的意见》,提出到 2022 年基本建成高等教育强省,到 2035 年全面建成高等教育强省。《浙江省引进高水平大学省级引导资金管理办法》规定,对引进设立独立法人本科高校的,支持额度最高不超过 5 亿元。《青岛市人民政府关于加快引进优质高等教育资源的意见》提出,对引进并正式运行的国内外优质高等教育机构给予补助,其中,对引进的非独立法人国内外优质高等教育机构,第一年给予不低于 500 万元的启动补助资金,以后根据绩效情况每年补助不低于 200 万元,连续补助 5 年;对引进的独立法人国内外优质高等教育机构,第一年给予不低于 1000 万元的补助资金,以后根据绩效情况每年补助不低于 400 万元,连续补助 5 年。根据《晋中市人民政府—太原理工大学市校战略合作协议》,双方合作共建太原理工大学晋中产业技术研究院,晋中市将其纳入全市"十四五"经济和社会发展总体规划,连续十年每年筹集不少于 1 亿元的资金,用于双方合作项目。在这些经费支持下,新型大学组织正越发紧密地同它们所在的城市联系在一起。

除获取建设经费外,新型大学组织与城市的互动合作也是为了争取引才政策及人才奖励。中国科学院深圳理工大学与中国科学院深圳先进技术研究院依托于深圳市极具吸引力的人才政策招徕到许多高水平的专家学者,目前该院拥有超过 4000 人的研究队伍,累计国家级各类人才超过 150 人,中国科学院、广东省及深圳市各类人才超 800 人,引进 32 支省市地方各级人才团队并建成 2 个诺奖实验室。可见,新型大学组织已然成为一个城市中高端人才的集聚地,而这些人才又为新型大学组织获取办学资金提供了便利。通过借助城市资源,新型大学组织更易于将科研成果转化以获取高额回报。2020 年,深圳先进院实现新增股权变现、专利转让、无形资产投资共计 1.6 亿元。在产业培育方面,共新增孵化企业 220 家,累计孵化企业 1188 家。在"赢者通吃"的高等教育市场中,新型大学组织同时获取了高额捐赠,如 2020 年西湖大学全年获赠 6.94 亿元,仅次于清华、北大,在一定程度上也得益于城市提供的平台与声誉。

(四)深化高等教育体制机制改革的需要

随着我国高等教育体制机制改革的不断深化,在国家建设"双一流"大学的背景下,省级政府和市级政府举办高等教育的兴趣和实力日趋增大,在不需要中央政府或者教育主管部门审批的情况下,我国的高校衍生出一批新型大学组织。从高校内部治理环境来看,这类新型大学组织拥有更大的办学自主权,是高校内部改革的一块试验田,它们不仅可以继承既有立德育人经验、衔接主体科研基础,还可以一定程度摆脱母体"沉疴旧疾",在新环境中寻找扫除积弊的新方法,实现高等教育体制机制的更新与重构。

在人才培养模式方面,为革除老旧和粗放的培养模式,适应创新型国家发展战略,新型大学组织不断探索人才培养新模式和新路径。例如,有的大学创办"钱学森班""杨振宁创新班",通过团队化、国际化、一体化培养模式,重点培养新一轮科技革命中所需的顶尖创新人才,打破高校一贯以来的"平均主义"授课与分班方式。在学术研究与发展方面,受现代化人力资本管理理念影响,为打造一支具有国际视野、理念先进、大胆创新的教师队伍,新型大学组织给予高校教师更为充分的学术探索空间和权利,吸引大批国内外学者和专家陆续加入。创办于 2018 年的西湖大学,通过采用"教授治学、行政理校、学术导向决定行政服务"的方式,创办当年就吸引了来自 13 个国家的 68 名科学家加入[1],充分保障了高校教师与学者的学术尊严与学术自由,为持续释放教师队伍专业性注入不竭的制度动力。在治理架构建设方面,为摆脱高校"政治化""行政化"桎梏[2],新型大学组织早已开始对高校"去行政化"模式展开探索创新。如 2011 年,深圳市政府发文强调以"一校一法"形式保障南方科技大学依法自主办学[3],在此基础之上,南方科技大学实行理事会领导下的校长负责制,并创造性取消所有行政级别设置,迈出中国高校体制改革突破性一步。2015 年,学校领导体制调整为党委领导下的校长负责制。在新型大学组织体制机制改革过程中,社会各界

① 王会贤:《中国慈善发展报告(2019)》,社会科学文献出版社 2019 年版,第 376—377 页。
② 左崇良:《高等教育治理的变革与转型》,中国社会科学出版社 2019 年版,第 54—56 页。
③ 南方科技大学:《南方科技大学治理架构》,2024 年 3 月 22 日,见 https://www.sustech.edu.cn/zh/university-governance.html。

见证了以南方科技大学为代表的新型高校更具备机遇和能力实现高校办学目标,在日益激烈的高等教育竞争格局和中央权威体制框架下,逐步深入探索如何成为高等院校名副其实的办学主体,努力开拓挖掘高等教育体制改革空间。

（五）大学强化社会服务职能的需要

中国的新型大学既要向内看,又要向外看,新型大学向内已经初步探索和建立了自身质量保障制度,向外则具备了服务地方社会、经济发展的巨大能量。伴随着生产力变革与科学技术的发展,大学职能不断拓展,从传统的人才培养、科学研究逐步发展到社会服务、文化传承创新、国际交流,大学已经从传统的"象牙塔"走向社会中心。在新发展格局背景下,高校自身的社会服务职能日趋强化,高校异地兴办校区、研究生院、产学研合作基地等,既是服务地方经济社会发展的体现,也是大学的责任和担当。

一是满足高等教育推动国家重大战略发展的需求。近年来,高等教育服务国家战略成为高等教育政策关注的重点,也成为新型高校创校和立校的基本遵循①,从新型大学组织的建设中,我们可以看到当代高等教育对其时代使命的认同与外化。在京津冀协同发展、长三角一体化建设、粤港澳大湾区建设等重大区域经济发展战略的带动下,深圳、宁波、东莞等战略区域范围内的城市利用区域优势,不断加大高水平新型大学的建设力度,推动新型大学为新时代强国战略培养拔尖创新型人才,优先满足国家重大战略部署对于集成电路、高端制造业、航天产业、人工智能、生物医药数字产业等行业人才的巨大需求,成为推动科技创新的重要智力保障。

二是推动学科建设与地方产业并进融合。智力资本的引入已然成为拉动地方经济发展的重要动能,地方政府作为高等教育重要的利益相关者,在新型大学组织的引入和运行过程中必然带有功利性办学动机,希望通过新型大学带来科技转化,带动地方产业共享科技成果,推动地方经济快速获取高新科技生产技术红利。新型大学组织基于地方政府的期望,将学科建设融入产业布局,将无形知识成果转化为技术增量,强化社会服务职能,不断优化学科实践性与应用性,例如,上海交通大学三亚崖州湾深海科技研究院的建立,充分发挥上海交通大学深

---

① 陈婕:《新时代我国大学发展要服务国家战略》,《中国高等教育》2022 年第 2 期。

海科技等学科优势,依托海南区位要素,聚焦深海项目发展,助推海南自贸区发展,在合作共建中实现高校学科建设水平提升和地方产业高质量发展①。

第二节　新型大学组织与经济发达城市共生发展的演进历程

共生理论认为,组织的共生演化是一种跨越边界的现象,不同种属按某种物质联系在一起,形成共同生存、协同进化的关系,组织中的共生演化现象是适应性的,共生演化中存在着某种机制保证着持续的组织变迁。借鉴共生理论,我们发现,新型大学组织与经济发达城市逐渐演化为一种共建共享、互惠互利、相互支撑、双向反哺的共生关系。城市因大学而名,大学因城市而兴,我国新型大学组织与经济发达城市共生关系的演化历经萌芽阶段的"弱互动"、探索阶段的"强互动"、崛起阶段的"共生共荣"三个阶段。

一、萌芽阶段:"弱互动"

新型大学组织与发达城市的联系起源于 20 世纪 80 年代国家发展高等教育的迫切需求。城市的发展定位与高等教育的发展息息相关,中国的城市化进程需要大学的深度参与和支持。② 1983 年 4 月,国务院批转教育部、国家计委《关于加速发展高等教育的报告的通知》提出,鼓励老牌实力院校采取"下蛋"办法,举办分校,"必须采取多层次、多种规格和多种形式,促使整个高等教育事业在近期(五年左右)就有计划按比例地有一个较大的发展"。"所需事业费和基建投资,作为国家重点建设项目加以保证。"在国家行政部门的支持下,山东大学与威海市尝试联合举办山东大学威海分校,率先开启了新型大学组织与城市共生发展之路。

1984 年 5 月,中共中央和国务院批转《沿海部分城市座谈会纪要》,决定开

---

① 《上海交通大学三亚崖州湾深海科技研究院》,2024 年 3 月 22 日,见 http://www.sjtuiodst.com.cn/yjyjj.html。

② 郗海霞、陈超:《城市与大学互动关系探讨——以纽约市与其高等教育系统的互动为例》,《清华大学教育研究》2013 年第 1 期。

放天津、上海、大连等 14 个沿海港口城市。沿海开放政策的出台,促使威海市委决定与名牌大学联合共建高校,以优化城市物质技术基础和人力资源,提升城市经济发展水平和竞争力。随着我国经济体制改革的逐步深化,营口市、威海市也相继被纳入首批沿海开放城市。长江三角洲、珠江三角洲和闽南厦门、泉州、漳州三角地区、辽东半岛、胶东半岛等陆续被列为沿海经济开放区,由此形成了"经济特区、沿海开放城市、沿海经济开放区"多层次、有重点、点面结合的对外开放格局。沿海地区的改革开放使中国迅速加入世界经济大循环之中,开放城市的对外经济、技术合作与交流逐步扩大,对外贸易和利用外资大幅增长,同时也推动大学与异地城市政府、企业合作创办新型研发机构等一批新型大学组织,助力城市产业结构升级。

1992 年以后,我国对外开放由南到北、从东到西纵深推进,沿海、沿江和沿边地区开放齐头并进,并在一定程度上协调发展。但是,中心城市的虹吸效应仍较为明显,人才对于城市工作机会和城市生活的路径依赖,使得先发城市和后发城市、沿海城市和内陆城市在智力资源集聚方面的鸿沟逐渐拉大。[①] 以人口为例,1995 年东莞市有外来人口 143.65 万人,占当地户籍人口的 98.97%;1993 年深圳有外来人口 207.1 万人,是当地户籍人口的 236.0%。[②] 这种城市发展的不平衡还体现在高教资源的集聚层面,中西部地区由于区位条件、资源平台不佳,当地城市和大学互动不够,难以吸引名校资源,无力兴办用以支撑城市经济发展的大学,更加谈不上与之共生发展。

这一时期由于改革开放伊始,国家经济、政治、社会、教育、文化等事业处于振兴起步阶段,虽然新型大学组织逐步萌芽和兴起,但数量较少,大部分城市与新型大学组织的互动并不十分密切。城市兴办新型大学组织或是因应国家发展高等教育的需求,或是为了满足城市化指标,其目的也大多局限于提升城市美誉度,培养专门人才,促进经济发展,对人才规格并没有明确要求。以深圳市为例,刚建立不久的经济特区尚处于生产要素主导阶段,第一要务在于迅速

---

① 黄志兵、袁彦鹏:《高校推动城市分化发展的微观机制研究:基于高等教育异地办学的思考》,《教育发展研究》2021 年第 5 期。

② 周一星、曹广忠:《中国城市人口可比增长速度的空间差异(1949—1995)》,《经济地理》1998 年第 1 期。

发展经济,大量从事"三来一补"的廉价劳动力是其最大优势,产业发展和劳动力补充对高等教育的依赖性低。① 直至 20 世纪 90 年代,深圳市仅有深圳大学、深圳职业技术学院、"深圳虚拟大学园"等为数不多的高教资源,尚无兴办新型大学组织的动力与需求。又如 20 世纪 90 年代初,威海市与山东大学威海分校就改制问题产生分歧,山东大学威海校区因此发展停滞,一度压缩招生规模。由此观之,1984 年至 1998 年这一时期,新型大学组织与城市处于一种"弱互动"状态。

二、探索阶段:"强互动"

为应对第三次人口增长高峰期及由此带来的庞大的高等教育适龄人口,1998 年,国务院颁布《面向 21 世纪教育振兴行动计划》,宣布全面实施高校扩招,要求 2010 年高等教育入学率应接近 15%,中国高等教育发展由此进入"加速赶超模式"。②

1999 年 12 月,全国高等教育招生会议在武汉召开,会议决定,今后三年我国各类高等学校招生总量将继续增长。我国高校数量还会稳步增加,并且主要布局在经济发展较快、高教资源较不足的地级城市,将改变以往高校布局过于集中在省会城市和中心城市的局面。在此背景下,改革开放对全国各省份高校发展的影响开始显现,在全国经济发展水平较高的地区,如北京、上海、江苏一如既往地保持了高等教育强盛状态,而经济后起之秀广东、山东两省也依靠强大的经济实力提升了高等教育水平。为贯彻高校扩招政策,原本建在城市中心且校园面积和发展空间均有限的高校想方设法整合更多的办学资源,扩大办学规模,纷纷向城市边缘或者周围城市寻求办学空间。

在这种情况下,广东省珠海市陆续引进了中山大学、暨南大学等高水平大学。1999 年,珠海市政府无偿提供中山大学 3.14 平方千米的土地以及土地上价值近 3 亿元的建筑物和配套设施,并投入 1 亿元资金筹办中山大学珠海校区。

---

① 陈先哲:《城市竞争阶段升级与高等教育发展战略转型:深圳案例》,《高等教育研究》2020 年第 9 期。

② 贾永堂、罗华陶:《新中国高等教育发展道路的历史考察——基于后发展理论的分析》,《高等教育研究》2016 年第 5 期。

同时,珠海市将位于市中心 2.2 平方千米的土地、两栋价值 7000 万元的建筑物以及诸多教学、生活设备永久无偿提供给暨南大学珠海学院(现暨南大学珠海校区)。另外,政府还给予两校在珠海工作的教职工特区财政补贴等优惠政策,明确珠海政府不入股、不参与大学管理,市政府确保搞好供水、供电和道路等基础设施服务。在这种积极的扶持政策下,北京大学、北京师范大学、吉林大学等17 所高校和科研机构先后进驻珠海大学园区,新型大学组织与经济发达城市逐渐进入"强互动"状态。

随着全国其他区域和城市的追赶发展,深圳市的吸引力开始减弱,以往主要依靠外来劳动力的策略难以长期保持领先优势。在此背景下,深圳市也采取了借助国内外高水平大学驱动城市发展的战略。2001 年至 2002 年,深圳市相继引进北京大学、清华大学、哈尔滨工业大学等一批高水平大学,通过共建研究生院,积极开展本科以上的高层次人才培养,促进科研成果转移转化,进一步激发区域产学研合作潜力,满足了深圳进入新的城市竞争阶段的需求①,推动城市经济社会高质量发展,新型大学组织和城市的互动明显升级。

经历多年扩招之后,我国高等教育规模逐渐扩大。2002 年,高等教育毛入学率达到 15%,高等教育从精英教育阶段进入大众化阶段。2010 年,中国高等教育毛入学率达到 26.5%。新型大学组织的数量和规模也在逐步扩大,它们承载着我国高等教育大众化的重要使命,逐步成为承担我国高水平本科教育的重要力量。特别是 2004 年英国诺丁汉大学与浙江万里学院合作举办的具有独立法人资格的宁波诺丁汉大学揭牌,随后西安交通大学与英国利物浦大学、苏州市人民政府合作举办的西交利物浦大学成立,宣告中外合作大学正式诞生,从此,一种新型的办学模式在我国兴起。

1999 年至 2011 年新型大学组织与城市互动呈现以下特点:一是城市经济发展吸引新型大学组织落户。各个省市在经济发展上多点开花,对新型大学组织的支持力度也不断加大,高校生源增加成为吸引大学与城市共建新型大学组织的重要因素。二是影响新型大学组织空间布局的因素增加。随着地方经济发

① 陈先哲:《城市竞争阶段升级与高等教育发展战略转型:深圳案例》,《高等教育研究》2020 年第 9 期。

展加快,全国出现多个经济增长点,新型大学组织布局也随之产生变化。城市对新型大学组织的积极支持也加快了高等教育地方化发展。三是城市经济发展与新型大学组织发展联系紧密。随着高等教育越来越重视服务地方,政府的支持力度加大,新型大学组织也开始注重根据地区要求,采取差异化发展策略,以强带强,助推区域强势产业崛起。新型大学组织的异军突起缓解了本地区人民对优质高等教育的迫切需求。

三、崛起阶段:"共生共荣"

党的十八大以来,我国经济社会发展步入新的历史方位,高等教育毛入学率从 2012 年的 30% 增长到 2021 年的 57.8%,步入普及化阶段。这一时期,大学城市互动更加频繁紧密,新型大学组织为城市发展注入了新活力:新型大学组织的学术专利化加速城市技术创新,学术溢出刺激城市产业创新,集聚形成科技园,巩固城市创新生态。新型大学组织逐步引领城市高新技术产业、战略性新兴产业及行业转型升级,成为培育和孵化高成长创新型企业的重要支柱,是城市经济、区域经济发展的动力源泉。新型大学组织与发达城市共生发展、同频共振,在知识共享、人才培养、平台共建等方面开展了广泛合作。

2015 年,中央全面深化改革领导小组审议通过《统筹推进世界一流大学和一流学科建设总体方案》,2017 年教育部、财政部、国家发展改革委联合印发《统筹推进世界一流大学和一流学科建设实施办法(暂行)》,"双一流"建设蓝图绘就出炉。部分政府将大力投资高等教育领域的"新兴大学"作为长期经济发展计划中的一部分,这些计划特别关注高技能人力资本的必要性。[①]经济发达城市借助"双一流"建设大势,纷纷出台地方配套落实政策,大力引进国内外优质高等教育资源,带动区域城市高等教育竞争力提升,推动域内城市科技创新和产业发展。其中,深圳市改革力度最大。深圳专门制定加快高等教育发展的政策,把高水平大学和高水平学科建设作为重中之重,引进国内

---

① [美]菲利普·G.阿特巴赫等:《新兴研究型大学:理念与资源共筑学术卓越》,上海交通大学出版社 2020 年版,第 7 页。

外排名领先的顶尖大学,大胆创新体制机制,探索高水平大学建设的崭新模式,加大经费和政策支持力度。在一系列政策指引下,数十所国内外名校纷纷落户深圳,联合建立分支机构、研究院、中外合作大学等新型大学组织,创造了高等教育跨越式发展的"深圳速度"。深圳市加大投入,不遗余力地推动南方科技大学入选国家"双一流"大学,推动深圳北理莫斯科大学、哈尔滨工业大学(深圳)等 5 所新型大学组织入选广东省高水平大学建设计划(重点学科建设高校)。

各个城市在引进、培育、发展新型大学组织过程中,注重接轨区域产业结构,制定多种扶持措施,体现出区域特色。例如,青岛出台《关于加快引进优质高等教育资源的意见》,重视发展研究生层次教育,紧密结合产业,新建了一批与海洋经济有关的研究院,并提供建设用地、房屋租赁、人才公寓、税收减免等优惠政策。苏州注重引进全球一流大学资源,新型大学组织的引进建设以区、县为主体,充分发挥区、县的自主性和积极性,其中苏州工业园区引入大学资源力度最大,数量最多。近年来,苏州市引进哈佛大学、牛津大学、中国科技大学等著名高校的科教资源,建立 30 多个新型大学组织,促进生物医药、人工智能、纳米技术等新兴产业发展。2018 年,杭州市委、市政府出台《关于"名校名院名所"建设的若干意见》,大力引进优质高等教育和科研资源,用地用房由地方政府实行"交钥匙工程",10 年内将引进建设一批国内外有重要影响力的新型大学组织。海口市、三亚市借助海南自由贸易港政策优势,引进了浙江大学、中国农业大学等一批高校设立新型大学组织。

随着高等教育规模的扩大、新型大学组织质量的不断提升、城市交通等基础设施的完善,新型大学组织的服务范围也辐射至周边城市。新型大学组织以发达城市为中心区域,对周边区域产生了辐射带动效应,使城市之间的联系越来越密切,促进形成了若干以城市群为发展基础的大学群集合体。例如,京津冀、长三角、粤港澳大湾区、长江中游、成渝城市大学群。城市群与大学群有耦合发展的特点,城市聚集和发达的地方也是大学积聚的地方,大学群对城市群的核心竞争力有无可替代的支撑作用。对美国大学群研究发现,GDP 总量大、就业人口多的区域,它们的大学数量、研发投入、高技术产业从业者数量、发明专利和发表工程科技论文数量也多,主要是美国经济最发达的旧金山—洛杉矶—圣迭戈、波士顿—纽约—巴尔的摩—华盛顿等六个城市群。① 我国新型大学组织的集聚发展促进区域协同,产生规模效应,而城市群的生成又促进高等教育资源的流动与共享,从而反哺新型大学组织。

2012 年党的十八大以来,新型大学组织与城市的关系进入一个新阶段。这一时期,教育通过提高人力资本质量推动全要素生产率的提升,促进经济增长,造就相应产业所需要的劳动者,推动产业结构升级。② 全国许多经济发达城市创办了新型大学组织,人才数量空前增长,为城市经济社会发展带来了新活力,有效发挥了知识溢出效应。城市发展水平的提升,为新型大学组织成长提供了强有力的物质保障;新型大学组织的知识创新和学科发展,也为城市转型升级提供了全方位的服务与支撑。作为新生事物,新型大学组织在迅猛发展的同时,也暴露出一些问题,一些城市的新型大学组织资源浪费、缺乏规划、管理松散、质量堪忧等难题有待破解。

综上所述,新型大学组织与城市共生发展大概经历了三个阶段,详见表3-2。

表 3-2　新型大学组织与城市共生发展三阶段的比较分析

阶段	时期	高等教育规模	城市发展进程	教育管理体制	交互程度
萌芽阶段	1983—1998 年	精英高等教育	生产要素主导	中央	弱互动
探索阶段	1999—2011 年	大众高等教育	资本投资主导	省、自治区、直辖市	强互动
崛起阶段	2012 年至今	普及高等教育	创新驱动主导	市、县	共生共荣

第三节　新型大学组织与经济发达城市共生发展的政策分析

保罗·A.萨巴蒂尔(Paul A.Sabatier)指出,公共政策是洞悉社会变革的重要窗口。从政策视角切入,分析和研判新型大学组织与经济发达城市共生发展的

① 刘祖良:《建设高等教育强国:城市群视野下的大学群发展新论》,知识产权出版社 2015 年版,第 33 页。

② 闵维方:《教育促进经济增长的作用机制研究》,《北京大学教育评论》2017 年第 3 期。

政策供给和未来走向,对于提升新型大学组织发展水平,促进经济发达城市与新型大学组织共生发展具有重要的意义。

一、新型大学组织与经济发达城市共生发展的政策文本

政策对于吸引优质高教资源具有"风向标"意义,因此,分析发达城市的相关政策,可以有效观察大学与城市共生关系的走向。

(一)研究方法与工具

本研究采用质性研究与量化研究相结合的研究方法,并借助质性分析软件 NVivo 进行政策文本分析。NVivo 是一款处理非数量化、无结构资料的软件,它既能够处理文本数据,如 Word 文档、PDF 文档,也能够处理非文本数据,如照片、可视化影像等格式的文档。正因为如此,它的开发运用被认为是质性研究计算机化的滥觞。本研究运用 NVivo 工具对所收集的政策文本进行内容编码、词频分析,剖析新型大学组织与经济发达城市共生发展政策的变迁、类型、要点、特征,挖掘不同时期政策文本的内容变化,再根据上述分析提出针对性的建议。

(二)文本选择

本研究分三个步骤检索收集新型大学组织与经济发达城市共生发展的政策文本。

首先,对几份个案文本进行归纳,总结出相关政策涉及的共性词,以共性词"高校""大学""高等院校""高等学校""高等教育""高教"等为关键词,在北大法宝网站检索政策文件,梳理与整理了从改革开放至今的重要政策文本。其次,对已有文本进行比较分析,提取其中出现的母(上级)文件和相关文件,并对其中内容进行比对,保留与新型大学组织与经济发达城市共生发展相关的政策文件。最后,查漏补缺,选取若干省份、城市及具有一定特色的行政区,在各级政府部门官网全面搜索关于新型大学组织与经济发达城市共生发展的政策文本,以保证政策文本选择的权威性及总领性。

通过上述步骤,最终共筛选出符合条件的省、市(区)级政策文本 129 份,时间跨度从 1978—2022 年(见表 3-3)。其中,省级层面 28 份,市(区)级层面 101 份。本研究针对搜集到的 129 份文件进行梳理和分析,力求反映新型大学组织

与经济发达城市共生发展政策变迁过程中的共性问题。

表3-3 新型大学组织与城市共生发展政策文本

省、市（区）	城市	代表性政策（数量）
江苏	苏州	《关于支持高等院校、科研院所引进高层次人才的实施办法的通知》等(9)
	无锡	《关于加快高等教育改革发展的意见》等(6)
	常州	《关于创新驱动高质量发展的实施意见》等(5)
安徽	合肥	《关于印发合肥市进一步加强科技成果转化若干措施(试行)的通知》等(2)
	马鞍山	《关于我市引进长三角优质高等教育资源的建议》等(2)
广东	深圳	《关于加快高等教育发展的若干意见》等(14)
	珠海	《进一步促进科技创新的意见》等(5)
	东莞	《关于打造教育现代化强市的若干意见》等(2)
	佛山	《关于加快高等教育发展实施意见》等(4)
山东	青岛	《关于加快引进优质高等教育资源的意见》等(12)
	威海	《关于推进新时代济南高等教育及科研机构高质量发展的若干意见》等(2)
	济南	《关于印发支持引进优质高等教育资源创新发展若干措施的通知》等(2)
	淄博	《关于大力引进大院大所大校大企聚力建设国内一流专业化产业基地的实施意见》(1)
	烟台	《关于进一步加快创新驱动发展的意见》(1)
	潍坊	《关于加快招院引校工作的意见》(1)
福建	泉州	《关于进一步支持高校加快发展的实施意见》(1)
	福州	《关于引进省直名校教育人才援教政策》等(2)
四川	成都	《中国西部(成都)科学城人力资源协同创新行动计划》等(2)
	宜宾	《关于加快高等教育发展的实施意见》(1)
浙江	杭州	《关于"名校名院名所"建设的若干意见》等(5)
	宁波	《关于大力推进高等教育跨越发展融合发展的实施意见》(1)
	温州	《温州市教育强市建设实施意见》(1)
	嘉兴	《关于大力推进高等教育跨越发展融合发展的实施意见》等(2)
	绍兴	《关于加快绍兴高等教育发展的若干意见》等(2)
河南	郑州	《关于加快引进优质高等教育资源的意见》等(2)
天津		《关于进一步促进高等教育服务我市经济社会发展和滨海新区开发开放的意见》等(2)
上海		《关于加快建设具有全球影响力的科技创新中心的意见》(1)
重庆		《重庆市高等教育发展行动计划(2018—2022年)》等(8)

（三）内容编码

首先,将选取的政策文件导入NVivo软件中,对文件中涉及新型大学组织与经济发达城市共生发展的文本内容根据内涵进行分类,编辑归纳进自由节点;接着,根据自由节点内容,将具有相似条件、相关脉络的节点进行整合,组合为能表达概念间相互关系的树状节点,并依据概念类属归纳出总体规划、土地供给、经费支持、人才引进、组织保障五个维度,共形成 275 条编码(见表 3-4)。基于统计分析,可以发现新型大学组织与经济发达城市共生发展政策的基本特点。

表 3-4 新型大学组织与经济发达城市共生发展政策内容编码统计

树状节点和子节点	节点材料来源数	参考点数	参考点示例
总体规划	87	271	支持在苏高校与地方政府、行业企业、科研机构合作共建研究所、国家重点实验室、产业研学基地、大学科技园等科研生产联合体,支持在苏高校科研成果在产地孵化,提高自身的知识创新、科技创新和理论创新能力
土地供给	40	162	扩大高等教育土地供给,优化高等教育布局,加快高校集聚区规划建设。创新高等教育土地供给模式,鼓励旧工业区通过升级改造、原农村集体土地通过公开出让、城市更新等方式优先发展高等教育,鼓励旧工业区厂房更改功能用于开办特色学院
经费支持	43	114	对引进并正式运行的国内外优质高等教育机构给予补助,其中,对引进的非独立法人国内外优质高等教育机构,第一年给予不低于 500 万元的启动补助资金,以后根据绩效情况每年补助不低于 200 万元,连续补助 5 年;对引进的独立法人国内外优质高等教育机构,第一年给予不低于 1000 万元的补助资金,根据绩效情况每年补助不低于 400 万元,连续补助 5 年
人才引进	38	89	支持市内高教机构博士、硕士学位授权点建设,对新增或整体迁入佛山的博士、硕士学位授权点,理工农医类学科分别给予 600 万元、300 万元支持建设,文科类学科分别给予 200 万元、100 万元支持建设
组织保障	67	219	建立由市政府分管领导担任总召集人,市教育、发展改革、科技、财政、人力资源和社会保障、国土资源房管、规划、外办、编委办等部门和各区(市)政府负责同志组成的青岛市高等教育资源引进工作联席会议制度,统筹协调解决优质高等教育资源引进、建设中的重大问题

(四)词频分析

NVivo 软件中的"词频"功能表示的是特定词汇或句子在文本中出现的频数[1],

---

[1] 习勇生:《"双一流"建设中地方政府的注意力配置——基于 30 项省域政策文本的 NVivo 软件分析》,《教育发展研究》2017 年第 21 期。

软件本身可以运用一定的技术使词频可视化,从而形成对政策侧重点的大致了解。

图 3-1　新型大学组织与经济发达城市共生发展政策词汇云

通过新建"词频查询"项目对导入的 129 份政策文件进行高频词统计,在参数设置过程中选定字词长度大于 2 个字节,以排除一些无意义的虚词,运行结果如图 3-1 所示。从词汇云图中可以看出,"教育""发展""建设""创新""科技""人才"等词占据较大位置,出现频率极高。

(五)新型大学组织与经济发达城市共生发展的政策变迁

通过梳理我国新型大学组织与经济发达城市共生发展的政策文本数量,可以观察相关政策颁布的频度和密度。

一是萌芽期(1983—1998 年)。在改革开放之初,新型大学组织与经济发达城市共生发展的政策之窗尚未开启,鲜有相关政策出台。1983 年 4 月,国务院批准教育部、国家计委《关于加速发展高等教育的报告》,鼓励老牌实力院校采取"下蛋"办法,举办分校。1984 年,山东大学与威海市尝试联合举办山东大学威海分校,率先开启了新型大学组织与城市共生发展之路。此后,"威海模式"被全国各城市、大学争相学习借鉴,各省纷纷出台政策文件,鼓励地方探索建设新型大学组织的路径,如1985年《中共山东省委、山东省人民政府关于大力发展高等教育的意见》,提出采取有力措施,吸引国内外著名高校来我省举办分校和"一校多园""一校多制"的大学科技园区。

二是发展期(1999—2011年)。1998年12月,为应对新中国成立后第三次人口增长高峰期及由此带来的庞大的高等教育适龄人口,国务院颁布《面向21世纪教育振兴行动计划》,宣布全面实施大学扩招,要求2010年高等教育入学率应接近15%,由此引发新型大学组织建设热潮。在此背景下,省域和市域新型大学组织建设政策数量呈现出波动上升的趋势。

三是加速期(2012年至今)。2012年3月,教育部印发实施《教育部关于全面提高高等教育质量的若干意见》,提出了高等教育内涵式发展的总体要求。我国高等教育毛入学率从2012年的30%增长到2021年的57.8%,步入高等教育普及化阶段。新型大学组织与经济发达城市共生发展政策数量颁布的频率与密度平稳、有序,每座城市保持在平均每年3项政策文件的频度。

二、新型大学组织与经济发达城市共生发展的政策类型

经济发达城市为了引进、培育高端教育资源,助推产业升级和科技创新,出台了各种各样的政策。

(一)政策颁布的地域分布

从政策颁布的地域分布来看,深圳、青岛、苏州、重庆是政策文件颁布最多的前4个城市,约占政策样本总量的33%,详见图3-2。从政策颁布数量看出,这4个城市对于新型大学组织发展建设的重视程度最高,事实上,城市政策有力促进了当地新型大学组织发展,深圳、青岛新型大学组织数量众多、规模庞大、质量领先,形成了著名的"南深圳、北青岛"现象。

(二)政策文本的颁布单位

相关政策的颁发部门主要包括省、市(区)人民政府、教育主管部门、科技厅(局)、人社厅(局)、行政审批局、市外办等多个部门。省、市(区)人民政府发文

（单位：项）

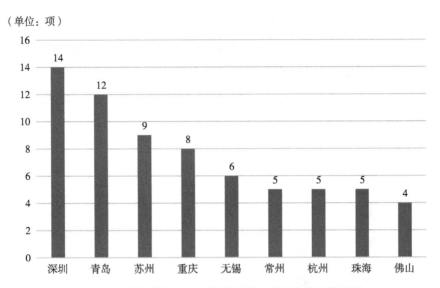

图 3-2　新型大学组织与经济发达城市共生发展政策数量

的数量最多,有 54 项文件,占国家层面颁布的相关文件总量的 41%;教育厅(局)发文数量为 26 项,科技厅(局)发文数量为 21 项,两者约占政策样本总量的 36%;其他部门约占政策样本总量的 41%。

不难看出,省、市(区)人民政府、教育主管部门高度重视新型大学组织建设和发展,发挥了最高权威部门的作用。科技厅(局)作为区域科技创新体系的建设主导单位,政策颁布数量占了半壁江山。人社厅(局)则在新型大学组织人才引进方面发挥了政策职能部门的核心作用。另外,省级层面多部门联合发文数量相对较少,以单个权威主体颁布为主,市级层面多部门联合发文呈现逐渐增多的趋势,这主要是由于教育改革进入深水区、攻坚期,注重高等教育改革的系统性、综合性,这也表明政策颁布从单一性到多部门统筹性的转变。

（三）政策文本的颁布形式

新型大学组织与经济发达城市共生发展政策颁布的形式多样,包括通知、意见、行动方案、实施办法等多种形式。其中,"意见"这个文本形式最多(43),约占政策样本总量的 33%,其次是"通知",约占政策样本总量的 19%,详见图3-3。"通知""意见"等文本形式属于权威工具,使用频率最高,具有很强的规制性、操作性,对于新型大学组织与经济发达城市共生发展起到了规范性与约束性的作用。可见,政府在新型大学组织发展的过程中扮演着"权力主导者"的身份,属于强控制型。象征和劝诫工具使用仅次于权威工具,通过价值倡导、认同、同化等策略诱导地方教育主管部门按政策倡导的理念去引进优质高教资源,建设并发展好新型大学组织。可见,政府倾向于扮演"环境营造者"角色。

（单位：项）

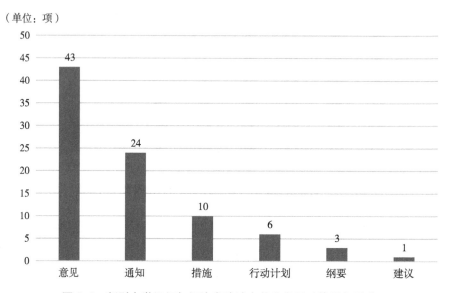

图 3-3　新型大学组织与经济发达城市共生发展政策颁布形式

据统计,市级层面新型大学组织政策颁布形式呈现出与省级层面一致的趋势,丰富性高于省级层面的政策文本,有效保证了政令的畅通。

三、新型大学组织与经济发达城市共生发展的政策要点

通过 NVivo 软件对新型大学组织与经济发达城市共生发展政策内容进行分析,得出总体规划(87)、土地供给(40)、经费支持(43)、人才引进(38)、组织保障(67)五个核心编码,具体如图 3-4 所示。

（一）总体规划

对政策文本内容进行梳理,发现有 87 条关于总体规划的表述,约占所以编码句段的 32%,表明"总体规划"在城市在引进名校资源过程起主导性作用。相关表述主要见于地方教育事业与经济社会发展规划纲要,以及支持高等教育发展的各类专项文件,政策类型多为"地方工作文件",一般通过地方人民政府颁

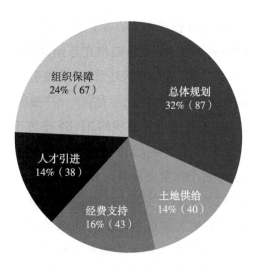

图 3-4　一级指标编码次数占比

布,内容包括宏观设计和量化指标两类。一是宏观设计类。相关表述旨在鼓励各部门推动引进优质高等教育资源,如 2006 年《福州市人民政府关于印发福州市教育事业"十一五"规划的通知》中提出实施"高等教育提质工程","吸引更多的高校来榕办学,推动省会高等教育事业更快发展,努力形成省会城市高校集聚的人才优势、科技优势、文化优势"。二是量化指标类。其中包括对引进名校层次的量化表述,如 2016 年《中共深圳市委、深圳市人民政府关于加快高等教育发展的若干意见》中提出"重点建设一批高水平大学",明确"引进的国内高校及其学科原则上应居全国综合排名前 10 名、学科排名前 5 名,国外合作高校应居世界综合排名前 100 名、学科排名前 20 名"。此外,在考虑区域高教资源规模基础上,部分省份设置了引进名校的数量,如 2011 年《广东省国民经济和社会发展第十二个五年规划纲要》明确提出,"引进 3—5 所国际知名大学到广州、深圳、珠海、东莞、佛山等城市合作举办高等教育机构,提升国际合作层次和水平"。

（二）土地供给

对政策文本内容进行梳理,发现有 40 条关于土地供给的表述,约占所有编码句段的 14%。土地资源是名城与名校关注的焦点,也是双方形成依赖与共生关系的关键要素,名校在融入城市的发展过程中,得到了所在城市的土地供给,城市为名校入驻实现高水平发展创造了有利条件。譬如,2016 年苏州市人民政府印发《关于打造产业科技创新高地的若干措施》,"保障创新载体用地"被列入专项,强调"对国内科研院所、高等院校在苏州建立研发机构的,优先安排建设用地"。值得一提的是,苏州市始终秉持"名校引领"理念,在工业园区内开发建设了国家首个高等教育国际化示范区——"独墅湖科教创新区",以国内外名校集聚为引领,区域总规划面积约 51.85 平方千米,目前已汇聚 33 家中外知名高校。在空间发展策略上,苏州独墅湖科教创新区对硬件资源进行分级配置,在空间上将整个独墅湖高教区分配为城市综合开发区和教育区,利用交通干道滚动发展,推进城市空间的形成。同时出台了《苏州市人民政府印发关于构建一流创新生态建设创新创业名城的若干政策措施的通知》(2018)等政策,制定了一系列办公用地用房支持政策,方便优质高教资源"拎包入住",打造出国内一流的高等教育人才培养基地,促进名城与名校协同发展、融合发展。

(三)经费支持

当包含办学资金在内的一些支持因素共同产生作用时,新型大学组织与城市的共生发展便有了很好的基础。分析显示有 43 条关于经费支持的表述,约占所有编码句段的 16%,如《广州市关于促进合作共建新型研发机构高质量发展的意见》规定,广州市、区政府积极联动,创新支持方式,根据机构类型和实际需求大力支持新型研发机构建设,推动其提质增效。其中包括由市政府与国内外科研院所或高等院校签订合作共建协议的新型研发机构,给予总额不超过 3 亿元的扶持资金;市政府参与、由企业牵头联合科研院所或高等院校签订共建协议的新型研发机构,给予不超过机构建设资金 30% 的资金支持。根据 2016 年《中共佛山市委、佛山市人民政府关于加快高等教育发展实施意见》,佛山市进一步制定《佛山市引进和培育优质高等教育资源若干扶持政策》,旨在做好引进优质高等教育资源专项扶持资金的管理使用,其中包括科研经费、生均补贴、学科专业平台建设等"一揽子"经费支持措施。在这些经费支持下,城市引进的优质高等教育资源正越发紧密地同它们所在的城市联系在一起。经济发达城市对新型大学组织经费支持情况详见表 3-5。

表 3-5　经济发达城市对新型大学组织经费支持

序号	城市	经费扶持举措
1	苏州	对大院大所在苏州新建的国家质量基础建设基地、国家工程研究中心、国家制造业创新中心,分别给予最高 3000 万元、1000 万元、500 万元的支持。支持在苏州的大院大所牵头或参与国际大科学计划或大科学工程,并按国际资助经费的 20%给予最高 1000 万元的支持。鼓励大院大所参与建设企业工程技术研究中心、重点实验室、院士工作站、工程研究中心、产业创新中心、企业技术中心等研发机构,对新建的国家级、省级、市级企业研发机构,分别给予最高 500 万元、300 万元、100 万元的建设经费支持,并根据研发绩效给予最高 50 万元的滚动支持
2	无锡	鼓励引导各地区政府、企业与高等院校、科研院所、著名科学家团队等在锡创设新型研发机构,按新建新型研发机构所在地区政府实际补助该机构建设经费的 20%,给予该机构最高 1 亿元补助支持。支持新型研发机构开展研发创新活动,对已建成的新型研发机构,择优按上年度非财政经费支持的研发经费支出给予最高 20%的奖励,单个机构最高奖励 1000 万元
3	青岛	对引进的非独立法人国内外优质高等教育机构,第一年给予不低于 500 万元的启动补助资金,以后根据绩效情况每年补助不低于 200 万元,连续补助 5年;对引进的独立法人国内外优质高等教育机构,第一年给予不低于 1000 万元的补助资金,以后根据绩效情况每年补助不低于 400 万元,连续补助 5 年。所需资金由市、区(市)财政共同负担
4	重庆	重庆市设立与知名院校开展技术创新合作科技专项资金,根据引进项目的类别,实行分类激励;对引进建设的研发机构,从认定为新型高端研发机构次年起,连续四年给予研发专项支持,每年资助经费不超过 1000 万元
5	杭州	在经费保障方面,对引进的国内大学分校、校区、研究生院,给予最高 2000 万元补助,对引进的非独立法人中外合作办学机构,给予最高 2000 万元补助,对引进的科研院所给予最高 3000 万元补助。对引进特别重大的项目,采用"一事一议"的方式,确定经费扶持政策
6	佛山	佛山市财政对新设高教机构予以生均经费补贴支持,根据新设高教机构全日制本科生和研究生实际在校生人数,分别按市属高校本科生生均拨款标准的一定比例(不低于 60%)、研究生生均拨款标准予以生均经费拨款
7	深圳	加快推进深圳大学、南方科技大学建设高水平大学。对纳入广东省高水平大学建设计划的高校,建设周期内每所给予最高 10 亿元专项经费资助。对纳入国家世界一流大学建设的高校,加大专项经费支持力度。2016—2020 年,市政府每年安排不少于 10 亿元资助经费,主要用于支持重点领域的特色学院建设发展。深圳市对位于大学城中的清华大学深圳国际研究生院施行生均财政差额拨款:以全日制硕士生年均培养成本 5.31 万元为基数,市政府提供约 45.4%的财政补贴,年生均 2.4 万元
8	郑州	设立 100 亿元高等教育发展基金,用于支持引进优质高等教育机构;对落地运行的国内外优质高等教育机构实施补助政策(对引进的非独立法人国内外优质高等教育机构,第一年给予不低于 500 万元启动补助资金;对引进的具有独立法人资格的国内外优质高等教育机构,第一年给予不低于 1000 万元启动补助资金。以后年度依绩效情况按公办院校标准给予生均公用经费补助)

（四）人才引进

高水平的平台依托于高水平的人才，各地政府出台的引才政策为名校引进、落地、高水平发展奠定坚实基础。人才引进表述共计 38 条，约占编码句段的 14%，如 2010 年深圳市出台《关于发布深圳市引进人才实施办法》（"孔雀人才计划补贴政策"），制定包括补贴、户籍、解决配偶工作、解决孩子入学等多项措施，大规模、大手笔、成体系地引进海外高层次人才，首批"孔雀计划"人才涉及哈工大深圳研究生院、北大深圳研究生院、清华深圳研究生院、中国科学院深圳先进技术研究院、南方科大等 6 家机构，为名校人才资源扎根深圳起到有力支撑。部分城市推出人才引进组合政策，如 2012 年青岛市委、市政府办公厅印发的《实施"青岛英才 211 计划"，加快推进"百万人才集聚行动"的意见》与 2016 年青岛市人民政府出台的《关于加快引进优质高等教育资源的意见》产生叠加效应，后者明确提出"通过引进高等教育机构来青的高端人才，符合青岛英才 211 计划的，可以享受同等的奖励和支持政策"，解决了名校落户过程中人才公寓、交通出行、医疗保障、子女入学等人才安居方面的问题。

（五）组织保障

新型大学组织与经济发达城市共生发展组织保障是质量保障活动中各要素相互联系、相互制约，从而发挥质量保障功能的一个多层次多结构的运行系统。相关政策普遍重视强化组织推进，要求加强城市引进名校资源的组织领导。据统计，近 24% 的编码句段涉及组织保障，主要包括组织运行和组织监督两部分。一是运行机制。如 2006 年《深圳市人民政府关于印发清华大学深圳研究生院等三所研究生院机构编制和办学投入办法的通知》开创新型大学组织"四不像"模式，部分引进机构成为无级别、无编制或少编制的事业单位，实行全员合同聘任制、企业化管理，激发了创新活力。二是监督机制。如 2004 年《中共温州市委、温州市人民政府关于引进大院名校推进科教兴市的若干意见》明确，加强对引进大院名校工作的领导，设置了相应工作领导小组，较好地实现了引进机构与区域发展有效衔接。又如深圳创新"大院大所"考核监管办法，颁布《深圳经济特区科技创新条例》明确双方权责，从做大做强的科技、人才政策的支持，到做小做无的法律监管，切实做到了赏罚分明，落实到位。

四、新型大学组织与经济发达城市共生发展的政策特征

政策特征犹如宝藏隐藏在政策文本之中,而编码是寻觅宝藏的有效路径。通过内容编码发掘名校引进名城政策文本的主题范畴,其中体现的政策特征可总结如下。

(一)政策目标的一贯性

政策目标是政策执行可以达到的预期结果,在政策文本中主要由诸如"支持引进……高水平大学"之类的句式表现。通过对名校引进名城政策文本的分析,发现描述政策目标的词主要有:"扩大规模"(1999年后)、"服务经济社会发展"(2014年)、"内涵建设"(2017年)、"区域创新体系"(2020年)。这些不同的词汇似乎表明我国新型大学组织与经济发达城市共生发展目标处于不断变化之中,然而只需稍加分析就会发现,上述词汇表达的主体思想大体相同。在不同时期,地方出台的相关政策符合国家战略意图,使用体现时代要求的政策话语,本质上要求又好又快地引进高等教育资源,从而提升城市竞争力,只不过这些不同的描绘词在修辞手法上具有不同的时代感和渲染力。一言以蔽之,新型大学组织与经济发达城市共生发展政策坚持"规模与质量并重"的目标是一贯的、稳定的,这既是我国经济发达城市坚持"科教强市"战略的表现,也是我国新型大学组织发展持续取得成就的基石。

(二)政策措施的多样性

为了实现政策目标,促进名校资源落地,出台的政策一般都会提出具体的实施举措。从政策文本来看,涉及名校资源引进的措施多种多样,包括内在措施与外在措施。内在措施主要针对名校落地后的学科专业建设、师资建设,如经费资助、家属安置、便利出行、人才落户、出国学习等,这些举措的具体配套方式多种多样,如经费资助就包括了一次性奖励、住房补贴、科研绩效奖金等。外在措施主要是围绕名校机构落地采取的措施,主要通过创设一种环境帮助名校引进从协议合同转化落地,如给予用地支持、辅助配套设施等。从起初对外在措施的注重,到现如今对内在措施的重视,城市对名校资源引进的扶持力度随时间推移越来越大,方式愈发多样,颇具吸引力。值得一提的是,这种政策安排在1983年国

务院批转教育部、国家计委《关于加速发展高等教育的报告》中就已显现,其中就提到要"采取多层次、多种规格和多种形式加快高等教育的发展",相应措施也应该多样化,要尽最大的努力给予解决。

(三)政策对象的突出性

有关新型大学组织与经济发达城市共生发展政策,涉及的作用对象主要包括新型研究型大学、中外合作大学、大学异地分校、高校新型研发机构。针对新型研究型大学、中外合作大学、大学异地分校的研究主题集中在学科专业、师资队伍方面,相关表述主要出现在教育部门政策文件中,共有 7 份政策提及;而更多政策指向的是高校新型研发机构,涉及 43 份政策、20 个主题。与高校育人工作不同,将高校新型研发机构作为重点的政策对象,主要与地方政府密切关注的经济产业发展有关,高校新型研发机构采取市场化的运营模式,容易产生显而易见的经济效益,其作为一种"投入小、见效快"的新型大学组织而受到城市青睐。因此,在政策中给予高校新型研发机构更多的关注无可厚非。

第四节　新型大学组织与经济发达城市共生发展的基本载体

诺贝尔奖得主美国经济学家、历史学家道格拉斯·C.诺斯(Douglass C. North)认为,"建立合理有效的城市发展模式,关键在于能否在城市内建立起具有集聚与整合某些要素能力的基础产业或主体产业,这决定了城市经济能否保持长期增长态势"[①]。近年来,随着我国综合交通体系和信息网络等基础设施的日臻完善,以及区域间共同发展机制条件的日趋成熟,新型大学组织与经济发达城市共生发展成为实施供给侧结构性改革的重要举措、重要实现载体,在创新发展、促进区域融合创新进程中呈现出了多样的表现形态。

一、大学城:大学功能城市化

"大学城"作为一种"城"与"高等教育"有机结合体,萌发于欧洲中世纪巴

[①]　王胜英:《要素集聚整合的差异性与城市发展模式》,《南京社会科学》2003 年第 1 期。

黎大学,成形于 13—18 世纪英国牛津大学、剑桥大学,鼎盛于 20 世纪下半叶美国。它的出现不仅是对传统大学制度的一种超越,更是对当地经济文化起到了明显的集聚效应。正如美国学者 Blake Gumprecht 对"美国大学城"的定义:"大学及其文化对当地特色起到主流影响作用的城镇或城市。"①自 20 世纪 60 年代"赠地学院运动"以来,短短 30 年,美国"大学城"得到了迅猛的发展。20 世纪90 年代,美国纽约州立大学的社会学家亨利·埃茨科维兹和阿姆斯特丹科技学院的罗伊特·雷德斯多夫教授在三螺旋概念的基础上提出了著名的官、产、学三螺旋理论,美国大学与城市共生发展达到了顶峰,形成了各具特色、错位发展的大学城。如"文化名城"马萨诸塞州波士顿城集中了举世闻名的哈佛大学和麻省理工;"欢乐谷"宾夕法尼亚州立大学城内有宾夕法尼亚州立大学;"旅游胜地"科罗拉多州博尔德城内有科罗拉多大学博德分校、美国地质学会(总部驻地)等;"小苹果"堪萨斯州大学城内有堪萨斯州立大学等。欧洲一些发达国家也紧随其后,如德国出现了"自行车之都"明斯特大学城、"文化名城"海德堡大学城、"精英大学"布莱斯弗赖堡大学城等。瑞士出现了"欧洲百强大学"佛里堡大学城、"历史文化名城"洛桑大学城等。一些新兴发展中国家随着高等教育发展,也陆续出现了"大学城"现象。如南非的波切斯卓姆大学城,巴西的圣塔玛利亚大学城、圣诺昂德利大学城,印度的"科学研究之都"班加罗尔、巴纳拉斯印度大学城等。

　　纵观国外的大学城发展,具有以下共性:一是大学城地理位置比较优越,距离中心城市仅几十公里,具有充裕的发展空间和良好的自然环境,已经形成了城镇化。二是规模巨大且人数众多。大学城一般由几所大学聚集在一起或者至少有一所大型的综合性大学,大学注册人数一般达到本城市人口的 25% 以上。②三是政府一直大力提供财政支持并制定保护性规划。四是紧密与科技、产业和城市联系。大学城通过聚集效应不断提高科技研究开发能力,通过带动效应能逐步促进地区经济发展。五是国外大学城建设的核心是研究型大学,这是实现教育、科技与经济互动发展之本。③

---

①　Blake Gumprecht,"The American College Town",*The Geo-graphical Review*,2003,p.23.

②　李原:《世界城市知识大全》,世界知识出版社 1985 年版,第 688 页。

③　吴开俊:《国外大学城建设的背景及其发展走势》,《华南师范大学学报(社会科学版)》2002 年第 6 期。

我国大学城出现相对较晚,最早可以追溯到 1999 年河北兴建的东方(华北)大学城。我国大学城是在政府指导下主动构建发展起来。个别地区对大学城建设的必要性和可行性缺乏科学论证,仅从经济利益出发仓促建设大学城,只是简单地把几所大学聚集在一起,未充分与社区共享,也未有效利用图书馆、运动场设施等,造成资源闲置和浪费,尤其是学生放假期间,大学城俨然成为一座"空城"。更遑论推动高新技术产业的发展和产业结构升级,增强城市经济持续发展的活力。同时,投资主体比较窄,监管不到位,导致某大学城出现了因欠下22 亿元巨额贷款而接近破产的案例。①

我国大学城可分为两种类型:教学主导型和研究主导型。② 例如,南京江宁大学城是典型的教学主导型大学城,主要是为了满足社会经济文化的迅速发展所要求的高等教育走向大众化的需求,通过原有高校的内部挖潜和加大外部投入,扩大高等教育的规模和提高其效率,以推进高等教育的大众化。③ 南京仙林大学城则是典型的研究主导型大学城,该模式立足于大学城所在区域现有的高新技术开发条件,考虑区域经济发展对扩大和持续高新技术研究的需求,将高等教育与高新技术产业和企业相结合,从而促进高等教育的社会功能的发挥。④

当前,新型大学组织参与建设的大学城,大多属于研究主导型大学城。随着大学在推动城市创新发展的原创引擎作用越来越大,"我国政府将大学城建设作为支持高层次教育、培养高层次人才的重要手段"⑤,许多城市纷纷引进知名大学,新建大学校区、分校、研究院,大学城建设再一次迎来热潮,出现了新特征。一是更注重统筹规划。如《湖北省教育事业发展"十四五"规划》发布规划提出,巩固武汉市全国科教中心地位,在武汉长江新区高标准、高起点,规划建设大学

① 司林波、刘天伟:《我国大学城建设的模式分析及其完善》,《河北经贸大学学报(综合版)》2012 年第 2 期。
② 潘懋元等:《大学城的功能与模式》,《高等教育研究》2002 年第 2 期。
③ 胡海建:《试论国外大学城的主要类型》,《高教探索》2007 年第 3 期。
④ 杨曦、杨小婷:《研究型大学学科分布的空间分析——密歇根大学的案例》,《清华大学教育研究》2012 年第 2 期。
⑤ Li Z., Li X., Wang L., "Speculative Urbanism and the Making of University Towns in China: A Case of Guangzhou University Town", *Habitat International*, 2014, pp.422-431.

城推进圈内高等教育一体化发展。许多地方把大学城建设放在城市整体发展布局中通盘考虑。二是更注重协同推进。如近年来正在加速发展的青岛大学城，青岛市政府借鉴其他大学城的经验，充分发挥后发优势，在公共配建上提前规划建设。目前大学城周边配套已基本完成五大公共场馆建设，包含体育中心、图书馆、文化馆、海洋科技馆、科学讲堂。正在建设中的西湖大学城，对标、借鉴剑桥大学城、斯坦福大学城等世界知名大学城，探索"高等院校+产业园区→科学城"的发展模式，将科技城打造成全国新型一流科学城。

二、高教园区：区域高等教育聚集地

"高教园区"是一个具有中国特色的称谓，也是我国高等教育大众化发展到一定阶段的产物。所谓"高教园区"是在政府、高校、市场、社会等多种力量的参与下，使若干所大学在某些地域集聚，并达到一定规模，形成有机整体的高校集合体。① "高教园区"最大的特点是政府出面或同意圈一片土地，提供各种有利条件，创新一些运行机制，兴办高等教育。②

虽然"高教园区"与"大学城"在称谓上不尽相同，但在形式上存在很多共性。一是开放性。"大学城"常被誉为"没有围墙的大学"。意思是在"大学城"里，大学与社区相互融合、协调互动。而我国"高教园区"一般也不设置"围墙"，在校际以水系、绿化和道路相隔，以建筑的风格和颜色相区别，这样不仅有利于学校之间的交流，而且可以实现与所在社区的互相融合。二是共享性。在"高教园区"和"大学城"内往往集聚了多所高校，实现教育资源的共享和提高办学效益是高校集中建设的最初出发点。通过集中建设，可以对教育资源实行充分互享，对图书馆、体育中心、会议中心、医疗中心和绿地等公用基本设施实现相互开放；一些"高教园区""大学城"在教室、实验室和图书资料等方面也实现部分共享；甚至校际间教师和学生也是流动的，师资可以互聘，学生可以跨校选修课程，学分也互相承认或者是建立学分银行。

"高教园区"不完全等同于"大学城"，存在一些差异。首先，地理位置差异。

---

①　王培英、张世全：《高教园——提升综合国力的生力军》，《现代教育科学》2004年第7期。

②　冯杰、何心展：《高教园区（大学城）建设中的政府角色》，《黑龙江高教研究》2003年第1期。

众所周知,由于我国高教园区对城市的辐射作用和经济聚集效应有限,再加之城市中心区域用地紧缺,一般安排在离中心城市较远的边沿地区。如广州、重庆等大城市,高教园区一般设置在城市边沿地区,以卫星城具有的产、学、研三种功能的社区模式建设。① 而"大学城"地理位置相对较为优越。如四川温江大学城位于温江区柳台大道与南熏大道交会处,地处温江城西,距成都双流国际机场 20 千米。其次,发展功能定位不同。"大学城"是"城"(Town)的定位,侧重于"大学城"与城市之间的关系定位,实现"大学城"的整体对外开放。而"高教园区"是"园区"(park)的定位,侧重于园区内部关系定位,实现的是教育资源的共享和园区内学校办学主体之间的开放。② "大学城"除了传统的高等教育功能外,还对城市具有"集聚效应、辐射效应、互动效应"③,并对科学技术进行创新和转化。而"高教园区"一般主要整合园区内各类教育资源,为城市和高科技园区定向培养不同层次、不同类型的技术及管理人员,但科技创新和转化的功能不强。苏州独墅湖高教园区是我国发展较为成熟的高教园区,地处苏州工业园区,是集教育科研、新兴产业、生活配套为一体的现代化新城区④,后来升级为苏州独墅湖科教创新区,目前已吸引设立了中科大苏州高等研究院、牛津大学高等研究院(苏州)等 33 所中外知名院校,教职工约 6400 人,在校生人数近 8 万人,留学生总数超 3000 人,获批全国首个"高等教育国际化示范区"。该园区整合了各类不同层次的教育资源,为苏州市的经济强市和科技强市提供人才储备。除此之外,高教园区与大学城在区域标志和动力来源上还存在差异(见表 3-6)。

表 3-6　高教园区与大学城的区别

类别	高教园区	大学城
功能	人才培养、科学研究	人才培养、科学研究、成果转化
目的	教育资源的整合	科技与经济的联系

① 章艳华:《高教园与区域经济协同发展对策研究》,《职教论坛》2009 年第 8 期。
② 俞建伟、林麒:《"大学城"与"高教园区"辨析》,《现代教育科学》2003 年第 3 期。
③ 潘懋元:《大学城的功能与模式》,《高等教育研究》2002 年第 2 期。
④ 陈晓雪、谢忠秋:《绿色发展视阈下科教区创新生态系统成长能力研究——以常州科教城和苏州独墅湖科教园区为例》,《江苏社会科学》2019 年第 3 期。

类别	高教园区	大学城
区域标志	大学校园及建筑	大学校园、科技转化基地
动力来源	高等院校自身	大学、城市、科技企业

总而言之,我国高教园区建设促进了城市经济发展和产业转型,促进了高素质、高水平人才汇集。一是大力打造区域高等教育的"龙头",充分发挥他们在当地高等教育发展中的领先优势和集聚效应,以此加快高校为本地区经济、文化、社会发展服务的步伐,充分体现了"不求所有,但求所用"的办学新理念。[1]如浙江打造六大高等教育园区,即杭州下沙、滨江、小和山、紫金港和宁波、温州高教园区。二是以兴建高教园区为突破口,大力拓展高等教育的发展空间,并以此促进高校的区域性聚集。北京沙河高教园区已入驻北京邮电大学、北京航空航天大学等部属高校。杭州下沙高教园总投资 86 亿元,集聚了 20 多万名大学生。三是各高教园区功能定位明确,充分依靠所在地的资源优势,并与本地区支柱产业紧密衔接,利用城市升级契机,积极由"园"向"城"转变。如北京良乡高教园借助"打造世界一流的科教及产业融合新城"的载体不断推进园区由"园"向"城"转变,积极推动科技研发和成果转化,建立"企业出题、院校解题、政府助题"的机制,推广"揭榜挂帅"制度,推动政产学研合作。

三、科学城:科教融合策源地

科学城是中心城市旁集中设置科研和高教机构的卫星城,以信息、研究、交流为核心,进而与产业、城市等建立紧密联系的外延集群。作为一种创新型的城市发展区域,科学城诞生于 20 世纪 50 年代,此后世界许多国家和地区都在布局建设科学城,科学城的内涵和功能也随着实践发展和科技进步而不断演化。据不完全统计,目前全球各类科学城已达 600 多座。[2] 随着科技竞争逐渐加剧,世

---

①　王怀宇:《沪、浙、深高教园(大学城)建设:经验与启示》,《北京教育(高教版)》2005 年第 Z1 期。

②　张莉杰、姚荣伟:《"小城市"也能打造"高光"科学城?》,2022 年 5 月 12 日,见 https://mp.weixin.qq.com/s/eZg4Vwy0C0b-ggUjVkI06w。

界各国也越来越重视本国的科技创新以及科技成果转化。

从 20 世纪 80 年代开始,国内的大学城迅速发展,依托高校,集聚高端创新资源,打造国际标准的科学城。北京中关村科学城是中关村国家自主创新示范区核心区的核心,发展较早,该区域集聚了清华、北大等 27 所国家重点高校、中国科学院等 30 多家研究所,以"打造具有全球影响力的科技创新中心新地标"为定位,目前已成为战略性新兴产业策源地、高端要素聚集区、科技成果转化的辐射源。

近年来,上海、深圳、广州、杭州、武汉、成都、重庆、合肥、西安等多个经济发达城市以原有的大学和新引进建设的高等教育资源为依托,积极布局建设科学城。

湖北东湖科学城位于武汉东湖高新区东部,横向依托光谷科技创新大走廊所在的高新大道,纵向依托"光芯屏端网"万亿产业集群聚集的未来大道。在总体设计上,东湖科学城致力于打造"一区三中心",即创建东湖综合性国家科学中心核心承载区,构建全球光电信息科技创新中心,全球生命健康产业创新中心,以及全球碳中和工程科技创新中心。主要依托华中科技大学、武汉大学、中船重工第 722 研究所等高校和科研院所,聚焦前沿性科技问题,定位国际领先水平,建成后将促进生物医学、通信系统等多领域的技术攻关与产业发展。

合肥滨湖科学城是合肥综合性国家科学中心的重要载体,依托中国科技大学、合肥工业大学、安徽大学,同时引入新建天津大学创新发展研究院、北京航空航天大学合肥创新研究院、哈工大机器人(合肥)创新研究院、清华大学合肥公共安全研究院等 10 多个新型大学组织,坚持"尖端引领、集中布局"原则,努力打造为科研要素更集聚、技术创新更活跃、生活服务更完善、生态环境更优美的世界一流科学城。科学城始终坚持面向经济主战场、面向国家重大需求,注重打通技术到产业的通道,促进尖端科技和新兴产业深度融合,用"合肥模式"破解科技成果转化难题。

西部(重庆)科学城位于重庆市中心城区西部槽谷,是产、学、研、商、居一体化发展的现代化新城,是面向未来科技、未来产业、未来生活的未来之城。该科学城汇集了重庆大学等 28 所高校、5 个国家重点实验室、14 个产业园区。重庆市引进建设的中国科学院大学重庆学院等 20 多个新型大学组织为科学城链接全球创新网络注入了生机活力。坚持以"科学之城、创新高地"为总体定位,规划建设成为具有全国影响力的科技创新中心核心区,引领区域创新发展的综合性国家科学中心,推动成渝地区双城经济圈建设的高质量发展新引擎。

透视以上正在建设的城市科学城,具有以下共同特点:一是根据城市产业结构和优势领域,注重引进国内顶尖高教资源,新建"双一流"大学异地研究院等创新载体。二是政府部门主导,始终围绕和服务国家战略需要,以服务打造国家战略科技力量为关键,以汇聚优质科教资源、引育一流科技人才为核心,以产学研融合发展为重点。三是有效吸引利用高端人才,提升自主创新能力,带动整个城市发展升级。如湖南省自然资源厅发布湘江科学城概念规划,面积约145.5平方千米的湘江科学城位于湘江西岸科创走廊湘江科学城将围绕推动形成原始创新、技术产业、人才集聚、平台资源制高点,打造引领中部、辐射全国、面向全球的"科学高峰"和"科技高地"。

四、高校孵化器:高校与市场连接纽带

高校孵化器(incubator)是一种介于大学与企业之间的新型社会经济组织,原指人工孵化禽蛋的设备,后被引入到高等教育领域,成为一种兼具社会效益和经济效益的组织机构。高校孵化器以高校学科优势和智力支持为主要载体,以地方政府和国家的优惠政策为依托,为创业大学生提供科研、生产、经营的场地和办公等方面的支持,提供系统的培训和咨询,以及政策、法律、市场推广和融资等方面的支持,降低大学生创建企业的创业成本和创业风险,提高创业项目的存活率和成功率,从而加快企业的创业速度。

高校孵化器一直以来都是我国促进科技成果转化、培养高新技术企业和企业家的重要平台,也是连接创新企业和市场的桥梁和纽带。当前,部分名城与名校合作打造了一批特色鲜明的高校孵化器,成为高校连接社会的桥梁,兼顾商业性和公益性。例如,同济大学国家大学科技园以高校孵化器为载体,充分发挥大学学科交叉融合和高层次科技人才集聚的优势,探索产教融合下的"学科+产业"的创新模式,秉承并发扬以往园区与学校校区、所在城区构建形成的"三区联动、三城融合"发展范式,助推"环同济知识经济圈"蓬勃发展。

新型大学组织瞄准企业孵化,为城市发展增添了科技动能和产业支撑。南

京大学苏州创新研究院孵化器是一家专注于新一代信息技术产业发展的专业科技孵化器,研究院以创业投资为引领,集聚优质产业科创项目,重点培育具备"人才、技术、资金、市场"的高科技产业科创团队,为科创项目提供"研发—生产—运营—培训—投融资"等一体化服务和平台支持,打造从培育、加速到产业化的产业科创孵化全链条。截至 2022 年,孵化器拥有 10000 余平方米可自主支配的孵化使用载体。引进并孵化科技项目中 2 人获评省双创人才、9 人获评市领军人才、44 人获评区领军人才,项目申报知识产权 149 件、获批 127 件,孵化企业累计融资超 8000 万元、完成产值近 3.5 亿元。该机构被江苏省科学技术厅评为省级科技企业孵化器。

广东华中科技大学工业技术研究院是广东省科技厅、东莞市政府和华中科技大学于 2007 年共建的科技创新、技术服务、产业孵化与人才培养的公共平台,按照"事业单位、企业化运作"的模式组建,具有"三无三有"的机制特色,被誉为"全国新型研发机构的典型代表"。经过 10 余载的发展,在国家大力实施创新驱动发展战略的背景下,其发挥自身在智能制造领域的优势,形成了"体制机制新型化、团队建设专职化、产品研发高端化、技术服务规模化、产业孵化链条化"等特色。广东华中科技大学工业技术研究院已经开发出数十类核心功能部件及高端智能装备,如高功率光纤激光驱动 13.5 纳米级紫外光刻机光源研究,获得首批广东省基础与应用基础研究重大项目立项;研发的工业级 RFID 在国内市场占有率排名前三,家电行业市场占比超过 70%,相关成果获国家技术发明二等奖等。

基于以上分析,不难发现这些特色高校孵化器具有一些共性:一是聚焦科研选题、知识产权服务、成果持有人转化意愿分析、成果应用潜力研判、市场信息对接等方面。二是紧紧围绕企业技术开发、技术转让、技术咨询、技术投融资等方面的需求,以市场痛点和应用为导向,结合技术成果供给端和市场企业需求端搭建产学研合作平台。特别是孵化高科技企业,其功能设计旨在提供各种支持,降低企业的创业风险和项目开发成本,提高企业的成活率,促进科技成果的转化和经营开发等方面。[1] 三是积极与院系部门、专业机构、专家智库等紧

---

[1]　王红卫、尹红:《孵化器服务评价:来自深圳市高科技孵化企业的观点》,《软科学》2009 年第 3 期。

密联系,构建社群生态,借力合作共赢,集中力量发挥自身优势特长。依托高校建立的孵化器利用大学的资源优势高校具有完善的研发平台、充足的人才配备、广阔的资源共享、快速的科技成果转化通道、功能完备的培训培养体系等优势。[1]

五、科创走廊:区域创新要素集聚带

"科创走廊"是指"在某一特定的地理区域内,由政府主导或以科技发展为目的的活动自发形成的,区域内创新要素越过行政边界自由交互、合理配置,科技创新资源高密度聚集的特殊区域创新发展形态"[2],是相关城市在一定空间上集聚创新要素和新兴产业,改革制度供给,形成科技创新体系,这是多城跨行政区域合作与协同发展的一种重要形式。[3] 科创走廊与经济走廊、科技园区、产业集群不同的是,不仅覆盖了以提高经济效益目标的经济走廊中的成果产业化的贸易、交易环节,而且还涉及以成果产业化产业集群为核心,帮助科学成果成长、放大等全部科技创新过程(见图3-5)。

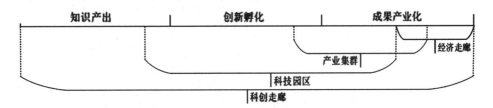

图3-5 科创走廊、科技园区、产业集群与经济走廊参与创新活动差异

科创走廊是创新资源主要集聚地,全球众多科创走廊近年来发展成效显著,逐渐显现出产城融合发展、创新创业活跃的科技新城雏形。例如,美国加州101公路科创走廊形成了以斯坦福大学、加州大学伯克利分校和加州理工学院等众多知名大学为依托,一批以美国国家实验室为主的研发机构集聚的全球著名科创中心;日本"筑波—东京—横滨"科创走廊则依赖于东京大学、早稻田大学等

---

① 王健:《基于科技园平台高校创业孵化器建设探索》,《中国高校科技》2021年第5期。

② 李靖华、林甲嵘、姜中霜:《科创走廊概念与边界辨析——以筑波—东京—横滨创新带和杭州城西科创大走廊为例》,《科技管理研究》2021年第22期。

③ 刘潇忆、王承云:《长三角地区科创走廊建设模式研究》,《科技与经济》2019年第1期。

世界级顶尖大学,以及日本国立材料科学研究所、日本国家高能物理研究所等世界顶级研究实验室。[①] 详见表3-7。纵观国际典型的科创走廊,它们在原始创新能力、领军企业培育、创新创业生态、全球创新资源集聚、政府服务配套等方面均有着显著特征。[②] 一是大学和科研机构在基础研究与创新人才培养中发挥着关键作用;二是领军企业引领技术创新和创业方向;三是健全高效的创业服务体系发挥着重要支撑作用;四是政府在构建良好创新创业环境中扮演重要角色;五是包容开放的创新创业文化是推动创新繁荣的保障。

表3-7　世界知名科创走廊资源集聚情况[③]

名称	基本情况		科创走廊资源要素集聚情况			
	区域位置	主要产业	高等院校	研发机构	金融机构	知名企业
101公路科创走廊	美国旧金山大湾区	信息技术、生物科技、国防与航天	加州大学伯克利分校、斯坦福大学、圣何塞州立大学、圣塔克拉拉大学、圣塔克鲁斯加州大学等	美国国防创新试验小组(DI-Ux)、25所国家级或州级的实验室。同时包括谷歌、英特尔、苹果等企业均设立专业研发机构	超过400家风险投资机构管理着超840亿美元的风险投资资本,投资总额和投资数量分别占美国风险投资总量的约40%和55%	谷歌、脸书、惠普、英特尔、苹果、思科、特斯拉、甲骨文等公司
M4科创走廊	英国M4公路	信息技术、金融科技、生物科技、数字经济	牛津大学、剑桥大学、伦敦城市大学、伦敦政治经济学院、克兰菲尔德大学、英国开发大学等	伦敦集中英国1/3的高等院校和科研机构,其中伦敦大学已经发展成为包含10个研究所的巨型联盟。同时包含皇家社会、皇家工程院等多家科研机构	M4创新走廊拥有7家金融科技独角兽,同时拥有251家外资银行。伦敦科技公司占到欧洲所有科技资金的25%,包括全球最大科技基金软银—沙特科技基金	Global Switch、The Hut Group、Fidessa Group、DeepMind、Delivero、MCI等科技企业

[①] 王潇婉、武健:《如何发挥高校对科创走廊发展的支撑作用》,《中国高校科技》2019年第8期。

[②] 毛艳华:《科创走廊建设的国际经验及借鉴》,《人民论坛》2022年第10期。

[③] 李燕:《基于高端要素的"广州—深圳—香港—澳门"科技创新走廊的发展对策研究》,《经济论坛》2019年第7期。

续表

名称	基本情况		科创走廊资源要素集聚情况			
	区域位置	主要产业	高等院校	研发机构	金融机构	知名企业
东京—横滨—筑波科创走廊	东京大湾区	航运商贸、石油化工、电器机械、科技研发、国际交流	东京大学、早稻田大学、东京都市大学、横滨国立大学等超级国际化大学	产业技术综合研究所、纳米技术研究中心等46个国家级研究机构及教育院所,学术研究机构占全国40%左右	风险投资体制不健全,政府拨款及大公司投资是创业团队融资的主要方式。2018年GFCI报告中东京排名第五	索尼、佳能、三井、三菱、丰田、东芝、三越、东丽等企业总部

自从我国 1988 年批准成立北京市高新技术产业开发试验区以来,我国科创走廊建设取得了一定的成绩,已经建成与大学高度融合的科创走廊有:武汉光谷科技创新大走廊、广深科创走廊、杭州城西科创大走廊、济南齐鲁科创大走廊等为代表的一批科创走廊。

一是广深科技创新走廊。广东省委、省政府在 2017 年发布《广深科技创新走廊规划》,提出构建"一廊十核多节点"的空间格局,依托中山大学、华南理工大学、暨南大学等"双一流"大学,以及新建的中外合作大学、重点大学校区,发挥高校、科研院所集聚的优势,建成具有国际影响力的国家创新中心城市和国际科技创新枢纽。

二是武汉光谷科技创新大走廊。武汉光谷科技创新大走廊集聚了近百所高校、73 名"两院"院士,拥有 3 个国家重大科技基础设施、1 家国家研究中心、20余家国家重点实验室、30 余家产业技术研究院。高新技术企业近 5000 家,约占湖北省 60%。湖北省规划到 2035 年,将"大走廊"建成全球创新网络的重要枢纽。

三是杭州城西科创大走廊。杭州城西科创大走廊位于杭州城市西部,东起浙江大学紫金港校区,西至浙江农林大学,致力于打造成面向世界、引领未来、服务全国、带动全省的创新策源地。目前杭州城西科创大走廊已引进了之江实验室、超重力离心模拟与实验装置(CHIEF)等科技重器,汇聚了高校和科研机构60 余家,集聚诺奖获得者和院士工作站 19 家、博士后工作站 22 家。

四是济南齐鲁科创大走廊。济南沿着经十路规划建设齐鲁科创大走廊,围绕山东产业技术研究院、超算中心、山东大学研究中心、引领型企业等创新母体,引导形成"一廊六带、四圈多园"的发展空间,加强创新网络连接,推动创新辐射。济南齐鲁科创大走廊所在的经十路是科教资源高度密集的隆起带,签约落户了复旦大学大数据研究院、哈尔滨工业大学机器人研究院、意大利科学院、白俄罗斯科学院等20余个新型大学组织和科研院所。

总体来看,我国科创大走廊除了与国外走廊具有呈"廊状"布局,创新主体聚集于大城市或大城市之间的交通要道周围;高校等科研机构密集,科技人才供给充分、风险投资聚集、创新企业以及创新支撑服务集中[①];科技金融发达,高新产业高速发展;包容和开放的创新创业文化制度等共性外,还具有中国特色,即由政府推动和主导,有统一规划的空间布局,名校聚集,城市培育的新型大学组织逐渐发挥重要创新引领作用。

第五节　新型大学组织与经济发达城市共生发展的区域分布

城市作为一种客观存在,已有 5000 多年的历史,它是世界各国传承文明、集聚人类、创造财富的最主要地域。作为创新驱动战略发展的新动能,高等教育与城市经济发展之间正在形成一种协调、开放和共享的交集。现对新型大学组织与经济发达城市共生发展现状进行深入剖析,揭示二者互动关系的规律。

一、东中西部新型大学组织的分布不均

区域是国家核心竞争力与软实力重要载体,是一个由点、线、面,人、事、物等通过流、链、场形成的广域性城市的时空集合体。根据《中共中央、国务院关于促进中部地区崛起的若干意见》《国务院办公厅转发国务院西部开发办关于西部大开发若干政策措施实施意见的通知》,我国的经济区域一般划分为东部、中部、西部和东北四大地区。[②] 根据对新型大学组织与经济发达城市共生发展的

---

① 毛艳华:《科创走廊建设的国际经验及借鉴》,《人民论坛》2022 年第 10 期。
② 将北京、天津、河北、上海、江苏、浙江、福建、山东、广东和海南划分至东部地区;山西、安徽、江西、河南、湖北和湖南划分至中部地区;内蒙古、广西、重庆、四川、贵州、云南、西藏、陕西、甘肃、青海、宁夏和新疆划分至西部地区;辽宁、吉林和黑龙江划分至东北地区。

情况统计,不同地区之间存在一定差异。

（一）东部地区

东部地区是新型大学组织最密集的地区,共计320所。其中,山东省是我国新型大学组织数量最多的省份,共有79所,占东部地区新型大学组织总数的24.6%。另外,天津市有4所,占该地区总数的1.2%;江苏省有69所,占该地区总数的21.5%;浙江省有68所,占该地区总数的21.2%;福建省有10所,占该地区总数的3.1%;广东省有65所,占该地区总数的20.3%;海南省有13所,占该地区总数的4.1%。

东部地区是我国人口密度最高、经济最为发达的地区,2022年东部地区总人口约56371万人,占全国比重39.93%,地区生产总值高达59.2万亿元,约占全国比重的52%。东部地区城市科技创新投入大,对包括大学在内的科研创新组织有较强的吸引力,如广州、南京等城市基础研究经费占研发经费比重超过10%,是全国平均水平(5.5%)的2倍多。在过去的20年里,悄然出现了部分"双一流"建设高校"东南飞"的现象。① "双一流"建设高校向东部沿海流动正在呈快速增长势头,东部沿海地区利用经济和政策优势"吸附"和新建了大批新型大学组织,原有的高校内部的学科布局结构开始发生"裂变",高校的内部学术生态也在发生"裂变",而且这些裂变似乎出现了不可逆转的趋势:越来越多的东部城市不断出台政策,吸引高水平大学共建新型大学组织。此外,本就身处东部地区的一些"双一流"大学也开始与经济发达县市合作建设分校区、研究院、研究生院,进一步壮大了东部地区新型大学组织的队伍。譬如,江苏由于苏南经济发达,区域经济发展比较均衡,产业集群明显,基础设施完善,交通方便,产学研结合的需求就比较大,而南京土地资源紧缺,用地成本高,部分普通高校扩大规模面临困难,因此异地办学积极性较高。例如,东南大学在无锡建立了校区,南京大学在苏州建立了校区。又如,浙江大学为了更好地服务地方经济社会发展,在浙江省温州市、衢州市、嘉兴市等地级市建立了10多个研究院。

对于中西部、华北、东北地区的一些重点高校来说,所处区位的气候因素、经

---

① 卢彩晨、廖霞:《我国"双一流"建设高校扩张模式与区域走向研究——基于区域经济发展的视角》,《中国高教研究》2020年第12期。

济发展态势、地方财政状况、产业发展结构等方面的欠缺使其面临生源质量、师资力量、发展资金、科研转化等问题,对它们的发展造成不利影响,甚至有的高校排名下降。其中最典型的是兰州大学,区位劣势明显,导致生源质量下降,师资流失,竞争力减弱,学校排名由 2009 年的 28 名下降到 2019 年的 34 名。[①] 但其中也有部分高校通过到东部沿海发达地区兴办新型大学组织,从而争取到更好的发展机会,维持了竞争力。如东北地区的哈尔滨工业大学,由于在威海、深圳开办了分校,有效扭转了生源质量下降、优秀师资流失趋势,寻求到更多的财政支持及更好的产学研转化平台,保持了竞争力,在东北高校排名普遍下滑的背景下,本部区位劣势最明显的哈工大排名却基本保持稳定且略有上升。可见,新型大学组织在东南沿海城市的聚集,释放了城市与高校的发展潜力,使得二者在提高办学声誉与促进经济社会发展上实现了"双赢"。

(二)中部地区

中部地区的新型大学组织共计 44 所。其中,江西省有 5 所,占该地区总数的 11.3%;河南省有 6 所,占该地区总数的 13.6%;湖北省有 9 所,占该地区总数的 20.4%。

中部地区人口密度位居全国第三,经济发展水平位居全国第二。2022 年中部地区总人口约 36469 万人,占全国比重 25.83%,地区生产总值高达 25 万亿元,约占全国比重 21.9%。2006 年,中共中央、国务院发布《关于促进中部地区崛起的若干意见》,努力开创中部地区崛起的新局面。《促进中部地区崛起"十三五"规划》将中部地区定位为"全国重要先进制造业中心、全国新型城镇化重点区、全国现代农业发展核心区、全国生态文明建设示范区、全方位开放重要支撑区"。中部地区拥有以武汉城市圈、环长株潭城市群、环鄱阳湖城市群为主体的长江中游城市群,以及中原城市群两大城市群,为推动中部地区建设现代制造基地、服务高地、创新源地奠定扎实基础。据统计,中部地区长江沿线城市群地区 340 所普通高校在校学生数达到 349 万人,毕业人数达到 92.1 万人,形成专本研三级人才结构,高等教育规模巨大、学历层次多样,但区域分布不太均衡、结构不够合理。武汉城市圈普通高校有 92 所、在校学生数达到 108 万人,高校专

---

① 王文龙:《中国高校异地办学的类型、原因与利弊分析》,《北京社会科学》2020 年第 6 期。

任教师为 6.3 万人,高等教育规模和学历层次结构最好,各项高等教育资源指标方面都超过其他城市群;武汉城市圈在本科生和研究生数量上有优势,环鄱阳湖生态经济区在专科生规模上有相对优势。在城市群内部教育资源分布也不均衡,高等教育资源多聚集在武汉、长沙等省会城市。① 整体来看,中部地区高等教育资源配置规模效率低于东部和西部地区,加之中部地区高等教育资源规模长期投入不足,如何解决中部地区高等教育资源供给不足和实现资源配置规模效益问题,是中部地区提高高等教育资源配置的重要环节。②

近年来,国家出台一系列政策来扶持中部地区高等教育的发展,为中部地区高等教育发展打下了良好的基础。2012 年,国家发展改革委和教育部联合启动"中西部高校基础能力建设工程",重点支持建设中西部 24 个省、自治区、直辖市的 100 所有特色有实力的地方高校的发展建设。同年,国家启动中西部高校综合实力提升工程,在没有教育部直属高校的省份,专项支持一所本区域内办学实力最强、办学水平最高、有区域优势的高水平大学。2013 年,教育部、国家发展改革委、财政部印发《中西部高等教育振兴计划(2012—2020 年)》。2021 年,中共中央办公厅、国务院办公厅出台《关于新时代振兴中西部高等教育的意见》。在国家政策资源倾斜的同时,中部地区城市开始主动寻求与高水平大学合作,新型大学组织在中部地区逐步兴起。

（三）西部地区

西部地区的新型大学组织共计 71 所。其中,重庆市有 21 所,是该地区新型大学组织数量最多的省份,四川省共有 10 所。另外,广西、云南、贵州、陕西、新疆等地的部分经济相对发达城市各建有少许新型大学组织。

西部地区人口密度位居全国第二,经济发展水平位居全国第三。2022 年中部地区总人口约 38285 万人,占全国比重 27.12%,地区生产总值高达 24 万亿元,约占全国比重 21%。西部地区疆域辽阔,除四川盆地和关中平原以外,大部分地区是我国经济欠发达、需要加强开发的地区。自 21 世纪以来,党中央一直

---

① 何丹、程伟、龚鹏:《中部地区长江沿线城市群高等教育与区域经济协调发展研究》,《中国高教研究》2017 年第 9 期。
② 叶前林等:《"双一流"建设下我国高等教育资源配置效率研究》,《黑龙江高教研究》2018 年第 3 期。

致力于提振西部地区经济社会发展,2000 年 1 月,国务院成立了西部地区开发领导小组,领导开展"西部大开发"战略,目标是"把东部沿海地区的剩余经济发展能力,用以提高西部地区的经济和社会发展水平、巩固国防"。随着西部大开发战略的深入实施,西部地区高等教育发展取得了极大的成就,但是,与中部和东部地区的高等教育相比,整体上有一定的差距。[①]

西部地区高校根基较薄弱,高水平大学有四川大学、兰州大学、重庆大学、西安交通大学、西北工业大学等,东西部地区高水平大学合作力度不够,新型大学组织建设尚处于起步阶段。事实上,西部地区优秀人才流向东部居多,而从中东部高校反向流动到西部地区的人才却较少。东部发达城市高校迅猛发展,西部高校发展的扶持力度有限,导致人才的净流失严重,人才流失是西部实现后发先至的最大障碍。目前,成都、重庆等大城市是西部地区的人才高度聚集带,其他地区或城市的人才密度较低,西部整个区域呈现由中心向外围递减的人才分布格局,中心城市人才聚集的辐射作用并不明显,其他城市对人才的吸引力比较弱。[②] 与东部发展比较成熟的地区相比,西部地区的人才聚集存在非中心城市与中心城市差距较大的问题。另外,国际人才偏少,国际人才所占比例与北京、上海、广州、深圳、杭州、南京等东部城市相比有较大差距,难以形成"广聚天下英才"的虹吸效应。

西部地区新型大学组织呈点状聚集,主要分布于成渝城市群一带,汇聚了24 个新型大学组织,其中重庆已经培育建设了 21 个新型大学组织,四川成都、宜宾、眉山建设有香港城市大学成都研究院、对外经济贸易大学成都研究院、电子科技大学宜宾研究院、四川大学眉山校区等新型大学组织;内蒙古、广西、贵州、云南、西藏、陕西、甘肃、青海、宁夏和新疆等地区新型大学组织则较少。西部地区应加大引进东部地区高等教育资源,这是留住地方性人才扎根地方的根本途径。[③] 尤其是经济欠发达城市更应主动出击,尽可能调动城市资源招徕高水

---

① 靳玉乐等:《笔谈:新时代中西部高等教育振兴的攻坚策略》,《现代大学教育》2022 年第 2 期。

② 靳玉乐等:《笔谈:新时代中西部高等教育振兴的攻坚策略》,《现代大学教育》2022 年第 2 期。

③ 靳玉乐等:《笔谈:新时代中西部高等教育振兴的攻坚策略》,《现代大学教育》2022 年第 2 期。

平大学入驻,积极打造高端人才蓄水池。约翰·S.布鲁贝克(John S.Brubacher)曾言,高等教育结构与产业结构的联结与协调是高等教育发挥作用的前提条件。① 只有教育结构和产业结构相匹配时,技术创新、人力资本要素在产业转型升级中的特殊作用才能显现出来。当前西部地区最需要的三类人才是承接东部产业转移的技术人才、提升西部产业配套能力的服务人才与孵化高新主导产业的创新人才。在引进培育新型大学组织过程中,应面向西部主导产业培育要求,与相关领域的高水平大学合作,造就一批科技领军人才和研发创业人才,致力打造具有西部特色的经济增长极;要用好国家相关人才优惠政策,如"长江学者奖励计划""千人计划"等,大幅度提升国际国内人才的聚集能力。

（四）东北地区

东北地区的新型大学组织数量较少。东北地区人口密度位居全国第四,经济发展水平位居全国第四。2022 年东北地区总人口约 9851 万人,占全国比重6.98%,地区生产总值高达 5.6 万亿元,占全国比重 0.04%。

东北地区历经新中国成立 70 多年的探索和发展,在工业化建设、城镇化改革、现代化发展、国际合作等方面成就显著,成为国际和国内屈指可数的工业门类较为完整和集中的工农业发展区。从整个历史发展进程来看,东北地区在解放战争时期、新中国建设时期以及后来的改革开放和现代化建设过程中,积累和创造了极大的物质财富及宝贵经验,为全国建立 39 个大类、191 个中类、525 个小类全部工业部门的现代工业体系提供了全方位行业成长支撑。② 而今,新一轮东北全面振兴、全方位振兴战略是党和国家基于东北地区特殊地位和作用做出的促进区域协调发展的重大战略。随着环渤海经济带的开发与哈大高速铁路的开通,东北区域经济形成了集技术开发、生产制造为一体的重要产业集群经济链。在高等教育联络方面,还没有突出高等教育增长极在区域经济增长中的作用。

---

① 布鲁贝克:《高等教育哲学》,王承绪等译,浙江教育出版社 2001 年版,第 159 页。
② 单春艳、张妍、曾慧玲:《我国高等教育区域中心发展的新态势与东北地区的应对思路》,《现代教育管理》2022 年第 8 期。

随着老工业基地进入转型发展期,东北高等教育发展面临较多困难,出现了办学水平和综合实力下降的现象,一些原本在行业系统乃至全国有重要影响的高校,已辉煌不再。目前,东北地区共有 C9 联盟高校 1 所、"985"高校 4 所、"211"高校 11 所、"双一流"高校 11 所,包括哈尔滨工业大学、哈尔滨工程大学、东北农业大学、东北林业大学、吉林大学、延边大学、东北师范大学、辽宁大学、大连理工大学、东北大学和大连海事大学。与华北、华东、华中等大区相比,东北地区高校进入国家"双一流"建设高校、进入全国百强的高校的数量等一系列指标处于劣势。总体而言,东北三省在高等教育领域较为薄弱,仍处于单打独斗的状态,尚未实现高等教育在相关领域的合作互补,不同层次、不同类型高校间的纵向合作还较少,新型大学组织未能形成规模。与其他地区相比,东北地区高等教育发展的区域优势明显低于长三角、珠三角、粤港澳等地区。

2016 年国务院印发《关于深入推进实施新一轮东北振兴战略,加快推动东北地区经济企稳向好若干重要举措的意见》,新一轮东北振兴战略对区域高等教育提出了新的要求。在此背景下,东北地区亟须借鉴长三角、粤港澳、珠三角等区域高等教育多元协同机制的成功经验,以新型大学组织建设为契机,促进高等教育资源向东北地区集聚。如今,哈尔滨、长春、大连、沈阳是东北地区经济基础最好、人口密度最高、最有潜力成为集聚资源和发挥辐射作用的区域。① 可以通过构建东北地区与周边城市相互辐射而耦合形成的高等教育系统,培育集聚创新要素的高等教育中心,发挥辽中南沿海城市高等教育的集聚—溢出效应,形成"以点带面"的新的发展方式,为我国高等教育区域发展格局构建起到重要支撑作用。

二、直辖市新型大学组织数量差距较大

经济发达城市内部存在着影响新型大学组织生发、存在与发展的条件性要素,其核心构成包括经济基础、人口构成、教育基础。② 这些条件性要素决定并

---

① 单春艳、张妍、曾慧玲:《我国高等教育区域中心发展的新态势与东北地区的应对思路》,《现代教育管理》2022 年第 8 期。
② 段从宇、迟景明:《内涵、指标及测度:中国区域高等教育资源水平研究》,《高等教育研究》2015 年第 8 期。

解释了何种新型大学组织缘何在经济发达城市扎根,因此有必要对新型大学组织所在经济发达城市的要素特点予以探讨。

我国 4 个直辖市是北京、上海、天津和重庆,其中北京和天津位于华北地区的京津冀城市群,上海位于华东地区的长三角城市群,重庆位于西南地区的成渝经济区。直辖市的行政地位与省、自治区、特别行政区相同,在全国的政治、经济、科学、文化、交通等方面均具有重要地位。

(一)直辖市经济社会发展水平分析

从地区生产总值(GDP)看,我国四大直辖市经济社会发展保持了进步的态势,实现了持续稳定增长,同时提高了发展质量和效率。在四大直辖市中,上海作为我国的金融中心,长期以来都维持着我国经济第一强市的地位,根据相关数据显示,2023 年上海的 GDP 总量达到了 4.72 万亿元,经济总量领跑其他三大直辖市;北京市近年来正在不断拉近着与上海市之间的经济差距,目前 GDP 达到 4.37 万亿元,与上海之间的差距再度缩小;重庆作为我国最后一个成立的直辖市,凭借着地理位置和吸引力,得到了长足的发展,GDP 达到 3.01 万亿元,位列第三,且重庆的经济增速最快,达到 3.9%;天津被誉为我国的"北方第二城市",目前 GDP 达到 1.67 万亿元,位居直辖市第四。

地区生产总值是本地区所有常住单位在一定时期内生产活动的最终成果,常住人口在一定程度上决定了地方经济社会发展水平。从人口情况来看,四大直辖市常住人口排序与 GDP 排名一致,依次为上海、北京、重庆、天津。在科技创新方面,北京专利授权数与发明共计约 22 万件,总数位列第一,其次分别为上海、天津、重庆。随着世界创新中心逐渐从欧美地区转移到亚洲国家,科技创新对我国创新城市发展越发重要。[1] 在财政收入与支出方面,主要考量教育支出占公共财政支出的比例,其代表着各地教育财政支出的努力程度。目前上海教育支出占比约为 14%,北京约为 20%,重庆约为 36%,天津约为 23%,四大直辖市均落实了教育类支出占财政总支出比重不低于 14% 的要求(见表 3-8)。

---

[1]　姜婉星:《城市创新动力研究——以上海市为例》,经济管理出版社 2021 年版,第 72 页。

表 3-8 2022 年直辖市经济社会发展水平

地区	地区生产总值（亿元）	地区生产总值增长率（%）	常住人口（万）	专利授权数（件）	发明（件）	地方一般公共预算收入（万元）	教育支出（万元）
上海	4.47	1.7	2488	139780	24208	70462987	10005937
北京	4.16	1.2	2189	162824	63266	54838866	11382891
重庆	2.91	3.9	1565	55377	7637	20948541	7549666
天津	1.62	1.5	1170	75434	5262	19231103	4429121

注："地区生产总值"来源于各地统计局公布数据，统计截至 2022 年 12 月。其他数据来源于《中国城市统计年鉴 2021》。

（二）直辖市高等教育资源分析

高校数、高校在校生数及高校专任教师数构成了城市高等教育主体性资源。[①] 目前，在四大直辖市中，北京高等教育资源最为充裕，普通高校数量达到 92 所，专任教师数超 7 万人次，远超其他三座城市；重庆在校学生数则最多，约为 91 万人。据第二轮"双一流"大学数量城市分布情况来看，北京以 34 所高校，遥遥领先其他城市，上海、天津分别为 15 所与 6 所，而重庆只有 2 所高校入选，少于其他三座直辖市。但不论如何，就总量来看，四大直辖市拥有的高等教育资源较为丰富，与按高校在校生数量划分的第一级别城市（在校生数超过 500000 人），以及按高校数量划分的第一级别城市（高校数超过 50 所）基本一致。[②] 尤其是北京、上海拥有众多老牌名校，而这得益于 20 世纪 50 年代我国实施的重点建设工程，形成了北京、上海等重点建设大学集聚城市（见表 3-9）。

表 3-9 直辖市高等教育资源情况

地区	普通高等学校（所）	在校学生数（人）	专任教师（人）	"双一流"大学数量（个）
上海	63	540693	47668	15
北京	92	590335	70645	34

① 刘宁宁：《我国城市高等教育资源集聚水平及空间格局探析》，《高校教育管理》2019 年第 1 期。
② 劳昕、薛澜：《我国高等教育资源的空间分布及其对地区经济增长的影响》，《高等教育研究》2016 年第 6 期。

续表

地区	普通高等学校（所）	在校学生数（人）	专任教师（人）	"双一流"大学数量（个）
重庆	68	915556	49174	2
天津	56	572152	34239	6

注：数据来源于教育部官网，统计截至 2021 年 12 月。

（三）直辖市新型大学组织分析

北京、上海高教资源丰富，这两座城市为全国各地输送了数量众多的优质高等教育资源，使名校资源在各地开花结果，在一定程度上促成了新型大学组织兴起之势，进而间接地推动了一些地区经济社会的发展。但也囿于高教实力雄厚，留给这两座城市发展新型大学组织的空间并不多，因此北京、上海的新型大学组织在数量上并不算突出：北京引进了少数域外优质高教资源，如荷兰代尔夫特理工大学中国研究院（北京）等；上海则相对多些，如中国科学技术大学上海研究院、北京大学上海微电子研究院、浙江大学上海高等研究院、中国人民大学上海校区、上海纽约大学等。而同为直辖市的天津、重庆因为高等教育资源相对没有那么丰富，因此引进培育了较多的新型大学组织，如天津引进建设了清华大学天津电子信息研究院、清华大学天津高端装备研究院等，并且正在筹建中国核工业大学；重庆培育了上海交通大学重庆研究院、北京大学重庆大数据研究院等众多新型大学组织，总数达到 17 个之多。

表 3-10　部分直辖市新型大学组织

所在地	机构名称	成立时间	合作方	目标定位
上海	中国科学技术大学上海研究院	2004	中国科学技术大学、上海市政府	培养顶尖人才，造就世界级科学家
	北京大学上海微电子研究院	2007	北京大学、上海市浦东新区政府	逐步发展成国际一流、集产学研于一体的微电子技术研发基地
	浙江大学上海高等研究院	2020	上海市人民政府、浙江大学	助推上海市加快建成全球领先的科技创新中心

所在地	机构名称	成立时间	合作方	目标定位
天津	清华大学天津电子信息研究院	2012	天津滨海新区政府、中新天津生态城管委会、清华大学	进行电子信息领域科研成果的工程实现及产业化
	清华大学天津高端装备研究院	2015	天津市东丽区政府、清华大学	建成综合性科技成果转化创新服务平台
重庆	同济大学重庆研究院	2012	同济大学、重庆市人民政府	打造创新高端研发平台
	中国科学院大学重庆学院	2020	中国科学院大学、重庆市教育委员会	建成集科研、教育和社会服务"三位一体"的科研机构

三、副省级城市新型大学组织密集扎堆

我国目前共有 15 个副省级城市,其中,10 个为省会城市,5 个为计划单列市(深圳、大连、青岛、宁波、厦门),被列为副省级城市能够加快城市经济与社会发展,并且有利于发挥中心城市的辐射作用。

(一)副省级城市经济社会发展水平分析

整体来看,副省级城市经济社会发展呈现出明显的地域差距。2023 年 GDP 排名从第一到第十五分别是深圳、广州、成都、杭州、武汉、南京、宁波、青岛、济南、西安、大连、长春、沈阳、厦门、哈尔滨。其中,GDP 2 万亿元以上级别的只有深圳、广州、成都、杭州、武汉 5 个城市;经济增速最快的是厦门,GDP 较上一年增长 5.7%;经济发展最落后的副省级城市为哈尔滨,作为黑龙江省省会、东北中心城市之一,哈尔滨的经济总量及经济增速近年来始终处于低位。

从人口情况来看,成都常住人口达到 2095 万,位列副省级城市之首,广州、深圳常住人口均超 1500 万,有力支撑了城市的经济社会发展。其中,1000 万人口以上的超大型城市 8 座,分别为成都、广州、深圳、西安、武汉、杭州、青岛、哈尔滨;500 万—1000 万人口以上的巨大城市 7 座,分别为宁波、南京、济南、长春、沈阳、大连、厦门。从科技创新方面看,深圳、广州同样处于领跑地位,2 座城市专利授权数与发明数总和均超 20 万件,而沈阳、大连、长春、哈尔滨 4 座东三省城市科技创新成果总数则落后于其他副省级城市。结合教育支出占公共财政支出

的比例来看,哈尔滨、长春教育支出占比高达 34%,超过广州分别位列第一、第二,但显然未能有效转化为科技创新成果,说明教育投入未能反馈到城市创新方面,教育支出较低的两座城市为大连、沈阳,分别约为 16.9%、16.3%,均属东北地区城市(见表 3-11)。

表 3-11　2022 年副省级城市经济社会发展水平

地区	地区生产总值（万亿元）	地区生产总值增长率（%）	常住人口（万）	专利授权数（件）	发明（件）	地方一般公共预算收入（万元）	教育支出（万元）
广州	2.88	2.70	1874	155835	15077	17227892	5585916
武汉	1.89	-4.73	1233	58923	34635	12302897	2929129
哈尔滨	0.54	0.55	1001	15561	3747	3395674	1174796
沈阳	0.76	0.75	907	21153	3596	7360802	1204395
成都	2.08	4.00	2095	65453	10881	15203788	3277272
南京	1.69	4.60	932	76323	14897	16377000	3062752
西安	1.15	5.20	1296	45407	11067	7241390	2333672
长春	0.67	3.60	907	17700	3508	4404297	1522930
济南	1.20	4.85	924	36673	5294	9060751	2110114
杭州	1.88	3.90	1197	92399	17327	20933893	4033432
深圳	3.24	3.10	1763	222412	31138	38573887	8509360
大连	0.84	0.90	745	17643	2975	7026822	1193103
青岛	1.49	3.70	1011	57696	8634	12538548	2885546
宁波	1.57	3.30	942	60520	5331	15108432	2695754
厦门	0.78	5.70	518	29598	3066	7839392	1599003

注:"地区生产总值"来源于各地统计局公布数据,统计截至 2022 年 12 月。其他数据来源于《中国城市统计年鉴 2021》。

(二)副省级城市高等教育资源分析

副省级城市中省会城市高教资源充裕,非常集中,武汉、广州、成都、西安、南京、哈尔滨等普通高校数量均超 50 所,专任教师数与在校学生数相对较多。深圳、大连、青岛、宁波、厦门这 5 个计划单列市原生高校较少,高等教育资源较为不足,其中深圳、宁波两市均仅有 14 所普通高校,专任教师数与学生数也相应较少。东北高等教育整体水平与国内发达地区相比,仍存在一定的差距,主要体现在尽管哈尔滨大学多,高等教育资源相对丰厚,但留不住人才,大学毕业生外流导致哈尔滨成为全国人才输出地,使其成为人才流失严重城市(见表3-12)。

表3-12 副省级城市高等教育资源情况

地区	普通高等学校(所)	在校学生数(人)	专任教师数(人)
广州	82	1307144	71202
武汉	83	1067206	61599
哈尔滨	50	591940	33549
沈阳	45	440146	26576
成都	65	927111	52348
南京	53	918141	55134
西安	63	783893	51996
长春	41	483034	28726
济南	44	687878	40887
杭州	40	465963	32801
深圳	14	109986	8047
大连	31	325738	26576
青岛	27	430671	24321
宁波	14	168310	9271
厦门	16	169288	10092

注:数据来源于教育部官网,统计截至2021年12月。

(三)副省级城市新型大学组织分析

从数量和质量来看,副省级城市无疑是引进、建设新型大学组织的主力军。青岛、宁波、深圳、厦门等副省级城市近年来基于经济发展和产业转型的强烈驱动,集聚了大量新型大学组织,其中包括数量众多的高校新型研发机构,成为具备强大影响力与辐射力的高等教育区域次中心(见表3-13)。如青岛市近几年签约引进"双一流"高校资源,基本形成三大集聚区,包括哈尔滨工程大学青岛校区等多所新型大学组织聚集的西海岸新区、山东大学青岛校区等10余所新型大学组织落户的蓝谷、聚集西南交通大学研究院等新型大学组织的红岛高新区。再如,深圳继2001年引进北京大学、清华大学资源之后,近年来又相继引进和建设了哈尔滨工业大学(深圳)、中国人民大学深圳研究院、香港中文大学(深圳)、南方科技大学、中山大学深圳校区等。据统计,近 20 年来,深圳至少引进了 25 所顶尖大学,推动了城市的高质量发展。

表 3-13　部分副省级城市新型大学组织

所在地	机构名称	成立时间	合作方	目标定位
深圳	哈尔滨工业大学(深圳)	2001 年创建前身,2017年揭牌	深圳市人民政府、哈尔滨工业大学	为国家不断输送具有全球胜任力的拔尖创新人才
	南方科技大学	2012	广东省人民政府、深圳市人民政府	成为国际化、高水平、具有国际影响力的研究型大学
厦门	南京理工大学厦门数字信息研究院	2020	厦门市人民政府、南京理工大学	加强科技成果转化和产学研合作
成都	中国科学院大学成都学院	2018	成都市人民政府与中国科学院大学、中国科学院成都分院	建设具有国际视野和国际影响力的科教融合学院
青岛	山东大学青岛校区	2016	青岛市人民政府、山东大学	建设成为高端人才聚集和培养基地、高水准国内外学术交流基地等
南京	北京大学南京创新研究院	2012	南京市人民政府、北京大学南京创新研究院	致力于仿真、物联网、智能电网等领域的技术与产业发展
大连	中国科学院大学能源学院	2017	大连市政府、中国科学院	促进我国洁净能源科技创新单元和创新队伍的形成
武汉	北京大学武汉人工智能研究院	2022	武汉市政府、北京大学	以建立全国一流的人工智能研究机构为目标
广州	香港科技大学(广州)	2018	广州市人民政府、香港科技大学、广州大学	致力于人类共同福祉的高端学术人才和产业领袖
杭州	中国科学院大学杭州高等研究院	2019	杭州市人民政府、中国科学院大学	以构建开放、共享的高层次人才培养基地为"核心"

四、经济雄厚地级市新型大学组织涌现

我国地级市行政地位与地区、自治州、盟相同,属地级行政区,是建制与地区相同的市,由省、自治区管辖。目前我国共有地级市 278 个,约占全国城市总数的 40%。

（一）地级市经济社会发展水平分析

从表 3-14 可以看出，地级市经济社会发展同样差异显著。江苏省的地级市发展水平一直是国内的标杆，尤其是全国地级市中的头名——苏州，2023 年 GDP 高达 2.46 万亿元，远超大部分副省级城市，并继续缩小与广州、深圳的差距，向国内一线城市看齐。而新型大学组织所在的地级市中也有 GDP 总量相对较低的，如陕西省铜川市 2023 年 GDP 仅为 510.63 亿元。从人口情况来看，既有城区常住人口 1000 万以上的超大城市，也有 500 万以上 1000 万以下的特大城市，还有 100 万以上 500 万以下的大城市，以及 50 万以上 100 万以下的小城市。在科技创新方面，长三角、珠三角地级市依靠丰厚的创新资源，在专利授权数与发明数上领先于其他地级市。从教育支出占公共财政支出的比例来看，部分地级市虽然经济总量与地方一般公共预算收入不高，但保持着较高的财政教育投入，如铜川教育类支出 208478 万元，占比高达 83%，几乎将地区收入悉数投入地方教育事业发展中。

表 3-14　部分地级市经济社会发展水平

地区	地区生产总值（万亿元）	地区生产总值增长率（%）	常住人口（万）	专利授权数（件）	发明（件）	地方一般公共预算收入（万元）	教育支出（万元）
苏州	2.40	3.40	1275	138861	9909	12399181	2196324
无锡	1.49	3.70	746	60702	4362	6884503	1280262
温州	0.80	3.40	959	52199	7189	6019813	2206497
嘉兴	0.67	3.40	541	34966	4733	5988000	1402850
绍兴	0.73	3.26	529	35574	3583	5435174	1366574
合肥	1.20	4.34	937	41054	7593	7629009	1975427
福州	1.23	5.11	832	25535	3417	6756083	1851895
泉州	1.21	2.93	879	55951	2229	1250127	405917
潍坊	0.73	3.50	939	23290	2650	2154786	554338
烟台	0.95	3.60	710	15461	1756	3435467	766358
宜宾	0.34	4.62	459	4003	111	2000319	930684
珠海	0.40	3.00	245	24434	4362	3791327	1104658

续表

地区	地区生产总值（万亿元）	地区生产总值增长率（%）	常住人口（万）	专利授权数（件）	发明（件）	地方一般公共预算收入（万元）	教育支出（万元）
佛山	1.27	1.60	952	73870	5652	7535609	1725234
铜川	0.05	5.00	71	199	9	250089	208478

注："地区生产总值"来源于各地统计局公布数据，统计截至 2022 年 12 月。其他数据来源于《中国城市统计年鉴 2021》。

（二）地级市高等教育资源分析

我国部分作为省会城市的地级市高等教育资源较为丰富，如合肥普通高校超过 50 所，在校学生数加上专任教师数超过 60 万，高等教育资源远超大部分城市；再如福州普通高校数量达到 34 所，在校学生数加上专任教师数约 38 万，为城市经济社会发展提供有力支撑。但是，也有部分城市高等教育与地区经济实力不匹配，如苏州、无锡在经济上领先于一般地级市，但传统高等教育资源并不突出，城市高教底蕴不足，与城市地位不相匹配。我国部分地级市高等教育资源情况详见表 3-15。

表 3-15 部分地级市高等教育资源情况

地区	普通高等学校（所）	在校学生数（人）	专任教师数（人）
苏州	26	263246	13903
无锡	12	133163	7020
温州	11	120734	6596
嘉兴	6	76304	4144
绍兴	12	116744	5839
合肥	52	586170	29350
福州	34	363738	21908
泉州	18	174465	8556
潍坊	16	219014	11332
烟台	16	242899	12313
宜宾	2	34626	1821

地区	普通高等学校(所)	在校学生数(人)	专任教师数(人)
珠海	11	143778	6811
佛山	13	146297	4186

注:数据来源于教育部官网,统计截至2021年12月。

(三)地级市新型大学组织分析

近年来,苏州经济社会发展水平比肩副省级城市,为了进一步激发地方经济增长内生动力,加快引进优质高教资源,30多所国内外知名大学与苏州市签约,C9高校全部"落户"于此。一些经济社会发展相对落后的地级市,也同样采取与苏州类似的引援措施,填补自身高等教育资源不足的短板,以期提振经济社会发展后劲。如四川宜宾市委、市政府作出"实施科教兴市、人才强市战略,建设宜宾大学城和科技创新城"的决策部署,目前已与清华大学、中国人民大学、同济大学、西南交通大学、四川大学等20所高校签署合作协议;又如陕西铜川积极吸纳高校、科研院所带资金、带项目、带人才创新创业,加快西安交通大学、西北工业大学、西北农林科技大学、北京中医药大学在铜川建设研究所。可见,无论是经济发达的地级市、抑或经济稍显落后的地级市,都在加快建设、培育新型大学组织步伐,特别是经济实力雄厚的地级市足以支撑优质高教资源落地与新型大学组织发展。部分地级市新型大学组织见表3-16。

表3-16 部分地级市新型大学组织

所在地	机构名称	成立年份	合作方	目标定位
宜宾	电子科技大学宜宾研究院	2017	电子科技大学、宜宾市人民政府	建成智能终端四川省重点实验室的建设模式和发展体系
苏州	中国科学技术大学苏州高等研究院	2003	中国科学技术大学、苏州市人民政府	打造成以新兴产业发展需求为导向、具有鲜明特色、世界一流的人才培养和科学研究机构
	中国人民大学苏州校区	2012	中国人民大学、苏州市人民政府	是面向国际、探索中外合作办学和培养高端人才的实验基地

所在地	机构名称	成立年份	合作方	目标定位
无锡	华中科技大学无锡研究院	2012	华中科技大学、无锡市人民政府、惠山区人民政府	坚持"技术立院"发展导向，从事数字化、智能化制造技术与装备的产业化研发
常州	南京大学常州高新技术研究院	2006	常州市人民政府、南京大学	研究院重点开展科技研发和成果转化工作
常州	常州湖南大学机械装备研究院	2011	湖南大学、常州市人民政府	围绕高端智能装备和新能源汽车开展产业关键共性技术研发设计
温州	华中科技大学温州先进制造技术研究院	2005	华中科技大学、温州市人民政府	组建一个引进型、实体性的公共科研教育平台
温州	浙江大学温州研究院	2019	浙江大学、温州市人民政府	围绕新材料、数字技术、生命健康三大方向建设创新创业中心
泉州	泉州华中科技大学智能制造研究院	2014	泉州市人民政府、华中科技大学	开展智能装备技术研发、机器人的集成与应用、咨询服务及人才培养为一体的新型研发机构
淄博	天津大学山东研究院	2010	淄博高新技术产业开发区、天津大学	设立研发机构或者校内研发机构的分支机构，为区内企业提供智力支持
淄博	山东大学淄博生物医药研究院	2012	淄博高新区管委会、山东大学	打造一体化的专业技术公共服务平台
珠海	华南理工珠海现代产业创新研究院	2016	珠海市人民政府、华南理工大学	发展现代产业特别是先进装备制造业的重要公共创新服务平台
佛山	东北大学佛山研究生创新学院	2019	佛山市人民政府、东北大学、佛山市顺德区人民政府	服务国家发展战略，特别是"粤港澳大湾区"发展需求

五、经济强县新型大学组织的数量渐增

县级市是我国行政区划单位之一，属县级行政区，行政隶属于地级市、地区、自治州、盟或由省、自治区直管。改革开放以来，随着工业化、城镇化的不断推进，大多数县级市都以"撤县设市"的方式建立。目前我国县级市 388 个，占全国城市总数最高，达到 56.6% 。

（一）县级市经济社会发展水平分析

县级市行政区域土地面积较小，受工作机会、薪资待遇等因素影响，许多县级市居民纷纷向中心城市聚拢，导致县级市地区生产总值普遍不高。但也有部分县级市经济社会发展逆势上扬，跻身"千亿县"行列，典型城市如江阴、宜兴、昆山、海宁、慈溪、仁怀等。其中，昆山2022年GDP更是突破5000亿元，成为我国县级城市发展的标杆（见表3-17）。这些经济发达的县级市有几个共同特征：产业结构完善、企业数目众多、地方政府财政收入水平较高。

表3-17　部分县级市经济社会发展情况

地区	地区生产总值（万亿元）	行政区域土地面积（平方公里）	常住人口（人）	规模以上工业企业数（个）	地方一般公共预算收入（万元）	一般公共预算支出（万元）
江阴	0.47	987	1266600	2047	2596600	2378609
宜兴	0.22	1996	1075900	1247	1275891	1724446
昆山	0.5	931.5	1067100	2412	4280028	3656687
海宁	0.11	863	708038	1656	1009270	1052155
慈溪	0.25	1361	1061711	1737	2005280	2173319
仁怀	0.17	1788	743800	93	728235	870516

注："地区生产总值"来源于各地统计局公布数据，统计截至2022年12月。其他数据来源于《中国城市统计年鉴2021》。

（二）县级市高等教育资源分析

关于"县域办大学"的讨论由来已久，大多数县级城市由于常住人口以及财政实力等问题，往往无心办大学，而倾向于引进能够产生直接收益的企业，因此多数县级市高等教育资源普遍为零。但是，也有少部分县级市隐藏着许多低调却有实力的高校，例如，西北农林科技大学（"985"）扎根陕西杨凌市；石河子大学（"双一流"）坐落新疆石河子市；延边大学（"双一流"）坐落吉林延吉市；等等。特别是江浙一带的县域高等教育资源较为丰富，有统计显示，在浙江省108所普通高校中，有42所高校落户县域，占38.8%；江苏省普通高校166所中，有

35 所高校落户县域,占 21.1%。① 不少好大学扎根小城,夯实人才基础,凝聚发展动力,在服务小城发展中彰显大学作为。

（三）县级市新型大学组织分析

近十几年来,我国高校区域分布呈现"逆城市化"现象,"县域办大学"一直在快速增加。国家推进以县城为重要载体的城镇化建设,在一定的经济条件支撑下,部分有实力的县级市开始采取发展高等教育的方式进一步提升城市能级,一批"双一流"高校下沉县域办学,形成了自身的办学特色。例如,浙江大学在海宁市建设浙江大学海宁国际校区;昆山杜克大学坐落在江苏省苏州市下辖的昆山市;占地 1.19 平方千米的西北工业大学太仓校区（2022 年更名为西北工业大学太仓智汇港）落户苏州市太仓市;武汉大学长三角科技创新中心和南京理工大学江阴校区在无锡下辖的江阴市成立;南京大学第一个校外政产学研平台宜兴环保研究院早在 2006 年就落户宜兴市;嘉兴市、嘉善县与浙江大学三方共建的浙江大学长三角智慧绿洲创新中心落户嘉兴市嘉善县,占地面积 0.91 平方千米、总投资约 132 亿元;江南大学遵义研究院落户贵州仁怀市;等等。部分县级市新型大学组织见表 3-18。

总体来看,名校资源落户县级市的情况在全国范围内还不多见,但是随着县级城市经济社会进一步发展,新型大学组织在发达县级市多点开花的局面可以预见。

表 3-18　部分县级市新型大学组织

所在地	机构名称	成立时间	合作方	目标定位
启东市	北京大学生命科学华东产业研究院	2016	启东市人民政府、北京大学	完善创新体系建设、打通科技成果转化"最后一公里"的重大举措与创新探索
昆山市	昆山杜克大学	2010	昆山市人民政府、杜克大学、武汉大学	致力于帮助来自世界各地的学生追求有意义、有成就的人生
	东北大学—昆山高新技术产业开发区产教融合研究生培养基地	2023	昆山国家高新区人民政府、东北大学	建立联合培养新机制,推动研究生教育改革,提高人才培养的针对性和适用性,提升培养质量

---

① 　徐军伟、胡坤:《县域办学:经济发达地区高等教育地方化的新探索》,《宁波大学学报（教育科学版）》2018 年第 2 期。

续表

所在地	机构名称	成立时间	合作方	目标定位
太仓市	西北工业大学太仓智汇港	2018	江苏省人民政府、西北工业大学	以本科、研究生教育为主，留学生教育、国际合作教育、继续教育等多层次、多形式并举
江阴市	南京理工大学江阴校区	2020	江苏省人民政府、南京理工大学	围绕江阴校区高起点规划、高标准建设、高质量办学
嘉善县	嘉善复旦研究院	2021	嘉善县人民政府、复旦大学	以建设国际一流平台、培育国际一流人才、高质量服务长三角一体化发展为目标
	浙江大学长三角智慧绿洲创新中心	2023	嘉兴市人民政府、嘉善县人民政府、浙江大学	智慧绿洲瞄准国家战略目标、区域重大需求和国际科学前沿，秉持人、自然、科技和谐共生绿色发展的新理念
海宁市	浙江大学海宁国际校区	2015	海宁市人民政府、浙江大学	构建"大师+平台+项目"的互促引才模式，探索新兴产业发展的新路径
晋江市	福州大学晋江校区	2022	晋江市人民政府、福州大学	校区立足晋江经济社会发展特点，持续深化校地合作
仁怀市	江南大学遵义研究院	2021	遵义市政府、江南大学、茅台集团	努力建成集"产业技术研发、技术转移转化、技术服务和企业孵化"四位一体
宜兴市	哈尔滨工业大学宜兴环保研究院	2010	宜兴市人民政府、宜兴环保科技工业园管委会、哈尔滨工业大学	打造国内领先的环保装备生产、研发和认证基地，建设国内领先的环保产业集团公司

第四章　新型大学组织与经济发达城市
共生发展的机制探究

随着经济发展和社会进步,新型大学组织快速崛起,与城市关系日益密切,双方彼此依赖、相伴相依。城市经济、文化、政策、制度滋养并哺育着坐落其中的新型大学组织,为其成长提供必要的设施和资源。新型大学组织具有科技、人才、智力等优势,发挥溢出效应,引领城市经济、科技、文化跨越式发展。在高质量发展背景下,城市对科技创新和未来产业高度关注,新型大学组织在城市自主创新中的贡献日益提升。

第一节　新型大学组织与经济发达城市
共生发展的特点

新型大学组织与经济发达城市共生发展具有空间的就近性、规模的聚集性、合作的互利性、结构的合理性、资源的流动性等特点。

一、空间的就近性

遍观高等教育发展史,名校的布局往往符合国家空间发展的整体布局,即名校通常坐落在首都或省会这类大城市及其周边地区,相比之下新高校的建立往往是为了服务于特定范围和区域,因此这类高校的地理分布越来越分散。① 在

---

① 经济合作与发展组织:《高等教育区域:立足本地　制胜全球》,清华大学教育研究院译,教育科学出版社 2012 年版,第 24 页。

这种扩散分布的进程中存在着一种规律,即身具名校招牌的异地办学机构越来越趋向于就近落地,那些知名度较高且办学实力不俗的名校资源,受到周边城市的热切追捧。

这一特性可用经济学中的距离衰减原理解释,即只要能够基本满足所必需的技术要求、经济效益,各种经济活动都倾向于就近组织资源、要素,也就容易与空间上近邻的相关经济活动或区域发生联系。Abramovsky 和 Simpson 对英国生物医药产业的实证研究表明,为了获取本地知识溢出效益,企业通常将研发部门布局在母企业周边 10 千米的范围内。地理邻近有助于隐性知识流动,能够基于"面对面"交流建立起良好的互动机制,同时有助于非正式联系的发生,使其成为一种地区性竞争优势。俗话说"远亲不如近邻",地理距离近便于名校资源充分发挥,有助于开展合作交流活动,从而更好地服务地方经济社会发展。这种就近性主要表现在两个方面。

(一)"双一流"大学省内跨市

创建校地合作的新型大学组织,需要面向优质高教资源所在地域的重大战略需求,发挥引领地方产业转型升级的功能。如浙江大学,以"跳出浙大发展浙大"的理念引领,在浙江省内各市推动建设了一批新型大学组织。浙大高校新型研发机构版图遍及浙江 11 个市,逐步成为支撑浙江全域创新的"金名片"①(见表4-1)。

表4-1 浙江大学与浙江省地方政府共建新型大学组织

序号	校名	举办年份	单位性质	举办主体	定位目标
1	浙江大学衢州研究院	2018	事业单位	衢州市人民政府与浙江大学	聚焦化工、新材料、新能源、生物医药、资源环境、分子智造工程等研究领域
2	浙江大学湖州研究院	2021	事业单位	浙江大学与湖州市人民政府	努力建设成世界一流研究院

---

① 《浙大探索新型校地合作方式 地方研究院浙江 11 市全覆盖》,2022 年 7 月 6 日,见 https://baijiahao.baidu.com/s? id=1737556853784831670&wfr=spider&for=pc。

续表

序号	校名	举办年份	单位性质	举办主体	定位目标
3	浙江大学嘉兴研究院	2021	事业单位	嘉兴市秀洲区人民政府与浙江大学	国内领先、国际一流的集科技研发、人才培育、项目孵化于一体的新型创新研究院
4	浙江大学温州研究院	2019	事业单位	温州市人民政府与浙江大学	助力温州战略性新兴产业培育、传统产业转型升级
5	浙江大学台州研究院	2023	事业单位	浙江大学与台州市政府	打造国内一流、省内领先,服务台州区域产业的特色鲜明的示范性校地合作研究院
6	浙江大学舟山海洋研究中心	2010	事业单位	舟山市政府与浙江大学	国家级"海洋科技高层次人才集聚、技术转移、成果转化、社会服务平台"
7	浙江大学绍兴研究院	2021	事业单位	越城区政府、滨海新区管委会与浙江大学	开展前沿关键技术研发创新与区域文化品牌拓展,孵化一批高科技产业项目
8	浙江大学宁波研究院	2018	事业单位	浙江大学与宁波市政府	建成高水平人才培养、高质量科学研究、高辐射社会服务、高品位文化传承、高效率校区管理的"五高"校区
9	浙江大学金华研究院	2021	事业单位	金华市政府与浙江大学	打造"政产学研"融合创新的金华模式
10	浙江大学杭州国际科创中心	2019	事业单位	浙江大学与杭州市政府	以打造世界一流水平,引领未来发展的全球顶尖科技创新中心为目标
11	浙江大学长三角智慧绿洲创新中心	2022	事业单位	浙江大学与嘉善县政府	以新型的产学研提升智慧绿洲的核心竞争力
12	浙江大学国际联合学院（海宁）	2022	事业单位	浙江大学与海宁市政府	聚焦新金融、新零售、新技术、新产业及新市场等领域的商学研究和人才培养
13	浙江大学龙泉产业创新研究院	2023	事业单位	浙江大学与龙泉市人民政府	重点围绕科技创新、人才集聚、产业孵化、合作交流四方面开展建设工作

（二）"双一流"大学邻省办学

还有一部分新型大学组织的建立是"双一流"大学向周边邻近省份发展的结果,主要体现在长三角、大湾区、雄安新区等区域。经济发达城市丰富的高教资源向周边省市辐射,形成全球城市区域现象①,如上海名校资源辐射长三角地区,推动周边省市高等教育高质量发展。《上海市城市总体规划(2017—2035)》提出要适应全球城市区域协同的趋势,加强对周边的辐射带动作用,推动近沪地区协同发展。近年来,同济大学、上海交通大学等"双一流"大学响应号召,在长三角地区新建了一批新型大学组织,包括上海交通大学苏州人工智能研究院、同济大学合肥环境学院、复旦大学无锡研究院等。

二、规模的聚集性

中国高等教育自改革开放以来呈现出区域聚集的发展态势,以政治、经济和文化中心为集聚地域的市场经济驱动模式影响最为深远。高等教育集群与城市集群、产业集群伴生,遵循与之相似的集聚—溢出逻辑。伯顿·R.克拉克(Burton R.Clark)认为,高等教育聚集与合作能促进物质和知识的有效流动。②近年来,新型大学组织的生成与发展也呈现这种集群分布的特点,城市群与城市空间内聚集了一批新型大学组织,规模效应逐步显现。

(一)城市集群下的新型大学组织聚集

进入新时代,城市组团竞争成为新潮流,城市建设走向更加注重城市群和都市群的培育,高等教育领域也不可避免地走向组团竞争的趋势。③从全国范围来看,我国京津冀、长三角、粤港澳大湾区、川渝陕(以成渝地区为核心)四个区域高等教育呈现明显的集群发展态势。④上述四个区域形成的高等教育集群拥有全国绝大多数的新型大学组织。长三角新型大学组织城市分布情况见

---

① Scott 在 2000 年第一次提出全球城市区域概念,是"在全球化高度发展的前提下以经济联系为基础而由全球城市及其腹地内经济实力较为雄厚的二级大中城市扩展联合所形成的一种独特空间现象"。这一理论认为,真正足以支撑全球性枢纽的是具有地方根植性的全球城市功能性范围,从静态区域走向动态流动,重点强调了城市体系中个体间的相互联系。

② [美]伯顿·R.克拉克:《高等教育新论——多学科的研究》,王承绪等译,浙江教育出版社1999 年版,第 154—156 页。

③ 陈先哲:《从竞争到竞合:粤港澳大湾区高等教育集群发展》,广东高等教育出版社 2022 年版,第 18 页。

④ 钟秉林、王新凤:《新发展格局下我国高等教育集群发展的态势与展望》,《高等教育研究》2021 年第 3 期。

图4-1。名校资源区域聚集是我国高等教育发挥功能集聚溢出效应,促进区域经济社会发展的重要基础。

图4-1　长三角新型大学组织城市分布

(二)城市空间内的新型大学组织聚集

城市论者比特·霍尔认为,有创新特质的城市往往处于经济和社会的变迁中,大量新事物不断涌入,融合并形成一种新的社会。近年来,如苏州市以国内外名校聚集为引领,在国家首个高等教育国际化示范区——"独墅湖科教创新区"内汇聚一大批新型大学组织,包括中国科学技术大学苏州高等研究院、东南大学苏州校区、西交利物浦大学等;又如,青岛市国家级新区——"西海岸新区"内聚集的新型大学组织 10 所,约占青岛市 29 所新型大学组织总数的 34%。新型大学组织之间突破了"知识的孤岛",建立起有利于知识流动、知识创新、知识扩散的区域创新体系,并促成了经济发达城市建设高等教育高地。

新型大学组织是创新活动的主体之一,而创新活动本身具有集聚特征,这也解释了为何新型大学组织在经济发达城市扎堆、聚集。从学术资源社会化角度出发,广泛分布的学术资源将根据某一特定时空共同定位的学术发展的需要柔性的聚集起来,并且这种柔性地聚集是一种经常性的持续性活动,它将产生一种规模效应,提升学术资源的利用效率。[①] 经济学家和社会学家将这种伴随规模扩大而出现的系统性"附加值"奖励定义为"规模收益递增"。[②] 这一过程促进了知识的互动和共享,从而推动城市的学习过程和知识累积,进而形成创新集群,最终促成城市创新系统,为促进区域创新发展提供有力支撑。

三、合作的互利性

新型大学组织与城市共生发展的本质特征在于合作互利。共生理论认为,共生单元之间彼此建立互惠性或一体化共生关系,才可能更好地维系共生系统持续健康发展,在这一过程中,各共生单元都能够协同适应和应对复杂多变的生存环境并赋予共生关系主体以正向生长的内生动能。新型大学组织与城市空间内的政府、企业、社区之间彼此信任、积极互赖,在产业经济、社会文化、科技创新等方面合作互利,呈现融合共生的实践样态。

一是新型大学组织与地方政府的合作。从宏观上讲,新型大学组织在城市内部所发挥的一切效用能形成对地方政府的增益,比如刺激经济增长、扩大高等教育规模、带动就业人口增加、改善政府形象等,都属于地方政府政绩的一部分,可以视作同地方政府的合作。在这一过程中,政府为新型大学组织提供包括政治在内的诸多资源,促进其建设发展,形成一种良性的共生关系,正如共生理论

---

① 罗泽意:《重新认知创业型大学》,《清华大学教育研究》2022 年第 2 期。
② [英]杰佛里·韦斯特:《规模》,张培译,中信出版集团 2018 年版,第 19 页。

提出的，"维持共生关系的纽带，既不是依靠权力推动的自上而下的行政命令，也不是强制性的法律条文，而是一种双方认可的'共同虚构'"①。这种共生关系的建立以一致性的共生价值目标为前提，仰赖于利益主体的合作。

二是新型大学组织与行业企业的合作。新型大学组织是知识创新的重要场所和主要源泉，其拥有的丰富创新资源和成果对城市空间内行业企业发展有着很大的促进作用，同时，企业创新系统的发展构成了对新型大学组织创新成果的需求和创新的支持。二者通过相互合作，充分发挥知识经济的优势，发挥产学研结合的效用，提高成果的及时、有效转化，进而促进城市经济社会发展。如江苏无锡惠山区引进36名中外院士，领衔新型大学组织发展，发挥大院大所技术优势，打造了招商引资名片，有效带动智能制造装备产业发展。

在新型大学组织与城市的共生系统中，各类主体为实现共同利益，以知识、生产要素的移动和重新配置为主要内容进行各种合作与协同活动。正如奥尔森在《集体行动的逻辑》中提出的，"如果某一集团中的成员有共同的利益或目标，那么就可以合乎逻辑地推出，只要那一集团中的个人是理性的和寻求自我利益的，他们就会采取行动以实现那一共同利益或目标"②。政府、新型大学组织和企业之间相互作用产生的能量不会被一方独享，而是根据共生规则均衡分派，最终形成一体化的共生系统，共生单元之间形成高度融合的多方交流机制，形成长久的战略合作伙伴关系。

四、结构的合理性

各个城市引进、培育、建设的新型大学组织往往与当地的定位、人口、产业等结构相适应。

（一）组织类型与城市定位相适应

为了提振人才培养的质量，实现"高等教育强市"目标，部分城市引进建设了一批"双一流"大学分校、校区；为了打造"科技创新城市"，部分城市大量引进

---

① 朴贞子、柳亦博：《共在与共生：论社会治理中政府与社会组织的关系》，《天津行政学院学报》2016年第4期。
② ［美］曼瑟·奥尔森：《集体行动的逻辑：公共物品与集团理论》，陈郁译，格致出版社2018年版，第2页。

高校新型研发机构,促进当地经济发展。如上海、温州等部分城市,在辖区内建设了上海纽约大学、温州肯恩大学,助力实现城市规划中诸如"国际化大都市""国内国际双循环的重要枢纽城市"等目标。

（二）学科结构与产业结构相适应

经济发达城市基于域内产业发展规划,引进名校资源,新型大学组织的学科结构与产业结构高度匹配,同时具有一定的前瞻性和引领性,对地方产业发展产生积极影响。如长三角城市群的苏州、无锡、常州3座城市在"十四五"规划中,都明确提到加快产业转型升级,打造千亿级优势产业。其中,河海大学常州校区围绕智能制造、新能源等新兴学科方向,对接常州市金坛区所布局的新能源汽车、新一代移动通信等产业;南京大学苏州校区打造人工智能与信息技术等五大学科群,聚焦"新工科"领域"卡脖子"技术,引领苏州市发展前沿产业;东南大学无锡校区重点建设集成电路学院、数学设计与智能制造学院,与无锡市着力发展的"465"现代产业体系高度契合。新型大学组织与城市产业协同发展情况见表4-2。

表4-2 新型大学组织与城市产业协同发展

序号	城市	主导产业	新型大学组织
1	无锡	集成电路	东南大学无锡集成电路技术研究院
		物联网	清华大学无锡应用技术研究院
		软件与信息技术服务	北京邮电大学无锡感知技术与产业研究院
2	苏州	装备制造	西安交通大学苏州研究院
		生物医药	南京医科大学姑苏创新研究院
		先进材料	中国科学技术大学苏州高等研究院
3	杭州	智能计算	北京航空航天大学杭州创新研究院
		网络通信	北京大学信息技术高等研究院
		生物医药与健康	中国药科大学杭州创新药物研究院
4	宁波	新材料	中国科学院大学宁波材料工程学院
		生物医药	复旦大学宁波研究院
		高端装备	北京航空航天大学宁波创新研究院
5	广州	电子信息	西安电子科技大学广州研究院
		人工智能	香港科技大学(广州)
		能源资源	中国科学院大学广州学院

续表

序号	城市	主导产业	新型大学组织
6	珠海	生物医药与健康	清华大学智慧医疗研究院
		新能源	珠海复旦创新研究院
		装备制造	华南理工珠海现代产业创新研究院
7	青岛	海洋学科	天津大学青岛海洋技术研究院
		涉海人工智能	北京大学(青岛)计算社会科学研究院
		海洋工程	西北工业大学青岛研究院
8	淄博	精细化工	天津大学山东研究院
		冶金	东北大学博山研究院
		医药	山东大学淄博生物医药研究院

(三)人才需求与人口结构相适应

经济发达城市处于人口结构的快速调整变化时期,在引进名校资源的过程中,要充分考虑有利于当地人口结构和承载力,通过引进数量合适的新型大学组织,能够积极应对人口老龄化带来的适龄劳动力不足的问题,同时,大量高层次人才和城市移民也有利于改善城市人口结构。如珠海市近年来人才需求旺盛,借由"人才争夺战"引进建设新型大学组织,形成了以中青年为主、老中青分布合理的人口结构,为打造"青春之城、活力之都"奠定坚实基础。

五、资源的流动性

新型大学组织的教育资源主要呈现国际大循环和中国内循环两种流动方式。

国际大循环是指国际上的优质高等教育资源流向中国,一般是世界一流大学在国内设立中外合作大学、非独立法人中外合作办学机构、国外大学研究院三种形式,来源国主要是美国、英国、法国、德国、新加坡、澳大利亚、以色列、俄罗斯等教育发达国家,来源地主要是欧洲、澳洲及北美洲。例如,美国排名领先的杜克大学、纽约大学、肯恩大学到中国与地方政府或其他机构联合建立中外合作大学。我国极力引进世界一流教育资源,提升本国教育水平[1],这样不仅促进了国

---

① 胡建华:《理论研究之于中外合作办学实践发展的必要性——评〈高等教育中外合作办学研究〉》,《教育研究》2010 年第 10 期。

际的教育资源合理流动,还加快了我国教育现代化整体进程。国外优质高等教育资源流入中国大循环详见图 4-2。

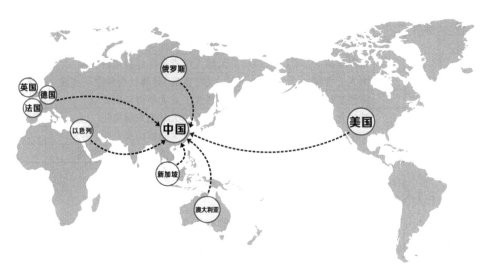

图 4-2 国外优质高等教育资源流入中国大循环

国内循环是指国内一个地区的知名大学跨区域联合创办大学分校、大学校区、研究生院、研究院等,主要是经济发达但高教资源相对薄弱的城市引入经济欠发达地区的"双一流"大学,在教育资源的流动方向上,主要呈现为"北学南渡"和"西学东建"。"北学南渡"主要是东北地区的"双一流"大学为了摆脱地区经济下滑、人口外流、区位吸引力不足、经费短缺等困境,前往粤港澳大湾区等南方城市办学的现象,例如哈尔滨工业大学建立深圳校区,东北大学在广东佛山建立机器人学院。"西学东建"主要表现为中西部经济欠发达地区的"双一流"大学,如兰州大学、西安交通大学、西北工业大学、重庆大学等老牌高校,为了拓展学校的科研经费、办学场地、学科平台,在东部沿海地区经济发达城市优惠政策的吸引下,赴苏州、杭州、宁波、无锡、常州、宁波等东部城市办学。国内优质高等教育资源流动内循环见图 4-3。

此外,国内区域范围内高等教育资源流动也呈加速之势,香港地区高等教育资源纷纷流入广东,长三角、京津冀、大湾区区域内部高等教育资源也出现由高教资源丰裕地区流向高教资源贫瘠地区的现象。

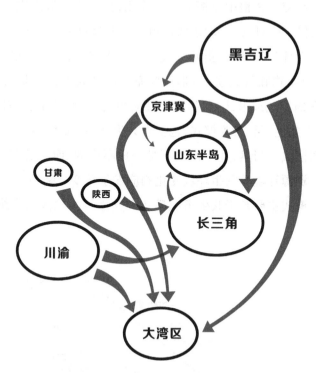

图4-3　国内优质高等教育资源流动内循环

第二节　新型大学组织与经济发达城市
共生发展的模式

大学与城市共生共进在全球以不同的速度、不同形式发生。国内外许多研究从不同的大学组织模式来解构，如参与式大学对区域（特别是社区）的渗透，都市大学与城市互动，相互作用大学与社会共生，旗舰型大学在知识基础型创新区域的关键作用。还有一些与新型大学组织相近的概念，如创新型大学、创业型大学，在办学理念上相通，都强调创新成果产出与创新人才培养，强调科技成果应用与收益反哺学校发展。[1]　从大学单向度"知识溢出"角度解构城校关系，

---

[1]　翁默斯、王孙禹：《创业型大学支撑区域创新发展的概念框架与实践路径——一个共生视角》，《清华大学教育研究》2022年第2期。

容易忽视城市在交互过程中发挥的重要作用,往往不能解决实践问题。共生理论实质上提供了一种交互、动态的视角。共生起源于生物学概念,也用于经济学、社会学、管理学等领域,指两个或多个共生单元,在一定机会渠道下,按不同模式(组织模式和行为模式)形成联系。所谓共生模式是共生系统的共生关系所存在的方式或形式,包括寄生性共生、偏利性共生、非对称性互惠共生、对称性互惠共生四种行为模式,包括点共生、间歇共生、连续共生和一体化共生四种组织模式。当然,共生模式不是一成不变的,而是随着国家政策、经济水平、空间、资源环境等共生环境变化相应发生转变。新型大学组织与经济发达城市共生模式主要基于共生组织模式和共生行为模式两个维度分析(见图4-4)。

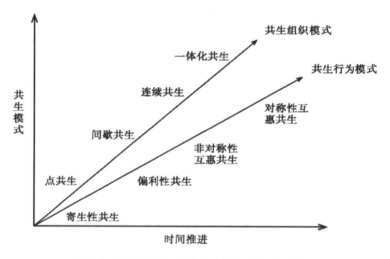

图4-4 新型大学与经济发达城市共生发展模式

一、共生组织模式分析

共生组织模式基于共生单元或环境之间的组织方式,包括点共生、间歇共生、连续共生、一体化共生四种组织样态。点共生只体现局部范围的共生关系,间歇共生只体现间隔一定时间后才发生紧密联系的共生关系,连续共生体现较长时间能保持持续性联系的共生关系,一体化共生是系统要素与结构形成整体性融合的共生关系。从点共生到一体化共生是共生模式从初级阶段向高级阶段发展的不断演变与深化过程,也就是说一体化共生模式是共生系统发展的最优模式。①

（一）点共生模式

点共生即一次性合作模式,在新型大学组织创建初期,共生关系并未完全建立,新型大学组织与城市之间的合作并无共生意识,二者之间共生合作的形式较为单一。点共生模式下,新型大学组织主要与城市系统中的官方机构建立关系,如区、市级主管部门,尚未融入城市政治、经济、社会文化等方面,且与官方机构的合作通常也是即时性的。如政府与新型大学组织签订合作协议,根据社会发展对人才的需求颁布人才培养或科研项目文件,当目标达成后合作终止,后有需求再重新签约。一些地级市的下辖区县出于行政绩效考核压力,于是邀请"双一流"大学进驻办学,签订框架合作协议,举行某某大学某某研究院揭牌仪式。但是这种"联姻"由于基础不牢固,后续发展容易遭遇困境。此类合作往往是一次性、不稳定的,存在时间短,缺乏较强的指向性,如果不进一步合作互动,那么共生关系将会终止。

（二）间歇共生模式

新型大学组织与城市间歇共生是在点共生的基础上进化出的更为高级的合作模式,是在一定时间间隔内进行较为频繁的跨界合作的模式,在一定的时间内,新型大学组织与城市空间内的多个主体会发生多次合作,共生关系趋向稳定,比如高校、企业、社区、行业组织等。如新型大学组织与高校进行短期合作,开展学术合作,进行科研攻关;与企业探索人才培养模式,指导学生实习实训;有意识地与社区进行互动,开展公益性活动,彰显新型大学组织的社会价值等。城市为新型大学组织提供了与域内其他主体合作的空间,与点共生模式相比,间歇共生模式合作时间的随机性有所下降,合作的内容更加丰富,合作深度更强,但是从合作的目的和效果看,仍然缺乏长期性和稳定性。

（三）连续共生模式

连续共生是在跨界合作比较深入、比较稳定的情况下形成的一种常态化协

---

① 袁纯清:《共生理论及其对小型经济的应用研究(上)》,《改革》1998 年第 2 期。

同模式。随着新型大学组织与城市系统合作的广度与深度不断拓展,二者逐渐走向了连续共生模式。在连续共生模式中,新型大学组织与共生单元之间的合作关系是持续和稳固的,如学校直接从其他高校、行业企业招聘专家作为常驻师资,与社会其他组织签订合作协议,面向城市战略性新兴产业设置学科专业,成立与产业接轨的研究院所,实行定向人才培养,开展科技攻关,为地方经济发展输送复合型人才,这种合约式的合作是长期连续的。典型如电子科技大学宜宾研究院与宜宾市政府及朵唯、极米、远东三家企业签订联合培养博士后项目协议,此次合作事关人才培养,具有长期性和稳定性。持续性的合作可提高双方信息传导的有效性,增强双方了解程度,为双方合作带来质的变化。在此基础上,新型大学组织与城市之间这种有序共生的状态,共生模式开始向一体化共生迈进。

(四)一体化共生模式

一体化共生是共生组织模式中的最高级共生状态,在此模式中,新型大学组织与城市全方位相互作用,在特定区间内已成为具备独立性质和功能的共生体,共生能量的生成和分配均已实现一体化,共生关系稳定性较强。随着合作的深化,新型大学组织与当地政府、高校、企业、行业形成了深度合作的共同体,完全形成长期、稳固的合作伙伴关系,不断促进技术、资源、信息、知识的交换与流动,最终走向融合治理与共生发展的一体化共生模式,这也正是共生组织模式所追求的最高理想与境界。

在此阶段,新型大学组织已经完全融入城市经济、文化等各个方面,自发与城市内部共生单元间开展常态化互动,完全适应直至引领城市发展。城市业已形成制度性支持、产业性支持、人文性支持、社会性支持与生态性支持五大积极正向的支持力量,使得新型大学组织在共生场域中排除干扰、优化环境、健康向上发展,使共生环境与共生系统朝向"产业振兴、人才振兴、文化振兴、生态振兴、组织振兴"的共同愿景共生发展。例如,2001年1月北京大学与深圳市人民政府共建北京大学深圳研究生院,经过20多年发展,深圳研究生院依托北大,与深圳各界展开全方位合作,从早期的服务到现如今引领深圳经济社会发展,逐步成为扎根深圳的北京大学研究型国际化校区,是北京大学创建世界一流大学战略的重要组成部分,二者实现了相互交融、一体化共生发展。

二、共生行为模式分析

从新型大学组织与经济发达城市之间的利益分配,以及随着时间推进共生行为模式的状态演进看,共生行为模式经历了寄生性共生—偏利性共生—非对称性互惠共生模式的演进,最终的演进方向是对称性互惠共生。

(一)寄生性共生模式

寄生性共生一般是指新型大学组织与城市之间存在附属关系的共生模式,在此模式下,新型大学组织不能产生新能量,而城市一方面提供能量,另一方面获取能量。实践中,有一些合作失败的案例,譬如,城市斥巨资引入兴建新型大学组织,最后发现其不能为城市带来预期收益,但仍要为其供血以保证其维持基本运营。如无锡市与复旦大学牵手共建复旦大学无锡研究院,但合作过程中发现,研究院重点研发的物联网关键技术成果难以投入实际运用,市场效益不佳,难以实现自收自支,需要依靠无锡市政府提供大量资源才得以维持基本运营。这种情况不仅发生在规模较小的新型大学组织上,对于一些规模较大、对标"高端前沿"的新型大学组织也会出现寄生情况,既耗费了城市资源,又无法产生相应的效益。这种不良的共生关系可能是新型大学组织"水土不服"造成,源于不适宜的制度、文化环境,在共生环境发生改变后仍有可能转为良性的共生关系。

(二)偏利性共生模式

偏利性共生模式往往被视为寄生性共生向互惠共生过渡的状态,是新型大学组织与城市共生发展过程中新型大学组织或城市一方基于自身某种利益的偏重考虑而参与合作建立的共生模式。与寄生性共生特点相比,偏利性共生模式中,新型大学组织与政府、企业、高校、社区等主体相互作用会产生新的共生能量,但仅被其中一方所享,其他方不会产生收益,也不会有害处。在偏利性共生模式中,新型大学组织与城市处于一种无合作与规范合作之间的状态,教育政策虽然倾向于新型大学组织,但不会对城市本身的生存与成长产生多大影响。例如,在新型大学组织与城市企业开展的校企合作中,部分企业对最大利润的过分追求,以及企业内部对利益分配的分歧,其往往持消极态度来逃避自己应承担的义务,而作为合作相关方的新型大学组织、地方政府对这类行为又缺乏相应的约束能力,导致共生关系无法更进一步。

（三）互惠共生模式

在互惠共生模式中的新型大学组织与城市之间相互作用产生的能量不会被一方独享,而是根据共生规则均衡分派,分为非对称性互惠共生和对称性互惠共生两种形式。

非对称性互惠共生是生物圈和人类社会中最常见的共生类型,是当前我国大学与城市共生发展最为普遍的形式。此种模式下,新型大学组织与城市相互作用而产生的能量的分配和它们实际付出不完全一致。一方面,政府、新型大学组织和企业等主体间存在着多方面的信息与能量的交流,各方在培养目标、教学资源、政策保障、资金支持等方面构建一种互补的介质,形成一种稳定的共生模式。另一方面,又由于相互之间的权益分配、单位性质、社会地位等差异造成共生单元之间始终会存在一方弱于另一方,即非对称的共生关系。近年来,地方政府、企业大力支持以新机制新模式新理念建设新型大学组织,如南方科技大学、西湖大学、上海科技大学、中国科学院深圳理工大学、中德合作大学、湾区大学、东方理工大学等,多数处于初创阶段,有些在筹备规划过程中得到地方政府倾力支持,吸纳了巨额资金,获取了大量的政策资源,短时间内无法回馈同等效益,要形成与之相对称的共生关系尚需要一定的时间。

对称性互惠共生是最理想的共生模式,该模式下共生单元之间互相适应并朝更好的方向改变,进一步适应和改变,最终稳定状态的规模均超过资源环境约束下独自发展最大规模。新型大学组织与城市合作产生新的能量,根据公平定律实行公平分配,体现互惠性和共享性。在部分经济发达城市,政府通过推动高新企业和新型大学组织的共同合作,有效提升了城市科技创新水平,带动地方产业结构升级,促进了经济社会发展和进步。新型大学组织发挥自身育人功能,开展科教融合、产教融合,提高人才培养的针对性和匹配性,推动高素质创新型人才与地方发展的衔接。企业通过与政府和学校的合作,获得人才支持和科技支撑,促进自身技术更新与变革,节省人力资源培养成本。改革开放以来,国内知名大学纷纷与经济发达城市合作共建异地大学校区、分校、研究生院、研究院等高等教育机构,如哈尔滨工业大学（深圳）、北京大学深圳研究院、中山大学深圳校区、山东大学威海分校、中国人民大学苏州校区、香港中文大学(深圳)、北师大香港浸会大学、香港城市大学(东莞)、香港科技大学(广州)等,在校城互动过程中实现了双赢,成为新型大学组织与城市互惠共生发展的典范。

一般来讲,由于新型大学组织和城市系统在性质、功能等方面存在差异,导致双方在合作过程中地位不等。虽然绝对的利益均衡分配很难做到,但最大化的利益分配均衡则可减少主体间的冲突,增强共生关系的稳定。从长远来看,互惠共生是新型大学组织与城市合作关系的必然选择,二者优势互补、资源共享,实现互惠共赢,推动新型大学组织和城市的共同发展。

第三节 新型大学组织对经济发达城市的赋能

新型大学组织作为高端人才聚集地,是优化城市产业结构、促进转型升级的生力军,是关键核心技术攻关、科技创新产出的策源地,还是城市文化品牌塑造的动力源泉。新型大学组织对于推动城市经济社会发展具有基础性、先导性作用。

一、服务城市产业转型升级

高等教育能够促进地方产业转型升级,已经在实践中反复验证并成为社会共识。"剑桥现象"便是以剑桥大学的科技园区为基础,在剑桥大学周边汇聚形成了高科技产业集群,带动当地产业转型升级。新型大学组织依城市需求而生,能够有效服务产业需求,在城市产业经济发展过程中扮演重要角色。

一方面,新型大学组织通过学科集聚与城市产业群协同互动,推动城市产业转型升级。伯顿·克拉克认为,每一个学科单位在第一线工作中拥有不证自明的公开承认的首要地位。新型大学组织积极面向城市现代新兴产业集群发展现状和需求,明确学科集聚与产业集群建设契合点,打造优势特色学科,联动、协调其他非优势学科互动融合、优化重组,构建基础宽厚、供需匹配、特色鲜明的学科集群,以学科融合聚变释放出巨大产业吸附力,加快培育和衍生新兴产业集群壮大和发展。例如,上海科技大学聚焦新材料、人类健康、人工智能等关键领域,建设物质科学、生命科学、信息科学等优势学科群,与上海市产业发展同频共振。

另一方面,新型大学组织通过技术转移推动城市企业技术更新和产业转型升级。大学的技术转移对区域经济发展的影响更加直接,因为其直接作用于产业。① 在技术转移的过程中,新型大学组织与企业之间合作产生的隐性知识溢出对经济的贡献可能大于显性知识溢出(以专利转让为代表),其有助于推动形成创新创业的孵化基地,对产业创新发展具有积极的影响。如华中科技大学重视服务地方发展,与众多城市合作建立了10多所新型研发机构(见表4-3)。

表4-3　华中科技大学部分驻外研究院

序号	名称	举办年份	地点	举办主体	法人性质	规模
1	广东华中科技大学工业技术研究院	2007	广东省东莞市	华中科技大学、东莞市人民政府、广东科技厅	事业单位	国家领军人才专家5人,长江学者7人,国家杰出青年6人
2	华中科技大学无锡研究院	2012	江苏省无锡市	华中科技大学、无锡市人民政府、惠山区政府	事业单位	22个技术研发团队,研发办公、孵化加速载体5万平方米,专兼职人员350余人
3	华中科技大学苏州脑空间信息研究院	2016	江苏省苏州市	华中科技大学、苏州市人民政府、苏州工业园区管理委员会	事业单位	"两院"院士1人
4	华中科技大学鄂州工业技术研究院	2016	湖北省鄂州市	华中科技大学、鄂州市政府	事业单位	八大专业技术服务平台,1.7万平方米科研实验室,3万平方米产业孵化空间
5	深圳华中科技大学研究院	2000	广东省深圳市	华中科技大学、深圳市科技局	事业单位	教授博士生导师200余人,占地面积8260平方米,总建筑面积46000平方米
6	襄阳华中科技大学先进制造工程研究院	2013	湖北省襄阳市	华中科技大学、襄阳市人民政府、湖北科技厅	事业单位	研究院东津基地占地50亩,建筑面积57000平方米

① 谈毅:《大学技术转移模式及对区域经济发展的影响》,《中国高校科技》2014年第10期。

续表

序号	名称	举办年份	地点	举办主体	法人性质	规模
7	湖北省专用汽车研究院	2013	湖北省随州市	华中科技大学、随州市人民政府	事业单位	教授、博士后、高级工程师、博士/硕士研究生等高层次专业化人才40余名
8	泉州华中科技大学智能制造研究院	2014	福建省泉州市	华中科技大学、泉州市政府	事业单位	100余人的人才队伍,博士学位占20%,硕士以上学位占45%,近3000平方米的研发场地和3000平方米的产业基地
9	华中科技大学温州先进制造技术研究院	2005	浙江省温州市	华中科技大学、温州市人民政府、瓯海区政府	事业单位	100余人的技术团队和600余人的工程化、产业化团队
10	武汉光电工业技术研究院	2012	湖北省武汉市	华中科技大学、武汉市政府、武汉东湖管委会	事业单位	武汉市政府投入0.33平方千米土地和2亿元人民币
11	武汉智能装备工业技术研究院	2014	湖北省武汉市	华中科技大学、武汉市政府	独立企业法人	武汉市政府投资2亿元,华中科技大学以无形资产出资1.5亿元
12	武汉新能源研究院	2016	湖北省武汉市	华中科技大学、武汉市人民政府	独立企业法人	四个业务部门

　　新型大学组织服务于城市产业竞争的需要,发挥理工类学科专业对于区域经济科技发展的"孵化器""加速器""服务站"等功能,将知识创新目标重点指向产业竞争力,产出一大批引领产业发展、支撑产业竞争的先进科技成果。[1] 在重点科研和学科建设上,新型大学组织优先考虑当地社会经济所需要的产业。譬如,北京大学深圳研究生院的专业设置与深圳市的战略性新兴产业密切相关,中山大学珠海校区的定位是成为珠海高科技产业的孵化基地和广东省高等教育

---

　　① 李琳:《构建区域性大学科技创新体系》,2017年3月27日,见 http://fzgh.nchu.edu.cn/llgd/xzzs/content_10972。

对外合作的窗口。① 新型大学组织具有较高的学科优势和科研优势,通过与地方科技产业结合实现产学研一体化,为当地经济产业发展提供有力的科技支撑,推动城市整体技术创新和高科技产业的崛起。例如,山东大学威海校区形成了空间科学、海洋科学、韩国教育与研究三大学科特色,青岛校区定位为"高端、集群、交叉",结合地方产业需要建设环境能源学科、海洋学科等五大学科群,打造高端学术研究基地和高新技术成果孵化与转化基地,助推青岛蓝谷创建产学研深度融合的大学科技城建设。

当前,我国大多数城市的产业转型升级已到必须依靠创新驱动发展的新阶段,而且随着创新型城市建设的启动,区域创新信息流动进一步加速,创新要素聚集进一步加快。产业的创新发展需求就是新型大学组织知识创新最迫切需要应对和解决的应用情景。新型大学组织通过有组织科研,提升行业产业发展核心竞争力,主动与行业产业部门和龙头企业加强对接,深化产学研深度合作,增强城市产业发展活力。

二、助力城市高端人才集聚

人才是第一资源,蜚声中外的城市往往也是顶尖学者们的聚集地。近年来,"筑巢引得'金凤'栖,打造人才集聚新高地"成为我国城市发展的一个缩影,无不彰显高端人才对于增强城市竞争力的重要作用。新型大学组织作为新时代的人才高地,为城市高端人才集聚创造了有利条件。

(一)为城市高端人才集聚提供高端平台

从人才成长规律来看,优秀人才向高端平台集聚是一个重要趋势。新型大学组织高度灵活的组织架构和宽松的氛围有利于人才成长和取得成就,尤其是对于外来的科技人员有很大的包容性,包容性强的文化有利于集聚不同类型、不同个性的人才,使人才在一个与自己习惯的环境相去甚远的新环境中也能健康成长,发挥自己的能力。在知识经济时代,由知识工作者构成的,以推出知识密集型产品和服务为基本目的的知识型组织正登上知识创新舞台,而人才是知识

---

① 燕山、郭建如:《资源依赖理论视角下异地办学校区办学特征与问题》,《高教探索》2020 年第 9 期。

的主要载体,也是知识型组织最重要的构成要素,人才以知识型组织为平台集聚,可以产生整体的系统效能大于部分之和的集聚效应。① 以新型大学组织为代表的知识型组织,聚拢了许多来自世界各地的优秀科学家、工程师和研究人员。例如,山东大学青岛校区的学科及学生总量只占全校的1/5,但山东大学近几年招聘的高端人才有1/2都在青岛校区。② 有研究显示,2022年深圳市位列高水平科学家集聚总量全球前五,形成高水平科学家聚集的全球人才高地,显现出全球人才枢纽城市地位③,这与深圳近年来所形成的顶尖科研平台对人才的吸引是分不开的。

(二)为城市高端人才集聚提供优厚条件

国际上,世界一流大学把吸引、集聚和使用高端人才置于学校发展首要战略,从给予优厚的科研条件、营造宽松的科研环境等方面出台一系列政策,吸引集聚全球高端人才。我国新型大学组织根据自身定位,分析人才需求状况,采用一系列优厚条件,公开招聘学科发展所需的高端人才,实施全球引才。新型大学组织除了给予高端人才类目繁多的项目补助,同时在协助高端人才落户、落实配偶工作及安排子女就近入学等方面提供帮助。得益于新型大学组织的大力支持,我国城市人才引进的大门不仅面向全国,更面向世界,为吸引留学人员开辟"绿色通道",加速引进世界顶尖人才。西湖大学、南方科技大学新引进的教师大多数都是具有海外学习经历的优秀人才。

新型大学组织人才集聚为城市带来积极明确的影响。一方面,通过吸引高水平、创新型人才在城市扎堆汇合,主动适配并契合城市经济和产业发展需求,积极开展知识创新与科学研究,利用人才集聚溢出效应,产出高附加值创新成果,破解城市经济社会发展瓶颈难题,促进城市综合实力提升。另一方面,新型大学组织人才集聚产生虹吸和拉动效应,推动技术、资金、服务、市场、平台等各类资源要素向所在城市归集靠拢,人才集聚与城市技术、知识、市场等资源要素

① 于辉、毕宪顺:《大学与城市协同发展的互动机制及其优化路径》,《济南大学学报(社会科学版)》2022年第4期。

② 刘晶:《高水平大学异地办学的资源配置方式和成效》,《教育发展研究》2020年第5期。

③ 浦江创新论坛:《2022"理想之城"全球高水平科学家分析报告》,2022年8月27日,见https://sghexport.shobserver.com/html/baijiahao/2022/08/27/837209.html。

科学匹配、协调联动,形成资源要素组合优势,借助人才集聚与城市资源要素互动形成的协同效力,溢出更多智慧成果和科技产品,促进城市能级提升。

三、提升城市科技创新水平

党的二十大报告提出,"加快实现高水平科技自立自强,加快建设科技强国",将科技创新的战略意义提高到新的战略高度,科技创新已经成为推动国家创新能力和可持续发展的基本动力和关键因素,拥有科技支撑的创新将会成为区域经济增长和社会进步的不竭动力。新型大学组织在城市科技创新及区域创新体系建设中发挥着举足轻重的作用。

传统大学是区域内众多知识型机构的一员,保留着"为知识而知识"古典传统,对应用研究和技术知识的关注不够集中,对区域科技创新能力提升的作用仍需加强。相较之下,新型大学组织具有以下三点优势:一是科技人员多、人员层次水平高,可以最大限度地为科技创新提供人才的支持;二是重视产教融合、学科交叉,基本上囊括了科学技术与生产的各个领域;三是与国际、国内科技和教育界有着密切而广泛的联系,可以把握当代最新科技的发展动态,从而为企业等区域创新系统内其他主体的科技创新活动提供明确的发展方向。

新型大学组织知识生产成果直接作用于城市科技创新水平。科技创新是经过长期知识累积发展及运用的过程,它是知识生产成果产生新思想并转化为新产品、新技术、新知识和新服务的过程。城市科技创新的核心就是区域知识生产,只有不断产生新的知识,加快科技成果转化应用,才可以使区域科技创新正常稳定地进行。

科研活动是进行知识生产的首要途径,而新型大学组织作为知识生产的主要阵地,通过大量的基础性研究、应用性研究及实验开发等活动产出大量的科技成果,例如,科技论文、专利等。这些科研成果也成为城市科技创新中新技术、新知识的重要来源。新型大学组织的技术转移可以使科研成果产业化,为城市科技创新作出贡献。基于上述分析,新型大学组织对城市科技创新水平影响主要体现在创新投入(资源配置)和创新活动(资源使用)两个方面:资源配置,即新型大学组织知识生产投入,包括科技创新人才投入与科技创新经费投入;资源使用,即知识生产成果和知识产出转化,知识生产成果是新型大学组织新思想并转化为新产品、新技术、新知识和新服务的过程,包括基础性研究、应用性研究等活动产出大量的科技成果。①

新型大学组织的创新实践推动科技创新,而科技创新是区域经济发展的动力源。例如,近年来深圳打造科创高地,积极引入顶尖高校、科研机构,粤港澳大湾区内广州、香港等地的智力资源也源源不断注入深圳,哈尔滨工业大学(深圳)、香港中文大学(深圳)、南方科技大学等近 30 个新型大学组织为深圳科技创新提供了有力支撑。其中,市校合建的第一家研究院清华大学深圳研究生院成立了 110 多个实验室和研发中心,先后孵化高新技术企业 3000 多家,包括 29 家上市公司,已经成为高科技企业孵化器的典范。新型大学组织在培养战略性科技创新人才、基础研究和原始性创新突破、"卡脖子"技术攻关以及科技成果转化等方面取得了突出的成效,有效促进了城市科技创新水平的提升。

四、促进城市文化品牌建设

大学是城市文化建设的中坚。新加坡大学校长施春风认为,伟大的城市要有伟大的大学,大学将继续成为城市的文化知识和智力的源泉,而且将成为城市的发展动力。文化是更深沉的力量,具有竞争力的城市,必然是一座有文化底蕴的城市,文化成就了城市的厚度。大学是一个学术组织,也是一个文化机构,新型大学组织受知名大学品牌加持,层次较高、能动性强,充满生机与活力,其前沿的学科、荟萃的人才、活跃的文化、优越的设备和科研条件为城市文化的丰富活跃、引导提高、变革创新提供了得天独厚的有利条件,其所传递的人文关怀和书香氛围,将提高城市的魅力,提升城市的品位。新型大学组织利用自身丰富的文化资源,开展文化传承、研究、创新、传播等活动,提升城市文化影响力与创新力,具备一种独特的文化作用机制。

新型大学组织是具有学术底蕴的文化组织,成为城市精神文明的建设和城市文化创新的策源地。在与城市文化交流互鉴与相互影响过程中,新型大学组织以求真求是的科学精神、超然独立的文化意识,对城市不良文化风气和消极价

---

① 钟之阳、周欢:《区域创新系统视角下高等教育投入对区域科技创新效率影响研究》,《江苏高教》2018 年第 10 期。

值观念进行批判,逐步增强大学文化的导向力、感召力与引领力,提升城市整体文化素质和文明发展水平。

新型大学组织作为城市先进文化的前沿阵地,与城市专业文化机构和组织共同搭建文化交流平台,汇聚文化智力资源,积极探索文化产业发展规律,开发先进优秀的、高品质有特色的文化产品,促进城市文化产业品牌的塑造,提升城市文化软实力,为城市经济增长提供新动能。

美国现代哲学家兼规划大师路易斯·芒福德和加拿大城市规划批评家雅可布斯认为,城市是文化的容器,是一种特殊的精密而紧凑的文化构造。[1] 大学所塑造的科学精神和人文精神以及由此所迸发出来的创造力是城市持续发展的不竭动力,有了这些精气,城市才有生气,才有灵气,才能持续不断地得到发展。在一些高教资源匮乏的城市,新型大学组织肩负着城市品牌文化创建的重任,通过传播先进科学知识,增进国际文化交流,引领城市厚积薄发。如无锡市重视工商文化和江南文化的传承与弘扬,近年来引进华中科技大学、哈尔滨工业大学、清华大学、湖南大学、南京大学、复旦大学、上海交通大学等一批名校资源,它们对于城市发挥的不仅是科技创新、技术转化的显性作用,还有对城市的文化滋养和精神陶冶。新型大学组织是社会事业发展的重要组成部分,不仅带来经济上的贡献,在文化上也为城市带来潜移默化的影响。

五、提升城市对外开放水平

新型大学组织本身就是城市的重要组成部分,其国际化发展本身就意味着城市国际化的发展。许多以学术交流、人员流动、合作办学等为特征的新型大学组织具有国际化办学特色,丰富了城市国际化的文化内涵。譬如,广东加快建设粤港澳大湾区国际教育示范区,引入香港科技大学、香港城市大学、香港大学、澳门科技大学来粤办学。

为了构建以国内大循环为主体、国内国际双循环相互促进的新发展格局,我国亟须提升国际化水平,在这一过程中,新型大学组织以其高水平的国际化办学

---

① 刘祖良:《建设高等教育强国:城市群视野下的大学群发展新论》,知识产权出版社2015年版,第14页。

能力,能够有效地推动高等教育国际化,进而带动城市国际化,提升城市国际化开放水平。加州大学伯克利分校校长尼古拉斯·德克斯指出,"现在,我们在应对突出的全球性挑战和机遇方面所取得的进展,比以往任何时候都更依赖于世界各地的高校合作、协调和分享知识的能力"。新型大学组织作为高等教育改革创新的产物,始终秉持合作开放的组织文化,坚持加强与政府、产业、企业及机构的合作,建立开放式合作生态圈,为提高城市国际化竞争力作出了重要贡献。

一方面,以教师队伍国际化带动城市国际化。新型大学组织注重对教师队伍的培养,为教师提供"走出去"参加国际合作交流的机会,实施"引进来"战略,招聘一批国外专家学者,提升学校的师资国际化水平。教师的引进,不仅服务于高校,而且为当地企业与科研机构等发展献计献策。他们在城市中的活动,有助于当地城市居民主体自觉性和国际化素质的提升;同时其会对生活的城市进行认识与了解,并留下深刻的印记,回国后会成为该城市的传播者和扩散者,对城市空间向国际扩展延伸产生积极作用。

另一方面,以人才培养国际化带动城市国际化。新型大学组织可以根据我国现实需求以及世界高等教育人才培养模式的最新发展趋势,有针对性、创造性地设计人才培养模式。如上海纽约大学贯彻宽口径、厚基础的原则,将通识培养与专业训练的优势相融合,打造独具特色的本科教育模式。新型大学组织以创新为导向的国际合作,注重培养国际通用人才,为城市创新发展注入具有国际视野的创新型人才,对提升城市国际化竞争力发挥巨大作用。在上海市每年承办的国际博览会上,上海纽约大学派出大量通晓国际规则、拥有良好外语的志愿者,在对外接待、翻译、服务等方面国际化活动中塑造了良好的形象。

第四节　经济发达城市对新型大学组织的培育

新型大学组织的高质量发展离不开经济发达城市的支持和培育。从现实来看,城市对新型大学组织均给予了不同程度的支持,主要包括改善办学条件、服务学科专业建设、构筑产教融合平台、提供办学经费保障、给予教师事业编制等。

一、改善办学条件

随着城市之间竞争日趋激烈,我国城市在不断新设立大学或者加大原有高校投入的同时,更加倾向于用优惠政策引进国内外高水平大学进驻,纷纷开出优厚条件吸引优质高校跨区域流动,由此加速了高等教育异地办学。特别是青岛、苏州、深圳等城市积极引进国内外大学开展异地办学,地方政府出台房屋、税收、经费等大量优惠政策。

一是解决土地问题。城市在办学伊始提供土地、建筑、办公场所等空间资源,是创办新型大学组织的基本前提。早期新型大学组织建立的重要动力之一就是解决母体学校发展空间资源不足,地方政府通过其空间资源的置换,引进高校来地方合作创办分校或校区。例如,珠海市将位于唐家湾的 3.428 平方千米土地及土地上原珠海大学(筹)的建筑及其配套设施无偿提供给中山大学,支持创办中山大学珠海校区。又如,2013 年浙江省人民政府和教育部分别批复支持浙江大学、海宁市共建浙江大学海宁国际校区。海宁国际校区总占地面积 0.8 平方千米,校园建设用地 0.67 平方千米,建筑总面积约 0.4 平方千米,所有土地空间资源由海宁市提供。再如,中山大学深圳校区选址定于深圳市光明区,作为中山大学一校三区的重要组成部分,深圳市提供近 3.33 平方千米建设用地支持校区建设。

二是提供实验设备。城市对于新型大学组织教学、科研必备的实验条件,不遗余力支持。西北工业大学与宁波的合作,体现了城市在改善新型大学组织科研条件上的力度。2019 年 2 月,宁波市政府与西北工业大学签订战略合作协议,同年 9 月,西北工业大学宁波研究院揭牌成立,双方正式启动校地合作,从揭牌成立到正式开园,仅仅花了 7 个月。为了解决联合工程实验室的必备设备,宁波国家高新区管委会第一时间组织专家论证,召开 2 次协调会,在 1 周内就予以解决。

三是实施"交钥匙工程"。为了吸引优质高教资源入驻,不少地方政府负责校园基建,提供全部的场地和设备,供新型大学组织"拎包入驻",保障名校资源平稳落地。西北工业大学宁波研究院负责人在管委会领导考察时提到,附近没有公交线路,不利于学生出行,不到 1 个月时间,就有定制公交等候在研究院门口,准备载着学生前往地铁站。城市的高效作风与"求贤若渴"的行动为新型大学组织营造了良好的办学环境,为校地共生发展奠定坚实基础。

二、服务学科专业建设

学科专业是知识生产发展到一定阶段的产物,并随着知识和时代的发展不断演进,以更好地满足时代所需。新型大学组织具有学科设置小而精、专业设置新、学科交叉为服务产业而设的特点。在院系架构方面,新型大学组织与传统大学大相径庭,这些组织不囿于传统大学以学科为基础的院系架构,而根据其关注的知识领域和社会需求建立了完全新型的"院系机构",实行全新的人才培养模式。例如,香港科技大学(广州)以"枢纽"和"学域"取代传统学术架构的"学院"和"学系",推动学科交叉融合。这种所谓"后学科"(post disciplinary)甚至去学科的组织架构,清楚地透露出知识模式Ⅱ的影响。

城市服务新型大学组织学科专业建设就是对模式Ⅱ的一种直接的回应,在学科专业建设过程中,城市政府部门发挥重要的领导作用,有科学预见性地引领其学科专业发展方向,促进新型大学组织围绕区域产业布局需求,积极谋划和优化学科布局,合理配置学科科研资源,在科技创新平台和重点科研项目上加强论证和引导,促进学科的汇集、交叉、融通,加快高峰学科建设,强化新兴交叉学科建设,对特色学科予以重点支持。2021年,上海科技大学一般公共预算财政拨款22.26亿元,上海市大力支持学校面向上海科创中心和产业发展需要,建设特色学科。新型大学组织学科专业发展对城市及其政府存在明显的政策资源依赖,离不开地方政府制定的教育、科技、人才等相关政策的支持,没有政策资源的支持,新型大学组织的学科专业建设没有经费等保障,难以健康、持续、稳定发展。地方政府的政策支持,特别是在人才引进、教师发展等相关政策上,为新型大学组织的学科专业建设提供强有力的保障。如大连市、青岛市出台的关于支持科技创新的若干政策措施,对于新型大学组织申请科研项目、开展科研合作起到正向推动作用,在一定程度上促进了特色学科专业发展。

三、构筑产教融合平台

《国务院办公厅关于深化产教融合的若干意见》明确指出,"应鼓励区域、行业骨干企业联合职业学校、高等学校共同组建产教融合集团(联盟),带动中小企业参与,推进实体化运作"。产教融合又称产学研合作,是指企业、科研院所和高等学校之间的合作,通常指以企业为技术需求方,与以科研院所或高等学校为技术供应方之间的合作,其实质是促进技术创新所需各种生产要素的有效组合。[①] 根据《2020年中国专利调查报告》,"27.5%的企业与高校或科研单位开展过产学研合作",产学研协同创新已经成为重要的合作创新模式之一。经济发达城市通过创建大学城、科学城等方式,引进一批新型大学组织,进驻一大批高新企业,构筑产教对话对接活动平台,建设实体性的实习实训平台和研发、中试、工程化平台,助力产学研一体化,在产学合作协同育人方面起主导性和重要支撑作用。如苏州市倾力打造的独墅湖科教创新区,已经吸引设立了牛津大学高等研究院(苏州)等33所中外知名院所,并获批全国首个"高等教育国际化示范区",园区中新型大学组织与企业相互合作,共同培养高素质复合型人才。同样,通过无锡市政府部门牵线搭桥,东南大学无锡校区与无锡集成电路智能制造企业相继成立10多个产学研联合研究中心、工程实践中心,校企协同培养人才。

吉本斯提出,现代知识的生产应由多类主体推动,以网络化的形式为主,须打破原有基础和应用研究的界限,其最大特点在于大学和企业间边界的消失。城市为破除大学与企业间的地理边界作出了实际贡献,在城市创新联合体中,政府、企业、新型大学组织协同构建面向市场的产教融合平台,产业链上的创新单元可各取所需、各展所长。豪斯曼发现在1980年美国颁布《拜杜法案》颁布之后,大学周边相关创新行业的长期工资水平与就业状况均得到快速提升,并且相关创新产业的公司也纷纷在邻近大学周边的位置选址。[②]

借助新型大学组织与企业的集聚效应,城市纷纷出台支持性政策,融汇产学力量,促进产教融合,协同创新。如2022年南通市出台《科技创新"十四五"规划》,明确提出:"增强南通创新区集聚创新资源的能力,启动高教园区规划建设,引进国内'双一流'大学创建分校,与江苏省产业技术研究院合作重大项目,引入专业研究所。"又如,经济和文教水平均不具备突出优势的四川宜宾市,通

---

① 崔玉平、张平:《苏南高等教育与地区经济互动关系研究》,苏州大学出版社2013年版,第18页。

② 陈东阳、哈巍、叶晓阳:《高校与区县经济增长——基于主要城市新建校区的实证分析》,《北京大学教育评论》2021年第3期。

过"双城建设"的决策部署,在长江边的临港经济技术开发区同时开辟大学城和科技创新城,为高校、科研院所和高新企业的入驻铺平道路,5 年陆续吸引电子科技大学、四川大学等 11 所大学加盟,吸引华为、宁德时代、吉利等知名企业入驻。借助城市的统筹力量,形成产学联盟,有助于推进区域范围内的产学协同发展。① 在产教融合容易出现市场失灵的情况下,党委、政府善用"有形之手",可以更好地发挥作用,主动牵线搭平台,提供支持补短板,创造条件促合作。

四、提供办学经费保障

新型大学组织扎堆经济发达地区办学的一个重要原因是可以获得更多经费支持,提升学校综合实力。2020 年,浙江宣布拿出 50 亿元吸引著名大学到浙江办学。著名高校到经济发达地区创办新型大学组织已经成为一个趋势。近年来,经济强市纷纷加大经费保障力度,多渠道筹集资金,大力推进新型大学组织办学。

(一)提供建设经费

新建现代化大学校园,需要巨额资金投入。如珠海市政府分四年每年拨款2500 万元支持中山大学珠海校区建设;东莞市投资约 100 亿元建设大湾区大学(松山湖校区);无锡市引进东南大学、南京理工大学、南京信息工程大学等高校来锡建设分校、校区、研究生院等,投入预计超过 130 亿元。这些建设经费的支持是新型大学组织生存与发展的关键资源。

(二)提供竞争性经费

在新型大学组织发展过程中,城市进行持续性的经费投入,通过竞争性经费支持新型大学组织的科研发展,通过长期的战略投资致力于创造市场或新机会。近年来,我国一直在持续加大对科研领域的经费投入,2021 年在这一领域投入了 24426 亿元,比上年增长 10.30%,占国内生产总值之比为 2.40%,比上年提高了 0.16 个百分点;"十四五"规划纲要明确提出,全社会研发经费投入年均增长

---

① 刘佳燕、徐瑾:《全球化挑战下大学和城市的共生之路——来自英国的经验》,《城市发展研究》2016 年第 8 期。

7%以上。研发经费投入是促进新型大学组织开展科技攻关的重要基础,充足的研发经费提升了新型大学组织的基础研究和应用研究水平。

(三)提供生均经费

地方政府通常采取生均补贴方式表彰新型大学组织在人才培养中作出的贡献。如深圳市对位于大学城中的清华大学深圳研究生院施行生均财政差额拨款:以全日制硕士生年均培养成本 5.31 万元为基数,市政府提供约 45.4% 的财政补贴,年生均 2.4 万元。其中,教师津贴生均 0.68 万元/年,研究生培养经费和论文补贴生均 1 万元/年,研究生培养配套经费补贴生均 0.72 万元/年。[①] 无锡市政府将东南大学无锡分校教育用地和资产以"1 元租"提供给学校使用,每年给予 500 万元日常运行经费,对在校本科生、硕士生、博士生分别资助培养补贴每年 1 万元、2 万元、3 万元。

五、给予教师事业编制

在我国,高校编制资源的获得与分配离不开地方政府的支持,教师的聘任和使用与公共政策密切关联。事业编制身份对新型大学组织人才及师资稳定产生重要影响。编制通常是指组织机构的设置及其人员数量的定额和职务的分配,事业编制管理是随着编制机构的产生而产生的。施行事业编制管理在推动高校师资队伍建设、保障高校稳定发展方面能够发挥巨大作用。

近年来,各地纷纷出台政策,制定包括给予事业编制等多项措施,助推优质高等教育资源引进,引导新型大学组织主动服务地方经济社会发展,推动校地合作,实现互利共赢。例如,青岛市教育局(市委高校工委)会同市编委办、市发展改革委、市财政局、市人力资源和社会保障局、市科技局联合制定了《青岛市教育局加快引进优质高等教育资源实施办法》,明确在青岛设立的高等教育机构根据需要可在所属区域内登记注册,符合事业单位法人登记条件的,经其主管部门审查确认,并经市事业单位登记管理部门审核同意,可在青岛进行事业法人登

---

① 《深圳市人民政府关于印发清华大学深圳研究生院等三所研究生院机构编制和办学投入办法的通知》,2009 年 12 月 8 日,见 https://wenku.baidu.com/view/eb142742dd80d4d8d15abe23482fb4daa58d1dd5.html。

记。事业编制身份为政府财政资助提供便利,同时增强了新型大学组织的归属感,增加了高端人才引进的稳定性。

第五节　新型大学组织与经济发达城市 共生发展的互动机制

由上述分析,可以抽象出新型大学组织与经济发达城市共生发展的理论模型(见图4-5)。其中,类型各异的新型大学组织兼具社会服务、人才培养与科学研究三大功能,包含师生、平台、技术等内部要素;经济发达城市普遍具有文化传播、经济生产、科技创新功能,包括人口、产业、社区等要素。新型大学组织与经济发达城市的共生发展建立在两者功能、要素的互补与耦合之上,受到国家政治、经济、文化的持续影响,呈现出校城共建、人才共育、产教共融、资源共享、利益共生的内在互动机理。

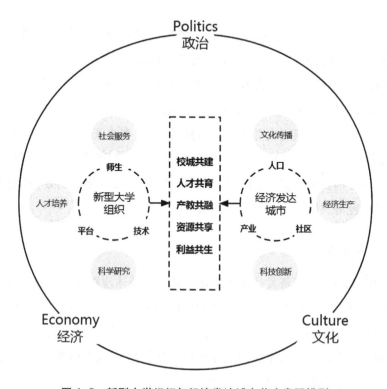

图 4-5　新型大学组织与经济发达城市共生发展模型

一、校城共建

新型大学组织与经济发达城市共生发展首先体现为战略层面的校城共建，即两者在宏观层面的架构遵循双方的理念共识、合作协议、行动指南。在此基础上，随时间推移两者逐渐形成一种你中有我、我中有你、互塑共长、荣辱与共的关系共同体，成为一种超越了一般联系意义的命运共同体。

校城共建状态下的新型大学组织与经济发达城市发展有远景、有理想，有一致的目标和长远的规划。从逻辑性的角度看，确立共生发展目标，形成共生发展理念，标识共生发展轨迹，是一种战略性的共生发展范畴。共同制定的战略规划可以生成共生发展的向心力和凝聚力，进而形成共生发展的推动力与牵引力。这既能提高新型大学组织与经济发达城市共同发展的系统性，又能增强新型大学组织与经济发达城市共生发展的自觉性，还会生发新型大学组织与经济发达城市共生发展的持续性与整体性，构成新型大学组织与经济发达城市共生发展的整生性。

具体而言，新型大学组织与经济发达城市的共建分为三个层面：其一，在公共部门推动下，经济发达城市与高水平大学建立联系，二者经过互相考察、磋商、协调，签订共建协议，共同举办新型大学组织；其二，经济发达城市与本地新型大学组织签订战略合作协议，在共生系统中演化和发展，相互作用、相互影响、相互制约；其三，新型大学组织内部机构作为独立个体，在市场驱动下与城市广泛互动，开展全方位合作。经济发达城市为新型大学组织发展指明方向，确保新型大学组织体系结构更加完善、内涵质量更加优质、社会服务更加高效；新型大学组织助推城市经济、社会、文化高质量发展。

二、人才共育

新型大学组织与经济发达城市一体化共生发展体现在人才培养方面的优势互补、同频共振。经济发达城市制定的经济发展战略、布局的产业企业、营造的人才生态环境，影响着新型大学组织对高端人才的培育效度，为人才可持续发展提供保障和支撑。新型大学组织人才培养与经济发达城市经济发展协调共进，为经济发达城市建设提供高质量人才。

一是地方政府引导新型大学组织培养紧缺人才,留在当地就业创业。经济发达城市公共部门健全需求导向的人才培养结构调整机制,强化就业市场对新型大学组织人才供给的有效调节,引导新型大学组织育人方向。新型大学组织则面向经济发达城市经济主战场,建立人才培养与经济发达城市经济发展对口衔接机制,精准对接经济发达城市经济社会发展对人才规格需求,增设城市产业发展“急需紧缺”专业,培养了一大批专业知识扎实、创新思维活跃的高素质拔尖人才,充分发挥人才的知识存储与所学之长,满足经济发达城市对高端劳动力诉求。城市所提供的就业机会与人才所学专业契合,促使高素质劳动力本地就业、创业,为经济发达城市创新发展、核心技术突破以及对重大现实问题的解决,提供强大坚实的人才保障和智力支撑。

二是新型大学组织与城市一流企业、行业、科研院所联合培养高素质人才。在宏观层面,新型大学组织与经济发达城市共建产学研协同创新集群,推进高水平人才交流与联合培养,通过与城市一流企业、行业、科研院所共建校企协同创新联合体、高水平人才培养基地,强化重大科技任务协同攻关,促进了人才链与创新链、产业链的有机衔接和紧密耦合,提高新型大学组织人才培养质量。在微观层面,与经济发达城市共生,加快了新型大学组织教育教学改革、科技成果转化、扩展师生学术研究方向和思路、拓宽科研经费渠道,从根本上提升新型大学组织育人成效。有研究发现,高校组织层次的校企合作氛围对组织内科研人员的科研绩效有提升作用,如果科研人员在一个与企业联系比较紧密的大学部门,则其能够利用组织以往与企业合作过程中所积累的资源。[①] 对新型大学组织师生科研产生的正向影响将直接反映在新型大学组织人才培养的质量上。不仅如此,经济发达城市行业头部企业、大院大所拥有一批具有丰富实践经验、了解产业技术发展趋势的工程师,参与到新型大学组织人才培养全过程,通过参与新型大学组织人才培养方案的制定与完善,以及来新型大学组织授课、讲座,向师生介绍业内技术前沿和发展趋势,能够拓宽师生视野,培养能快速适应产业技术变革的科学家。

---

① 张奔、王宏起、王晓红:《校企合作氛围对高校科研人员科研绩效的影响——技术能力的中介作用》,《系统管理学报》2022 年第 5 期。

三、产教共融

产业结构与学科专业协调适应是新型大学组织与经济发达城市"产教融合"的重要表现。埃茨科维滋认为,虽然大学与产业部门过去存在严格的边界,但今天高等教育与产业部门的关系是直接的、无处不在的。[①] 高等教育界以"应用需求为导向"生产新知识的诉求,契合产业界创新驱动发展的内在需求,二者是耦合的。[②] 新型大学组织与经济发达城市"产教融合"是基于产业结构与学科专业的交互支撑、交互促进,基于产业需求与教育发展的交互成就、交互赋能,二者形成良性互动循环、协同创新。

经济发达城市产业格局引领新型大学组织学科专业建设。新型大学组织的学科专业必然建立于经济发达城市产业基础之上,经济发达城市产业结构对引进、培育何种新型大学组织,以及建设何种学科专业具有较强的指导作用,不适应经济发达城市产业发展的学科专业有可能得不到支持甚至遭到淘汰。公共部门会基于经济发达城市产业结构考量,扶优、扶强、扶需和撤弱,对新型大学组织学科专业进行统筹治理,通过对新型大学组织学科专业的绩效考核和动态拨款,进行经费限制或数量调减,从而实现对引进新型大学组织中同质化倾向明显、社会需求不旺盛、发展前景欠佳的弱势学科专业的动态调整,并推动新型大学组织学科专业逐渐向智能装备制造、航空航天、新一代电子信息、石油化工、医疗制药、钢铁冶金、材料工程、环境工程、农林科技、海洋资源等适应经济发达城市现代化发展的新兴领域和紧缺领域倾斜。在学科专业逐步调整过程中,新型大学组织最终与经济发达城市实现了互惠共生、产教共融。

新型大学组织学科专业设置引领经济发达城市战略性新兴产业发展。新型大学组织通过前沿学科、专业布局,加强新兴、交叉学科专业建设,组建跨学科团队联合攻关,能够更好地适应经济发达城市战略性新兴产业发展。在经济发达城市发展战略层面,依靠新型大学组织学科专业知识供给与产业需求的精准协同,推动知识创新体系和产业技术创新体系迭代,已成为经济发达城市战略性新

---

① 成军、官产学:《三重螺旋研究》,社会科学文献出版社 2005 年版,第 5 页。
② 谢笑珍:《"产教融合"机理及其机制设计路径研究》,《高等工程教育研究》2019 年第 5 期。

兴产业形成后发优势的必然选择。高等教育的外部适应规律表明,战略性新兴产业的新增长点培育、核心技术的改良与升级需要大学的自觉适应与创新有为、主动作为。[①] 新型大学组织适度超前的学科专业建设与供给能够缩短战略性新兴产业"由弱到强"的生命周期;基于前沿学科的前瞻性原始创新和关键共性技术突破可以提高战略性新兴产业"弯道超车"的竞争力;常态化、制度化的学科专业建设及其形成的科技"变现"力能更紧密地为战略性新兴产业的规模化、集群化发展保驾护航。互惠共生状态下的新型大学组织对经济发达城市战略性新兴产业的影响不是短暂的或随机的阶段性发力,而是基于创新生态系统建构过程的持续助力。其带来的优质学科资源与战略性新兴产业的跨行业、跨属性、跨身份等多重互动关系的增强及其科学机制的形成,构成了经济发达城市产业结构变革的动态常量,助力人工智能、生物医药、智能制造等战略性新兴产业发展,推动经济发达城市经济可持续增长。

四、资源共享

新型大学组织集聚的各类资源与经济发达城市固有资源交互融汇,实现互借互通、共生共享。资源依赖理论认为,所有组织都在与外部环境(或组织)进行资源交换,由此实现生存和发展,而解决资源矛盾最好的方法是利用资源互补实现组织间的交易。[②] 新型大学组织与经济发达城市开展资源交换共享,从而满足发展需求。

经济发达城市为新型大学组织壮大发展提供包括土地、房产、政策、资金、交通、产业、编制、医疗、信息等在内的一切资源作为支撑。经济发达城市是资源要素最密集最为活跃的区域,经济发达城市产业结构、科研机构、金融政策、创新创业园区等资源要素的质量与规模出众,其得天独厚的自然资源禀赋、宽松的制度环境、便利的交通基础设施、丰厚的财政资源、密集的产业资源、丰富的信息获取渠道、优越的医疗保障条件,支撑和维系新型大学组织的生存和发展,为新型大

---

①　赵哲:《大学与战略性新兴产业协同发展的内涵释义、互动关系与动力机制》,《高校教育管理》2020 年第 3 期。

②　吴寒天、曾令琴:《从"铁锈带"到"智带":后工业化转型中的"大学—区域"互动机制研究》,《高校教育管理》2022 年第 6 期。

学组织建设创造良好的生长环境,为新型大学组织高起点办学、高水平建设提供保障,为人才培养规划、学科结构优化、科研成果转化奠定基础,有利于新型大学组织规模、结构、质量、效益的协调发展与层次提升。

新型大学组织为经济发达城市集聚人力资源,进而推动技术、资金、服务、市场等各类资源要素在经济发达城市归集靠拢。作为国内高水平的科研平台,新型大学组织吸引了国内外优秀科研人才与专家学者,培养高水平、高质量、创新型人才在经济发达城市扎堆汇合,人才集聚又将产生虹吸和拉动效应,推动其他各类资源与经济发达城市技术、知识、市场等资源要素科学匹配、协调联动,形成资源要素组合优势。借助人力资源集聚及附着资源与经济发达城市资源要素互动形成的协同效力,溢出更多的智慧成果和科技产品,促进新型大学组织发展与经济发达城市发展同步建构。

五、利益共生

新型大学组织与经济发达城市共生机制的探讨无法回避现实利益。任何共同体在根本上都是存在某种利益的共同体,互惠互利是维系共同体可持续稳定发展的根本动因。作为一个关系共同体,新型大学组织与经济发达城市之间的关系是多元的,各种关系的生成、维持和废除的背后是各种利益的博弈,利益互动是新型大学组织与经济发达城市互动的内在驱动力。利益不仅决定着新型大学组织与经济发达城市互动的方向,决定着新型大学组织与经济发达城市互动的过程,还决定着新型大学组织与经济发达城市互动的结果。

新型大学组织与经济发达城市是一个利益共同体,两者之间存在多种共同的利益诉求,各自又能以独有的方式满足对方的利益诉求。新型大学组织与经济发达城市之间的利益互动不是一次性博弈或一次性买卖,而是多次博弈和循环性买卖,由于多次博弈的存在,合作最终会成为新型大学组织与经济发达城市实现利益最大化的共同选择。站在历史的长河,新型大学组织与经济发达城市休戚与共,在共生中实现双赢。当前,新型大学组织与经济发达城市在经济、文化、科技、国际化、经济发达城市规划等方面实现了全面合作,二者通过强强联合、优势互补、取长补短、特色互补等形式的互动,达成了彼此的利益诉求,满足了彼此的现实需要。

　　从利益出发的共生关系不可避免会遇到挫折,新型大学组织与经济发达城市也势必因利益诉求的差异而发生矛盾和冲突,但最终会在矛盾和冲突中走向合作。"在某种意义上,冲突是社会的生命之所在,进步产生于个人、阶级或群体为寻求实现自己的美好理想而进行的斗争之中。"①新型大学组织与城市的冲突调节着新型大学组织与经济发达城市之间的关系,有助于建立和维持双方的身份特征和职责边界,并在一定程度上促进新型大学组织与经济发达城市之间的矛盾动态发展,促使两者走向深度互动和共生。

　　新型大学组织与经济发达城市共生发展带来的利益,既有显性的有形利益,又有隐性的无形利益。有形利益是可见的、可感的,诸如新型大学组织孵化高新技术企业,新型大学组织与政府共同开展技术攻关、共建联合实验室等。同时,新型大学组织作为经济发达城市的一种文化符号,本身就代表着经济发达城市精神和文化发展的高度、品位和境界,长远和永恒地影响着经济发达城市的规格、档次和质量。新型大学组织智力集中、人才荟萃、设备和科研条件优越,为经济发达城市文化的丰富活跃、引导提高、变革更新提供了得天独厚的条件。新型大学组织可以提升经济发达城市的硬实力和软实力,而经济发达城市科技、文化、生态等软实力尤其需要新型大学组织的支持。

---

① ［美］L.科塞:《社会冲突的功能》,孙立平译,华夏出版社1986年版,第6页。

第五章　新型大学组织与经济发达城市共生发展的实证研究

　　城市因大学而兴,大学也因城市而盛。当前,基于知识逻辑、市场逻辑与政治逻辑的交织下,传统大学从原本追求闲逸好奇的"象牙塔"到不断模糊自身与外在环境的边界,在原本专注高深学问的基质上不断拓展传统的教学与科研职能,大学这一概念经历着不断打破又不断重塑的历史建构性过程。新型大学组织脱胎于传统大学组织的涌现,是在外部环境需求变化导致大学功能和组织制度变迁的基础上,结合母体大学的资源和能力,基于知识生产、传播和应用的本质特性而形成的组织体系,其本质上是一个充满活力的知识创新系统,其基本构件是以创新知识为界的大大小小异质化的知识单元。大学与城市互动研究是学术界的一个历久弥新的话题,有着丰富的研究成果。但是目前研究主要采用理论思辨,实证研究偏少。因此,本研究采用实证分析,分析新型大学组织对经济发达城市的影响,构建二者耦合指标体系,基于数据测算系统的耦合水平状况;分析我国新型大学组织和城市之间的整体耦合水平对城市发展、新型大学组织发展的影响效应,剖析新型大学组织和城市的耦合水平所产生的作用实效。

第一节　经济发达城市缘何创办新型大学组织

　　近年来,新型研究型大学、中外合作大学、大学异地校区、分校、研究生院、研究院等新型大学组织纷纷涌现,很多城市不遗余力地引进和建设大学,成为广受社会各界关注的现象。缘何近年来这些新型大学组织如火如荼地建设并发展起来? 是哪些因素促成城市中新型大学组织积极建设和发展起来的? 哪些城市更能促进新型大学组织建设和发展? 城市发展到何种阶段更加需要新型大学组织助力发展？面对诸多问题,迫切需要我们更加深入细致地探寻城市与新型大学组织的关系,探索城市新型大学组织建设和发展的影响因素和内在逻辑。本研究旨在通过实证研究,分析城市中新型大学组织建设和发展的影响因素,以期为城市的新型大学组织建设出谋划策,让新型大学组织更好地助力城市高质量发展。

一、研究假设和变量测量

(一)研究假设

1. 城市颁布政策对新型大学组织建设的作用

萨巴蒂尔指出,公共政策是洞悉社会变革的重要窗口。从政策视角切入,分析和研判相关政策对新型大学组织建设发展及其未来走向,对于提升新型大学组织发展水平、促进城市与新型大学组织共生发展具有重要的意义。

颁布的相关政策文件往往是城市加强和促进某些方面工作的风向标,对工作具有一定的作用和影响。城市出台关于促进关于高等教育和新型大学组织建设和发展的相应政策文件,理应能够更好地促进其建设和发展。在这里做出以下假设。

H1:城市颁布相应的政策文件对建设新型大学组织建设具有正向效果。

而相关政策文件推动的作用和达到效果有多大？其影响时长有多长？对哪类城市具有更大作用？这些需要从具体数据和案例中去探析。

2. 城市经济发展对新型大学组织建设的作用

一般而言,经济发展水平越高的城市,其对经济发展方式可能由投资为主的粗放型转向知识密集型。同时国际经验表明,人均 GDP 突破 1 万美元后,经济增长步入以提高质量为主的稳定增长阶段,增长速度减缓,有其合理性。城市转型升级加快,原有的人口、土地、劳动力等资源红利逐渐减弱,生产要素成本提高,迫使大量企业外迁,环境污染、生态保护问题日益突出,城市发展的压力增大,必须寻求新的增长点。根据美国著名经济学家迈克尔·波特的经济发展阶段理论,国家的经济发展可以分为要素驱动、投资驱动、创新驱动和财富驱动四个阶段。人均 GDP 突破 1 万美元后,世界城市普遍注重发展创新型经济和服务型经济,大都实现了从以模仿创新为主到以原始创新为主的战略转变,根据自身优势,发展各具特色的主导产业集群。在此背景下,国内一些城市纷纷瞄准声誉卓著的"双一流"大学,引进国内外一流高教资源,建设新型大学组织,从而为城市经济社会高质量发展提供支持。基于此提出相应的假设。

H2:城市经济发展速度快的城市,其新型大学组织建设力度更大。

3. 普通高等学校状况对新型大学组织的作用

有学者认为,教育程度与城市居民幸福感呈显著正向关系,主要城市高等教育对区域经济发展的贡献是非常显著的,但贡献度随时间推移有所下降。改革以来,中国教育机会总量的增加,特别是高等教育机会的扩大,并未如人们所预期的那样明显地缩小教育分层。城市之间经济发展差距逐步加大,且经济发展速度之间的差异整体上远大于高等教育发展速度之间的差异,城市偏向的教育经费投入政策是城乡教育水平、城乡收入差距扩大的重要决定因素。有学者认为,高等教育可以促进技术进步引领产业演进助推城市化进程,并通过提升人口素质促进城市经济。高等教育对城市发展的促进和提升功能无可非议,但是在城市资源相对固定的情况下,存量的普通高等学校的规模可能会对新型大学组织建设和发展产生抑制作用,甚至存量高等教育资源越丰富的城市越会制约新型大学组织的发展,因此,提出以下假设。

H3:城市存量高等教育资源越丰富的城市,新型大学组织建设越会受到抑制。

4. 城市教育经费支出对新型大学组织的作用

通常来讲,一个国家的教育经费支出反映了一个国家对教育事业的重视程度,而对于一个城市来说,城市的教育经费支出则说明该城市对教育事业的重视程度。但城市教育经费支出包括学前教育、基础教育、高等教育和其他相关支出,其教育经费的支出对高等教育甚至新型大学组织建设是否有相应的激励或推动作用,需要看城市对这方面的投入力度和具体实施效果,可以提出如下假设。

H4:城市教育经费支出对新型大学组织的建设和发展具有正向的促进作用。

5. 城市科技经费支出对新型大学组织的作用

城市科技经费支出包括科学研究、技术开发、科技人才培养、科技创业支持、科学教育推广、非基建投资购建的固定资产和科研基建支出等用于科技活动的支出。一般来说,科技经费支出越大,代表该城市对科技投入力度越大,表现出对科技工作的重视程度。那么科技经费支出对新型大学组织这类机构的发展产生怎样的作用,我们提出以下假设。

H5:城市科技经费支出对新型大学组织的建设和发展具有正向的促进作用。

(二)变量测量

1.被解释变量

本研究的被解释变量是各城市的新型大学组织建设发展状况,由于新型大学组织的组织样态较多、规模大小各异、举办特色迥异,不太好用标准化的指标来进行量化,为此,我们用新型大学组织数量来作为其代理变量。本研究共选取了33个城市,这些城市主要是从近8年来对新型大学组织建设比较重视,资源投入较为充分,举办呈现一定规模的城市中遴选,并且兼顾了东中西部地区的代表性来确定。这33个城市分别是天津市、上海市、无锡市、常州市、苏州市、杭州市、宁波市、温州市、嘉兴市、绍兴市、合肥市、马鞍山市、福州市、泉州市、南昌市、济南市、青岛市、淄博市、烟台市、潍坊市、威海市、郑州市、洛阳市、广州市、深圳市、珠海市、佛山市、东莞市、三亚市、重庆市、成都市、宜宾市、遵义市。

通过收集和整理这些城市的新型大学组织相关数据,汇总成新型大学组织数据库,并根据其新型大学组织建立的时间制作成33个城市2014—2021年新型大学组织数量的面板数据。数据表明2021年这33个城市的新型大学组织有314个,2014年及2014年之前建设的有119个,将其归到2014年的数据中,约占2014—2021年时点的1/3,而2015—2021年这7年间建设的新型大学组织数量占2/3,说明这7年来建设速度较快,发展规模较大。

2.解释变量

(1)政策因素

政策因素主要表示政府鼓励高等教育或教育科技人才领域综合改革发展方面的政策文件,包括发展规划、决定、意见、通知、方案等,为便于量化,本研究主要选取各城市发布相关文件数量这个指标。通过以下检索方法收集整理从20世纪末至2021年各城市发布促进新型大学组织建设发展的相关文件。首先,对城市高等教育相关政策文本进行归纳,总结出相关政策涉及的共性词,以共性词"高校""大学""高等院校""高等学校""高等教育""教育"等为关键词,在北大法宝网站检索不同城市的政策文件,梳理与整理重要政策文本。其次,对已有文本进行比较分析,提取其中出现的母(上级)文件和相关文件,并对其中内容进行比对,保留与新型大学组织建设相关的政策文件。最后,查漏补缺,在选取的城市各级政府部门官网全面搜索关于新型大学组织相关的政策文本,以保证政策文本选择的权威性及全面性。

相关文件的主题包括"加快高等教育改革发展""教育现代化强市""大力引进大院大所""加快引进优质高等教育资源"等,直接或间接地涉及新型大学组织的引进和建设等内容。据统计,33 个城市共发布文件数 146 份,其中 2014 年及 2014 年之前发布的文件有 43 份,将其归结为 2014 年当年的数据,约占 30%,2015—2021 年之间发文数量占总统计量的近 70%。在统计中,结合文件发布时间,制作成 33 个城市 2014—2021 年发布新型大学组织相关文件的面板数据。

(2)经济发展因素

经济发展因素拟采用以下指标:城市生产总值(GDP)、城市人均生产总值(人均 GDP)、城市一般公共预算收入。GDP 表示该城市的经济水平总量,人均GDP 用于描述城市的经济整体发展水平,城市一般公共预算收入是指地方财政上划完中央、省级财政收入之后地方留成部分的收入,即可代表城市的财力水平。由于以上三个指标的数值较大,在具体的量化分析中对其取自然对数。相关数据主要来源于《中国统计年鉴》(2014—2022 年)、各地国民经济与社会发展统计公报(2014—2022 年)等。

(3)高等学校资源因素

高等学校资源表示该城市高等教育资源的存量情况,由于本研究中被解释变量使用新型大学组织数量作为其代理变量,兼顾对等性考虑,本因素采用城市所在地的普通高等学校数量作为其代理变量,数据源于国家教育统计数据(2014—2022 年)。

(4)相关经费投入因素

相关经费投入拟采用以下指标:教育支出和科学技术支出。教育支出包括基础教育、高等教育等方面的支出,代表城市对教育方面的总体重视情况。科学技术支出主要指研究和试验发展阶段与科技活动有关的人、财、物、信息等资源的投入科技经费的总量,表达城市对科技研究方面的重视状况。本研究采用城市的教育经费支出和科技经费支出作为其代理变量,相关数据主要来源于各地国民经济与社会发展统计公报(2014—2022 年)等。

3. 数据的描述性统计与多重共线性检验

对以上相关变量的数据进行整理与统计,汇成 33 个城市 2014—2021 年共 8 年的面板数据,变量包括新型大学组织数量等 8 个变量,数据量共 264 条。对其进行描述性统计,结果见表 5-1。

表 5-1　主要变量描述性统计结果

考察指标	代理变量	数据量	平均值	标准差	最小值	最大值
新型大学组织建设发展	新型大学组织数量	264	6.212	6.116	0	27
政策因素	颁布相关政策文件数量	264	3.121	2.942	0	17
经济发展因素	城市 GDP 的对数值	264	8.858	0.847	5.997	10.670
	人均 GDP 的对数值	264	11.460	0.465	6.982	12.230
	一般公共预算收入对数值	264	15.720	0.925	13.560	18.170
高等学校资源因素	普通高等学校数量	264	26.110	23.210	2	83
相关经费投入因素	教育支出对数值	264	14.280	0.792	11.950	16.160
	科技支出对数值	264	12.700	1.151	9.851	15.530

对选取考察指标的代理变量进行多重共线性检验,检验发现城市 GDP 的对数值和一般公共预算收入对数值的 VIF 值均偏大(大于 10),即这两个因素存在多重共线性问题,不宜选用这两个代理变量。所以,在经济发展因素中,本研究只选用人均 GDP 的对数值作为代理变量。

综上所述,在城市新型大学组织建设发展方面,选用新型大学组织数量值作为其代理指标;政策因素方面,选用城市颁布相关政策文件数量作为其代理指标;经济发展因素层面,把人均GDP的对数值作为其代理指标;将城市中普通高校数量作为衡量其高等学校资源的依据;分别用教育经费支出的对数值和科技经费支出的对数值作为判断城市对教育事业和科技事业重视程度的度量。

二、实证方法与模型建立

在实证方法的选择上,由于本研究所使用数据的数据结构为面板数据,且被解释变量和解释变量均为连续变量,因此选择利用最小二乘法等相关模型进行多元线性回归。

新型大学组织建设发展状况受到很多因素的影响和制约,比如受到政府政策的推动,城市经济建设的发展,高等教育资源的状况,教育经费支出和科技经费支出等影响,因此,结合以上诸多因素所选取的代理变量,构建以下模型:

$$NTUO_{it} = \alpha_0 + \alpha_1 \times WJ_{it} + \alpha_2 \times LNPGDP_{it} + \alpha_3 \times UNI_{it}$$
$$+ \alpha_4 \times LNEDUZC_{it} + \alpha_5 \times LNKJZC_{it} + \varepsilon_{it}$$

其中 $NTUO$ 为模型中被解释变量,代表新型大学组织建设发展状况(即 $New-Type\ University\ Organizations$ 的首字母缩写);解释变量 WJ 是政府颁布的相关政策文件数量;$LNPGDP$ 为城市人均GDP的对数值;UNI 代表城市普通高等学校数量;$LNEDUZC$ 是城市教育经费支出的对数值;$LNKJZC$ 则是城市科技经费支出的对数值;ε 为随机误差项;i 表示城市;t 表示年份。

为确定模型和数据需要采用固定效应模型还是随机效应模型进行拟合,须利用 hausman 检验来验证,本研究通过 hausman 检验,得到结果为 Prob>chi2 = 0.0001,确定采用固定效应模型来回归解释。

三、实证研究结果

(一)不同模型回归及其解析

对数据采用3种不同模型进行拟合回归,第(1)种采用混合OLS模型;第(2)种采用固定效应模型;第(3)种采用随机效应模型。得到结果见表5-2。

表 5-2　3 种不同模型的回归结果

变量名	（1）	（2）	（3）
	混合 OLS	固定效应	随机效应
WJ	1.016*** （0.089）	0.623*** （0.122）	0.903*** （0.103）
LNPGDP	2.040*** （0.592）	-0.210 （0.416）	-0.003 （0.424）
UNI	-0.069*** （0.012）	0.111*** （0.041）	-0.038* （0.023）
LNEDUZC	0.617 （0.521）	3.682*** （1.038）	1.371* （0.798）
LNKJZC	1.808*** （0.394）	1.372*** （0.432）	1.701*** （0.407）
_cons	-50.314*** （8.016）	-66.241*** （12.473）	-36.755*** （9.452）
N	264.000	264.000	264.000
r2	0.689	0.595	0.563
r2_a	0.683	0.529	0.516

注:括号中为标准误差; $^*p<0.1$, $^{**}p<0.05$, $^{***}p<0.01$。

从混合 OLS 得到的回归结果可以看出,新型大学组织建设发展与政策因素、经济发展因素、科技经费支出在 1%水平上显著正相关,与高等学校资源在 1%水平上负相关。

再通过 hausman 检验,结果发现选用模型(2)的固定效应模型,能够达到 0.595 的解释效果。从 33 个城市 8 年的面板数据经以上模型验证结果来看,政策因素在 1%水平上显著,验证了 H1,城市颁布相应的政策文件对建设新型大学组织具有正向的积极效果;而人均 GDP 则表现为不显著,拒绝原假设,H2 不成立,即从全样本来看,人均 GDP 的增长与新型大学组织建设发展的关系缺少必然性;对于普通高校资源来说,得到的结果是在 1%水平上显著,为 0.111,原有普通高等教育资源对新型大学组织没有所谓的抑制作用,而是表现出存量高等教育资源对新型大学组织建设和发展有正向的促进作用;从教育经费支出和科技经费支出来看,在 1%水平上显著,表现出显著的正相关,即 H4 和 H5 成立,表明城市教育经费支出和科技经费支出对新型大学组织的建设和发展具有正向的促进作用。

从其中系数大小可以发现:政策因素、高等学校资源因素、相关经费投入因素有显著的正向关系。分别表现为,文件数的系数为0.623,表明每发布1个文件,就会相应地建设0.623个新型大学组织;每增加1所高等院校,就会增加0.111个新型大学组织;教育支出每增加1个百分点,新型大学组织也会增加3.682个百分点;科技支出每增加1个百分点,新型大学组织也会增加1.372个百分点。

深入分析其中原委,政策导向是新型大学组织发展的关键因素,城市中对促进高等教育或者高等教育改革在政策文件上确定新方向、提出新要求,对新型大学组织的促进作用非常明显,政策文件不只提出了实施方案,还附加了保障措施和优惠政策,使得新型大学组织的建设工作更好地落地推进。城市中普通高等学校的增长对新型大学组织的有促进作用,可能是城市对高等教育事业的推动,使得普通高等院校和新型大学组织同时获益,实现共同发展。在经费投入方面,毋庸置疑,城市对教育和科技经费投入,资金会或多或少地流入新型大学组织的建设方面,使其得到相应发展。

(二)政策的时间滞后性影响

一般而言,政策因素具有一定的时间滞后性,政策文件从颁布到实施需要一段时间的消化和落实,城市颁布鼓励并推动新型大学组织建设也需要各项配套办法和具体工作部署,具有时间滞后性的特点。本研究分别将政策影响的时间点分为当年、滞后1年、滞后3年和滞后5年来进行回归,得到结果见表5-3。

表5-3 政策影响的滞后时间(1年、3年、5年)回归结果

变量名	(1) NTUO(当年)	(2) NTUO(滞后1年)	(3) NTUO(滞后3年)	(4) NTUO(滞后5年)
WJ	0.623*** (0.122)	0.051 (0.181)	0.401** (0.200)	0.035 (0.373)
LNGDPA	-0.210 (0.416)	-0.298 (0.397)	-0.444 (0.415)	1.636 (2.259)
UNI	0.111*** (0.041)	0.110*** (0.042)	0.113** (0.056)	0.316* (0.178)

变量名	(1) NTUO(当年)	(2) NTUO(滞后1年)	(3) NTUO(滞后3年)	(4) NTUO(滞后5年)
LNEDUZC	3.682*** (1.038)	2.777** (1.164)	2.561 (1.684)	4.390 (3.415)
LNKJZC	1.372*** (0.432)	1.923*** (0.433)	2.075*** (0.505)	0.895 (1.136)
L.WJ		0.717*** (0.176)		
L3.WJ			0.662*** (0.159)	
L5.WJ				0.594** (0.270)
_cons	−66.241*** (12.473)	−59.526*** (14.841)	−57.294** (22.982)	−95.420* (55.476)
N	264.000	231.000	165.000	99.000
r2	0.595	0.625	0.608	0.353
r2_a	0.529	0.551	0.490	−0.056

注:括号中为标准误差;* $p<0.1$,** $p<0.05$,*** $p<0.01$。

从以上结果可以看出,政策文件在当年和滞后1年、3年和5年的影响,政策影响在当年、滞后1年和3年的效果是在1%上显著正相关,而在滞后5年的时间节点上表现为在5%上显著正相关。在当年的效果系数为0.623,滞后1年产生的效果系数为0.717,滞后3年产生的效果系数为0.662,而滞后5年产生的效果系数为0.594。综上结果分析得知,在政策颁布后的3年的时期内,具有持续并明显的效果,且持续效果维持一个比较稳定的状态,并有一个效果增强的趋势。但滞后4—5年的时间,其实施效果开始减弱,产生效果也不再明显。

这些结论与现实情况基本吻合,在政策文件发布后的3年内,其效果会持续保持在一个稳定的水平,而4—5年后,效果将会大打折扣。从这个结论得到启发:政府若需要持续推进好某项重点工作,需要每隔3年左右发布一次加强版、改进型文件或指导意见,以保障政策不断创新和效果的延续性。

(三)城市分类分组观察分析

1.按照城市GDP总量进行分组观察分析

根据城市GDP总量来进行分组,选取2014年各城市的GDP为标准,按照

GDP 在 7500 亿元以上为高值组,4300 亿元至 7500 亿元为中值组,4300 亿元以下为低值组,每组都为 11 个城市。

高值组有天津市、上海市、无锡市、苏州市、杭州市、宁波市、青岛市、广州市、深圳市、重庆市、成都市 11 个城市;中值组有常州市、温州市、合肥市、福州市、泉州市、济南市、烟台市、潍坊市、郑州市、佛山市、东莞市 11 个城市;低值组有嘉兴市、绍兴市、马鞍山市、南昌市、淄博市、威海市、洛阳市、珠海市、三亚市、宜宾市、遵义市 11 个城市。

表 5-4　按城市 GDP 总量分组进行回归结果

变量名	(1) NTUO (全样本)	(2) NTUO (GDP 高值组)	(3) NTUO (GDP 中值组)	(4) NTUO (GDP 低值组)
WJ	0.623*** (0.122)	0.907*** (0.278)	0.169* (0.094)	0.569*** (0.190)
LNPGDP	−0.210 (0.416)	11.715*** (2.761)	−0.095 (0.228)	−1.861 (1.406)
UNI	0.111*** (0.041)	0.597*** (0.181)	0.078*** (0.023)	0.662*** (0.199)
LNEDUZC	3.682*** (1.038)	1.583 (2.421)	2.536** (1.006)	3.109** (1.422)
LNKJZC	1.372*** (0.432)	−1.946 (1.373)	2.285*** (0.403)	1.990*** (0.552)
_cons	−66.241*** (12.473)	−152.507*** (37.434)	−61.335*** (11.314)	−49.697*** (15.050)
N	264.000	88.000	88.000	88.000
r2	0.595	0.686	0.798	0.679
r2_a	0.529	0.621	0.756	0.612

注:括号中为标准误差; $^*p<0.1$, $^{**}p<0.05$, $^{***}p<0.01$ 。

对照分组得出的数据,见表 5-4,通过分析可以看出:

政策因素在各组别中都有显著的作用,尤其是低、高值组,表现为 1% 以上显著正相关,并且系数分别为 0.569 和 0.907。

经济发展因素则在 GDP 高值组在 1% 以上呈显著的正相关,并且系数为 11.715,表现为极大的促进作用。

高等学校资源因素在各组也都表现为1%以上显著的正相关,高值组和低值组系数更大,表现为较大的助推作用,而中值组没有特别明显。

从教育投入和科技投入来看,在全样本中可以看到,两项经费投入与新型大学组织的建设存在1%以上显著的正相关。而分组来看,其显著性主要表现在中低值组,说明在GDP尚处于7500亿元以下的时候,单纯依靠相关经费投入这种粗犷的形式能够起到立竿见影的效果,但是如果GDP达到一定的高值后,不能单纯依赖经费投入的方式,而是需要通过政策支持和高等教育整体体系的提升,才能起到相应的效果。

综合以上结论,我们可以推演出若要新型大学组织建设和发展取得较为明显的效果,需要分情况来部署:若城市GDP总量尚处于相对低位的阶段,可以更多地通过教育和科技经费投入来发展新型大学组织;若城市GDP总量处于相对高值的水平,则更多地需要在政策支持和整体高等教育体系上下功夫。

2. 按照城市人均GDP进行分组观察分析

根据人均GDP来进行分组,选取2014年各城市的人均GDP为标准,按照人均GDP9.8万元(约1.4万美元)以上为高值组,7万元(约1万美元)至9.8万元(约1.4万美元)为中值组,7万元(约1万美元)以下为低值组,每组都有11个城市。

高值组有天津市、无锡市、常州市、苏州市、杭州市、宁波市、威海市、广州市、深圳市、珠海市、佛山市11个城市;中值组有上海市、嘉兴市、绍兴市、南昌市、济南市、青岛市、淄博市、烟台市、郑州市、东莞市、成都市11个城市;低值组有温州市、合肥市、马鞍山市、福州市、泉州市、潍坊市、洛阳市、三亚市、重庆市、宜宾市、遵义市11个城市。

表5-5　按人均GDP总量分组进行回归结果

变量名	(1) *NTUO* (全样本)	(2) *NTUO* (人均GDP高值组)	(3) *NTUO* (人均GDP中值组)	(4) *NTUO* (人均GDP低值组)
WJ	0.623*** (0.122)	0.392* (0.200)	0.671*** (0.176)	0.821*** (0.275)
LNGDPA	-0.210 (0.416)	1.349 (1.925)	-0.469 (0.423)	0.330 (2.990)

变量名	（1） *NTUO* （全样本）	（2） *NTUO* （人均 GDP 高值组）	（3） *NTUO* （人均 GDP 中值组）	（4） *NTUO* （人均 GDP 低值组）
UNI	0.111 *** （0.041）	0.218 * （0.121）	0.097 ** （0.042）	0.721 ** （0.319）
LNEDUZC	3.682 *** （1.038）	5.576 *** （1.308）	4.537 ** （1.980）	−0.083 （4.081）
LNKJZC	1.372 *** （0.432）	−0.427 （0.685）	0.812 （0.842）	2.243 ** （0.915）
_cons	−66.241 *** （12.473）	−88.443 *** （23.832）	−70.146 *** （20.920）	−42.061 （33.167）
N	264.000	88.000	88.000	88.000
r2	0.595	0.747	0.578	0.575
r2_a	0.529	0.695	0.490	0.487

注:括号中为标准误差; $^*p<0.1$, $^{**}p<0.05$, $^{***}p<0.01$。

对照分组得出的数据,见表 5-5,通过分析可以看出:

政策因素在各组别中都有显著的作用,尤其是低、中值组,表现为 1% 以上显著正相关,并且系数分别为 0.821 和 0.671。

经济发展因素在对城市人均 GDP 进行分组讨论时,未出现明显的显著性。

高等学校资源因素在低值组和中值组表现为 5% 以上显著的正相关,低值组 0.721 的系数更大,说明人均 GDP 相对低的城市,普通高等学校对新型大学组织发生同向同行的作用,而人均 GDP 相对高的城市,两者关系效果则不是很明显。

从教育投入和科技投入来看,在全样本中可以看到,两项经费投入与新型大学组织的建设存在 1% 以上显著的正相关。而分组来看,人均 GDP 达到 7 万元（即 1 万美元）以上,教育经费投入才对新型大学组织的建设和发展产生显著的积极作用,并随着人均 GDP 的增长,效果越加明显,表现为中值组在 5% 水平上显著,为 4.537;而高值组在 1% 水平上显著,为 5.576,而人均 GDP 较低的城市,教育经费投入对其建设和发展没有显著的作用。就科技经费投入来说,在低值组表现为 5% 水平上显著,中高值组则不显著。

综合如上结果,我们可以得到启发:若城市人均 GDP 处于相对低值的时候,政策制度能发挥较好的作用;而城市人均 GDP 相对较高时,对教育经费方面的投入会对新型大学组织建设产生较好的效果。

3. 按照城市高校数量进行分组观察分析

根据城市高校数量来进行分组,选取 2014 年各城市的高校数为标准,有 31个及 31 个以上高校的城市为高值组,有 9—30 个高校的城市为中值组,有 8 个及 8 个以下高校的城市为低值组,每组都有 11 个城市。

高值组有天津市、上海市、杭州市、合肥市、福州市、南昌市、济南市、郑州市、广州市、重庆市、成都市 11 个城市;中值组有无锡市、常州市、苏州市、宁波市、绍兴市、泉州市、青岛市、烟台市、潍坊市、深圳市、珠海市 11 个城市;低值组有温州市、嘉兴市、马鞍山市、淄博市、威海市、洛阳市、佛山市、东莞市、三亚市、宜宾市、遵义市 11 个城市。

表 5-6　按城市高校数量分组进行回归结果

变量名	(1) NTUO (全样本)	(2) NTUO (高校数高值组)	(3) NTUO (高校数中值组)	(4) NTUO (高校数低值组)
WJ	0.623 *** (0.122)	1.545 *** (0.355)	0.080 (0.179)	0.861 *** (0.195)
LNGDPA	−0.210 (0.416)	5.709 ** (2.499)	−0.102 (0.371)	−1.462 (1.469)
UNI	0.111 *** (0.041)	0.111 ** (0.051)	0.782 *** (0.174)	−0.138 (0.117)
LNEDUZC	3.682 *** (1.038)	2.845 (2.673)	4.893 *** (1.270)	2.708 (1.828)
LNKJZC	1.372 *** (0.432)	−0.565 (1.107)	0.994 (0.778)	1.812 *** (0.527)
_cons	−66.241 *** (12.473)	−105.773 *** (34.005)	−83.698 *** (17.274)	−39.072 ** (17.130)
N	264.000	88.000	94.000	82.000
r2	0.595	0.631	0.716	0.704
r2_a	0.529	0.554	0.657	0.637

注:括号中为标准误差; * $p<0.1$, ** $p<0.05$, *** $p<0.01$。

从政策因素来看,在高值组和低值组中表现为 1% 水平上显著,分别为 1.545 和 0.861,表示高等教育资源比较丰富或者匮乏的城市,政策对新型大学组织建设的作用比较明显。

在经济发展因素中,高校资源高值组表现为 5% 水平上的显著,代表在高校资源丰富的城市,人均 GDP 对新型大学组织建设的促进作用比较大,可能是由于人均 GDP 高的城市,不只是单纯追求 GDP 增长的数量,而更加注重 GDP 增长的质量,从基础产业向战略性新兴产业转型升级,向知识密集型产业增量,城市更加注重创新驱动发展战略,能够形成高校产业科研机构紧密互动的产学研生态圈。

在高等学校资源的因素中,高校中值组表现为 1% 水平上显著,为 0.782。

在教育和科技经费投入的因素中,高值组中这两项投入的效果起效不明显,而中值组在教育经费投入时,见效较明显,低值组在科技经费投入时,效果较为明显。

综合普通高等教育资源的分组情况可以推出:若城市的高等学校资源处于比较丰富或者相对匮乏的状况,则可以出台相应的政策制度更好地促进新型大学组织建设;若城市的高等学校资源处于中游水平,那么通过增加教育经费投入并扩大高等教育规模将不失为一种比较高效的办法。

四、研究结论

本研究选取 2014—2021 年国内 33 个城市的面板数据,通过固定效应模型实证考察了城市新型大学组织建设发展的影响因素,研究结果如下。

第一,新型大学组织建设发展受到政策制度的强力推动,且一般情况下政策影响力可达 3 年左右。

从以上的研究可以发现,城市颁布相应的政策文件对新型大学组织的建设发展具有正向的积极效果。或者由于促进城市科技创新等方面的需求,或者从城市长远发展须储备后备人才等要求,城市会适时发布关于促进高等教育或者高等教育改革的文件,或者直接颁布引进国内外知名大学的相关文件,这些文件能够强有力地推动新型大学组织的建设和发展。并且经过实证数据表明,在一般情况下,政策文件的效果影响力可达 3 年左右。诚然,政策从发布到落实,需要经过一段时间的部署并实施,这个周期一般需要若干年才能产生效果。

第二,新型大学组织建设与城市经济因素关系较弱,但与城市普通高等学校资源存在一定正向关系。

从实证研究的结果可以看出,城市人均 GDP 的高低,与新型大学组织建设发展的相关度不大,说明经济因素并不是其发展的必然因素,城市处于哪个发展阶段都可发展新型大学组织,以促进城市的创新发展。但新型大学组织建设与普通高等学校资源有一定的正向关系,城市在发展高等教育的过程中,除了会带动普通高等学校的建设,也会对新型大学组织建设起到正向的带动作用。

第三,城市的教育支出与科技支出能够直接推动新型大学组织建设发展,但不同类型城市效果不一。

从全样本城市的教育支出和科技支出可以看出,教育经费和科技经费的投入对新型大学组织建设发展起到直接推动作用。但从分组研究的结果来看,GDP 总量中值组城市的科技支出、人均 GDP 高值组城市的教育支出、高校数中值组的教育支出、高校数低值组的科技支出都与新型大学组织建设和发展显著正相关。表明这两方面经费投入,能够促进其建设发展,但是效果不同,人均 GDP 高值组的城市和高校数中值组的城市的教育经费投入能够显著促进其建设发展;而 GDP 总量中值组城市和高校数偏少的城市可通过投入科技经费来推动新型大学组织发展。

第二节　新型大学组织对城市经济增长的影响

新型大学组织能够突破传统大学的制度性桎梏和学术化导向,更高效地实现产学研融合和科技成果转化,对于推动城市新一轮的经济增长具有至关重要的作用。城市热衷于建立新型大学组织是因为新发展理念下城市的发展需要寻找新增长点,加快形成新质生产力,实现从生产要素驱动和投资驱动到创新驱动的转变。本研究在此背景下,从理论和实证的视角探讨"新型大学组织如何影响城市经济增长"。

一、新型大学组织促进城市经济增长的效应分解框架

大学对区域经济增长的一般研究着重分析人力资本提升、产业结构升级、消费需求扩大、基础设施完善等作用效应。而新型大学组织区别于传统大学的关键在于其创新性、应用性和开放性,进而可以促进人才的聚集、产业的升级和城市的可持续发展。综合来看,新型大学组织促进城市经济增长的作用主要包括创新驱动效应、创业孵化效应、开放交流效应、人才集聚效应、产业升级效应、持续发展效应。

(一)创新驱动效应

创新可以大幅度提高生产力和生产效率,从而刺激经济增长①,其中,技术创新具有长期的经济增长效应②。新型大学组织致力于科研与创新,通过打破传统学科壁垒、提供资源支持、鼓励创新文化等方式,推动新思想、新技术和新方法的产生和应用。第一,新型大学组织促进教育资源的跨界流动,不仅跨越物理边界、地理边界,并且根据现实需求跨越学科边界,有利于取得交叉前沿领域的突破。第二,新型大学组织具有多元的资源支持,地方政府给予充分的政策和经费支持,母体大学给予学科、人才、技术支持,企业给予资金和平台支持。第三,新型大学组织具有较为宽松的学术自由,能够避免行政过度的干预、提高学术创新效率。

(二)创业孵化效应

熊彼特提出的"破坏性创造"强调创造对于激发创新、激活市场、引入新技术的作用③。创业是破坏性创造的重要载体。同时,创业还能提供就业,繁荣劳动力市场,提高劳动者的收入水平。新型大学组织将创业和商业化纳入其核心使命,积极支持创业生态系统的建设。第一,积极与产业界、政府和社会合作,将

---

① Paul M. Romer, "Endogenous Technological Change", *Journal of Political Economy*, 1990, pp.S71–S102.

② Philippe Aghion and Peter Howitt, "A Model of Growth Through Creative Destruction", *Econometrica*, 1992, pp.323–351.

③ Joseph A., *Schumpeter Capitalism, Socialism and Democracy*, New York: Harper & Row, 1942, pp.132–145.

研究成果转化为切实可行的商业应用,鼓励创新、知识流动和商业化。第二,采用项目式学习、实践课程、实验性教育等创新的教学方法和课程设计,培养学生的创新能力、知识和技能的应用能力。第三,注重培育创业文化,提高师生的创业能力和精神,并为师生的创新想法转化提供创业支持、创业孵化器和加速器。

(三)开放交流效应

知识经济是全球性的,城市需要与其他城市、国家和国际组织合作,促进知识、技术和人才的跨境流动,以获得更广阔的发展机会。亨利·W.切斯布洛(Henry W.Chesbrough)提出了"开放式创新"的概念,认为超越组织边界的协作是技术创新和应用的重要来源。[①] 新型大学组织的研究领域着眼于针对人类的、国际的、前沿的现实需要,注重国际合作、联合研究项目以及学生和研究人员的流动,能够为全球知识网络作出贡献,并为所在城市的经济发展带来国际影响力。

(四)人才集聚效应

经济增长理论和人力资本理论分别强调了人口数量和人口质量对经济增长的影响。劳动力供给、人口素质、人力资本直接参与经济生产过程,人口的消费、储蓄、投资行为能够拉动经济增长,此外人口还具有促进知识积累、技术进步的渗透效应。城市建立新型大学组织一方面可以吸引人口集聚,为城市发展提供人口红利;另一方面能够培养具有创新能力和实践能力的高素质人才,满足城市经济发展的人才质量要求。

(五)产业升级效应

知识经济背景下,城市的发展不能依赖于传统的劳动密集型和资本密集型产业,而是注重创新驱动的知识、技术密集型产业。同时城市应该鼓励多样化的产业结构,以降低竞争风险增强整体经济弹性。[②] 相比于劳动分工、技术进步、需求变化等其他途径,教育对于助力产业升级具有基础性、先导性的作用。[③] 新型大学组织首先可以在特定领域中提供技术支持和专业知识,帮助当地产业实

---

① Henry W.Chesbrough, *Open Innovation : The New Imperative for Creating and Profiting From*, Boston : Harvard Business Press, 2003, pp.43–62.

② Dani Rodrik, "Premature Deindustrialization", *Journal of Economic Growth*, 2016, pp.1–33.

③ 闵维方:《教育促进经济增长的作用机制研究》,《北京大学教育评论》2017 年第 3 期。

现升级和转型;其次可以培育、吸引掌握新兴技术和专业知识的人才,实现人力资本升级与产业升级的相互促进;最后可以利用大学的文化资源推动城市文化产业的发展,增强城市的文化影响力。

(六)持续发展效应

可持续发展自布伦特兰委员会(Brundtland Commission)的报告《我们共同的未来》(Our Common Future,1987)中被普及后,已经成为经济发展评价的重要理念。可持续发展的经济增长要求推动创新、培育绿色产业和增强经济弹性。[①] 新型大学组织能够在社会责任和可持续发展方面发挥积极作用,包括参与城市基础设施建设与城市规划、推动绿色技术和可再生能源的应用、参与解决城市的社会问题。

这些六种影响效应之间并非平行的单线关系,而是相互联系、相互延伸、相互影响的互动关系(见图5-1)。创新驱动效应、创业孵化效应、开放交流效应是基于新型大学组织的核心特征所产生的。其中,创新驱动是创业孵化的前提,开放交流是创业孵化的结果也是创新驱动的动力源。人才集聚效应、产业升级效应、持续发展效应是新型大学组织核心特征延伸出来的一般作用。其中,人才聚集助力产业升级,产业升级推动持续发展,持续发展进一步吸引人才聚集。

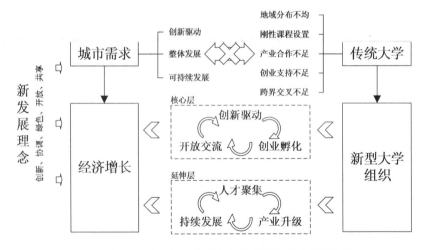

图5-1 新型大学组织促进城市经济增长的效应分解框架

---

① Michael E.Porter and Claas Van Der Linde,"Toward A New Conception of the Environment-Competitiveness Relationship",*The Journal of Economic Perspectives*,1995,pp.97-118.

二、研究设计

（一）研究方法

1. PSM-渐进 DID

由于不同城市建立新型大学组织的时间点不一致,相同城市也会在多个时间点建立新型大学组织,因此本研究采用多期双重差分法（Time-Varying DID）作为基准模型:

$$perGDP_{it} = \alpha + \beta NTUO_{it} + \gamma X_{it} + \theta_i + \lambda_t + \varepsilon_{it}$$

式中, $perGDP_{it}$ 为第 i 个城市第 t 年的人均 GDP,用于衡量各地的经济发展水平。$NTUO_{it}$ 为核心解释变量,代表各城市不同时期新型大学组织的数量。该变量允许处理效应的虚拟变量随个体和时间变化,其估计系数 β 意味着每新建一个新型大学组织对被解释变量的平均处理效应。β 值为正且数值越大则影响效果越强。X_{it} 为控制变量, θ_i 和 λ_t 分别控制时间固定效应和个体固定效应, ε_{it} 为模型的误差项。

由于城市是否建立新型大学组织并非完全外生的事件,城市经济发展到一定水平具备建立新型大学组织的动力和条件,建立新型大学组织后城市创新能力得以加强,又可以进一步促进城市经济水平的发展。为解决城市经济水平与建立新型大学组织之间的内生性对模型估计结果的影响,本研究采用倾向得分匹配法（Propensity Score Matching, PSM）在基期对数据进行预处理,将建立新型组织大学与未建立新型组织大学的城市根据城市发展特征进行 1:1 的倾向值匹配。建立新型大学组织的倾向值估计模型为:

$$log \frac{P_s}{1 - P_s} = \alpha + \beta_1 X_{1s} + \beta_2 X_{2s} + \cdots + \beta_k X_{ks} + \varepsilon_s$$

式中, P_s 是城市建立新型大学组织的倾向值, X_{1s} 至 X_{ks} 为预测城市倾向值的协变量, ε_s 为模型的误差项。由于影响城市是否建立新型大学组织的因素非常繁杂,本研究运用 LRT 检验挑选匹配变量,形成最优的匹配模型降低隐性偏误。数据匹配后,进一步运用平行趋势检验,判断处理组和对照组的在新型大学组织建立前经济发展水平是否具有差异。若无显著差异,说明数据匹配质量较好,渐进 DID 的估计结果是可信的。

2. 合成控制法

匹配会损失部分样本,意味着 DID 的估计结果仅适用于匹配成功的样本。为了做进一步的稳健性检验,本研究运用合成控制法(Synthetic Control Method, SCM)对未匹配成功的处理组进行分析。该方法的基本思路为,运用加权的方式,为现有的对照组赋予一定的权重,合成一个与处理组特质相近的对照组,比较处理组与对照组在事件冲击后的差异。在本研究中,需要运用合成控制法估计现实中建立了新型大学组织的城市如果没有建立新型大学组织的"反事实"经济增长水平 $perGDP'_{it}$,其估计模型为:

$$perGDP'_{it} = \alpha_t + \delta_t X_i + \theta_t \mu_i + \varepsilon_{it}$$

式中, $perGDP'_{it}$ 为城市 i 在第 t 年没有建立新型大学组织时的人均 GDP , X_i 为城市 i 没有建立新型大学组织时的可观测变量, δ_t 为 X_i 的估计参数, α_t 和 μ_i 分别是影响人均 GDP 变化的时间固定效应和不可观测的个体固定效应, θ_t 为不可观测个体固定效应的时间效应, ε_{it} 为模型误差项。假设(J×1)维的权重向量 $W^* = (w_2^*, \cdots, w_{J+1}^*)$ 满足 $W_J \geq 0$,且 $w_2 + \cdots + w_{J+1} = 1$ 。第 1 个研究对象为在 T_0 时建立新型大学组织的处理城市,[2,J+1]为没有建立新型大学组织的对照城市,构建合成对照组的估计模型为:

$$\sum_{j=2}^{J+1} w_j perGDP_{jt} = \alpha_t + \delta_t \sum_{j=2}^{J+1} w_j X_j + \theta_t \sum_{j=2}^{J+1} w_j \mu_j + \sum_{j=2}^{J+1} w_j \varepsilon_{jt}$$

当 W^* 满足 $\sum_{j=2}^{J+1} w_j^* perGDP_{j1} = perGDP_{11}$,$\cdots$, $\sum_{j=2}^{J+1} w_j^* perGDP_{jT_0} = perGDP_{1T_0}$,且 $\sum_{j=2}^{J+1} w_j^* X_j = X_1$ 时, $\sum_{j=2}^{J+1} w_j^* perGDP_{jt}$ 即可有效估计建立了新型大学组织的城市如果没有建立新型大学组织的经济发展水平。

(二)数据说明

由于自然禀赋和地理环境的影响,我国东部地区经济最为发达,建设新型大学组织的城市几乎均分布在东部地区。因此,本研究将样本聚焦为北京、天津、河北、上海、江苏、浙江、福建、山东、广东、海南 10 个东部省份(直辖市)的 86 个城市。截至 2020 年,东部共有 27 个城市建立了 226 个新型大学组织,包括 4 个新型研究型大学、9 个中外合作办学机构、141 个高校新型研发机构和 72 个异地办学组织。各城市建立新型大学组织的分布情况见图 5-2。

尽管有部分城市自 20 世纪末开始建设新型大学组织,但考虑数据的可获得

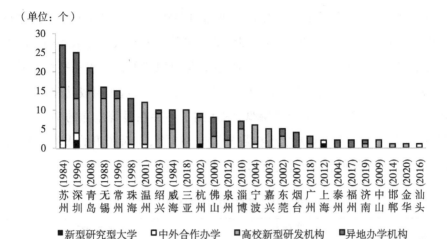

（单位：个）

新型研究型大学　□中外合作办学　高校新型研发机构　异地办学机构

图 5-2　东部城市引入新型大学组织数量分布

注：数据统计截止于 2020 年底；括号中的数字代表首次建立新型大学组织的时间。

性，研究的时间窗口设定为 2001—2020 年。运用 LRT 检验对 2001 年 86 个城市建立新型大学组织的基本特征进行挑选，被挑选的变量名称、标签、定义、数据来源情况见表 5-7。

表 5-7　城市是否建立新型大学组织特征变量说明

变量名	标签（单位）	变量说明	数据来源
landarc	区域面积（万平方千米）	行政区域土地面积	中国城市统计年鉴，各省、市统计年鉴，地理空间数据计算。空缺值用线性插值法处理
popnum	人口规模（百万人）	常住人口规模	
popden	人口密度（万人/平方千米）	—	
urbanrate	城镇化率	常住人口城镇化率	
tertind	第三产业占比	第三产业增加值占 GDP 的比重	
lnfdi	外商直接投资额对数	外商直接投资额取对数，原单位为万美元	
fisprct	财政支出占比	财政总支出占 GDP 的比重	
stunum	高等教育规模（人）	每百万人在校大学生数	
eduquality	高等教育质量（个）	入选"211"工程或一流学科建设的大学数量（2017 年后采用后者）	
coastdis	海距（千米）	市几何中心距海岸线的距离	
coastdis×tertind	海距与第三产业占比的交乘项	海距与第三产业占比相乘	

　　将所挑选的特征变量作为匹配的协变量对 2001 年的处理组和对照组进行倾向得分匹配,匹配前后处理组和对照组的变量均值和标准差见表 5-8。匹配前处理组平均建立了 3.280 个新型大学组织,与对照组的经济水平平均差异为 2.851 万元。经过 1∶1 的近邻匹配,13 个处理组和 24 个对照组成功配对,处理组和对照组的协变量差异大幅度降低,均达到了不存在显著差异的平衡状态。匹配后,处理组平均的新型大学组织数量为 1.385 个,与对照组的人均 GDP 差异,比匹配前有所降低,但仍旧具有 1.585 万元的差异。

表 5-8　变量的描述性统计

变量名	全样本				匹配后样本			
	处理组 N=540		对照组 N=1180		处理组 N=260		对照组 N=480	
perGDP	6.711	(3.996)	3.860	(2.877)	5.862	(3.387)	4.277	(3.040)
NTUO	3.280	(4.987)	0.000	(0.000)	1.385	(1.955)	0.000	(0.000)
popden	0.126	(0.123)	0.055	(0.030)	0.091	(0.100)	0.065	(0.026)
urbanrate	0.692	(0.143)	0.502	(0.146)	0.617	(0.119)	0.545	(0.125)
tertind	0.451	(0.099)	0.412	(0.096)	0.445	(0.106)	0.413	(0.072)
fisprct	0.102	(0.045)	0.131	(0.059)	0.112	(0.052)	0.110	(0.042)
stunum	2.224	(2.113)	1.254	(1.442)	2.314	(2.124)	1.522	(1.849)
lnfdi	11.722	(1.225)	10.171	(1.420)	11.403	(1.204)	10.656	(1.299)
landarc	0.715	(0.416)	1.164	(0.731)	0.795	(0.346)	0.979	(0.584)
popnum	7.608	(6.855)	5.176	(3.130)	6.711	(4.965)	5.554	(2.562)
eduquality	0.830	(2.181)	0.725	(3.576)	1.000	(2.893)	0.483	(1.795)
coastdis	53.011	(68.303)	108.368	(83.225)	75.705	(90.574)	69.046	(65.288)
coastdis×tertind	0.225	(0.265)	0.443	(0.362)	0.312	(0.347)	0.291	(0.306)

注:括号内为标准差。

三、实证分析

(一)基准回归分析

　　对匹配的数据进行渐进 DID 估计,其基本回归结果见表 5-9。回归(1)为除了控制个体和时间固定效应外没有添加任何控制变量的结果,新型大学组织数量对城市经济发展水平的影响系数在 1% 的水平下显著为 0.255。回归(2)添加匹配协变量作为控制变量后,系数降低至 0.119,仍在 1% 的水平下显著。不同类型的新型大学组织对城市经济发展的作用效果存在差异性,大学异地办学机构对城市的经济促进作用最显著,效果也最强(影响系数为 0.239)。高等学校新型研发机构在 5% 的水平下具有显著的促进作用,但作用效果稍低(影响系数为 0.083)。新型研究型大学和中外合作办学的作用效果并不显著,这与二者的数量较少难以形成集聚效应有关。

回归(3)至回归(5)分别分析了城市的普通高等学校数量和质量、人口密度、城市基础设施对各类新型大学组织影响城市经济水平的调节作用。回归结果的基本结论如下。

1. 传统高等教育水平会提升各类新型大学组织的经济促进作用

城市高等学校数量与中外合作办学、新型研发机构、异地办学的交互项回归系数在 1% 的水平下显著为正。而高等教育质量对新型研发机构、异地办学的正向调节作用效果更大,交互项的影响系数至少在 5% 的水平下分别显著为 0.226 和 0.848。该结果说明城市中的高校越多,新型大学组织可以与现有的高校资源形成知识联动,越能发挥城市经济增长的智库作用,而高质量大学的知识联动、科技引领效果更强①。

2. 人口密度会抑制中外合作办学、异地办学的经济促进作用

知识经济背景下,经济发展越来越依赖于劳动力质量,而不是劳动力数量,经济发展水平越高的国家或地区越是如此②。人口密度与中外合作办学交互项的估计系数在 1% 的水平下显著为 -10.821。当人口密度超过 0.188 万人/平方千米(2.038/10.821)时,中外合作办学对城市经济增长会产生负向影响。人口密度与异地办学交互项的估计系数也为负(但在 10% 的水平下不显著)。说明新型大学组织对经济的促进作用并不依赖于人口数量的聚集。

3. 城市基础设施会增强中外合作办学但抑制新型研发机构的经济促进作用

基础设施具有吸引投资、促进要素流动等外部性作用,其中交通基础设施的

---

① 王晓锋:《实施知识产权战略促进区域经济发展——大学在区域经济发展中的使命》,《中国高等教育》2010 年第 12 期。

② 丁小浩等:《从人口数量红利到人口质量红利——基于 143 个国家面板数据的实证分析》,《教育研究》2022 年第 3 期。

作用效果较强①。人均拥有公路线路里程数与中外合作办学的交互项系数在1%的水平下显著为正,城市的交通基础设施越好,中外合作办学越能够以更加紧密的中外互通更好地发挥经济促进作用。但是该变量与新型研发机构的交互项估计系数却在1%的水平下显著为负。交通基础设施越完善,城市会更依赖于传统产业促进经济发展,对于知识、技术的发展动力并不强,进而抑制了新型研发机构的经济促进作用。

表5-9 基准回归结果

变量名	(1)	(2)	(3)	(4) ×univnum	(5) ×eduquality	(6) ×popden	(7) ×perroad
NTUO	0.255*** (0.051)	0.119*** (0.035)					
新型研究型大学(XYJX)			-0.315 (0.404)	-3.232*** (1.051)	-3.788*** (1.010)	-0.894 (1.694)	-7.212 (7.580)
中外合作办学(ZWHZ)			0.169 (0.354)	-2.228** (1.013)	0.094 (0.336)	2.038*** (0.257)	-2.293*** (0.449)
新型研发机构(XYFJG)			0.083** (0.037)	-0.070 (0.067)	0.066* (0.035)	0.055 (0.113)	0.579*** (0.182)
异地办学(YD-BX)			0.239*** (0.071)	-0.224 (0.179)	0.192*** (0.069)	0.532 (0.345)	0.350* (0.212)
XYJX 交乘项				0.000 (0.000)	0.000 (0.000)	10.784 (27.860)	4.479 (5.143)
ZWHZ 交乘项				0.233*** (0.083)	0.537 (0.420)	-10.821*** (1.628)	2.541*** (0.385)
XYFJG 交乘项				0.018*** (0.007)	0.226** (0.100)	0.337 (1.844)	-0.260*** (0.097)
YDBX 交乘项				0.026*** (0.009)	0.848*** (0.138)	-4.327 (4.683)	-0.022 (0.090)
constant	4.664*** (0.046)	-1.515 (0.953)	-1.938* (1.008)	-0.723 (1.000)	-1.059 (1.011)	-1.403 (1.016)	-1.363 (0.991)
控制变量	否	是	是	是	是	是	是
个体固定效应	是	是	是	是	是	是	是

---

① 参见刘生龙、胡鞍钢:《基础设施的外部性在中国的检验:1988—2007》,《经济研究》2010年第3期;张勋等:《交通基础设施促进经济增长的一个综合框架》,《经济研究》2018年第1期。

续表

变量名	（1）	（2）	（3）	（4）×univnum	（5）×eduquality	（6）×popden	（7）×perroad
年份固定效应	是	是	是	是	是	是	是
Observations	800	800	800	800	800	800	800
R-squared	0.910	0.952	0.952	0.954	0.954	0.953	0.954

注：括号中为标准误差；*** p<0.01，** p<0.05，* p<0.1；控制变量为 PSM 匹配的协变量，后文如无特殊说明均是如此。

（二）时间趋势分析

可以进一步思考的问题是，新型大学组织对经济增长的促进作用是否会随时间的变化而变化？其长期作用如何？为分析新型大学组织促进经济发展的时间效应，本研究首先将各个城市新型大学组织建立的时间进行累加，分析其数量和时间的综合作用。表 5-10 的回归（1）和回归（2）分别为不添加和添加控制变量的结果，二者的系数均在 1% 的水平下显著为正，可以得出"新型大学组织建立的累积时间对城市经济水平的影响具有正向作用"的基本结论。其次，本研究比较了新型大学组织建立后不同时间段内对城市经济水平影响的差异。由于研究样本至 2020 年新型大学组织建立的时间最长为 36 年，因此分 4 个时间段（每段 9 年）进行时间趋势分析。如表 5-10 的回归（3）和回归（4）所示，不论是否添加控制变量，新型大学组织建立在第 1 个 9 年至第 4 个 9 年内都对城市经济水平产生显著（1% 的显著性水平）的正向影响，且其影响回归系数（添加控制变量）逐步从 0.796 增长至 2.482，再次论证了新型大学组织建立的时间越长，对城市经济发展水平的影响越大的结论。

表 5-10　时间趋势回归结果

变量名	（1）	（2）	（3）	（4）
新型大学组织建立的累积时间	0.048 *** (0.009)	0.022 *** (0.007)		
L.9 新型大学组织建立 1—9 年			0.941 *** (0.188)	0.796 *** (0.115)
L.18 新型大学组织建立 9—18 年			2.073 *** (0.333)	1.104 *** (0.265)

续表

变量名	(1)	(2)	(3)	(4)
L.27 新型大学组织建立 18—27 年			2.796*** (0.388)	1.871*** (0.323)
L.36 新型大学组织建立 27—36 年			3.952*** (0.449)	2.482*** (0.433)
constant	4.631*** (0.046)	−1.608* (0.940)	4.521*** (0.049)	−1.743* (0.921)
控制变量	否	是	否	是
个体固定效应	是	是	是	是
年份固定效应	是	是	是	是
Observations	800	800	800	800
R-squared	0.912	0.952	0.914	0.954

注:括号中为标准误差;*** p<0.01,** p<0.05,* p<0.1。

(三)平行趋势检验

双重差分法使用的前提条件是处理组和对照组的被解释变量在事件发生前不存在显著差异,即要满足平行趋势检验。由于多期双重差分模型中处理组和对照组是动态变化的,本研究采用两种思路验证处理组城市在建立新型大学组织前与对照组城市的经济水平不存在显著差异。第一个思路为将分析时间限定为 2001—2005 年、2001—2010 年、2001—2015 年,分别分析 2005 年、2010 年、2015 年之后建立新型大学组的城市与对照组城市经济发展水平的差异。因此在每个研究的时间窗口内,处理组和对照组是固定不变的,且均为没有建立新型大学组织的状态。第二个思路为参照事件研究法的思路,为每个处理组的城市生成相对于建立新型大学组织时间点的时间虚拟变量。基于统一标度的相对时间虚拟变量,回归不同时间点处理组和对照组经济发展水平的差异。由于建立新型大学组织前后时间跨度较大,截取其前后 5 年进行分析。两种策略的检验结果见表 5-11,在 2001—2005 年、2001—2010 年、2001—2015 年的时间窗口内,处理组在未建立新型大学组织前与对照组的经济水平没有显著差异,平行趋势假设基本成立。回归(4)为建立新型大学组织前 4 年(前 5 年为基准组)处理组与对照组经济发展水平的差异估计,其系数均不显著,再次验证了平行趋势建设。图5-3按照回归(4)的结果系数绘制了平行趋势图,图中明显呈现了在建立新型大学组织之前,处理组与对照组经济水平差异的系数变化比较平缓,之后系数跃升到0.5左右,且至少在10%的水平下显著。这也说明建设新型大学组织后城市的经济增长来自新型大学组织的影响效应。

表5-11　平行趋势检验回归结果

变量名	(1)2001—2005年	(2)2001—2010年	(3)2001—2015年	(4)事件研究法
Treat	0.034 (0.076)	−0.107 (0.089)	−0.041 (0.155)	
Treat_4				0.174 (0.153)
Treat_3				0.113 (0.141)
Treat_2				0.148 (0.185)
Treat_1				0.108 (0.264)
constant	−1.877*** (0.610)	−2.373*** (0.540)	−2.744*** (0.605)	7.439*** (1.769)
控制变量	是	是	是	是
个体固定效应	否	否	否	是
年份固定效应	是	是	是	是
Observations	170	310	435	300
R-squared	0.713	0.775	0.834	0.967

注:括号中为标准误差;*** $p<0.01$, ** $p<0.05$, * $p<0.1$。

(四)稳健性检验

为论证分析结果具有稳健性,本研究首先运用了四种策略重新选择样本进行稳健性检验。第一,对原始数据进行全样本匹配,不考虑时间因素允许数据跨期匹配。第二,逐期匹配,对每一期的数据进行匹配后再合成面板数据。第三,基期同经济水平匹配,在基期挑选与处理组经济发展水平相同的对照组进行分析。第四,将样本限定为处理组,分析处理组的城市之间由于建立新型大学组织的时间差异导致的经济发展水平的变化。检验的估计结果见表5-12,不同样本

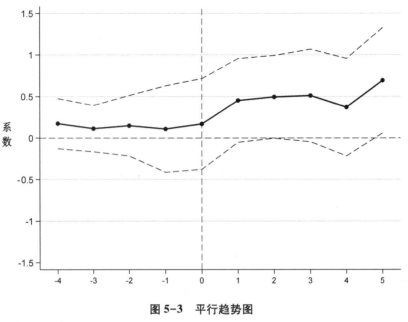

图 5-3　平行趋势图

注:相对于加入年份的时间推移。

回归结果的系数值均在 1% 的水平下显著为正,且与基准回归的结果差异不大,说明建立新型大学组织后会促进城市的经济增长的结论是稳健的。

表 5-12　稳健性检验回归结果

变量名	(1)全样本匹配	(2)逐年匹配	(3)2001 年同经济水平匹配	(4)处理组样本
NTUO	0.154*** (0.018)	0.102*** (0.022)	0.147*** (0.019)	0.113*** (0.023)
constant	1.411*** (0.142)	0.337 (1.214)	3.912*** (0.836)	6.624*** (1.946)
控制变量	是	是	是	是
个体固定效应	是	是	是	是
年份固定效应	是	是	是	是
Observations	791	785	1360	540
R-squared	0.897	0.951	0.940	0.954

注:括号中为标准误差; *** p<0.01, ** p<0.05, * p<0.1。

　　同时,本研究进一步运用合成控制法分析了新型大学组织对基期匹配中未匹配成功的处理组城市的影响,并呈现个体差异。基期匹配中未匹配成功的处理组城市有 14 个,由于合成控制法对数据样本的要求较高,需要在事件影响前后留有足够的时间长度保证估计的可靠性,考虑到本文的可获得数据仅为 2001—2020 年,因此仅对青岛市、中山市、泉州市进行合成控制分析。该三市分别于 2008 年、2009 年、2012 年初次建立新型大学组织,至 2020 年分别有 21 个、2 个、7 个新型大学组织。三市实际的经济增长趋势与合成控制法合成的经济增长趋势差异如图 5-4 所示。

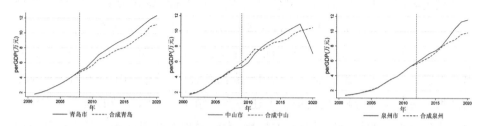

图 5-4　青岛、中山、泉州三市实际经济增长与合成的经济增长路径对比
注:图中垂直虚线为城市初次建立新型大学组织的时间线。

　　在新型大学组织建立前,合成城市与实际城市的经济增长路径几乎完全重合,证明合成效果较好。新型大学组织建立后,青岛市的实际经济增长路径明显高于合成的路径。中山市的实际增长路径虽然在新型大学组织建立初期低于合成路径,但 5 年后开始反超合成路径。根据前文时间趋势估计结果,新型大学组织建立越多、时间越长,对经济增长的促进作用越明显,中山市建立的新型大学组织数量不多是导致促进作用不太明显的重要因素。而青岛市的新型大学组织数量最多,其经济增长路径相比合成青岛差异也最为明显。泉州市在 2014 年后平均每年新增一个新型大学组织,其经济增长效应从 2016 年开始愈发明显。总体而言,合成控制法的比较结果呼应了前文的结论:新型大学组织对城市经济增长具有显著促进作用,且建立的数量越多、时间越长,其促进作用越为明显。

四、研究结论

　　在外部环境需求变化的影响下,大学的功能必须考虑城市创新驱动、整体性、可持续性发展的需求,注重社会参与、创新和实践应用,大学的功能变迁在政府的政策和主体行为的背书下实现组织制度的合法性。母体大学的内部资源,尤其是涉及知识生产和技术转化能力的资源是新型大学组织涌现资源保障。总体来看,新型大学组织是基于知识生产、传播和应用的本质特性而形成的组织体系,是一个充满活力的知识创新系统。新型大学组织区别于传统大学更加强调创新性、实用性和开放性,对城市经济增长的作用集中体现为创新驱动效应、创业孵化效应、开放交流效应、人才集聚效应、产业升级效应、持续发展效应。

基于城市引入新型大学组织多时点发生的特征,以及是否引入新型大学组织与城市经济水平之间的内生关系,本研究运用PSM-渐进DID方法对东部86个城市是否建立新型大学组织进行匹配和比较,结果论证了新型大学组织对城市经济发展具有稳健且显著的正向积极作用,新型大学组织建立的时间越长,对城市经济发展水平的影响越大。运用合成控制法对青岛、中山、泉州等未匹配成功的城市进行个体分析,也论证了上述的实证结论。不同类型的新型大学组织对城市经济发展的作用效果存在差异性,大学异地办学机构和高等学校新型研发机构的影响最为显著。城市本身的高等教育的数量和质量正向调节新型大学组织的经济促进作用,人口密度则呈现了负向的调节作用,交通基础设施会正向调节中外合作办学但会抑制新型研发机构的经济促进作用。说明城市如果本身具有充足的知识资源,新型大学组织对城市经济增长作用会得到更为显著的强化,而城市如果依赖于传统的、劳动密集型的、非技术性的产业发展,新型大学组织的促进作用则难以充分发挥。

针对本研究的研究结论,对高等教育内涵式发展和城市的高质量发展提出如下政策建议。

第一,完善新型大学组织的政策支持体系。本研究论证了新型大学组织对城市经济增长的促进作用,意味着新型大学组织不仅可以弥合区域间优质高等教育资源的差异,还能进一步促进经济的协调发展。各级政府应分区域规划高等教育资源配置格局,鼓励通过建立新型大学组织的方式促进优质高等教育资源流向薄弱地区和产业发展需要的地区。在新型大学组织建立政策上适度向中西部、东北地区倾斜,开放运用地方高等教育专项资金,通过竞争性拨款等方式激发新型大学组织的运行活力,提升经费投入对高等教育创新驱动的支持促进作用。

第二,加强新型大学组织的管理制度规范。新型大学组织对于城市经济增长具有长期的促进作用并不意味着任由其无序扩张。事实上,当前新型大学组织在建立和运行过程中也存在一些不规范、不合理的现象,导致组织的夭折或中断。为了保证新型大学组织的可持续发展,相关主管部门应在设置标准、治理体系、发展评价等方面加强对新型大学组织的规范管理。设置标准上,充分考虑地区、大学面临发展问题的多样性和复杂性,基于办学动机、办学模式及其社会影响的考虑,采取设置差异化标准,避免"一刀切"的强制管控。治理体系上,坚持依法保障新型大学组织的办学自主权的基本原则,理顺府际关系和府学关系。发展评价上,结合新型大学组织对城市发展的支撑作用进行综合性、多维度评价。

第三,明确现实需要合理建立新型大学组织。新型大学组织对城市经济增长的促进作用受到城市特征的调节,这意味着城市不能盲目建立新型大学组织,应该根据城市现有资源、产业特征和发展需要理性判断是否以及如何建立新型大学组织。针对是否需要建立新型大学组织的问题,城市要明确未来发展需要与现有资源支撑之间存在的缺口,以及新型大学组织对于弥补该缺口的实际作用。针对怎样建立新型大学组织的问题,城市要确保新型大学组织所提供的知识、技术、人才与城市的发展需求相匹配。

第四,营造新型大学组织发展的创新环境。城市在建立新型大学组织后,不能将其视为解决经济增长问题的"万能丹"。新型大学组织对于城市经济增长的促进作用发挥需要触发一系列的机制。因此,城市必须建设鼓励创业创新的生态系统,为新型大学组织的机制效应发挥营造合适的环境。例如,城市可以通过创建联系、合作的项目联合平台,促进新型大学组织和当地产业之间的伙伴关系;在新型大学组织附近建立研究园区和创新集群,为知识转移和研究商业化创造机会;支持创业公司的成长,为从大学到地方经济的技术转移提供孵化空间。

第三节　新型大学组织和城市耦合发展态势分析

新型大学组织与城市关系的研究基于以往高等教育与社会发展关系的探讨,无论从宏观、中观还是微观视角,之前较多研究都是从政策环境、体制机制、协调方式、联动互动策略、时空逻辑等角度进行偏理论性的叙述与思辨,而在全国范围内针对特定的城市和新型大学组织的量化分析及其发展水平的深入研究还不多,本研究就是在此背景下进行的,以期更加精准地分析两者的发展状况。基于此,本书根据十余年来对新型大学组织经费投入较为充分、举办数量较多的城市进行遴选,并兼顾东中西部地区的代表性,精心挑选了 19 个城市,选定有代表性的指标来量化衡量新型大学组织建设与城市创新发展的状况,得出两者发展水平指标和综合发展水平;构建两者耦合指标体系,基于数据测算两系统的耦合水平状况;分析新型大学组织和城市之间的整体耦合水平对城市发展、新型大学组织发展的影响;在把握两者发展程度和发展状况的基础上,横向进行区域及城市间比较分析,衡量新型大学组织与城市的耦合发展态势,以期更好地促进新型大学组织与城市共生共荣。

一、指标体系与数据描述

衡量一个城市的创新发展水平和新型大学组织建设发展程度,需要确定一些具有代表性的参数,搭建相应的指标体系,从而构建两者的耦合发展模型。

长期以来,学界对城市竞争力和创新发展等有着较多研究,在区域创新系统理论中,一般使用区域创新产出来衡量区域创新能力的水平,而区域创新产出主要用该区域专利申请授权数、科学研究与试验发展(Research and Development,R&D)经费支出等要素来衡量。有学者在研究城市可持续竞争力时发现,用专利申请数量来衡量的科技创新、以国内生产总值(Gross Domestic Product,GDP)来衡量的经济活力及耦合协调度是解释城市竞争力的核心要素,总体解释度可达 60% 左右。[1] 有学者在研究城市创新力和人口发展协调性时,将研发投入经费占比和专利授权量作为城市创新力的创新投入和产出的主要指标。[2] 也有学者在研究城市经济高质量发展中运用研发支出和 GDP 作为经济增长动能中的创新能力核心指标。[3] 由此可见,城市的 GDP 总量、研发投入经费占比和专利

---

① 倪鹏飞等:《耦合协调度与城市可持续竞争力——基于亚洲 564 个城市的分析》,《社会科学战线》2021 年第 2 期。

② 周悦等:《城市创新力与人口发展协调性的考量研究——基于北京、上海、深圳、杭州四大城市的多维指标比较》,《科技和产业》2019 年第 3 期。

③ 李光龙、范贤贤:《财政支出、科技创新与经济高质量发展——基于长江经济带 108 个城市的实证检验》,《上海经济研究》2019 年第 10 期。

授权量都是城市创新发展的重要解释要素。

城市 GDP 总量是该城市在一定时期内生产活动的最终成果,代表着它的经济发展综合水平,可以用来代表一个城市的经济体量。城市全社会 R&D 投入占比代表城市对科技创新的重视程度。往往全社会 R&D 投入占比越高,其原始创新力就越强,城市的科技和社会发展的后劲就越足。因此,城市全社会 R&D 投入占比可用来代表该城市对科技创新的重视程度。城市全年的授权发明专利数量代表城市对科技转化的需求大小。发明是指针对产品、方法或其改进所提出的新技术方案,发明专利是专利的三种类型中含金量较高的一类,对科技进步和创新发展有着直接的推动作用。

在遵循指标代表性、数据可得性和系统关联性等原则,并参考相关研究的基础上,在城市创新发展水平方面从城市经济发展、研发投入和知识产权三者予以特征细化,分别将该城市 GDP 总量、全社会 R&D 投入占比和授权发明专利数量作为其相应的衡量指标。而在新型大学组织方面,拟从组织数量、举办层次、人员规模三个维度刻画其建设发展情况,分别将新型大学组织数量、科研转化成效与人才培养层次、教师(研发)人员数量作为其发展情况的衡量指标。结合此指标要素构建出城市创新发展与新型大学组织协调发展评价指标体系。本研究考察对象为新型大学组织发展相对突出或有代表性的 19 个城市,其中包括江苏省无锡、常州、苏州市,浙江省杭州、宁波、温州、嘉兴、绍兴市,安徽省合肥市,山东省青岛、淄博、威海市,河南省郑州市,广东省深圳、珠海、佛山、东莞市,重庆市,四川省宜宾市。数据来源于各城市的 2022 年国民经济和社会发展统计公报和新型大学组织的网站及其发布的信息(见表 5-13)。

表 5-13　19 个城市相关指标

城市	GDP 总量（亿元）	全社会 R&D 投入占比	获得发明专利（项）	新型大学组织数量（所）	教师（研发）人员规模（名）	举办层次
无锡	14003.24	0.0318	5764	18	2743	39
常州	8808	0.0330	4793	16	2780	60
苏州	22718.34	0.0391	14677	25	8320	91
杭州	18109	0.0368	23000	8	2680	24
宁波	14594.92	0.0276	7819	6	1271	24

城市	GDP总量（亿元）	全社会R&D投入占比	获得发明专利（项）	新型大学组织数量（所）	教师（研发）人员规模（名）	举办层次
温州	7585.02	0.0241	5218	8	1955	26
嘉兴	6355.28	0.0330	4912	6	1350	22
绍兴	6795	0.0287	4137	10	1076	23
合肥	11412.80	0.0346	9741	11	4370	27
青岛	14136.46	0.0251	10200	21	4296	70
淄博	4200.62	0.0284	1389	4	290	12
威海	3463.93	0.0240	1004	10	3374	27
郑州	12691	0.0245	6731	7	780	18
深圳	30664.85	0.0549	45202	25	9176	109
珠海	3881.75	0.0390	5402	10	3040	39
佛山	12156.54	0.0291	8306	8	1113	25
东莞	10855.35	0.0400	11690	5	1924	15
重庆	27894.02	0.0216	9413	22	2129	48
宜宾	3148.08	0.0140	125	8	535	18

注：数据来源于2022年国民经济和社会发展统计公报等和新型大学组织的网站。

　　本研究选用新型大学组织建设和发展的三个指标，是从三个维度进行考量，即新型大学组织的数量是从教育维度来看，举办层次是从科技角度来入手，而人员规模则是从人才视角来衡量。

　　新型大学组织的数量代表新型大学组织的"量"。本文确定新型大学组织的基本标准为新型研究型大学（上海科技大学、西湖大学等）、中外合作办学大学（西交利物浦大学、宁波诺丁汉大学等）、"双一流"大学在异地举办的校区、研究生院和研究院[哈尔滨工业大学（深圳）、浙江大学温州研究院等]。通过收集并整理以上类型的新型大学组织，汇总成新型大学组织数据库，用于开展相应的研究。

　　新型大学组织的发展水平（分为科研转化和人才培养两个维度）代表新型大学组织的"质"。从新型大学组织的功能使命来看，除了人才培养，更为凸显的是科学研究和社会服务，因此在使用相关指标时依此进行分类。根据埃茨科维兹的三螺旋理论,孵化器是高校、政府、产业混成演化的产物,为区域经济提供知识空间、共识空间与创新空间,各级科研孵化器和科研项目具有重要作用,能更好地促进产学研合作与经济发展。人才培养的层次高低也对大学组织的水平具有决定性作用。[①] 因此,本研究就科研转化和人才培养两个维度结合"新型大学组织数据库"的具体数据情况采取赋值法,并遵循可比性原则,在科研转化方面,把有一定的科研转化功能的组织赋值为1,科研转化功能发挥较好的作用(具有省级以上孵化器或省级项目达30个以上或合同金额上千万元等)的赋值为2,有着强大的科研转化效果和成果(具有国家级孵化器或国家项目数达30个以上或合同金额上亿元等)的赋值为3。在人才培养方面,把举办本科生教育的赋值为1,有硕士生培养的赋值为2,有博士生培养的赋值为3。

舒尔茨(Schultz)提出的人力资本理论认为,人力资本是体现在劳动者身上的一种资本类型,它以劳动者的数量和质量,即劳动者的知识程度、技术水平、工作能力等来表示。人力资本是通过投资而形成的,像土地、资本等实体性要素一样,在社会生产中具有重要的作用。新型大学组织的教师或研发人员规模能够反映其人力资本,也可以代表其对当地人才培养和科技转化的供给程度。一般情况下,从新型大学组织的分类来看,新型研究型大学、中外合作办学大学、"双一流"大学在异地举办的校区、研究生院一般都会有培育人才的功能,对于这类组织,将其归为人才培养类组织,选取的是学校常驻教师的数量规模。而"双一流"大学在异地举办的研究院、科创中心等新型研发机构,一般都是服务于当地的地方经济建设与社会发展,对接当地产业和企业,面向科技前沿、面向经济主战场、面向国家重大需求等,将其归为科研机构类组织,人员规模主要采用其研发人员的规模来衡量。

新型大学组织的建立和发展离不开城市的发展,城市的发展也会助推新型大学组织的建设和发展。结合数据变量的意义和标准,基本数据情况见表5-14。

---

① 杜帆、李立国:《研究生教育发展对头部城市创新的影响研究》,《教育发展研究》2021年第Z1期。

表 5-14　城市创新发展与新型大学组织协调发展评价指标体系及描述性统计

系统	维度	指标（单位）	均值	标准差	最小值	最大值
城市创新发展	经济发展	本市 GDP 总量（亿元）	12288.12	7943.142	3148.08	30664.85
	研发投入	全社会 R&D 投入占比（百分比）	3.10159	0.8867247	1.4	5.49
	知识产权	授权发明专利数量（项）	9448.579	10131.96	125	45202
新型大学组织	组织数量	新型大学组织数量（所）	12	6.904105	4	25
	发展水平	科研转化成效和人才培养层次	37.73684	26.762	12	109
	人员规模	教师（研发）人员数量（名）	2800.105	2402.923	290	9176

二、研究方法与模型构建

确定两系统各指标数据后，须对数据进行处理，并构建耦合度模型、耦合协调度模型和相对优先度模型，进而根据模型输出结果进行分析。

（一）相关数据的预处理和权重的确定

由于城市创新发展与新型大学组织相应指标的数量级和量纲各不相同，并且各城市之间的差距也比较明显，本研究首先从数据中选取自然对数，并进行标准化处理，具体公式为：

$$P_i = 0.1 + \frac{y_i - min(y_i)}{max(y_i) - min(y_i)} \times (0.9 - 0.1)$$

其中，P_i 为 y_i 指标转换后的无量纲化值；y_i 为取对数之后的值；$max(y_i)$ 为所有评价区域该项指标的最大值；$min(y_i)$ 为所有评价区域该项指标的最小值。通过数据标准化，本研究得到城市创新发展的无量纲化值和新型大学组织的无量纲化值。

其次，本研究对城市创新发展与新型大学组织指标体系中的各指标进行权重确定。这主要是通过变异系数法得到的，各项指标的变异系数公式为：

$$V_i = \frac{\sigma_i}{\bar{x}_i}(i = 1, 2, \cdots, n)$$

其中，V_i 是第 i 项指标的变异系数，也称为标准差系数；σ_i 是第 i 项指标的标准差；$\bar{x}_i$ 是第 i 项指标的平均数。

各项指标的权重为：

$$W_i = \frac{V_i}{\sum_{i=1}^{n} V_i}$$

通过以上变异系数的计算得到城市创新发展与新型大学组织建设的具体指标权重（见表 5-15）。

表 5-15 城市创新发展与新型大学组织建设的指标权重

指标	城市 GDP 总量	全社会 R&D 投入占比	授权发明专利数量
权重	0.4436	0.2972	0.2592
指标	新型大学组织数量	科研转化成效和人才培养层次	教师（研发）人员数量
权重	0.354	0.369	0.277

（二）耦合度模型

对于一个综合系统发展水平的界定，引入柯布—道格拉斯生产函数的概念，则有两个系统的发展水平：

$$T_i = f_i(x)\, a e_i(y)\, 1 - a$$

其中，T_i 为 i 城市两个系统的发展度：$f_i(x) = \sum_{k=1}^{n} a_k x_{ik}$、$e_i(y) = \sum_{k=1}^{n} b_k y_{ik}$ 分别为子系统 F 和 E 的发展水平，其中 x_{ik} 和 a_k、y_{ik} 和 b_k 分别表示两类系统的指标值及其相应的权重，这里的两个系统分别指代城市创新发展的系统和新型大学组织建设的系统。而 a 和 $1-a$ 则分别表示两个系统的相对重要性，本研究认为二者同等重要，且根据已有研究结论[1]，其相对大小基本不会影响模型中耦合协调度的总体结果，因此设定 $a = 1 - a = 0.5$。

城市创新发展与新型大学组织建设耦合度是用来描述新型大学组织建设和该城市创新发展之间的协调程度的，反映两个系统之间或者系统内各元素之间

---

[1] 王少剑：《京津冀地区城市化与生态环境交互耦合关系定量测度》，《生态学报》2015 年第 7 期。

相互影响、相互作用的关系。在对数据进行标准化处理的基础上,借鉴已有相关研究成果,引入耦合度公式:

$$C = \left\{ \frac{f_i(x)e_i(y)}{\left[\frac{f_i(x) + e_i(y)}{2}\right]2} \right\}^k$$

其中,C 为耦合度;k 为调节系统,本研究对其取值为 2;从公式中可以看出,C 的取值在 0—1,该值越大,表明城市创新发展与新型大学组织建设耦合情况越好,反之则表明两者的耦合情况越差。

(三)耦合协调度模型

单纯依靠耦合度判别两个系统的耦合情况虽能反映彼此相互作用程度,但会产生一定的不确定性及误导性,无法客观真实地表征它们到底是在高水平上相互促进,还是在低水平上的相互制约。为更好地反映城市创新发展与新型大学组织建设之间耦合的实际情况,本研究还引入耦合协调度模型。耦合协调度具有更强的稳定性及更广的适用范围,能够更好地适用于城市创新发展与新型大学组织建设的定量评价与相互比较。

耦合协调度公式为:

$$D = \sqrt{C \times T}$$

其中,D 为耦合协调度;C 为耦合度;T 为城市创新发展与新型大学组织建设的综合发展水平。

(四)新型大学组织建设相对优先度模型

耦合度模型和耦合协调度模型是对新型大学组织建设与城市创新发展关系紧密程度和耦合发展水平的衡量,无法体现两者之间发展步调的对比关系。为此,本研究引入新型大学组织建设相对优先度模型。新型大学组织建设相对优先度是新型大学组织建设水平和城市创新发展水平的比值,是相对于城市创新发展的新型大学组织建设超前或滞后程度的度量。

其公式为:

$$P_i = \frac{e_i(y)}{f_i(x)}$$

其中，P_i 为新型大学组织建设相对优先度；$e_i(y)$ 为新型大学组织建设水平；$f_i(x)$ 为城市创新发展水平。本研究设定，当 $P_i > 1.3$ 时，新型大学组织建设高于城市创新发展水平，该类型为超前型，具有前瞻性。$0.7 < P_i < 1.3$ 时，新型大学组织建设与城市创新发展水平相对同步，该类型为均衡型；当 $P_i < 0.7$ 时，新型大学组织建设低于城市创新发展水平，该类型为缓慢型。

三、研究结果

本研究运用以上研究方法，通过模型测算得出一系列研究结果，包括城市创新发展水平与新型大学组织建设水平等情况；城市创新发展与新型大学组织建设的耦合度；城市创新发展与新型大学组织建设耦合协调度；新型大学组织建设相对优先度等。

（一）各城市创新发展水平与新型大学组织建设水平等基本状况

根据相关数据并结合以上模型计算得出 19 个城市相应的指标数（见表5-16）。

表5-16 19个城市创新发展与新型大学组织建设的相关指标

城市	城市创新发展水平	新型大学组织建设水平	两系统综合发展水平
无锡	0.6095	0.6342	0.6217
常州	0.5372	0.6745	0.6020
苏州	0.7540	0.8695	0.8097
杭州	0.7239	0.4424	0.5659
宁波	0.6019	0.3501	0.4590
温州	0.4619	0.4329	0.4471
嘉兴	0.4872	0.3423	0.4084
绍兴	0.4672	0.4127	0.4391
合肥	0.6109	0.5387	0.5736
青岛	0.5897	0.7651	0.6717
淄博	0.3519	0.1000	0.1876
威海	0.2810	0.5074	0.3776
郑州	0.5540	0.3041	0.4105

城市	城市创新发展水平	新型大学组织建设水平	两系统综合发展水平
深圳	0.9000	0.9000	0.9000
珠海	0.4429	0.5499	0.4935
佛山	0.5848	0.3915	0.4785
东莞	0.6349	0.2855	0.4258
重庆	0.6665	0.6768	0.6716
宜宾	0.1000	0.3006	0.1734

城市创新发展水平是根据城市 GDP 总量、全社会 R&D 投入占比和授权发明专利数量三项来衡量,介于 0.1—0.9。深圳最高,为 0.9,其城市 GDP 总量最高毋庸置疑,2021 年达 30664 亿元,社会 R&D 投入占比也高达 5.49%,比均值 3.1% 接近翻了一番,获授权发明专利数为 45202 件,也是平均值的 4 倍多。紧随深圳之后的为苏州(0.7540)、杭州(0.7239)、重庆(0.6665)。宜宾由于城市体量相对偏小,2021 年 GDP 为 3148 亿元,相应的指标排在靠后,所以为 0.1。

新型大学组织建设水平主要是通过该城市的新型大学组织数量、举办层次和人员规模来衡量,根据相应的模型得出也为 0.1—0.9。从城市新型大学组织数量来看:深圳和苏州的新型大学组织数量最多,都是 25 个,但是结构有所不同;深圳的人才培养类组织有 16 个,科研机构类组织有 9 个,而苏州的人才培养类组织只有 8 个,科研机构类组织多达 17 个。淄博和东莞新型大学组织的总量相对偏少,分别只有 4 个和 5 个。从举办层次来说,深圳的赋值总和为 109,苏州为 91,淄博和东莞分别为 12 和 15,这与该城市新型大学组织的数量和层次水平有着直接的关系。从人员规模来看,深圳的人员规模达到 9176 人,苏州有 8320 人,而淄博和宜宾相对偏少,只有 290 人和 535 人。因此,综合以上诸因素,结合相应的数学模型,得出深圳的新型大学组织建设水平为 0.9,紧随其后的为苏州(0.8695)、青岛(0.7651)、重庆(0.6768)、常州(0.6745)、无锡(0.6342)。

两系统综合发展水平 T 是通过前两个系统的发展水平,各自赋予相应的权重得出的,可以表现两个系统的综合发展水平高低。通过城市间数据的互相比较,我们发现深圳为 0.9,依然位居第一的位置,其次是苏州 0.8097、青岛

0.6717、重庆 0.6716,表明这些城市的创新发展水平和新型大学组织建设水平发展都非常强劲。

(二)各城市创新发展与新型大学组织建设的耦合度(C)

本研究参考刘耀彬等学者的研究成果①,并结合实际,建立耦合度与耦合协调度的阶段划分标准(见表5-17)。

表5-17 耦合度与耦合协调度阶段参照标准

耦合度值 C	耦合阶段	耦合协调度值 D	耦合协调类型
$0.0 < C \leq 0.3$	低水平耦合阶段	$0.0 < D \leq 0.3$	低度协调阶段
$0.3 < C \leq 0.5$	拮抗阶段	$0.3 < D \leq 0.5$	中度协调阶段
$0.5 < C \leq 0.8$	磨合阶段	$0.5 < D \leq 0.8$	高度协调阶段
$0.8 < C \leq 1$	高水平耦合阶段	$0.8 < D \leq 1$	极度协调阶段

从各城市两个系统的耦合度值来看,根据耦合度的参照标准,研究发现,深圳、重庆、无锡、温州、绍兴、合肥、苏州、珠海、常州、青岛、嘉兴、佛山耦合度值都在 0.9 以上,处于高水平耦合阶段,表现为城市创新发展和新型大学组织建设两系统齐头并进、良性发展的态势。杭州、宁波、威海、郑州虽然也处于高水平耦合阶段,但是比前面的城市相对弱一些。东莞、宜宾城市与新型大学组织的耦合尚处于磨合阶段,表明两个系统正处在互相适应和磨合提升的状态。淄博市的耦合度值只有 0.47,处于拮抗阶段,说明两个系统存在着一定的异步性。淄博市 2021 年 GDP 达 4200 亿元,超过威海、珠海、宜宾等同类城市,但是其新型大学组织数量只有 4 个,低于同类城市。深圳、重庆、无锡等城市的耦合度非常高,都逼近1(见图5-5)。

研究发现,深圳的各项指标均非常好,这样的结果无可非议。深圳作为改革开放的试验地、桥头堡,在经济上取得的成就举世瞩目,后注重技术创新和转型发展,科技发展离不开高等教育的发展和高水平人才的供给。2016 年,深圳市委、市政府印发《关于加快高等教育发展的若干意见》,强调引进国内外著名高

---

① 刘耀彬、李仁东、宋学锋:《中国城市化与生态环境耦合度分析》,《自然资源学报》2005 年第 1 期。

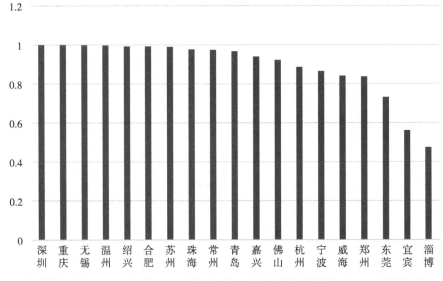

图 5-5　19 个城市两个系统的耦合度对比

校来深合作,要求引进的国内高校及其学科原则上应居全国综合排名前 10、学科排名前 5,国外合作高校应居世界综合排名前 100、学科排名前 20。这一系列举措收到了实效,南方科技大学等一些新型研究型大学快速崛起,一些重点大学的研究院等分支机构也发展迅猛,新型大学组织与城市产业结构深度融合。

　　分析发现,重庆的两个系统耦合度非常高,其引进高校和科研院所力度很大,2018 年印发《重庆市高等教育发展行动计划(2018—2022 年)》,大力引进国内外优质资源,目标是引进 10 所以上国内一流大学来渝合作办学;新增 25 个高水平中外合作办学机构及项目。重庆累计引进北京大学、中国科学院大学、同济大学等 20 多所高校举办各类研究院、研究生院,进一步夯实了创新发展的人才基础。

　　对江苏省无锡市分析发现,其经济社会发展水平高,耦合度同样高,早在2011 年就印发《关于加快高等教育改革发展的意见》,提出加大引进国内外优质高等教育资源力度。2018 年又出台《关于推动高等教育创新发展的若干意见》,提出到 2025 年新增 1 所中外合作大学,10 所左右高校分校、校区、研究生院、特色学院等。在政策驱动下,清华大学无锡应用技术研究院、东南大学无锡校区等陆续成立,与城市物联网、智能制造等产业深度融合,改变了无锡长期以来只有2所本科院校的格局。当然,还有很多城市受到当地出台的政策推动,新型大学组织都得到长足的发展,从而反哺城市的经济建设和人才供给。

(三)各城市创新发展与新型大学组织建设的耦合协调度(D)

如果单纯依靠两个系统的耦合度值,无法相对客观地反映出两个系统的真实发展水平,例如,两个系统的衡量指标都比较低,虽然耦合度比较好,但是无法正确地衡量其水平的高低。因此,可使用耦合协调度来进行精确的度量。通过对19个城市两个系统的耦合协调度比较分析发现,深圳、苏州、重庆、青岛的耦合协调度比较高,处于极度协调阶段,从这些城市的具体指标值也可以看出,其新型大学组织建设数量位居前列,且层次和质量很高。无锡、常州、合肥、杭州、珠海、温州、佛山、绍兴、宁波、嘉兴、郑州、威海、东莞处于高度协调阶段,$0.5 < D \leqslant 0.8$。而宜宾只处于中度协调阶段,$0.3 < D \leqslant 0.5$,淄博则只是接近于0.3(见图5-6)。

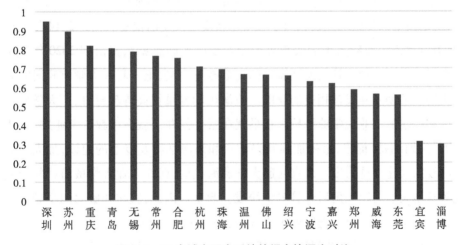

图5-6 19个城市两个系统的耦合协调度对比

苏州在2017年《关于印发苏州市教育事业第十三个五年发展规划的通知》中强调实施名城名校融合发展战略,充分发挥在苏高校及国内外高校苏州研究院作用,服务苏州经济转型升级需要。牛津大学高等研究院(苏州)、新加坡国立大学苏州研究院、南京大学苏州校区等纷纷建立,聚集一大批海内外知名高校,实现了 C9 高校在苏州布局的全覆盖,众多优质新型大学组织助力苏州成为"最强地级市"。

作为副省级城市,青岛高度重视科教资源引进培育,2016 年青岛市发布《青岛市人民政府关于加快引进优质高等教育资源的意见》和《青岛市"十三五"教育事业发展规划》,要求"促进青岛高等教育多元化、国际化,打造科技和人才新高地""加大国内外高水平大学引进力度"。中国科学院大学海洋学院、同济大学青岛研究院等陆续落户,与城市的海洋产业等深度融合发展。

(四)各城市新型大学组织建设相对优先度(P)分析与比较

从以上两个指标能看出两个系统的协调性和发展质量情况,无法看出究竟是哪个系统处于优先的位置。因此,利用前文引入的新型大学组织建设相对优先度,结合数据可以看出,宜宾、威海的相对优先度非常高,分别是 3.0 和 1.8,新型大学组织建设远超其城市创新发展水平,它们不遗余力引进了一批高水平大学前来兴办高端分支机构,其推动高等教育的战略和举措具有较好的前瞻性。

虽然四川省宜宾市作为一个三线城市,其经济规模和体量远不及一、二线城市,但是新型大学组织建设相对于城市创新发展要超前很多。宜宾 2014 年就出台《宜宾市人民政府关于加快高等教育发展的实施意见》,提出到 2020 年基本建立起适应宜宾经济社会发展需要的高等教育格局,电子科技大学宜宾研究院等机构陆续创办并发挥相应的职能。威海市同样重视高等教育,山东大学威海校区和哈尔滨工业大学威海校区很早就在威海创办,《威海市教育事业发展"十二五"规划纲要》提出,重视加强新兴学科和涉海学科及专业的建设,加大对驻威高校的共建支持力度。北京交通大学威海校区、西北工业大学威海材料研究院等新型大学组织如雨后春笋般纷纷成立起来。因此,宜宾和威海两个城市新型大学组织建设相对优先度处于非常高的水平(见图 5-7)。

青岛、常州、珠海、苏州等城市新型大学组织建设超过相应的城市创新发展水平,也表明这些城市新型大学组织建设的质量水平比较高,成效非常显著。而郑州可能是其传统大学数量较多、经济社会发展水平所限等原因,使得新型大学组织建设动力不足、进展缓慢。东莞和淄博两个城市的新型大学组织建设步伐落后于其他城市,若要保障其城市创新发展动力,可考虑加快建设新型大学组织。

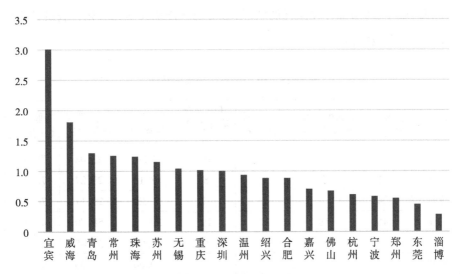

图 5-7　19 个城市新型大学组织建设相对优先度对比

　　大学是城市人才持续供给的"蓄水池"。高等教育资源在吸引和集聚高端人才方面发挥着重要作用,能够全面提升城市竞争力和吸引力。从城市本身现有传统大学的数量视角来看,由于科技创新对人才的需求,传统高校的数量和人才供给不能很好地满足其经济社会发展需要的情况下,城市就具有创办全新大学的动力。在各城市的新型大学组织的举办中,城市与新型大学组织有着密切的相互依赖关系。城市为了获得更强的创新动力和更多的人才支持,需要建设高水平的大学;大学为了能够获得更多更好的资源和科研转化条件,要寻求到经济发达的城市办学,这使得城市和大学组织两者相得益彰。①

　　从相关数据可以看到,深圳各项经济数据和创新发展能力都名列前茅,但是传统大学的数量不多,只有 5 所,在校生规模排名较后,这与其作为一线城市的经济规模和创新能力极不匹配,从而催生了深圳大力创办新型大学组织的强大动力。因此,深圳具有引进新型大学组织的强大需求,近几年在高等教育方面的动作非常大,新型大学组织不断涌现。正是这些新型大学组织的不断出现和发展壮大,成为深圳市高等教育的重要组成部分,给深圳提供了强大的人才源泉和科研转化动力,从而更好地促进了深圳的创新发展。同样,经济发达的嘉兴、绍

---

　　①　刘晶:《高水平大学异地办学的资源配置方式和成效》,《教育发展研究》2020 年第 5 期。

兴、珠海、东莞、佛山都存在这样的状况,城市现有传统大学无法充分满足其科技发展及产业升级的需要。

表 5-18   19 个城市传统大学统计

城市	传统大学数量(所)	其中研究生层次(所)	其中本科层次(所)	其中高职高专数量(所)	研究生层次比例(%)	本科层次比例(%)	高职高专比例(%)
无锡	13	1	3	10	7.69	23.08	76.92
常州	11	2	3	8	18.18	27.27	72.73
苏州	24	2	7	17	8.33	29.17	70.83
杭州	46	18	27	19	39.13	58.70	41.30
宁波	13	3	7	6	23.08	53.85	46.15
温州	10	2	5	5	20.00	50.00	50.00
嘉兴	6	1	4	2	16.67	66.67	33.33
绍兴	8	1	4	4	12.50	50.00	50.00
合肥	54	8	19	35	14.81	35.19	64.81
青岛	24	7	13	11	29.17	54.17	45.83
淄博	8	1	2	6	12.50	25.00	75.00
威海	4	0	1	3	0	25.00	75.00
郑州	66	9	26	40	13.64	39.39	60.61
深圳	5	1	2	3	20.00	40.00	60.00
珠海	3	0	1	2	0	33.33	66.67
佛山	6	1	2	4	16.67	33.33	66.67
东莞	7	1	3	4	14.29	42.86	57.14
重庆	70	14	26	44	20.00	37.14	62.86
宜宾	2	0	1	1	0	50.00	50.00

注:数据来源于教育部网站和中国研究生招生信息网。

从 19 个城市传统大学的人才培养结构来看,除了直辖市和省会城市以外,研究生层次甚至本科生层次的培养高校都非常少,远远无法满足城市对高端人才的需求,详见表 5-18。就研究生培养层次来说,长三角地区苏锡常的高校只有 1—2 所;粤港澳大湾区的深圳、佛山和东莞也只有 1 所,珠海还没有本地创办的研究生培养高校;地处民营经济异常发达的浙江宁波、温州、嘉兴和绍兴也只有

1—3所。以上这些城市传统高校的高层次人才培养规模无法与其城市经济发展规模相匹配,无法与其地方产业发展结构相适应。因此,亟须通过引进或创办新型大学组织来进行补充,充分发挥高等教育对城市能级提升,创新驱动的引领作用。

四、研究结论

结合以上数据和分析,研究得出一些结果,据此进而从国家、地方、高校和社会四个层面提出思考和建议。

(一)结果发现

1. 两个系统发展水平越高,越可能互为促进,形成良性循环

城市创新发展和新型大学组织建设两个系统的发展水平越高,表现出城市创新发展状况越良好,新型大学组织建设发展越繁荣。较好的城市创新发展条件为新型大学组织建设发展提供稳固的经济基础,展现出旺盛的科研创新和科技转化需求;同时,新型大学组织的积极发展也能更好地反哺城市转型升级、赋能城市科技创新。如深圳这两系统发展水平均为19个城市中最高,其综合发展水平也是最高,可以预见其两系统的后续发展也将会呈现良好的发展态势。

2. 两个系统的耦合度越高,发展步调就越趋近,同步性越好

城市创新发展和新型大学组织建设两个系统所测算出来的耦合度越高,表明城市的两个系统处于齐头并进的发展态势,发展步调越趋近,发展的同步性越好。而耦合度较低的则表现出两个系统的异步性,发展存在着一定的拮抗状态,需要给予关注。从研究结果可以看出,深圳、重庆、无锡等城市的耦合度均处于高水平耦合阶段,两个系统呈同步发展态势,发展步调趋近;杭州、宁波等城市也处于高水平耦合阶段,但还有提升空间;东莞、宜宾城市与新型大学组织的耦合尚处于磨合阶段,表明两个系统正处在互相适应和磨合提升的状态。

3. 两个系统的耦合协调度越高,城市两个系统的发展质量越优

耦合协调度反映了城市创新发展和新型大学组织建设两个系统发展的质量水平,反映出两者之间的实际耦合状况。高的耦合协调度表明两个系统的发展质量较高,新型大学组织与城市创新发展融合得较好。深圳、苏州、重庆、青岛在这个指标上表现优异,这些城市的两个系统处于极度协调阶段,呈现蓬勃发展态势,新型大学组织高质量发展,与城市创新发展良性互动,呈现共生共荣的状态。

而宜宾只处于中度协调阶段,反映出城市创新发展和新型大学组织建设水平仍有较大提升空间。

4.新型大学组织建设相对优先度高的城市,政策较为超前

新型大学组织建设相对优先度高的城市,高等教育原有发展基础相对薄弱,对高层次人才和科技创新的需求强烈,故对新型大学组织培育非常重视,思想解放,理念新颖,政府支持力度和政策创新力度较大,在推动新型大学组织建设、城市科技创新、高等教育跨越式发展等方面的举措很多,具有前瞻性、先导性、创新性。例如,宜宾、威海、青岛等城市,较早就前瞻谋划,出台了相关政策,在资金、土地、编制、项目等方面投入较多资源,使得新型大学组织的建设比较超前,甚至超过其城市创新发展水平,引领和支撑了城市发展。

(二)思考建议

为进一步优化高等教育布局,深入实施区域协调发展战略、区域重大战略、主体功能区战略等,实现新型大学组织与所在城市的良性互动,支撑经济高质量发展,提出以下几点建议。

1.国家层面须健全新型大学组织与城市耦合发展政策

国家教育行政部门应加快完善新型大学组织设置标准和分类管理政策。新型大学组织种类多样、模式多元、特点各异,若局限于单一标准则无法囊括所有的组织类型,须针对不同样态的新型大学组织,健全相应的高校设置标准,以适应高等教育普及化时代、高校多样化发展的国际趋势,顺应发展新质生产力,推进高质量发展的时代大势。近年来,名城引进名校、名城新建名校的步伐明显加快,但是,各类新型大学组织在蓬勃发展的同时也暴露出一些问题。譬如,新型大学组织与城市创新发展异步,造成新型大学组织筹划不足、发展乏力等问题。对此,需要进一步加强顶层设计,为新型大学组织与所在城市耦合发展创造良好的制度环境和政策保障。政府部门可以适当鼓励东部地区"双一流"大学赴中西部城市举办新型大学组织,改善东中西部地区高等教育配置不均衡现象,改变高教资源"东高西低"现象。

2.地方层面须科学谋划合理布局新型大学组织

从地方政府和城市来看,耦合度高的城市可以进一步总结经验,巩固优势,继续推进新型大学组织的发展建设;而耦合度不高的城市,则需要对高等教育发

展思路和投入产出绩效进行评估和反思，查摆问题，找准根源，精准施策。不同城市应因地制宜，结合新型大学组织发展的现状，完善配套政策和保障措施，在校园规划、经费投入、学科建设、人才引进、产教融合、科技研发等方面给予支持。科学制定城市高等教育发展规划，避免盲目扩张和重复建设，有针对性地重点引进和建设契合城市战略性新兴产业、传统优势产业的新型大学组织。例如，淄博市可培育建设具有食品学科特色的新型大学组织，宜宾市可吸引具有发酵专业优势的高校，将特色产业与一流学科精准对接，实现产学研深度融合，更有效地促进城市高质量发展。同时，从新型大学组织建设相对优先度可以判断两者的发展优先程度，对于优先度大于1的城市应稳住规模，更加重视新型大学组织内涵和质量提升；而优先度小于1的城市，应找到与城市重点产业、特色产业契合度高的大学进行合作，更加科学有效地布局新型大学组织。

3. 高校层面应提升服务城市经济社会高质量发展的能力

城市投入巨额资金建设新型大学组织，就是希望大学为城市发展提供科技和智力支撑。就新型大学组织而言，应加强内涵建设，提高人才培养质量和科研服务能力，发挥学科、专业、技术、人才、信息优势，切实提升对所在城市的贡献度。新型大学组织应紧贴城市发展需要，找准自身定位，走融合发展、特色发展、创新发展之路，以服务求支持，以贡献求地位。譬如，广东省科技厅、东莞市政府和华中科技大学共建的广东华中科技大学工业技术研究院及相关成果获国家技术发明二等奖；香港中文大学（深圳）在成立不久后便组建机器人与智能制造国家地方联合工程实验室等一批一流科研创新平台，成为促进城市发展的标杆。新型大学组织应结合城市产业需求，瞄准产业创新集群，加快国内外高端人才引育和创新平台建设，锚定科技创新项目，推动技术转化企业孵化，努力打造科技创新策源地，推动科研成果本土转化，赋能城市转型升级。

4. 社会层面要构建科产城人融合发展新格局

党的二十大报告提出，"深入实施科教兴国战略、人才强国战略、创新驱动发展战略"。新型大学组织是链接教育、科技、人才、产业、城市的重要载体。从社会层面来看，需要贯彻新发展理念，优化城市创新资源要素配置，加强城市各要素紧密联系，汇聚社会多方力量共同参与新型大学组织建设，统筹推进"强科、育产、建城、聚人"，构建与城市高质量发展相匹配的区域创新体系。特别要统筹推进城市、教育、科技、人才、产业一体化发展,加强政策协调,完善配套措施,鼓励行业企业、金融机构、科研院所等社会资源参与新型大学组织办学,构建创新共同体。例如,青岛市建立财政资金引导机制,探索多元化融资模式,引导社会资源共同支持高等教育机构引进建设。再如,苏州市独墅湖科教创新区坚持"以产聚人、育人兴城",建设创新要素集聚、新兴产业发达、高端人才荟萃、创业生态完善的科教协同创新湾区,构筑"产城人"融合新高地。城市应充分整合多方要素资源,破除制约创新要素流动的体制机制壁垒,建立科产城人融合发展机制,进而实现新型大学组织与城市的深度耦合。

第六章　新型大学组织与经济发达城市共生发展的现实挑战

　　新型大学组织与城市共生系统的共生单元之间是一种涉及权利、责任、义务、公益、利益的复杂兼容关系,这也决定着共生逻辑价值利益的差异性。政府、学校、行业、企业、个人分别遵循的内在逻辑不同,价值理性的有限性难以避免共生单元在利益选择上存在互斥性、竞争性、排他性的矛盾与博弈,导致新型大学组织与经济发达城市之间的共生发展面临一系列挑战。然而,在经济发达城市引进、组建新型大学组织的浪潮之下,一些发展问题也慢慢呈现,新型大学组织与经济发达城市的共生发展面临着一系列挑战,亟须反思并予以突破。

第一节　政策法规的保障性问题

　　政策法规是新型大学组织与城市共生发展的重要保障。作为新生事物,新型大学组织发展尚处于"摸着石头过河"的阶段,关于新型大学组织的政策尚不明晰,存在政策风险。经济发达城市引进培育新型大学组织在实践中往往表现为地区分割推进的状态,在国家原则性、指导性意见的指导下,各地制定了一系列具体的、差异化的政策,而地方在制定相关政策时往往更多基于自身利益的偏好并受到短期政绩追求的驱动,加之财政承受能力不同等原因,致使政策在一些地方出现叠床架屋、偏颇失当的现象。

一、激励性规制政策有待完善

　　新型大学组织的发展离不开政府的政策支持,"不论是经济发展、科教环境还是各种人造舒适物设施建设,政府都扮演着重要角色"①。"激励"与"规制"是市场条件下保障新型大学组织高质量发展的关键,保罗·A.萨缪尔森(Paul A.Samuelson)指出,混合经济就是要通过政府的政策来纠正某些由市场带来的经济缺陷②,激励性规制政策正是通过一定的工具选择对新型大学组织在所在城市的市场活动施加一种正向奖励或负向刺激,要求地方政府设计一种既能够给予新型大学组织及其相关利益主体足够激励,又使其不至于滥用自主性权利的规制策略与制度。但在实践中,由于不同城市政府政策供给能力差异客观存在,地方政府在激励与规制之间很难做到最优,相关政策往往呈现规制有余、激励不足,或是过量激励、规制不足的局面。

(一)政策规制有余激励不足现象

"过去从来没有这么多国家对高等教育有这么多的国家目的。转过来,这又导致民族国家政府更多地参与高等教育"③,国家层面关于新型大学组织的政策还处在探索阶段,扶持保障政策的广度和深度还不够,尚未形成系统性的政策体系。由于缺乏明确的政策依据,地方政府对大学异地办学机构、高校新型研发机构等新型大学组织的支持政策相对保守,地方虽会自主创新,却也不敢冒进突破,担心所要承担的责任和压力。一些城市供给的保障政策与新型大学组织不相融合,没能真正实现人的价值驱动,譬如,部分省市在一些政策中多是涉及高校新型研发机构鼓励性的宏观政策,缺乏具体细化的支持政策,新型大学组织难以享受专项基金、采购进口仪器税收优惠、人才引进与流动、项目申报等激励和保障措施。④ 部分城市更是通过裁编控编、缩减预算,减少对新型大学组织的财政供养,颇有将包袱甩给市场的意味,致使新型大学组织发展面临激励不足的问题。有些城市土地、房屋资源紧张,无法为新型大学组织提供足够的场地和设

---

① 叶晓倩、陈伟:《我国城市对科技创新人才的综合吸引力研究——基于舒适物理论的评价指标体系构建与实证》,《科学学研究》2019 年第 8 期。

② 高小勇、汪丁丁:《专访诺贝尔经济学奖得主:大师论衡中国经济与经济学》,朝华出版社 2005 年版,第 19—20 页。

③ [美]克拉克·克尔:《高等教育不能回避历史——21 世纪的问题》,王承绪译,浙江教育出版社 2001 年版,第 14 页。

④ 时歌、黄涛:《基于 PSR 模型的湖北省新型研发机构发展机制研究》,《科学管理研究》2020 年第 5 期。

施,限制新型大学组织的发展。更为重要的是,国家对于新型大学组织的审批尚未出台统一的制度,其审批大多是省级政府决定,导致地方差异较大,一些地方的审批程序极为烦琐,需要经过多个部门的核查,耗费大量时间和精力,增加了机构的运营成本。

(二)政策存在规制不足的问题

为了增强大学的公共责任,维护师生权利,国家和地方政府往往强化高校的管理自治权力而弱化相应的监管①,容易导致当违规事件发生时,新型大学组织处于无人问津或"打折处罚"的情况。部分高等教育后发型城市为了吸引全国著名高校在地建设新型大学组织,出台了一系列激励政策,其中包括货币性激励与非货币性激励。货币性激励诸如补偿性津贴、住房补贴、提供周转房等,非货币性激励涵盖了人才项目职称评定、荣誉称号、评优选先、发展机会等各个方面。如郑州市政府印发《关于实施"黄河人才计划"加快建设人才强市的意见》,针对高层次人才,在项目引进、人才资助、生活保障等方面推出"全国最优"综合政策,最高给予1亿元综合资助。② 从资源依赖视角来看,经济发达城市对新型大学组织的显性资源投入居于主导地位,办学基础设施主要由地方政府无偿提供土地和出资建设,生均经费、日常运行经费、科研启动经费等也是由地方政府拨款或补贴,大部分依赖地方财政的持续性投入。③ 一些地方为了快速发展高教事业,带动区域经济社会高质量发展,往往在政策激励的工具栏中不设置限制性条款,反倒会助长新型大学组织的资源依赖性,导致其长期处于"长不大"的状态。有的地区甚至逐渐发展成地方性行政保护,当地政府对新型大学组织发展过程中的非理性行为视而不见、肆意纵容,出现新型大学组织发展失序甚至失控的状态。

二、存在政策风险

新型大学组织与经济发达城市的互动程度受国家政策调整等因素影响。改

---

① 姚荣:《高等教育监管的理由、困局与新视野》,《清华大学教育研究》2021年第5期。

② 《郑州发布3.0版郑州人才新政惊艳亮相　实施"黄河人才计划"建设人才强市》,2020年9月15日,见 https://baijiahao.baidu.com/s? id=1677863662436453237&wfr=spider&for=pc。

③ 贺璞、黄炳超、吴开俊:《资源依赖理论视角下高校异地研究生教育发展的优化路径》,《学位与研究生教育》2023年第4期。

革开放初期,有限的高等教育资源不能满足社会发展的迫切需要,为了拓展资源,高校异地办学应运而生,各地新型大学组织开始萌芽。对此,国家采取了允许的政策,提出采取"下蛋"办法,举办分校,不只在高等学校集中的大城市办,还在教育基础差的外地城市办。

随着我国高等教育规模发展相对稳定,提高质量成为高等教育发展的首要目标,2017 年以后教育部逐渐收紧相关政策。2021 年 8 月,教育部印发的《关于"十四五"时期高等学校设置工作的意见》明确指出,"不鼓励、不支持高校跨省开展异地办学,特别是严控部委所属高校、中西部高校在东部地区跨省开展异地办学,原则上不审批设立跨省异地校区。对于现存的高校异地校区,本着平稳有序的原则逐步清理规范。新申报设置的学校,须不存在跨省异地校区"①。而关于异地研究生院,《教育部办公厅关于加强普通高等学校异地培养研究生管理的通知》等文件也作出了明确要求,"研究生院、研究生学院等承担研究生教育组织管理的机构,仅可在本校注册和办学地按相关规定和程序设置。自通知印发之日起,一律停止新设异地研究生院、研究生学院及其他类似机构"。"凡是高等学校章程载明的注册和办学地所属市域范围之外的其他地点,不得新开展全过程研究生培养。"②吉林、河北、广东、山东等省快速响应,出台落实政策。山东省教育厅发布《关于做好山东省"十四五"时期高等学校设置规划编制有关工作的通知》,规定"依法依规从严控制跨地市办学,对现存的异地校区本着平稳有序的原则逐步清理和规范,确需设立跨地市校区的,需经严格论证并按程序纳入规划后实施"③。《广东省教育厅关于开展〈广东省高等学校设置"十四五"规划〉编制工作的通知》明确提出,"从严控制高校异地校区。不鼓励、不支持高校跨省开展异地办学。严控数量、严把条件,确需省内设立异地校区的,需纳入我省高校设置规划"④。

---

① 《教育部关于"十四五"时期高等学校设置工作的意见》,2021 年。

② 《教育部办公厅关于加强普通高等学校异地培养研究生管理的通知》,2021 年。

③ 《山东省教育厅:关于做好山东省"十四五"时期高等学校规划编制有关工作的通知》,2021 年 8 月 21 日,见 https://www.culturechina.cn/edu/109435.html。

④ 《广东省教育厅关于开展〈广东省高等学校设置"十四五"规划〉编制工作的通知》,2021 年 8 月 13 日,见 https://edu.gd.gov.cn/zwgknew/gsgg/content/post_3476154.html? eqid=ff0fab2900000b46000000026459b563。

在此背景下,一些新型大学组织纷纷更名或停办,如西北工业大学太仓校区已更名为"太仓智汇港",北京理工大学怀来校区更名为北京理工大学怀来科研试验基地,西南交通大学深圳研究院、西南交通大学唐山研究院等停办,详见表6-1。

表6-1　近年来新型大学组织更名或停办

序号	组织现用名称	签约年份	更名或停办年份	举办主体	相关调整动态
1	北京理工大学怀来科研试验基地	2015	2023	北京理工大学、怀来县人民政府	北京理工大学怀来校区更名为"北京理工大学怀来科研试验基地"
2	北京科技大学顺德创新学院	2016	2022	北京科技大学、佛山市政府、顺德区政府	顺德研究院更名为"北京科技大学顺德创新学院"
3	中央美术学院青岛基地	2016	2023	中央美术学院、青岛西海岸新区、山东国际海岸文化产业股份有限公司	青岛校区更名为"青岛基地"
4	东北大学佛山研究生创新学院	2019	2022	东北大学、佛山市人民政府	佛山研究院更名为"东北大学佛山研究生创新学院"
5	哈尔滨工业大学青岛科技园	2013	2022	哈尔滨工业大学、青岛市人民政府	撤销
6	哈尔滨工程大学青岛创新发展基地	2016	2021	哈尔滨工程大学、青岛市人民政府	青岛校区更名为"青岛创新发展基地"
7	武汉大学深圳校区	2000	2020	武汉大学、深圳市人民政府	终止建设
8	西南交通大学深圳研究院	2000	2022	西南交通大学、深圳市人民政府	撤销
9	西南交通大学青岛研究院	2015	2022	西南交通大学、青岛市人民政府	撤销
10	西南交通大学唐山研究院	2009	2022	西南交通大学、唐山市人民政府	撤销
11	西安交通大学产教融合协同育人基地(苏州)	2009	2022	西安交通大学、苏州市人民政府	研究生院(苏州)更名为"产教融合协同育人基地(苏州)"
12	西北工业大学太仓智汇港	2018	2022	西北工业大学、太仓市人民政府	太仓校区更名为"太仓智汇港"
13	北京航空航天大学青岛校区	2016	2023	北京航空航天大学、青岛市人民政府	拟解除与即墨区签订的建设"北京航空航天大学青岛校区"的协议

早在 2016 年,深圳就曾准备引进武汉大学办学,深圳市政府与武汉大学签署《武汉大学 深圳市人民政府关于合作举办武汉大学·深圳备忘录》。然而,2017 年教育部办公厅印发《关于进一步加强高等学校基本建设管理的通知》,要求审慎决策建设新校区,原则上不支持、不鼓励跨城市、跨省建设新校区,特别是具有本科教学功能的新校区。在此背景下,教育部要求停止武汉大学深圳校区建设。可见,新型大学组织与经济发达城市的合作存在政策风险。

三、地方层面扶持政策不连续

除国家政策影响新型大学组织与城市的合作外,地方扶持政策的连续性也存在一些不稳定因素,导致一些合作最终陷入启动时轰轰烈烈,发展时"爹不亲娘不爱"的状态。调研发现,部分新型大学组织与城市的合作虎头蛇尾,雷声大雨点小,合作协议的签署与落地,合作预期与合作实效之间,存在较大距离。这种合作有时成为"签约竞赛"下个别地方政府彰显政绩的手段,而非深入合作的纲领,特别是个别城市往往"攀高枝",吸引"双一流"大学落户建设新型大学组织,但是这种为了求政绩和赚噱头的做法,往往很难取得良好的合作效果。一些地方政府与新型大学组织在签订协议时动作频频,声势浩大,但是合作协议在签订后由于党委政府班子更换就被束之高阁,新型大学组织的可持续发展得不到有效保障。

受隶属关系等因素影响,新型大学组织在管理上难以完全被纳入到所在地的高等教育管理系统中,这就使其在争取地方政府所提供的办学和科研配套经费、土地空间等方面存在劣势。相较于深耕当地多年的本地高校,新型大学组织需要努力保持与地方政府的互惠互利关系才能确保地方政府政策资源投入的稳定性。[①] 稳定连续的扶持政策至关重要,是新型大学组织可持续发展的前提,如中国科学院深圳先进技术研究院在建院初期就获得深圳市政府无偿提供的 77 亩地及 1.8 亿元基本建设费,并连续 6 年获得支持稳定运行的经费 1500 万元以上,顺利度过"幼儿期"。[②] 从现实来看,即使在建设期,地方政府由于建设理念

---

① 陈东阳等:《结构—功能理论视角下高校异地办学问题分析》,《复旦教育论坛》2022 年第 4 期。
② 樊建平:《蝴蝶模式:大科学时代科研范式的创新探索——基于中国科学院深圳先进技术研究院 15 年科学与产业融合发展的实践》,《中国科学院院刊》2022 年第 5 期。

的改变、地方财政压力增大等原因,也会出现经费到位不及时的现象。一些地方政府在提供资金支持的同时,也希望新型大学组织能够进行招商、完成税收指标、解决就业等,考虑到新型大学组织人才培养周期长、创新研发需要时间、科技成果转化周期较长,如果建设期内各项指标完成不理想,将会影响下一建设周期的经费支持,可能形成"经费支持不足——考核不理想——经费支持更不足"的恶性循环。这种情况的原因之一在于多数新型大学组织的设置背离了现有的"条块"管理体系,高校直接绕过了原有的主管部门与跨区域地方政府达成协议。有学者将其称之为"共谋"协议,而这类协议实际上并没有明确的政策依据。这一过程容易导致主体界限和责任的模糊,形成相关治理主体的悬浮状态。[①]

第二节　区域布局的合理性问题

政策、财政、人才等资源供给不平衡、不充分,严重制约着中西部高等教育发展,造成我国高校空间布局结构不平衡,呈现东部经济发达地区资源密集、中西部稀疏的"东高西低"格局。[②] 新型大学组织是高等教育资源流动的结果,在落地生根过程中势必影响我国高等教育整体布局,对地方产业结构转型升级产生影响。新型大学组织在迅速发展中随之带来的挑战就是区域布局的合理性问题。

一、警惕区域高等教育布局步入"马太效应"陷阱

优质的高等教育资源总是稀缺的,一所高校的核心资源主要是学者、学生、学术、学科,资源有限必然会在一个地方做加法,在另一个地方做减法。我国区域高等教育体系发展不够平衡,致使一些高等教育资源不恰当、不合理地偏态移动,特别是近年来兴起的优质高等教育资源异地扎堆建设新型大学组织的现象,容易导致步入"强者愈强,弱者愈弱"的"马太效应"陷阱。

---

① 刘皛:《高校异地办学的"共谋"行为与跨行政区治理》,《高等教育研究》2020 年第 3 期。

② 高书国、李捷、石特:《新时代中国高等教育结构调整的战略研究》,《高校教育管理》2019 年第 3 期。

(一)高等教育资源流失稀释

随着不同区域和城市经济水平差距的增大,高等教育资源配置的市场化特征更明显,一些经济落后地区的高校难免会产生异地建设新校区,甚至整体迁址到省会的冲动,导致出现地方高等教育资源稀释、流失现象。"部分经济发达城市对高校的强大吸引,会在一定程度上对其他地区和城市的高等教育资源产生'抽取'与'截流'等不良影响。"①由于历史原因,顶尖高校集中在中心城市,一些分布在地级市的大学,希冀往省城搬迁,客观上会加剧资源的过度集中,导致高等教育资源分布呈现"马太效应",对中小城市发展产生不利影响。譬如,身处蚌埠市的安徽财经大学,力推在省会合肥建设安徽财经大学合肥研究院;山西师范大学从临汾市迁址到太原办学;再如,为教育而苦恼的"山河四省"之一的河北,为化解唯一的"双一流"高校河北工业大学在天津的尴尬,也在努力推动共建河北工业大学(石家庄)研究生院。对一些中小城市来说,本身就面临人才流失的困境,高校出走,人才更难进来,师资队伍与科教力量的流失,反过来也会影响地方经济,降低招商引资的吸引力。

(二)高等教育区域发展不平衡现象加剧

在我国高等教育资源竞争过程中,东部经济发达地区往往成为胜出者,这些地区不仅通过财政补贴、课题经费、科研奖励等方式直接给予高校资助,而且为高校发展提供良好的基础设施和公共服务配套。"高校资源拓展的趋利性和'择良而栖'的倾向,如果不加以疏导,可能会使校区选址、师资流动、学科发展呈现片面向经济发达城市聚集的趋势。"②对高校来说,到经济发达城市办学,不仅能够获得流入地政府强有力的财政支持和政策优惠,而且能为学生就业创业以及科技成果转化拓展更为广阔的空间。高校跨省建设的新型大学组织也大多集中在东部沿海的经济发达城市,如深圳、珠海、青岛、苏州、杭州、威海等地,这些新的优质高等教育资源流向本来高等教育就比较发达的东部省份,无疑将使

---

① 刘晶:《高水平大学异地办学的资源配置方式和成效》,《教育发展研究》2020 年第 5 期。
② 刘晶:《高水平大学异地办学的资源配置方式和成效》,《教育发展研究》2020 年第 5 期。

"富者越富,穷者越穷"。① 根据区域增长非均衡理论,要素的自由流动会导致空间上的二元结构,经济增长存在优先级,率先发生于创新能力强的城市,进而吸引更多生产要素向发达地区集聚形成增长极,欠发达地区的生产要素则不断流失,区域间生产要素不断循环累积,形成区域增长不均衡格局。② "双一流"大学向沿海经济发达城市集聚,使我国高等教育的区域布局发生了前所未有的变化,高等教育的"二元格局"现象加剧,形成了高等教育布局"东高西低"的失衡状况。

(三)高校间资源配置不够均衡的问题

目前,我国高校资源配置呈现"政策性"资源配置向"竞争性"资源配置发展的趋势。③ 高校资源配置的"市场机制不完善,区域经济发展不均衡,大学间资源竞争能力差异大"④,导致高校发展不够均衡问题凸显,资源配置的杠杆并未有效支撑高校高质量发展。一方面,办学实力强、声誉好的高校在建设新型大学组织过程中占据优势,更容易获取流入地政府资源的支持,而这一过程反过来又促进了母体高校的资源积累,造成了强者愈强的"马太效应",固化了高校之间已有的等级序列。另一方面,城市新建的新型大学组织也有可能对流入地原有传统高校的资源空间产生挤占,出现"招来女婿,气走儿子"的现象,某种意义上冲击流入地已有高校的可持续发展。究其本质,新型大学组织所带来的各类不够均衡问题的根本原因在于监督约束机制不够健全,使得高校和地方政府在设置异地办学过程中存在一定的盲目效仿和非理性竞争。⑤

二、新型大学组织与城市产业发展匹配性有待增强

目前,各地在引进培育新型大学组织过程中都较为重视其与地方产业发展

① 卢彩晨、廖霞:《我国"双一流"建设高校扩张模式与区域走向研究——基于区域经济发展的视角》,《中国高教研究》2020 年第 12 期。

② Myrdal G., *Economic Theory and Underdeveloped Regions*, London: Gerald Duckworth, 1957, pp.23-25.

③ 韩嵩、张宝歌:《高等教育普及化阶段我国高校资源配置的优化策略》,《高教探索》2021 年第 12 期。

④ 徐永:《区域高等教育非均衡发展的形成机制及其检视:一个"国家行动"的解释框架》,《教育发展研究》2013 年第 19 期。

⑤ 刘晶:《高水平大学异地办学的资源配置方式和成效》,《教育发展研究》2020 年第 5 期。

的协调性,但是,由于产业布局的变化,一些新型大学组织与城市产业发展出现不匹配的问题。由于我国高等教育等级链存在,"非优势"发展的新型大学组织升格发展的愿望强烈。很多异地办学机构最初是以合作研究院、成果转化基地、科教园区的名义获得审批,后来在发展过程中逐步扩展机构功能,最终转化为承担全日制学生培养、科学研究和社会服务职能的综合型校区,其学科专业设置存在一定的雷同性,与城市发展密切度不够。为了提升学校知名度、扩大招生规模及吸收更多办学资源等,个别高校新型研发机构竭尽全力地靠向新型研究型大学或异地办学校区,忽略了学生的个体诉求及地方社会发展的需要。

在城市产业经济发展进程中,新型大学组织特别是大学异地办学机构的学科专业结构调整滞后于产业结构优化升级的现实需要,存在专业设置布点数超过区域经济社会发展需求、战略性新兴产业支撑能力偏弱、质量不能满足产业升级需求、部分专业游离于主体学科群建设体系之外等问题,没有特色,缺少竞争力,学校发展缺少后劲,未能较好适应差异化的市场需求。个别新型大学组织建设之初就是为了缓解母体高校土地资源不足的窘境,专业设置存在盲目性,往往与城市产业规划不符,所设专业与市场人才需求不对接,学生"所学非所用",造成教育浪费,起不到引领区域经济社会发展的作用,也间接导致了学生就业竞争力的低下。

特别是个别地区对高校新型研发机构的成立不结合实际,地方没有考虑城市的产业基础,高校没有考虑自己的学科领域优势,专业设置有随意性,没有考虑本校办学实际,所办专业条件不具备,导致人才培养不能满足行业企业的需要。机构成立后该如何发挥作用、提供什么支撑、怎么服务经济等,缺乏科学规划论证,导致机构落地后,脱离实际经济情况,不能发挥自身功能,不能承担支撑使命。有的机构成立后,仍然停留在传统服务地方经济的模式和观念上,前期靠着财政补贴度日,最终发展停滞,甚至萎缩关门。例如,某"双一流"大学无锡研究院虽然开展数字设计与智能制造、生物医药、微电子、集成电路设计与加工等领域的高端人才培养,但未贴近无锡经济建设主战场开展科研,没有利用地方优势产业开展科研与科技成果转化,没有将大学的知识资源与当地社会资源紧密结合,距离高水平科学研究基地、高层次人才培养基地、高科技成果转化基地的目标相距甚远,对无锡经济社会发展难以起到较大支撑作用,办学成效不明显。

调研发现,还有个别新型大学组织资源利用效率偏低,学科与城市产业匹配度不高,未能有效支撑城市产业发展。

第三节　合作契约的稳定性问题

新型大学组织与经济发达城市广泛采用契约形式确立合作,多方合作的最终效用一定程度上取决于契约的稳定情况。经济学家们认为现实中大多数契约是不完全的,事前不可能签订面面俱到的合约,有限理性、不对称信息及绩效难以详细制定或衡量,阻碍了完全契约(Complete Contract)的制定。[1] 在实践中,各地新型大学组织与经济发达城市的合作契约内容不具体,具体职责和违约责任说明不详细,随着时间推移,既定合作契约的效力逐渐下降,即使签订了契约,后续也有可能对协议条款讨价还价和重新谈判,合作契约的稳定性面临诸多挑战。

一、存在地方干部换届导致大学与城市的合作契约失效的问题

地方党政领导是新型大学组织与地方政府合作的重要纽带。通过地方党政"一把手"牵线搭桥引进优质高教资源,合作建设新型大学组织的案例较多,因此,领导换届等因素会极大影响合作的推进程度与合作效果。新任领导可能会根据自身理念和政策偏好,对前任领导的政策进行调整或改变,这种变化可能会对新型大学组织的发展产生一定的影响,同时也会对地方经济、社会发展等方面产生一定的影响。例如,政策调整可能会影响地方产业结构、投资方向、高校教育发展策略、高校合作方向、人才引进等,进而改变一个城市高等教育的财政供给、合作范围、学科专业设置等。据调研,在新型大学组织与经济发达城市的合作场域中,"人走政息"与"新官不理旧账"的问题并存,有的领导干部热衷追热点、出政绩,对与名校"联姻"尤为热切,在任时引进、建设一批新型大学组织,办得有声有色,离任后发展势头急转直下,最终无人问津;有的领导干部上任之后

---

① ［芬兰］本特·霍姆斯特罗姆等:《契约与经济组织》,陈耿宣译,格致出版社 2023 年版,第 63 页。

迫切寻求新的名校资源,以宣示自己的发展任务和方略,显示新的政绩,导致政府资源分散,原有新型大学组织与政府合作契约的稳定性受到影响。

"人走政息"是政情与人情、理想与现实、创新性与合法性、社会规律与自然法则彼此博弈的结果。① 通常来说,新进主政者并非刻意冷落上届政府建设的新型大学组织,除非这些本就是"一堆烂摊子",前任的"政绩"成了继任的"烫手山芋"。例如,无锡市某高校异地研究院兴办之初,市委、市政府高度重视,市领导频频走访调研,给予了大力支持,然而在合作重点建设期满后,机构发展并无较大起色,始终无法实现自我造血,一直处于政府财政供养的状态。在新一任政府班子上台后,机构发展被悬置,逐渐淡出政府关注视域。

"新官不理旧账"的缘由则有背后利益影响、执政理念落后、契约精神缺失、服务意识淡薄等。新官上任之后不理"旧账",对之前的各项政策规划置之不理,而用新的政策取而代之,导致公共政策朝令夕改,制造一系列"短命政策"。访谈中获悉,有的城市"一朝天子一朝臣",新的领导班子上台后不再出台政策支持上届政府引进的新型大学组织,或者不严格执行原来协议,任其自生自灭。为了取得更好的政绩,一些新上任干部会选择"另起炉灶",重新寻找名校资源,其认为,即使在任上发展好存量新型大学组织,也会被认为是在前人基础上取得的,因此不甘"为他人作嫁衣",此时摆在他们面前最简单也最自然的选择就是"推倒重来"。

"地方各级行政部门应当履行其向社会作出的政策承诺以及依法订立的各类合同,不得以行政区划调整、换届、机构职能调整以及相关责任人的更替为由来进行毁约、违约。"②领导干部换届导致的新型大学组织与地方政府合作契约失效,会影响合作高校和民众的心理预期,进而伤害政府公信力,危害政府权威性。更为重要的是,合作契约的失效会导致各种各样的投机取巧和形式主义,从而败坏当地的政治生态和发展生态,此种危害尤甚。

---

① 刘春丽、王彩:《"人走政息"的多方博弈机制与消解路径研究》,《领导科学》2021年第1期。
② 《优化营商环境条例》,2019 年 10 月 23 日,见 https://www.gov.cn/zhengce/content/2019-10/23/content_5443963.htm。

二、存在利益关系冲突引发合作契约变形的问题

新型大学组织具有多个利益相关者。1984年,美国经济学家来尔顿·弗里德曼(Milton Friedman)指出,利益相关者是"那些能够影响特定目标实现,或者能够被特定实现目标的过程影响的任何个人和群体"[1]。新型大学组织与经济发达城市的合作涉及地方政府、合作高校本部及新型大学组织等众多直接相关者,以及教育部、省教育厅、当地高校和企业等众多间接相关者,每个"相关者"都不是简单的个体,而是庞大的组织,每个组织身后都是复杂的利益关系网。

新型大学组织与经济发达城市的合作处于不同组织构成的生态关系丛中,各种关系交互影响,具有异常的复杂性。随着外部环境和内在联系的不断发展,契约当事人之间的关系不可能也不存在一成不变。合作高校本部、经济发达城市与新型大学组织在利益公约数的基础上都有各自的利益与责任,必然存在一定程度的摩擦、误解、矛盾与冲突。

就经济发达城市而言,新型大学组织是为适应城市高质量发展战略目标而创建的,期盼通过它的发展迅速带动地方高等教育和城市科技、经济的发展。但经济社会发展的高速度使经济思维和效率原则深刻地成为经济发达城市的集体无意识,有的地方政府对校地合作抱有较重的功利思想,往往重科技研究而轻人才培养,重应用研究而轻基础研究,希望合作办学能尽快见到经济效益。[2] 加上公众对高等教育发展规律认识不足,容易导致从政府到民间、从领导到市民对新型大学组织发展的价值判断和效益定位急功近利、缺乏耐心。如"有的地方政府求贤心切,不顾城市发展水平,盲目大量引进多所高校,以至于出现了超负荷运转的现象"[3]。

就合作高校本部而言,经济利益或品牌效益是其与地方政府合作建设新型大学组织的基点。由于校本部与其所属新型大学组织距离遥远,新型大学组织

---

[1]　Freeman R.E., *Strategic Management: A Stakeholder Approach*, Boston: Pitman Publishing, 1984, p.57.

[2]　汪小布、甘聪葵、李献策:《重点高校异地办学的三种模式分析》,《教育学术月刊》2012年第10期。

[3]　卢彩晨、廖霞:《我国"双一流"建设高校扩张模式与区域走向研究——基于区域经济发展的视角》,《中国高教研究》2020年第12期。

成长过程中不可控因素不断增加,所以合作高校本部对新型大学组织的情感和支持,与地方政府的合作动力将始终处在变动状态。新型大学组织的发展壮大,高等教育体制和政策的变化,可能导致新型大学组织挣脱契约束缚,同时存在高校本部管理难度加大、学校品牌价值稀释、提高学校综合竞争力效果并不显著等问题[1],造成合作高校本部利益受损。在调研过程中,某校创新创业与成果转化办公室负责人便反映这个问题,"跟江苏某市合作建设新型研发机构,学校出人、出力,耗费了大量精力,当初签订学校持股合约,这个机构后来借助学校品牌发展很快,现在单方面降低学校持股比例,否则要求转制单飞"。

就新型大学组织而言,其诉求呈现阶段性,在发展初期需要地方政府提供充足的资金和宽松的政策,合作高校本部提供有形和无形资产,而在组织走上正轨后普遍需要地方政府、合作高校本部放权。在一次学术会议中,青岛市某新型大学组织工作人员抱怨,"市领导、区科技部门、本部经常会派人来机构指导,有些战略方向前瞻性强,但是与机构的赛道有很大偏差,他们从来是站在自己的立场说话,干扰了机构的正常发展"。

第四节　治理结构的科学性问题

新型大学组织发展正处于从规模扩张到质量提升的转型阶段,对这一新生事物的科学治理手段还在探索之中,目前尚未形成国家和地方分层治理、协调联动的治理机制,有效市场与有为政府携手、多主体协调联动的治理体制还没有建立,法人治理结构不够完善,分类分级的绩效评价体系仍需健全,治理体系和治理现代化程度有待提升。

一、存在事业编制管理与市场化管理的矛盾

我国新型大学组织的法人属性多样,有事业单位、企业、社会服务机构三种,一些高校新型研发机构还集多重属性于一身,采用企业化管理方式运作,以实现用人、用钱的灵活自主和决策的便捷高效。如深圳清华大学研究院和中国科学

---

① 王文龙:《中国高校异地办学的类型、原因与利弊分析》,《北京社会科学》2020 年第 6 期。

院深圳先进院两家高校新型研发机构,虽然是事业单位法人,有一定的"事业编制",但其"事业编制"并不对应到具体某个人,而是统筹使用,对科研人员采取聘用制,拥有较大的灵活性和自主性。①

编制通常是指组织机构的设置及其人员数量的定额和职务的分配②,事业编制管理是随着编制机构的产生而产生的。事业编制是新型大学组织发展的双刃剑,既有利于链接政府资源、稳定人才队伍,又容易导致管理制度僵化、失去活力。在事业编制框架下,新型大学组织在运营过程中受到的行政性约束较高,在市场资源获取、市场化业务活动开展等方面存在较多约束③,围绕事业编制建立的人事管理、职称评聘、薪酬分配等制度与新型大学组织发展所需的管理制度存在较大的差距。

首先,编制数量不足限制院所的规模,定编定岗管理阻碍人才的合理流动。首先,编制是在客观上设置了人才的流动壁垒。④ 其次,"一评一聘"定终身制度容易导致论资排辈现象,伤害青年人才积极性。人事管理、学术评价等泛行政化现象容易导致内部管理官僚化气息浓厚,学术生态陷入恶性循环。最后,新型大学组织薪酬分配主要采取岗位绩效工资制度,由财政核定绩效工资总额,单位薪酬管理自主权较小,难以适应差异化、多元化的动态发展需要,而且总量管理实质是组织内部的零和博弈,是出于维持稳定、便于管理的需要,容易引发"吃大锅饭"问题。

由此可以推断,事业编制管理的新型大学组织在从事创新链前端的活动时具有良好的环境支撑和激励,而面向市场的经营活力与动力不足,市场属性的业务活动会受到一定制约。近年来,新型大学组织在创新事业编制管理方面也作出了一些有益尝试,如人事管理员额制改革就备受关注,员额制实行总量调控、备案管理和分类管理,具有更高的灵活性、更大的自主性和更强的适应性。随着

① 李廉水等:《我国新型研发机构治理态势、存在问题及政策建议》,《今日科苑》2022年第5期。
② 李志锋等:《"编制"之困:高校教师的组织身份属性与身份认同》,《高教发展与评估》2013年第5期。
③ 周泽兴、刘贻新、张光宇:《法人身份视角下的新型研发机构创新阻碍及对策研究》,《广东工业大学学报》2020年第1期。
④ 田贤鹏:《取消高校教师事业编制管理的理性之思》,《教师教育研究》2017年第1期。

高等教育市场化改革的深入推进,新型大学组织如果不突破事业编制管理的束缚,而是试图通过"打补丁"来实现局部优化,则很难解决根本问题。

二、存在外部多元治理权力失衡的问题

《中华人民共和国高等教育法》明确了高校拥有法律规定的 7 项办学自主权,面向社会,依法自主办学,实行民主管理,政府主要是宏观管理者的角色。然而,新型大学组织与经济发达城市的合作不同于传统的校地合作,与当地政府之间是建立在合作协议基础上的契约关系,此外还涉及合作高校本部管理的问题,更需要建立有效的沟通协作与制约监督机制,否则很容易产生矛盾。

新型大学组织是一个典型的利益相关者组织,不同利益相关者有不同的诉求。新型大学组织往往由合作高校本部和地方政府共同管理,受多方力量制衡影响,管理思想难以统一。一些新型大学组织照搬本部管理制度导致效率低下,难以适应新环境,组织管理模式和机制出现问题。此外,异地办学往往带来垂直管理,由于地理位置相距较远,远离本部的分校区易疏于管理。[①] 在这种情况下,新型大学组织的过程质量监控可能缺位。

从政府管理角度来看,新型大学组织可能会悬置属地政府的管理权限,"异地校区的设置避开了原有的属地管辖的限制,流出地政府无法对其行使对应的管理权限,造成权力悬浮的真空状态"[②]。各省市参与建设新型大学组织的主管单位和标准认定部门身份多样,没有一个统一的归口管理部门,容易引发多头管理。由于归属多方机构管理,存在决策程序繁杂、多头管理效率低下、人员归属边界模糊和权责不清等问题,一些部门过于注重短期的项目化收益,不利于新型大学组织的可持续发展。

即使到今天,行之有效协调各方利益冲突的机制也尚未健全,众多新型大学组织的多元治理模式未能建立。合作高校本部与地方政府对新型大学组织的管理权限如何科学合理分配,以在权力博弈的过程中达到平衡,是新型大学组织治理上面临的一大困境。

---

① 史秋衡、康敏:《我国高校异地多校区设置管理研议》,《国家教育行政学院学报》2017 年第 7 期。

② 田凤、姜宇佳:《高校异地办学的利弊分析及其分类治理》,《教育发展研究》2022 年第 5 期。

三、存在内部治理体系不够健全的问题

新型大学组织并非完全如同阿什比所言是"遗传和环境的产物",更准确地说应该是"环境和设计"的产物。"如果没有来自顶层的指导和管理,自下而上的控制方式会在面临很多选择的时候停滞不前。如果没有某种领导元素存在,下层的广大群众会在很多选择面前丧失行动力。"①因此,新型大学组织内部治理关键在于做好顶层设计,明确内部权力边界。

新型大学组织内部权力主体的界限无法界定,使得各方在管理权力上的拉锯仍在持续,管理方式也在分权与集权之间左右摇摆,由此造成新型大学组织在战略规划、制度运行、学科发展等方面无法实现高效、有序运转,导致部分新型大学组织法人治理结构不够健全。在实际运作过程中,新型大学组织在项目筛选、投资决策、资产管理等方面受到层层制约,决策前须开展多重汇报,自身管理权限相对较小。如在东莞松山湖高新区设立的新型大学组织,较多被合作母体高校本部按照事业单位的方式进行管理,仅在设立企业运营平台这一事宜上,就需要经学校党委常委会讨论,同时还需要通过松山湖高新区相关部门审议,而高校和政府的意见有时还会相左,导致部分类似计划流产。另外,在新型大学组织与企业合作时,如建立联合研发平台(非独立法人),也需要母体高校本部进行决策,新型大学组织管理团队在实际运作过程中管理权限小、整体决策效率低。许多新型大学组织由母体二级学院或者某几个科研团队来负责运营,导致新型大学组织与母体高校联动较少、资源引入能力较差。同时,部分管理者长期在高校工作,习惯于以学术为导向的科研组织形式及学校事业单位的管理模式,对于开放式创新、市场化经营认识不足,积极性相对较低,对新型大学组织可持续发展造成了一定影响。

第五节　移植发展的融入性问题

新型大学组织作为母体高校对外交流的"窗口",大多是在没有任何人文背景和文化底蕴的"文化荒漠地带"上建立起来的,尤其是跨省的新型大学组织,

---

① ［美］凯文·凯利:《新经济,新规则》,刘仲涛等译,电子工业出版社 2014 年版,第 15 页。

其所在城市地域文化必然会影响到其校园文化建设,母体高校独特风格、体现高水平研究型大学精神的校园文化,如何向新型大学组织移植? 是否在新型大学组织中得以充分地体现,仍有待商榷。

一、师资队伍力量薄弱

"异地办学的师资队伍建设具有自身的特点,它既不同于老大学本身,又不同于新起炉灶的新办学校,专、兼职结合是其显著的特点,也正是因为有这个优势特点,使得分校师资队伍的建设实现超常规、跨越式发展成为可能。"[①]但异地办学也给新型大学组织的师资建设带来了挑战。

师资队伍移植中容易出现"水土不服"。新型大学组织处于地方政府和母体大学双重资源环境体系,其师资队伍、人事任免等资源由母体高校供给。从校区功能来看,新型大学组织的母体高校以本科生、硕博士教育为主,开展科学研究、社会服务、国际办学等工作;新型大学组织与当地政府合作,聚焦当地产业结构需求,进行科研攻关、成果转化、产业孵化、教育培训与咨询服务等工作,助力当地科技创新与产业升级,更加突出为区域经济社会发展服务的办学宗旨,与母体高校在办学定位、师资队伍结构、学科专业结构等相异。如与母体高校扎根西部、服务国家,为西部发展和国家建设作出贡献的目标不同,西安交通大学深圳研究院开展科技项目开发、促进母校科技成果转移、与深圳当地企业共建研发中心、开展硕博士人才培养等工作。再如,与母体高校上海交通大学建成高质量的教育创新体系、学校整体实力稳居世界一流的发展目标不同,上海交通大学重庆研究院致力于为重庆市产业升级、创新创造、科技与产业融合、应用型人才培养、科技成果转移转化等提供有力的人才与科技支撑,促进重庆市科技创新产业发展。新型大学组织与母体高校迥异的办学目标,容易导致母体高校的教师在进入新型大学组织后,随着岗位职责的调整,奔波于母体高校与新型大学组织之间,教师负担加重,难免影响教师工作积极性与工作效率,出现"水土不服",难以真正融入到新型大学组织的建设中。

此外,新型大学组织大多与母体高校距离较远,母体高校难以承担新型大学

---

① 刘继荣、池临封:《异地办学模式下的高校师资队伍建设》,《江苏高教》2002 年第 5 期。

组织的教师资源的供给,故新型大学组织的师资主要采取独立引进与培养的方式,容易导致新型大学组织的师资队伍质量参差不齐,与母体高校的师资整体水平存在一定差距。如截至 2023 年 12 月,上海交通大学重庆研究院在职教职工中,拥有硕士及以上学历的占70%。① 2022—2023 学年,上海交通大学专任教师中,3890 人具有研究生学位(硕士和博士),占比 98.38%。② 截至 2023 年 12 月,山东大学威海校区拥有副高级及以上教职工 500 余人,占比为 41.67%;③ 2022—2023 学年,山东大学具有研究生学位(硕士和博士)的专任教师 4661 人,占专任教师的比例为 98.29%。④ 再如北京师范大学珠海校区专任教师中具有高级职称的占比是 29.48%,远低于母体高校具有高级职称的占比(75.00%),详见表 6-2。

表 6-2　北京师范大学本部与珠海分校专任教师结构对比情况(2023 年)

合计		高级职称		研究生学历	
		数量(人)	占比(%)	数量(人)	占比(%)
校本部	2604	1953	75.00	2583	99.19
珠海分校	536	158	29.48	466	86.94

数据来源:北京师范大学本科教学质量报告(2022—2023 学年)、北京师范大学珠海分校本科教学质量报告(2022—2023 学年)。

　　与母体高校相比,新型大学组织的师资队伍力量薄弱,学历结构整体不够高,且具有高级职称的教师比例不高,直接影响其科研水平与教学质量,难以支撑新型大学组织打造高端人才培养基地、建设高水平新型研发机构、建设产业孵化基地、助推当地产业升级转型的重任。

二、学科移植融入性不强

　　新型大学组织作为新生事物,在发展过程中不断探索适应新型大学组织的

---

① 上海交通大学重庆研究院简介,2023 年 12 月 30 日,见 https://www.sjtu.cq.cn/#page2。
② 《上海交通大学本科教学质量报告(2022—2023 学年)》,上海交通大学,2023 年。
③ 山东大学(威海)校区简介,2023 年 10 月 30 日,见 https://www.wh.sdu.edu.cn/xqgk/xqjj.htm。
④ 《山东大学本科教学质量报告(2022—2023 学年)》,山东大学,2023 年。

发展模式,立足城市发展需求,开展人才培养、学科专业建设与科学研究等。与母体高校侧重于发展基础学科与高新技术方面的研究相比,新型大学组织以母体高校的特色与优势学科为基础,侧重于发展符合当地产业发展需求的新兴前沿学科和交叉学科。如四川大学服务国家和区域经济社会发展,围绕化学、数学、材料基础医学、科学与工程、护理学、口腔医学等学科进行建设,成效显著;四川大学青岛研究院围绕青岛市重点产业领域,以四川大学的特色和优势学科为基础,主动对接国家海洋战略,重点开展先进制造与智能装备、高分子新材料、新一代信息技术及"互联网+"、生物制药与健康医疗、涉海技术及装备、新能源与节能环保技术等领域关键技术研究及相关成果的转移转化。

新型大学组织的学科在发展环境、建设方向等方面与母体高校存在差异,因此在引进母体高校学科专业建设资源时,能否有效结合母体高校的学科与专业建设资源优势,紧密围绕地区产业结构和战略定位,开展学科建设、创新人才培养、高新技术转移,成为新兴大学组织办学成功与否的重要标准。如华中科技大学无锡研究院充分发挥母体高校机械、电气、材料、光电等优势学科领域,紧密对接无锡市六大优势产业之一的高端装备产业,成立数字制造装备与技术研究所,从事智能化制造技术、数字制造装备的产业化研发,打造科技创新策源地和成果转化集聚地,助推无锡创新发展,成效显著,获评江苏省科学技术一等奖、机械工业科学技术奖技术发明特等奖、湖北省科学技术进步奖一等奖、江苏省科技创新发展先进单位、江苏省智能制造领军服务机构、无锡市优秀研发机构等多项荣誉。

新型大学组织关注和服务于地方政府的发展需求,结合自身的人才优势、学科优势、技术优势,确定发展定位,涵盖科技创新、成果转化、教育培训、政策咨询等,见表6-3。从新型大学组织的发展定位与目标来看,科技研发与成果转化是重要内容。

表6-3 我国新型大学组织的发展定位与目标(部分)

序号	学校	发展定位与目标
1	北京大学深圳研究生院	与校本部差异化发展,学科互补;面向深圳,服务广东,辐射华南,为地方经济发展服务

序号	学校	发展定位与目标
2	深圳清华大学研究院	科技研发:推出自主创新应用成果;成果转化:加速科技成果产业化;人才培养:培养高层次人才;企业孵化:孵化高新技术企业
3	中国人民大学深圳研究院	努力成为培养高素质人才的摇篮、科技创新的源泉和政府的智库
4	武汉大学苏州研究院	努力建设成为科学研究、成果转化、教育服务、文化交流、校友服务和资源整合的平台,成为校地产、学、研、用合作的区域枢纽
5	西安交通大学苏州研究院	建设中外合作办学基地、教育培训基地、科学研究基地和科技成果转化基地
6	湖南大学重庆研究院	培育和打造以关键技术研发、成果转移转化、技术集成应用、企业孵化为核心竞争力的运营体系,为重庆产业转型升级提供创新团队与技术支撑
7	吉林大学重庆研究院	以产业化发展为目标,打造四大创新平台,建设产学研发展中心
8	北京航空航天大学青岛研究院	致力于打造高水平科研创新基地、高水平科技成果转移转化和产业化基地、高水平人才引育基地和高水平智慧园区

　　然而,"异地校区如优质科研资源缺乏、高素质科研人才短缺和科研氛围不浓厚等问题影响着校区的整体发展"①。师资力量薄弱,严重制约着新型大学组织科研工作。我国著名教育家梅贻琦认为,"所谓大学者,非谓有大楼之谓也,有大师之谓也"。"高校异地办学要实现学科建设的跨越式发展,首先需要有一支精干、高效、结构合理的学术梯队。学术梯队,就是要有带头人,学术骨干、后备力量,是一个群体、团队。"②办好新型大学组织,关键在于高水平的师资队伍。新型大学组织的科研队伍不够稳定,建设初期的科研人才大多是从本部派出,且全职在新型大学组织的教师不多,难以提升新型大学组织的科研氛围与研究实力。新型大学组织高层次和高水平的科研领军人才与团队骨干级别的人才不足,缺乏组织良好的科研平台,制约了其科研队伍发展,与母体高校在科研平台

　　① 龚梅琳、杨杰:《多校区办学模式下异地校区科研建设存在的问题及其应对措施——以某高校珠海校区为例》,《科技管理研究》2017 年第 12 期。

　　② 杨君游、林功实:《高校异地办学实现学科建设跨越式发展刍议》,《清华大学学报(哲学社会科学版)》2004 年第 6 期。

与科研实力方面存在一定差距。此外,大多数新型大学组织博士、硕士学位授予点少,研究生培养依赖的导师数量少,研究生招生指标难以获得,导致研究生培养工作发展滞后,研究生规模较小,无法支撑基础性的科研工作,制约科研能力与学科建设。

新型大学组织不是搞"连锁经营",尽管有母体高校的品牌效应,办学要取得成功还必须付出艰苦的努力,尤其是高水平师资队伍不足,造成了新型大学组织与母体高校在科研、人才培养、社会服务上的差距,难以取得预期办学效果。近期关闭的个别新型大学组织,学科建设滞后,研究生资源不足,高水平科研成果匮乏。

三、校园文化传承断裂

"校园文化的建设是高校建设的一个重点,而异地办学的新校区校园文化建设则是其重中之重。不同高校新老校区各有不同的环境与特点,因此,要使异地办学新校区的校园文化建设真正体现出其继承与创新的特征,仍需结合各高校自身的特点,在实践中不断探讨与摸索。"[1]大学校园文化,是对一所高校历史积淀与人文精神的升华与提炼,是高校核心竞争力的重要组成部分,在校园建设中发挥着导向、激励、凝聚等作用,对于激发师生的创造力和凝聚力,形成优良的教风、学风,起着不可替代的积极作用。广义上的大学校园文化包括大学的精神文化、物质文化、制度文化及行为文化,精神文化即大学的学校形象、价值取向、精神风貌等,物质文化即大学教学研究设施、人文景观等,制度文化即大学的各种规章制度、组织机构及其运行规则等,行为文化是指大学教职员工在教育实践中产生的活动文化。大学精神"是大学自身存在和发展中形成的具有独特气质的精神形式和文明成果"[2],是校园文化的灵魂。"大学精神蕴含在校园文化建设中,是对校园文化建设的提炼和升华,它犹如一根红线贯穿于校园文化建设的

① 宋慧:《异地办学新校区的校园文化建设刍议——兼谈中山大学珠海校区的校园文化建设》,《机械工业高教研究》2002年第4期。
② 李辉、钟明华:《"大学精神"的本质特征及其建设思路》,《中山大学学报(社会科学版)》1999年第2期。

全部内容中。"①任何一所高校的大学精神都是经过几代人的传承而沉淀形成的,是一种无形却又持久的影响。

异地办学在校园建设上具有开放性和特殊性,它除了面临所有高校同样的建设任务以外,还需加强与校本部、与所在城市的关系建设。新型大学组织大多建立在沿海地区或经济发达城市,距离母体高校较远,即使延续了母体高校的校园建筑风格与硬件设施,但由于缺乏校园文化底蕴的连贯性,且短时间内难以移植母体高校的人文环境,与母体高校深厚的文脉积淀断裂。尤其是跨省的新型大学组织,其校园文化建设会受到所在城市地域文化的影响,融入地域文化特色,在一定程度上会削弱母体学校文化的传承效果。"大学异地办学与当地自己创办大学一个最突出的不同是,著名大学的异地办学会秉承母校的历史与传统,而新办学校在文化上是没有基础和历史积淀的。"②一些新型大学组织位于城市开发区或郊区,文化底蕴与人文背景相对薄弱,易造成其校园文化与母体高校文化不对称,缺乏母体高校厚重文化的凝聚力,母体高校的大学精神在新型大学组织难以传承。"在校园文化方面,社会同样要求新校区与老校区具有同属感即同一性,对于名校,尤其如此。为了达到在校园文化方面的同一性,在行动上必须解决老校区的校园文化向新校区传递的问题。"③母体高校浓厚的学术氛围缺乏扎根的土壤,其优良的校风、教风与学风缺少传承根基,造成了大学精神在传承上的断层。如何让深厚的文化基因在新型大学组织薪火传承,让母体高校的大学精神实现移植后的"再生",是新型大学组织校园文化建设的重要内容。

"弘扬大学精神,特别需要探索传承、创新、培育、弘扬大学精神的长效机制。"④而大学制度文化是建构这一长效机制的有效路径。母体高校的管理体制与运行机制,没有也不能完全嫁接或移植到新型大学组织中,故新型大学组织有其独特的运行与管理机制。如深圳清华大学研究院采用了与母体高校完全不同的机制体制,实行"四不像"体制,既是大学又不完全像大学、既是企业又不完全像企业、既是科研机构又不完全像科研院所、既是事业单位又不完全像事业单

---

① 周文宣、武传君:《校园文化建设与大学精神培育》,《大学教育科学》2008 年第 1 期。
② 邢志杰:《中国大学异地办学的发展与问题研究》,《现代大学教育》2005 年第 3 期。
③ 林英杰、王尔新、蔡辉:《高校新校区建制与校园文化移植》,《中国大学教学》2008 年第 2 期。
④ 骆郁廷:《注重大学精神文化的传承与创新》,《中国高等教育》2012 年第 21 期。

位;采用"三无"机制,无行政级别、无事业编制、无财政拨款。新型大学组织新的机制体制,无母体高校的制度文化积淀,短期内难以形成特有的管理理念与人文精神,难以传承母体高校的大学精神。"要在异地办出一个与校本部名字相称的重点大学,并不是件容易事,尤其是跨省办学,它面对的是比一般高校更为复杂的关系和更多的困难"①,新型大学组织不仅仅要传承母体长久以来形成的大学精神,同时必然会受到所在城市的地域文化的影响,并将逐渐形成自己独有的特色文化。增强新型大学组织与当地地域文化的兼容性,使两者相互交融,最终达到校园文化与地域文化相融合的状态,是一个缓慢的过程。

---

① 杨东霞、唐安阳:《重点高校异地办学与和谐校园建设——以哈尔滨工业大学威海校区为例》,《国家教育行政学院学报》2007 年第 9 期。

第七章 新型大学组织与经济发达城市共生发展的国内案例分析

高等学校是一座城市发展生生不息的动力源泉,也是彰显城市实力的名片。近年来,一些高教资源原本相对较少的城市,纷纷抓住高校扩张的机遇,把引进高校作为城市招才引智的重要举措,掀起了新一轮的"高校争夺战"。广东省深圳市、重庆市、山东省青岛市、江苏省苏州市显然是其中的佼佼者,其创新理念和战略举措对于促进新型大学组织与经济发达城市更好地共生发展,提供了可资借鉴的经验启示。

第一节 深圳市:高等教育后发追赶的典范

深圳是中国改革开放的前沿阵地,作为经济特区城市,40 多年来走出了一条由模仿式创新向源头创新、引领创新的跃升之路,成功跻身全球创新价值链,成为全球科技创新高地。创新驱动已成为深圳经济社会发展的根本动力。从该市的历程来看,制度创新是其核心优势,以及由此带来的人力资源优势。由于深圳在建市之初的资源匮乏,相较其他城市,该市对推动高等教育事业发展、建设新型大学组织有着更为强烈的需求。

一、深圳市新型大学组织建设背景

深圳市新型大学组织的建立与发展,具有天时地利人和的特点,是政治、经济、社会、人口等一系列因素共同催生的结果。

（一）特区发展模式催生迫切的人才需求

改革开放初期,全国多数城市都处在以要素驱动发展的城市竞争阶段。

1979年3月,中央和广东省决定把宝安县改为深圳市;同年4月,广东省委向中央领导提出兴办出口加工区、推进改革开放的建议。1980年8月,深圳市被正式确立为经济特区。由于深圳是在小渔村的基础上建立城市,并不是典型的资源型城市,所以,如何利用特区的制度优势、吸引廉价劳动力,成为深圳市实现跨越式发展的关键所在。由此可见,深圳从一开始对人才就有着极为迫切的需求。1983年,深圳市委、市政府向上级部门提出要创办一所本地高等学校的构想,得到教育部和广东省的重视和支持;同年5月,国务院批准深圳大学成立,从提出申请到招收第一批学生开学,仅用了8个月的时间,充分体现了"深圳速度",也从一个侧面印证了当时深圳对高级人才需求的紧迫性,这为后期深圳持续引进、创办大学奠定了总体方向。伴随人口增长,高等教育的需求同样持续增加。2010年至2020年,深圳市常住人口从1037万人增至1763万人(见表7-1),城市人口快速增长,对接受优质高等教育的需求日趋旺盛。

表7-1　深圳市常住人口及人口自然增长率(2010—2022年)

年份	常住人口(万人)	人口自然增长率(‰)
2010	1037.20	13.58
2011	1122.94	14.32
2012	1195.85	18.00
2013	1257.17	17.77
2014	1317.86	17.48
2015	1408.05	18.36
2016	1495.35	20.99
2017	1587.31	23.92
2018	1666.12	20.92
2019	1710.40	20.39
2020	1763.38	15.74
2021	1768.16	18.63
2022	1766.18	13.13

（二）产业转型需求催生人才结构调整

建市初期，为迅速发挥经济特区优势、展现制度创新成果，深圳充分利用自身土地和劳动力成本低廉的优势，在产业发展战略上，以承接发达国家和地区的产业转移为主。1985 年后，深圳确立了"以外商投资为主、生产以加工装配为主、产品以出口为主"的工业发展方针，特别是承接香港加工制造业，形成"前店后厂"模式。经济优势地位的确立为深圳发展打下了坚实基础，但是，以"三来一补"（来料加工、来料装配、来样加工和补偿贸易）加工业和转口贸易为主的产业导向对高端人才的需求较弱，不利于产业转型和可持续性发展。① 伴随低附加值的加工贸易项目从深圳地区向外转移，深圳经济开始转向了资本和技术密集型，1995 年，学界和民间甚至提出了"特区不特"的观点并引发争论。同年，1995 年，《中共深圳市委、深圳市人民政府关于推动科学技术进步的决定》发布，标志深圳开始走向发展高新技术产业的经济转型之路。

为支持产业转型，深圳及时调整教育方针、优化人才结构，从而实现对产业结构的调整，从原先的加工业为主转向了以科技创新引领的产业发展：1983 年，深圳提出"教育要与经济同步发展"；1990 年以后，深圳又提出"教育要适度超前发展"，2004 年则提出"实现教育跨越式发展"，到 2016 年提出"促进高等教育跨越发展"，从而形成了高等教育引领产业发展的态势。②

表 7-2　深圳市规模以上企业数及工业总产值变化（2010—2020 年）

年份	企业单位数（个）	工业总产值（亿元）
2010	8249	18526.82
2016	6627	27292.29
2017	7943	32119.15
2018	9006	35439.02

---

① 陈先哲：《城市竞争阶段升级与高等教育发展战略转型：深圳案例》，《高等教育研究》2020 年第 9 期。

② 许建领：《地方高等教育跨越式发展研究——以深圳高等教育为例》，《中国高教研究》2022 年第 4 期。

年份	企业单位数(个)	工业总产值(亿元)
2019	10337	37326.16
2020	11255	38460.79

（三）城市能级提升催生合作办学热情

赵全超、汪波将"城市能级"定义为"一个城市的某种功能或诸种功能对该城市以外地区的辐射程度"①。相较其他拥有悠久高等教育办学历史的城市,早期深圳的高等教育资源相对薄弱。改革开放以来,深圳地区生产总值从1980年的2.7亿元增加至2022年的3.2万亿元,产业规模得到了极大提升、城市能级实现了巨大跃迁。在这一过程中,一方面,深圳高等教育成为支持产业发展、提升城市能级的助力;另一方面,在这一过程中,伴随城市能级提升,深圳高等教育取得了长足进步,从而形成了共生关系。②

为支持产业发展、提升城市能级、补齐教育短板,深圳始终坚持"两条腿"走路,一方面注重新办地方大学,另一方面注重引进合作办学。以2002年成立大学城为起点,深圳引进了清华大学、北京大学、哈尔滨工业大学等高校落地举办研究生院,同时,深圳还紧跟国家政策导向与发展形势,引进境外优质教育资源,先后成立了香港中文大学深圳校区、深圳北理莫斯科大学、天津大学佐治亚理工深圳学院。"十三五"期间,深圳着力打造国家自主创新示范区,分别成立了中山大学深圳校区、中国科学院深圳理工大学等。通过合作办学,深圳进一步扩大了全市高等教育规模、健全了面向粤港澳区域的高等教育体系。

二、深圳市新型大学组织建设举措

纵观深圳高等教育的发展史,就是创新发展新模式、新路径的探索史,创造

---

① 赵全超、汪波:《对珠三角经济圈城市群能级梯度分布结构的实证研究》,《西北农林科技大学学报(社会科学版)》2005年第5期。

② 陈先哲:《城市竞争阶段升级与高等教育发展战略转型:深圳案例》,《高等教育研究》2020年第9期。

了高等教育版本的深圳速度。① 马陆亭等将深圳市高等教育发展分为三个"二十年",即由空白起步、参与城市发展的第一个"二十年",主动作为、参与城市转型融合的第二个"二十年",以及高等教育支撑城市创新发展的第三个"二十年"。② 李均、吴秋怡则提出,深圳高等教育以 10 年为一个周期实现了快速发展:2000 年开始,引入清华、北大、哈工大建设大学城;2010 年至今,先后设立 8 所本科层次以上高起点、高水平建设的新大学。③ 作为高等教育的后发城市,深圳市在举办新型大学组织上始终准确把握高等教育办学规律,将新办、引进、共建新型大学组织与特区建设结合起来,从而实现了后发性崛起。

（一）以制度创新为先导

制度创新是建设一流大学的关键。④ 深圳市得以实现跨越式发展的基础在于其不遗余力地推动制度创新,将制度优势转化为发展成效。在高等教育领域,深圳同样以制度创新引领高校建设和引进。在人事制度改革上,南方科技大学和深圳大学在全国公办高校率先实行去编制化管理,探索建立岗位管理和人员聘用制度,形成"按需设岗、按岗聘用、竞聘上岗、择优聘用、合同管理、非升即走"的全员聘用制度,实施与国际接轨的分类聘用、考核评估、晋升制度体系,为全国传统高校人事制度改革积累了经验,为深圳吸引国际化人才提供了便利。在推进现代大学制度建设上,南方科技大学在全国率先出台针对高校管理的规章——《南方科技大学管理暂行办法》,规范学校与政府、社会之间的关系。在招生制度改革方面,南科大率先实行"631"（即高考成绩 60%、能力测试 30%、高中学业成绩 10%）综合评价录取模式,在全国首次打破了高考的"一考定终身"局面。2012 年,南科大首次按"631"模式招生,共有 188 名同学入校;至 2022 年,南科大本科在校生达 4804 人、研究生 5459 人。⑤ "631"模式也被国内多所

① 陈伟:《省域高等教育系统的崛起:动力分析和路径选择》,《高等教育研究》2017 年第 11 期。

② 马陆亭、张伟、王绽蕊:《高等教育如何支撑创新型城市发展——深圳案例与国际视角》,《高等教育研究》2022 年第 6 期。

③ 李均、吴秋怡:《深圳特区高等教育史略——40 年的嬗变与求索》,《高教探索》2021 年第 7 期。

④ 王洪才:《南方科技大学:一次现代大学制度的试验——从朱清时出任南方科技大学校长说起》,《高校教育管理》2011 年第 5 期。

⑤ 南方科技大学统计数据,见 https://www.sustech.edu.cn/zh/facts.html。

高校"复制",而南方科技大学提出的书院制培养模式等也逐步在国内高水平大学推广。

在研究机构方面,深圳清华大学研究院则首创了"四不像"体制①:既是大学又不完全像大学,既是企业又不完全像企业,既是科研机构又不完全像科研院所,既是事业单位又不完全像事业单位;形成了概念验证、中试工程化、人才支撑、科技金融、孵化服务和海外合作六大功能板块,在探索把科研成果转化融入企业孵化的新途径中,努力把科技经济"两张皮"贴在创新创业企业的载体上。

（二）以服务地方为己任

深圳举办新型大学组织始终坚持走地方化办学之路,一方面充分利用政府引导,举全市之力汇聚优势资源统筹本地高等教育发展,并始终将高等教育事业置于优先发展地位,给予其政策、资金、人员、土地等方面支持,构建起与深圳社会、经济、文化等发展相适应的本土高等教育体系。另一方面充分发挥高等教育对深圳社会、经济、文化发展的支撑作用,高校通过培养大规模、多层次人才及推动科技成果转化,使深圳在"特区"政策优势弱化的时候,仍能依靠自身高等教育力量,保持高质量发展,持续推动深圳高校与城市发展实现良性互动,进而推动深圳现代化、国际化大都市的建设。

2010年,深圳市委、市政府出台《关于推进教育改革发展率先实现教育现代化的决定》,掷地有声地提出"教育成就民生幸福,教育决定深圳未来"。2016年,《深圳市深化教育综合改革实施方案》获国家教育改革领导小组办公室备案。近年来,深圳先后出台《关于加快高等教育发展的若干意见》等一系列规划、政策和措施,注重顶层设计,以建设"南方重要的高等教育中心"为总体目标②,滚动编制深圳高等教育中长期发展规划,不断健全教育改革和发展的政策体系,优化教育发展政策环境,形成了推进教育现代化的强大合力。

（三）以异地办学为突破

深圳高等教育发展基础较薄弱,从零起步,通过引进办学与自办高校并举,

---

① 深圳清华大学研究院院情简介,见 https://www.tsinghua-sz.edu.cn/about。
② 《中共深圳市委　深圳市人民政府印发〈关于加快高等教育发展的若干意见〉的通知》,2016年10月21日,http://www.sziicom.org/news/html/? 427.html。

扩大规模与提升质量并重,走出一条差别发展、重点发展、优势发展、特色发展之路。为了满足特区高速发展对人才及教育的需求,深圳市政府积极借力国内高水平大学,探索异地办学模式,以扩大优质高等教育资源的覆盖面。① 深圳异地化办学经验主要可以分为:一是扶持多样化的异地办学形式。鼓励试验符合国家法律法规的独立办学、联合办学或股份制办学等多种办学形式,举办中外合作办学机构及中外合作办学项目。二是扩大异地办学合作内容,合作内容覆盖管理理念、人才培养模式、科技研发、产学研合作和成果转化、人才交流与合作、智库咨询等全方位领域。三是拔高异地合作办学层次,吸引清华、北大、哈工大等学校创建深圳研究生院或分校,充分发挥大学群落的聚集效应,提高深圳高等教育人才培养层次。②

（四）以国际化办学为特色

国际化是高等教育发展的大势所趋,深圳从政府层面出台了《深圳市推进教育国际化行动计划（2012—2020年）》,把拓展国际合作办学、扩大留学生教育规模作为深圳教育国际化发展重点方向来积极推进。同时,注重推动国内外教学理念相互融合;引进国外高水平大学的教学内容和先进管理制度;采取与国际接轨的教师聘任制度;落实《粤港澳大湾区发展规划纲要》,加强粤港澳跨境教育合作等方式,打造大湾区高等教育枢纽和国际化教育高地,与香港中文大学、香港大学签约,建设深圳校区③;清华—伯克利深圳学院等一批中外合作办学机构和合作办学项目落户深圳,标志着深圳高等教育合作从自发走向主动,从形式走向实质,从表层走向深层。

三、深圳市新型大学组织建设进展

深圳市通过大力发展新型大学组织,高等教育走出了一条跨越式发展之路,

---

① 赵俊芳、王博书:《一流大学异地办学的生成逻辑与增值效应》,《高等教育研究》2020年第4期。

② 刘晶:《高水平大学异地办学的资源配置方式和成效》,《教育发展研究》2020年第5期。

③ 孙清忠等:《场域理论视角下的粤港澳大湾区高等教育合作研究》,《高教探索》2022年第5期;李盛兵、李龙娟:《粤港澳大湾区高等教育发展:从不平衡到平衡》,《高等教育研究》2022年第8期。

被誉为"深圳速度"。

（一）建设规模

截至 2023 年 10 月,深圳开办普通高等学校 15 所,在校学生 19.59 万人。先后与 20 多所国内外知名高校合作举办新型大学组织（见表 7-3）。2022 年,南方科技大学数学学科入选国家第二轮"双一流"建设学科;全市拥有 11 家诺奖实验室,其中 9 家依托高校开展工作。

从办学规模来看,深圳在发展高等教育的初期存在本科教育规模较小、研究生教育学位点少、学科覆盖面窄和规模小等问题。通过与北大、清华、哈工大分别合作举办深圳研究生院,深圳以扩大研究生教育为切入口,逐步提升办学规模。近年来,深圳自主创办的深圳大学和南方科技大学的办学规模日益扩大,南方科技大学成功获批若干硕博学位点,缓解了深圳高等教育的痛点。同时,深圳与国内外知名大学开设的合作办学机构,其学生规模同样逐步扩大。除了清华大学深圳国际研究生院、北京大学深圳研究生院与天津大学佐治亚理工深圳学院仅开展研究生学位教育外,哈尔滨工业大学（深圳）、中山大学深圳校区、暨南大学深圳旅游学院、香港中文大学（深圳）、深圳北理莫斯科大学都开展了本科和研究生学位教育。[①] 截至 2022 年,深圳 8 所合作办学高校的学生总人数占深圳普通高等学校在校生总人数的比例超过 20%,除暨南大学深圳旅游学院、深圳北理莫斯科大学、天津大学佐治亚理工深圳学院外,其他高校的在校生人数均在 3000 人以上,其中哈尔滨工业大学（深圳）数量最多,有近 8000 名在校生,其中研究生占比超过 50%。

表 7-3　深圳市新型大学组织一览表

序号	机构名称	成立年份	举办主体
1	暨南大学深圳校区	1996	暨南大学与深圳市人民政府、华侨城集团合作建设
2	中国地质大学深圳研究院	2000	中国地质大学与深圳市人民政府合作办学

---

① 李均、吴秋怡:《深圳特区高等教育史略——40 年的嬗变与求索》,《高教探索》2021 年第 7 期。

续表

序号	机构名称	成立年份	举办主体
3	香港理工大学深圳研究院	2000	香港理工大学与深圳市人民政府合作建设
4	香港浸会大学深圳研究院	2000	香港浸会大学与深圳市人民政府合作建设
5	香港科技大学深圳研究院	2001	香港科技大学与深圳市人民政府合作建设
6	香港城市大学深圳研究院	2001	香港城市大学(全资拨款设立)获得深圳市人民政府批准入驻
7	清华大学深圳研究生院	2001	清华大学与深圳市合作共建
8	哈尔滨工业大学深圳分校	2002	深圳市人民政府与哈尔滨工业大学合作办学
9	北京大学深圳研究生院	2003	北京大学与深圳市人民政府共同创办
10	中国科学院深圳理工大学(筹)	2006	中国科学院与深圳市人民政府合作,依托中国科学院深圳先进技术研究院建设
11	香港大学深圳研究院	2011	香港大学与深圳市人民政府合作建设
12	南方科技大学	2012	广东省人民政府管理、深圳市人民政府举办
13	香港中文大学深圳校区	2014	港中大与深圳市人民政府合作办学
14	深圳吉大昆士兰大学	2014	深圳市政府与吉林大学、昆士兰大学合作举办
15	中山大学深圳校区	2015	深圳市人民政府与中山大学合作办学
16	湖南大学罗切斯特设计学院(深圳)	2015	深圳市政府、湖南大学和罗切斯特理工学院合作建设
17	深圳北理莫斯科大学	2016	深圳市人民政府、北京理工大学和莫斯科罗蒙诺索夫国立大学三方合作设立
18	深圳国际太空科技学院	2016	哈尔滨工业大学、航天员中心共建
19	深圳墨尔本生命健康工程学院	2017	广州中医药大学和澳大利亚皇家墨尔本理工大学在深圳市政府支持下创办
20	清华大学深圳国际研究生院	2019	清华大学深圳研究生院和清华—伯克利深圳学院的基础上建立
21	深圳创新创意设计学院	2019	深圳市政府与南方科技大学合作建设

续表

序号	机构名称	成立年份	举办主体
22	电子科技大学(深圳)高等研究院	2019	电子科技大学与深圳市人民政府共建
23	南开大学—牛津大学联合研究院	2019	南开大学与深圳市福田区人民政府共建
24	天津大学佐治亚理工深圳学院	2020	天津大学和美国佐治亚理工学院共同举办
25	深圳海洋大学	2022	深圳市政府与南方科技大学海洋科学与工程系合作建设

(二)类型分析

从合作高校的层次来看,深圳在自办大学之外,注重分阶段引进大学、开展合作,2002年至2010年前后,深圳以引进国内高水平大学研究生院为主,通过合作开展研究生教育,为全市产业结构调整提供高层次人才支撑;2010年以后,深圳进入了高等教育发展的加速期,2016年,深圳市委、市政府出台了《关于加快高等教育发展的若干意见》,提出到2025年,深圳高校数量翻一番,达到20所左右,深圳将建设成为南方重要的高等教育中心;2019年,深圳市委、市政府发布《关于推进教育高质量发展的意见》,提出支持创建一流大学和一流学科,高标准建设好深圳海洋大学、深圳创新创意设计学院等高校,加强与境内外一流高校合作办学。

从合作研究的领域来看,合作办学机构的学科设置以理工类与经济管理类学科为主,尤其是计算机、电子信息、材料、环境、化学、生物、金融与管理学等。这些既是合作办学机构校本部的优势学科,也与深圳产业结构和城市发展定位相契合,具有良好的建设基础。同时,各高校也着力打造学科专业特色,如哈尔滨工业大学(深圳)的设计学,北京大学深圳研究生院的法学,中山大学深圳校区的医学、药学与公共卫生,暨南大学深圳旅游学院的旅游管理,香港中文大学(深圳)的经济学、英语翻译,深圳北理莫斯科大学的语言学与俄语语言文学等。综合来看,深圳哲学社会科学学科,尤其是人文学科的设置偏少,这与其高等教育发展历史较短、文化积淀不足有很大的关系,再加上在前期发展规划与政策的引导下,学科建设思路倾向于实用主义,优势资源往往向短期内见效快的学科聚集。在深圳市的中长期发展规划中,该市在集成电路、数学、量子科学、人工智能、生命医学、新材料、清洁能源等领域进行了重点布局,针对性引进高等院校与科研机构,鼓励引导高校设置相关学科专业,基础创新能力得到大幅提升。① 与此同时,针对当今科学研究领域逐渐形成自然科学与人文社会科学相互交融的态势②,构建中国特色哲学社会科学、建设一流文科必不可少,在高等教育走上快速发展的轨道后,深圳逐步加大了对哲学社会科学的支持力度,计划以合作办学的形式创办深圳创新创意学院、深圳音乐学院等人文艺术类院校。由此可见,深圳通过合作办学的模式,在科学规划与政策引导下,不断优化着城市的高等教育结构,推动着良好学科生态体系的形成。

四、深圳市新型大学组织与城市共生发展成效

城市创新发展离不开高等教育的支撑③,而创新和特色是深圳高等教育实现后发性崛起的重要着力点。深圳高等教育在合作模式、管理体制、专业设置等方面不断开拓创新,为其高等教育发展积蓄起后来居上的势能。同时,通过鼓励高校和新兴战略产业及领域龙头企业合作,按照"教育+科技+产业"模式建设特色学院,并给予经费补贴以及用地等方面的支持,推动高校与产业的融合,深圳形成了以平台汇聚人才、资本、技术、项目的特色发展格局,增强深圳自主创新的能力和后劲。

(一)人才汇聚形成引凤效应

从哈尔滨工业大学(深圳)、清华大学深圳国际研究生院、北京大学深圳研究生院,以及香港中文大学(深圳)4 所高校来看,4 所高校打造了一支上规模的专任教师队伍,截至 2022 年有专任教师 1400 余人,占深圳高校专任教师总数的近 1/6,并且充分发挥了一流大学对高层次人才的汇聚作用,师资队伍整体水平较高,如哈尔滨工业大学(深圳)专任教师在海外留学或工作的比例近 80%,香

---

① 缪奇:《新兴中心城市引进优质高等教育资源研究——以深圳、青岛、苏州为例》,南京师范大学硕士学位论文,2020 年。
② 陈亚玲:《理工科大学文科建设的生态学分析》,《高等理科教育》2007 年第 5 期。
③ 马陆亭、张伟、王绽蕊:《高等教育如何支撑创新型城市发展——深圳案例与国际视角》,《高等教育研究》2022 年第 6 期。

港中文大学(深圳)有90%以上的教师取得了境外学位。2017—2020年度,哈尔滨工业大学(深圳)与香港中文大学(深圳)连续获得深圳市"人才伯乐奖"。清华大学深圳国际研究生院与北京大学深圳研究生院的专任教师规模虽然偏小,但是近年来也积极引进高层次人才,部分来自校本部的高水平"双聘"或"双基地"教师,获得了2018年度与2019年度的"人才伯乐奖"。当前,深圳全市高校全职两院院士超过30名,各类国家级高层次人才超过500人。2018年1月,以北京大学深圳研究生院与清华大学深圳研究生院为依托单位的省部共建肿瘤化学基因组学国家重点实验室正式获批,深圳高校国家重点实验室实现零的突破。在深圳,高校牵头建设4个重大科技基础设施、9个诺贝尔奖科学家实验室和5个重大基础研究机构。

(二)人才培养服务地方成效显著

仅哈尔滨工业大学(深圳)、清华大学深圳国际研究生院、北京大学深圳研究生院,以及香港中文大学(深圳)4所合作办学高校的2022届毕业生留深率达到20%以上,其中,香港中文大学(深圳)毕业生1092人,留深率达到56.68%,哈尔滨工业大学(深圳)毕业生723人,留深率超50%,有效地衔接了人才培养供给侧与需求侧,为深圳经济社会发展输送了一批批优秀人才。另外,通过近几年哈尔滨工业大学(深圳)与哈工大校本部的招生分数线上涨情况来看,经济发达城市对优质生源的吸引力极强,合作办学同时带动了合作高校学生规模的扩大与整体生源质量的提升,香港中文大学(深圳)的本科招生录取线也常年保持在高位,可以说新兴发达城市与顶尖高校的合作办学在人才培养方面实现了双赢。

(三)科技创新溢出效应明显

从长期来看,高校科技成果的外溢效应会对区域社会经济发展起到积极的促进作用。① 深圳市高新技术产业持续快速发展,其"基础研究+技术攻关+成果产业化+科技金融+人才支撑"全过程创新生态链的构建离不开高水平大学。据统计,截至2022年,深圳市15所普通高等学校共有327个各级各类创新载体。2006—2020年,深圳高校共获得深圳市自然科学奖、技术发明奖和科技进

---

① 马浚锋、刘晖:《生存与竞争:地方政府高等教育行为逻辑演化》,《教育研究》2022年第5期。

步奖 119 项,其中,哈尔滨工业大学(深圳)、清华大学深圳国际研究生院和北京大学深圳研究生院参与的项目共获奖 50 项,占比为 42%。香港中文大学(深圳)在成立不久后便开始在其优势领域发力,组建了图灵奖科学家实验室、机器人与智能制造国家地方联合工程实验室等创新载体。在深圳现有的 11 家诺奖科学家实验室中,合作办学机构参与建设的有 6 家,并且有力地支持了深圳鹏城实验室、深圳湾实验室等国家实验室"预备队"的建设。由此可见,高水平的合作办学机构已成为深圳区域创新体系中的重要力量,为深圳建设综合性国家科学中心发挥了重要作用。

第二节　重庆市:西部城市引进培育科创资源

重庆位于"一带一路"和长江经济带交汇处,是西部陆海新通道的起点,具有连接西南西北,沟通东亚与东南亚、南亚的独特优势。2021 年中共中央、国务院印发《成渝地区双城经济圈建设规划纲要》,提出把成渝地区双城经济圈建设成具有全国影响力的重要经济中心、科技创新中心、改革开放新高地、高品质生活宜居地,为重庆新一轮发展赋予了全新优势、创造了重大机遇。

一、重庆市新型大学组织建设背景

2023 年 3 月,《重庆市推动成渝地区双城经济圈建设行动方案(2023—2027年)》出台,明确提出要奋力推动成渝地区双城经济圈建设走深走实,打造具有全国影响力的科技创新基地。重庆市综合实力和竞争力仍与东部发达地区存在较大差距,科技创新支撑能力偏弱。积极融入全球创新网络,大力引进培育国际国内科教创新资源,提升城市高等教育综合实力,乃重庆市加快实施创新驱动发展战略的必要选择。

(一)产业转型升级之需

重庆是丝绸之路经济带的重要战略支点,已形成了电子信息、汽车、装备制造、综合化工、材料、能源和消费品制造等千亿级产业集群,正在加快建设国家重要现代制造业基地。2013—2021 年,重庆市工业增加值年均增长 8.6%,高于全国年均增速 2.5 个百分点,工业经济规模不断壮大;规模以上工业结构逐步由

"双轮驱动"向"多点支撑"转变,按增加值总量排序,前三大行业由 2012 年的汽车、消费品、材料转变为 2021 年的材料、消费品和电子产业,优化升级成效显现。① 2023 年,重庆市工业生产稳步增长,高新技术产品增长较快,其中,材料和汽摩产业引领全市工业增长,分别增长 10.3% 和 9.9%;工业新产品产量继续保持较快增长,其中,太阳能工业用超白玻璃增长 5.6 倍,新能源汽车增长 30.3%,服务机器人增长 59.1%,工业机器人增长 25.7%,光伏电池增长 27.6%,为全市工业转型升级注入新动力。② 重庆已转向高质量发展阶段,但发展不平衡不充分问题仍然突出,重庆市综合实力和竞争力仍与东部发达地区存在一定差距,产业能级还不够高,科技创新支撑能力偏弱。重庆市提升产业创新发展能力,推动先进制造业与现代服务业深度融合,向产业链、价值链中高端迈进,需进一步加强教育链、人才链与产业链、创新链有机衔接,亟待高等教育提供强有力的人才保障、智力支持和科技支撑。

(二)创新驱动发展之需

重庆市正在加快建设西部创新中心和内陆开放高地,实施创新驱动发展战略,推进以科技创新为核心的全面创新,统筹推进制度创新、管理创新、商业模式创新、业态创新和文化创新。"十三五"期间,重庆就提出进入创新型城市行列,国家自主创新示范区建设取得重要进展,初步建成西部创新中心。步入"十四五",重庆市在发展规划中提出发展目标,到 2035 年,全面建成具有全国影响力的科技创新中心核心区,成为具有国际影响力的科学城,引领重庆成为具有全国影响力的科技创新中心。2021 年 5 月出台的《中共重庆市委关于深入推动科技创新支撑引领高质量发展的决定》提出,深入推动科技创新,加快建设具有全国影响力的科技创新中心,更好地支撑引领新时代重庆高质量发展。重庆市加快集聚大科学装置,加快集聚大科学中心,迫切需要引进国内外一流大学、国家级科研院所来渝办学,为兴市强市提供有力的人才和智力支撑。重庆市提出建设城乡统筹发展的国家中心城市,建设内陆开放高地,唱好"双城记",共建经济

---

① 重庆市统计局:《十八大以来重庆市工业发展报告》,2022 年 9 月 30 日,见 http://tjj.cq. gov.cn/zwgk_233/fdzdgknr/tjxx/sjjd_55469/202209/t20220930_11159194_wap.html。

② 重庆市统计局、国家统计局重庆调查总队:《2023 年重庆市经济运行情况》,2024 年 3 月 15 日,见 http://admin.cq.gov.cn/zjcq/sjfb_120853/cqsj/tjsj/202403/t20240315_13042969.html。

圈,实施"强核提能级、扩容提品质",打造带动全国高质量发展的重要增长极和新的动力源,经济实力、发展活力、国际影响力大幅提升,在推进新时代西部大开发中发挥支撑作用,在共建"一带一路"中发挥带动作用,在推进长江经济带绿色发展中发挥示范作用,支撑全国高质量发展的作用显著增强。重庆市 2010 年城市 GDP 为 8065.26 亿元,2012 年为 11595 亿元,在转型发展中急切需要人才和科技支撑。重庆市全面提升主城都市区发展能级和综合竞争力,特别需要大学发挥磁铁作用和龙头作用,吸引多样化人才、高层次人才和国际化人才。

(三)提升高教水平之需

重庆市高等教育优势品牌偏少、高层次人才不足、源头创新能力偏弱,高校科技创新整体水平不高,服务支撑创新驱动发展能力亟待提高。2022 年,重庆全市共有普通高等教育学校 70 所,本专科在校学生 106.61 万人,研究生 10.55 万人[①],广州、武汉、南京、郑州、西安在校大学生数量,都是百万级别;在"双一流"建设高校方面,重庆市"双一流"大学只有 2 所,分别是世界一流大学建设高校重庆大学和一流学科建设高校西南大学。反观 2023 年重庆的 GDP 为 30145.79 亿元,仅次于上海、北京、深圳、广州。[②] 显而易见,重庆市的高教现状与重庆市培育具有国际竞争力的战略性新兴产业集群和先进制造业集群、加快建设国家重要先进制造业中心的雄伟目标相比,存在较大差距,亟待提升高等教育综合实力。

(四)打造聚才"洼地"之需

重庆市委、市政府始终把教育、科技、人才工作放在突出位置,将其与经济社会发展同研究、同部署,以推动高校科技创新为主线,聚集优势科技创新资源,全面提升高校原始创新能力。党的十八大以来,重庆市政府不断加大教育经费投入,2022 年重庆市一般公共预算教育经费为 827.66 亿元[③],是 2011 年(376.17 亿元[④])

---

① 重庆市统计局、国家统计局重庆调查总队:《2022 年重庆市国民经济和社会发展统计公报》,2023 年 3 月 17 日,见 https://tjj.cq.gov.cn/zwgk_233/fdzdgknr/tjxx/sjzl_55471/tjgb_55472/202303/t20230317_11775723.html。

② 重庆市统计局、国家统计局重庆调查总队:《2023 年重庆市经济运行情况》。

③ 教育部、国家统计局、财政部:《关于 2022 年全国教育经费执行情况统计公告》,2023 年 11 月 21 日,见 https://www.gov.cn/zhengce/zhengceku/202312/content_6918276.htm。

④ 教育部、国家统计局、财政部:《关于 2011 年全国教育经费执行情况统计公告》,2022 年 12 月 29 日,见 https://www.gov.cn/zhengce/zhengceku/2022-12/31/content_5734387.htm。

的 2.2 倍,2015 年至 2022 年,一般公共预算教育经费本年比上年同口径增长均呈正增长。

先后研究出台《重庆市引进高层次人才若干优惠政策规定》《重庆两江新区引进高层次人才若干政策(试行)》《重庆市科教兴市和人才强市行动计划(2018—2020 年)》,大力实施"万名高层次人才集聚"等行动,着力推动人才与发展有效匹配、教育与产业紧密对接、科技与经济深度融合。进入"十四五",制定《重庆市人民政府办公厅关于全面提升我市高校科技创新能力的意见》《关于科技助力稳经济的若干举措》《重庆两江新区深入推动科技创新支撑引领高质量发展若干政策措施》等文件,推动科学研究与产业发展紧密结合,完善科技创新支撑体系,激发科技创新生态活力,提升科技创新能力。目前,重庆大力支持西部(重庆)科学城打造西部"人才特区",动态实施"金凤凰"人才政策,面向海内外靶向引进一流科技领军人才和高水平团队,对发展急需的顶尖人才及团队实行"一人(团队)一策"①,不遗余力地集聚创新人才。

(五)提升人口集聚效应之需

与东部其他省市相比,重庆市常住人口增速较缓,譬如,第七次全国人口普查显示,2020 年江苏全省常住人口中,流动人口增加 7997472 人,增长51.05%。② 根据重庆市第七次全国人口普查结果,0—14 岁人口占 15.91%;15—59 岁人口占 62.22%;60 岁及以上人口占 21.87%;其中,65 岁及以上人口占 17.08%③,重庆市人口结构性问题越发突出,人口发展面临一些潜在压力,劳动年龄人口和育龄妇女占比持续下降,劳动年龄人口和出生人口呈现减少趋势。2022 年,重庆市常住人口 3213.34 万人,比 2010 年增加 328.72 万人,增速仅为 11.39%,详见表 7-4。虽然重庆市常住人口呈缓慢上升趋势,但人口出生率呈下降趋势,2017 年、2020—2022 年人口自然增长率转负,详见表

---

① 重庆市人民政府:《关于支持西部(重庆)科学城高质量发展的意见》,2022 年 2 月 1 日,见 http://www.cq.gov.cn/zwgk/zfxxgkml/szfwj/xzgfxwj/szf/202202/t20220210_10381320.html。

② 江苏省统计局:《江苏省第七次全国人口普查公报(第六号)》,2021 年 5 月 18 日,见 http://www.jiangsu.gov.cn/art/2021/5/18/art_59741_9817874.html。

③ 重庆市统计局:《重庆市第七次全国人口普查新闻发布会》,2021 年 5 月 13 日,见 http://www.cq.gov.cn/hdjl/xwfbh/detail.html? siteId=589&interviewId=1607。

7-4。落实人口发展战略,促进重庆市人口长期均衡发展,需要进一步提升人口质量,提升人口聚集效应,特别是增加劳动力人口,吸引和壮大青年大学生群体。

表 7-4 重庆市常住人口及人口自然增长率(2010—2022 年)

年份	常住人口(万人)	人口自然增长率(%)
2010	2884.62	7.25
2011	2944.43	6.54
2012	2974.88	3.88
2013	3011.03	4.67
2014	3043.48	5.10
2015	3070.02	4.01
2016	3109.96	5.76
2017	3143.51	−1.09
2018	3163.14	3.38
2019	3187.84	2.80
2020	3208.93	−1.42
2021	3212.43	−0.30
2022	3213.34	−1.04

数据来源:《重庆统计年鉴(2023)》。

二、重庆市引培新型大学组织的举措

重庆市瞄准实现高水平科技自立自强最突出的短板,以"科学之城、创新高地"为总体定位,围绕大数据、人工智能、高端装备、集成电路、生物医药、新能源、新材料、生态环保、现代农业、智慧城市、医疗健康等重点领域,与国内外知名高校、科研院所深入合作,引进和培育了一批新型大学组织,形成高端创新资源聚集效应。

(一)制定科教规划

重庆市委、市政府高度重视和支持高等教育,加强战略规划,吸引高水平大学和高端研究机构来渝办学。2018年,重庆市制定《重庆市科教兴市和人才强市行动计划(2018—2020年)教育重点工作实施方案》,提出高水平大学建设行动,争取国内外一流大学、国家级科研院所来渝办学,支持高校与国际优质高校开展联合办学;2019年初印发《重庆市高等教育发展行动计划(2018—2022年)》,提出到2022年,全市高等教育竞争力和综合实力达到全国中等偏上水平,基本建成高等教育强市。《重庆市国民经济和社会发展第十四个五年规划和二〇三五年远景目标纲要》中明确提出,要加快培育创新力量,打造高水平科技创新基地,培育产学研融合新型研发机构,实施引进科技创新资源行动计划,大力引进国内外知名高校、一流科研院所来渝设立新型研发机构,到2025年,新型研发机构达到300家。① 重庆市政府加强对全市引进科技创新资源工作的组织领导,由市政府分管科技创新工作的领导牵头,研究协调重点项目推进、支持政策等重要事项,积极引进国内外知名高校、科研院所以独资、合资、合作等方式在渝设立具有独立法人资格的高端研发机构。②

（二）出台专项政策

重庆市解放思想,超前谋划,大胆创新,出台一系列支持政策,加大创新资源引进力度。2017年9月,印发《重庆市与知名院校开展技术创新合作专项行动方案(2017—2020年)》,提出到2020年,将力争引进国内外100所以上知名高校、科研机构等创新资源以多种模式落户重庆;2018年,出台《重庆市教育委员会、重庆市财政局关于支持高校建设高水平中外合作办学机构和项目的通知》;2019年,印发《重庆市引进科技创新资源行动计划(2019—2022年)》,加大力度引进国内外知名高校、科研机构等创新资源以多种模式落户重庆;2022年,修订《重庆市科技创新促进条例》,强化科技创新工作的顶层设计,整体推进创新链、产业链、资金链、人才链深度融合;2023年,《重庆市提升科技服务能力推动科技

---

① 重庆市人民政府:《重庆市国民经济和社会发展第十四个五年规划和二〇三五年远景目标纲要》,2021年2月10日,见 https://www.ndrc.gov.cn/fggz/fzzlgh/dffzgh/202106/P020210617666449412183.pdf。

② 重庆市人民政府办公厅:《重庆市引进科技创新资源行动计划(2019—2022年)》,2019年12月27日,见 http://www.cq.gov.cn/zwgk/zfxxgkml/szfwj/xzgfxwj/szfbgt/202001/t20200103_8837729.html。

服务业高质量发展三年行动计划(2023—2025年)》,进一步提升科技服务能力等。

(三)落实身份地位

重庆市新型大学组织由地方政府和母体高校共同举办,除了同济大学重庆研究院、重庆托木斯克工业技术研究院、基辅理工(重庆)应用技术研究院等5所院校之外,法人性质均属事业单位。譬如湖南大学重庆研究院是由湖南大学与重庆两江新区管理委员会联合举办的事业单位,西安电子科技大学重庆集成电路创新研究院是西安电子科技大学与重庆西永综合保税区管理委员会共同组建的市属无编制事业单位,电子科技大学重庆微电子产业技术研究院是由电子科技大学与重庆西永微电子产业园区共同设立的具有独立法人资质的事业单位等。同济大学重庆研究院等3个新型大学组织以市场化建立健全管理运行机制,登记为有限责任公司,该模式有效地整合政府、高校、企业的创新资源,实施"优势互补、互利共赢"的政、产、学、研、用的合作。

(四)设立专项资金

重庆市设立与知名院校开展技术创新合作科技专项资金,根据引进项目的类别,实行分类激励;对引进设立的研发机构,经认定为新型高端研发机构后给予不超过1000万元的资助,并按规定用于相应的科研平台建设、科技人才(团队)引进、科技项目研发等方面;对引进建设的研发机构,从认定为新型高端研发机构次年起,根据其人才团队、研发投入和建设规模等情况,连续四年给予研发专项支持,每年资助经费不超过1000万元。① 除了人才和研究项目补贴,重庆市投入重金,支持知名高校、院所建设新校区。譬如,2018年"中国科学院大学重庆学院项目一期及国科大下穿道工程EPC总承包"招标文件显示,项目一期建筑安装工程费估算约13亿元,占地面积约0.33平方千米,地上建筑面积约0.155平方千米及600米城市下穿道路,项目业主为重庆两江新区水土高新技术产业园建设投资有限公司;2019年建设的北京理工大学重庆创新中心,项目业主为重庆两江协同创新区建设投资发展有限公司,建设资金由两江出资,建筑

① 重庆市科学技术委员会:《重庆市与知名院校开展技术创新合作专项行动方案(2017—2020年)》,2017年9月12日,见 http://cyjs.cqu.edu.cn/info/1014/1071.htm。

面积约 0.3 平方千米,占地面积约 0.2 平方千米,建筑安装工程费约 26.30 亿元;西北工业大学重庆科创中心项目业主为重庆两江新区龙兴工业园建设投资有限公司,建设资金也全部由该公司自筹。① 从以上三个项目,足见重庆引入知名高校、院所的决心和力度。

(五)给予校园建设支持

重庆市为新型大学组织提供办学用地支持,建设校区,实施"交钥匙"工程,譬如,重庆市政府为中国科学院大学重庆学院配备有完善的科教基础设施,包含图书馆、教学楼、科研楼、学术交流中心、行政楼、食堂、专家公寓、学生公寓、学生活动中心、书苑、游泳馆、室内外体育场等。其中,图书馆面积约 7000 平方米,可提供近 400 个阅读座位;建有标准 50 米赛道的恒温游泳池,集舞蹈瑜伽房、篮球场和健身房于一体的室内体育馆,配置室外 400 米标准跑道和足球场的风雨操场;另配建有室外网球场 2 块、篮球场 7 块、排球场 1 块、羽毛球场 7 块,以及更衣室、器具室、公共卫生间等设施。学生公寓条件优越,研究生公寓单间配套,并配备自助售卖间、活动室、公共厨房、自助洗衣房等设施。重庆市具有吸引力的校园建设支持力度,为吸纳国内外优质高等教育资源驻渝办学奠定了坚实基础。

三、重庆市新型大学组织建设进展

目前,北京大学、同济大学、俄罗斯托木斯克理工大学等国内外知名高校纷纷入驻重庆,合建、新建、扩建新型大型组织,开展人才培养、科学研究、成果转化、教育培训等活动,逐渐成为当地经济社会发展的"动力源"和"加速器"。

(一)建设概况

据统计,重庆市先后与 23 所国内外知名高校合作,建立了 25 所研究院或创新中心。其中 2014 年建立 1 所,2017 年建立 1 所,2018 年建立 3 所,2019 年建立 5 所,2020 年建立 11 所,2021 年建立 4 所,详见表 7-5。

---

① 搜狐:《这一次,引进高校,重庆投了重金》,2020 年 8 月 12 日,见 https://zixun.focus.cn/064fa7c354bba336.html。

表 7-5　重庆市新型大学组织

序号	名称	合作高校名称	共建单位	成立时间	单位性质
1	中国科学院重庆绿色智能技术研究院	中国科学院大学	中国科学院	2014.10	事业单位
2	同济大学重庆研究院	同济大学	重庆市人民政府	2017.11	小微企业
3	中国科学院大学重庆学院	中国科学院大学	重庆市教育委员会	2018.4	事业单位
4	西北工业大学重庆科创中心	西北工业大学	重庆两江新区管理委员会	2018.12	事业单位
5	重庆现代建筑产业发展研究院	华中科技大学	重庆市人民政府	2018.12	民办非企业单位
6	华东师范大学重庆研究院	华东师范大学	重庆两江新区管理委员会	2019.4	事业单位
7	重庆鲁汶智慧城市与可持续发展研究院	比利时鲁汶大学	重庆两江新区管理委员会	2019.4	民办非企业单位
8	重庆托木斯克工业技术研究院（有限公司）	俄罗斯托木斯克理工大学	永川高新技术开发区管委会	2019.11	小微企业
9	上海交大重庆临近空间创新研发中心	上海交通大学	重庆两江新区管理委员会	2019.12	事业单位
10	武汉理工大学重庆研究院	武汉理工大学	重庆两江新区管理委员会	2019.12	事业单位
11	北京理工大学重庆创新中心	北京理工大学	重庆两江新区管理委员会	2020.1	事业单位
12	重庆新国大研究院	新加坡国立大学	重庆两江协同创新区建设投资公司	2020.4	事业单位
13	吉林大学重庆研究院	吉林大学	重庆两江新区管理委员会	2020.4	事业单位
14	西安电子科技大学重庆集成电路创新研究院	西安电子科技大学	西永综合保税区管理委员会	2020.5	事业单位
15	电子科技大学重庆微电子产业技术研究院	电子科技大学	重庆西永微电子产业园区	2020.5	事业单位
16	上海交通大学重庆研究院	上海交通大学	重庆市人民政府	2020.6	事业单位

序号	名称	合作高校名称	共建单位	成立时间	单位性质
17	湖南大学重庆研究院	湖南大学	重庆两江新区管理委员会	2020.8	事业单位
18	重庆中国药科大学创新研究院	中国药科大学	重庆两江新区管理委员会	2020.9	事业单位
19	北京工业大学重庆研究院	北京工业大学	重庆两江协同创新区建设投资公司	2020.11	事业单位
20	北京大学重庆大数据研究院	北京大学	重庆高新技术产业开发区管理委员会	2020.11	事业单位
21	哈尔滨工业大学重庆研究院	哈尔滨工业大学	重庆两江新区管理委员会	2020.12	事业单位
22	基辅理工(重庆)应用技术研究院(有限公司)	乌克兰国立技术大学	重庆市人民政府	2021.3	企业
23	南京大学重庆创新研究院	南京大学	重庆两江新区管理委员会	2021.7	事业单位
24	北京理工大学重庆微电子中心研究院	北京理工大学	重庆市人民政府	2021.9	事业单位
25	南昌大学重庆研究院	南昌大学	重庆市潼南区人民政府	2021.12	事业单位

注:根据重庆市政府官网相关信息整理,时间截至 2023 年 8 月。

重庆部分新型大学组织发展迅速,基础条件完善,譬如,电子科技大学重庆微电子产业技术研究院坐落于重庆市沙坪坝区西永微电园,由电子科技大学与重庆西永微电子产业园区共同设立,拥有较为完备的集成电路工艺及测试条件,现有职工 90 余人,其中科研人员 80 余人,研究院建设总投资超过 4 亿元,实验室面积近 2000 平方米,科研及办公面积超过 10000 平方米①。湖南大学重庆研究院是由湖南大学与重庆两江新区管理委员会联合举办,研究院过渡场地建筑面积 4500 平方米,建有车网智能融合、新一代智能信息等六大研创中心,拥有重庆市新型高端研发机构(培育)、重庆市级博士后科研工作站两个市级科研平台。

---

① 电子科技大学重庆微电子产业技术研究院:研究院概况,2023 年 12 月 31 日,见 https://cq.uestc.edu.cn/yjygk/jj.html。

（二）类型分析

从合作的高校层次来看,均是高水平研究型大学。新建的 25 个新型大学组织中,4 所是国外高校,其余是国内"双一流"建设高校。其中托木斯克理工大学是俄罗斯最顶尖的三大理工大学之一;新加坡国立大学是世界顶尖学府,在 2022 年 QS 世界大学排名中,位列亚洲第一,全球第十一;乌克兰国立技术大学"伊戈尔西科斯基基辅理工"是乌克兰一所最大的研究型技术大学,也是欧洲和世界领先的大学之一。

从研究领域来看,重庆市引进共建的这些新型大学组织大多聚焦重庆市产业发展需求,开展科研活动。同济大学重庆研究院依托同济大学现有优势科研平台,主要围绕智慧城市、先进装备制造、生态环保、新材料、新能源汽车、生物制药等领域,实现科技成果转化;电子科技大学重庆微电子产业技术研究院、北京理工大学重庆微电子中心研究院、西安电子科技大学重庆集成电路创新研究院聚焦集成电路领域源,开展科技创新,推动重庆集成电路创新链、产业链、人才链深度融合;华东师范大学重庆研究院重点围绕信息通信、精密制造、人工智能等领域,进行技术开发投入,助推重庆市新兴产业发展;重庆中国药科大学创新研究院强力助推重庆市医药大健康产业集群发展,助力打造中国新的生物医药创新示范高地;重庆新国大研究院围绕信息工程与人工智能、先进材料和制造等领域建设 4 个研发平台,促进战略性新兴产业的发展。

从开展活动来看,这些新型大学组织主要从事科学研究、产业孵化、教育培训、成果转化、政策咨询等活动。譬如,西安电子科技大学重庆集成电路创新研究院开展非全日制教育;湖南大学重庆研究院 2022 年有 37 项科研项目入选重庆市自然科学基金面上项目,获批数量位居重庆市引进类研发机构前列。[1] 中国科学院大学重庆学院按照小规模、有特色的方向发展,以培养硕士研究生和博士研究生为主,并与友邻高校联合开展本科生科研实践,逐步达到 3000 人的办学规模,其中,研究生 2000 人,联合培养本科生 1000 人。[2]

---

[1]　湖南大学重庆研究院:《全面发力、纵深推进! 湖南大学重庆研究院科研能力建设再上新高》,2022 年 9 月 2 日,见 http://cyy.hnu.edu.cn/info/1025/1311.htm。

[2]　中国科学院大学重庆学院:学院简介,见 https://www.cqucas.ac.cn/SchoolProfile/CollegeIntroduction/default.html。

四、重庆新型大学组织与城市共生发展成效

中国科学院大学等国内外一流大学、国家级科研院所来渝办学,着力培养创新型高素质人才,加快科技创新和成果转化,促进经济转型、科技创新和社会进步,为重庆兴市强市提供了有力的人才和智力支撑。

(一)产生人才虹吸效应

梧高凤必至,花香蝶自来。重庆市引进新型大学组织,不断增强人才集聚"磁场效应",展现出较强的"人才虹吸效应"。譬如,上海交大重庆研究院建院伊始,硕士以上研发人员41人,引进正高级教授6人(含外籍1人)、长江学者3人。① 再如,国科大重庆学院在岗职工400余人,其中博士研究生学历人员50%以上,硕士及以上学历人员90%以上;专业技术岗占比80%,其中副高级约100人,正高级约60人,具有海外留学或工作经历约50%。② 重庆中国药科大学创新研究院依托中国药科大学全国排名第一的药学学科及亚洲排名第一的药理学与毒理学学科等优势学科和新药创制的人才资源和技术平台,组建了国内一流的药物研发团队,汇集了包括长江学者、国家杰青、国家干青、重庆英才在内的高层次人才,形成了成员学科交叉、专业多样、能力互补的团队。截至2024年3月,哈尔滨工业大学重庆研究院专兼职科研人员达300余人,具有博士及副高级职称以上103人,其中,两院院士5人、加拿大皇家科学院院士1人、俄罗斯自然科学院院士1人、国家级人才15人、教授级专家30人。③ 新型大学组织依托各类产学研项目,集聚高质量人才,对提升当地人口集聚力发挥了积极作用。

(二)科技研发成果显著

一些新型大学组织瞄准国家和重庆市重大战略,加快科技攻关,科研成效显著。譬如,中国科学院重庆绿色智能技术研究院注重成果转化,创建国家技术转移示范机构,构建以市场为导向的创新成果快速转移转化模式,组织实施了大面

---

① 上海交通大学重庆研究院:发展历程,见 https://www.sjtu.cq.cn/profile/c24。
② 中国科学院大学重庆学院:学院简介,见 https://www.cqucas.ac.cn/SchoolProfile/CollegeIntroduction/default.html。
③ 哈尔滨工业大学重庆研究院:重庆研究院简介,见 http://cri.hit.edu.cn/15753/list.htm。

积单层石墨烯薄膜制备技术、人脸识别技术等一批科技成果转移转化,共吸引社会投资近10亿元;西北工业大学重庆科创中心开展行业共性技术、关键性技术和前瞻性技术的研发平台建设以及技术集成研发,在形状记忆合金领域取得重要进展;上海交通大学重庆研究院聚焦于智能制造、临近空间两大核心领域,开展人才引进和输送、产学研项目培育、国际合作等业务,在装备制造、新能源新材料等领域均有成果转化。

高校是开展科学研究的重要力量,新型大学组织对重庆市科研创新能力提升起到重要作用。伴随着新型大学组织建设如火如荼开展,重庆市新型研发机构迅速增加,从2018年的75个增至2022年的179个,增长138.67%,其中高端研发机构,由2018年的26所增至2022年的82所,增长215.38%;有效期内高新技术企业从2018年的2027家增至2022年的6348家,增长213.17%;全年技术市场签订成交合同以及专利授权亦呈现增加趋势,详见表7-6。这一系列数据在一定程度上体现了新型大学组织在重庆科技创新中发挥着重要作用。部分新型大学组织积极开展产学研合作,充分发挥科研优势,孵化科技企业,成效显著。譬如,截至2024年3月,重庆新国大研究院入驻孵化企业19家,上海交通大学重庆研究院已入孵项目13个,成立7个产业化公司。

表7-6　2010—2022年重庆市科学技术发展概况

年份	全年研究与试验发展(R&D)经费支出		新型研发机构(个)		有效期内高新技术企业(家)	全年技术市场签订成交合同		专利授权(万件)	
	总计(亿元)	占全市地区生产总值的比重(%)	总计	高端研发机构		数量(项)	成交金额(亿元)	总计	发明专利授权
2010	100	1.27	—	—	—	—	147.53	1.21	0.11
2011	130	1.30	—	—	—	—	—	1.55	0.19
2012	162	1.40	—	—	551	3578	223.50	2.04	0.24
2013	192	1.50	—	—	5071	167.98	2.48	—
2014	190	1.33	—	—	757	4072	175.35	2.43	—
2015	240	1.53	—	—	1035	2706	145.70	3.89	1.28
2016	300	1.70	—	—	1443	2094	257.40	4.27	1.67
2017	350	1.79	—	—	2027	2129	121.70	3.50	0.61
2018	410.21	1.95	75	26	2504	2952	266.10	4.57	0.66

年份	全年研究与试验发展（R&D）经费支出		新型研发机构（个）		有效期内高新技术企业（家）	全年技术市场签订成交合同		专利授权（万件）	
	总计（亿元）	占全市地区生产总值的比重（%）	总计	高端研发机构		数量（项）	成交金额（亿元）	总计	发明专利授权
2019	469.57	1.99	83	34	3141	3822	150.30	4.39	0.70
2020	526.79	2.11	152	67	4222	3592	154.20	5.54	0.76
2021	603.80	2.16	179	77	5108	7266	310.80	7.62	0.94
2022	686.60	2.36	179	82	6348	6919	630.40	6.65	1.22

注：数据来源于 2010—2022 年重庆市国民经济和社会发展统计公报。

（三）提升城市软实力

重庆市引进众多国内外知名高校来渝办学，加快培养大数据、智能化、金融等领域专业人才，开展研究生教育，对重庆市高等教育综合实力提升起了促进作用。重庆市普通高等学校专任教师数逐年增加，由 2010 年的 3.1 万人增至 2022 年的 5.5 万人，2022 年重庆市普通高等学校在校生数继续增加，在校生数达 117.161 万人，其中研究生教育在校生数由 2021 年的 9.74 万增至 10.55 万人①，比上一年增长 8.32%，详见表 7-7。从发展成效上看，新型大学组织与重庆高等教育快速发展实现了同频共振，反映了新型大学组织的建设成效。

表 7-7　重庆市 2010—2022 年普通高等学校发展概况

年份	学校总数（所）	在校生数（人）		专任教师数（人）	每十万人口在校学生数（人）
		总计	研究生在校生数		
2010	53	565868	43194	31070	2817
2011	59	613026	45213	33110	2523
2012	60	670174	46569	35744	2734
2013	63	707610	48210	37130	2894

---

① 重庆市统计局、国家统计局重庆调查总队：《2021 年重庆市国民经济和社会发展统计公报》，2022 年 3 月 18 日，见 http://www.cq.gov.cn/zwgk/zfxxgkzl/fdzdgknr/tjxx/tjgb/202203/t20220318_10523268.html？eqid=c91bf30c00004f5f0000000664490d29。

年份	学校总数（所）	在校生数（人）		专任教师数（人）	每十万人口在校学生数（人）
		总计	研究生在校生数		
2014	63	740534	48979	38944	3017
2015	64	767114	50534	39891	3070
2016	65	784631	52156	40583	3059
2017	65	805208	58349	41708	3034
2018	65	827945	65134	42946	3034
2019	65	907426	72562	45537	3258
2020	68	998650	83094	49174	3438
2021	69	1100122	97402	52097	3605
2022	70	1171607	105474	55343	3837

注：数据来源于《重庆统计年鉴（2023）》。

　　重庆市高水平新型大学组织的建立，为重庆提升科技创新、产业发展水平提供了坚实的保障，对于城市形象提升起到了重要作用。重庆市新型大学组织开展科研活动，孵化科技企业，开展教育培训，促进科技成果转化，汇聚科技力量，服务地方经济社会发展，深度参与城市建设，对重庆市城市品牌推广、打造具有影响力的社会主义现代化大都市，发挥着催化剂作用。

　　从重庆市新型大学组织与城市共生发展的实践探索中，我们可以获得一些启示。

　　一是城市须根据当地产业转型升级所需建设新型大学组织，方能实现共赢。重庆市围绕战略性新兴产业集群发展、支柱产业提质，大力度引进国内外知名高校，建立了近30家新型大学组织，总体而言，取得了良好的成效。

　　二是城市与引进大学之间存在渊源，更有利于实现共赢。重庆市与中国科学院大学联合举办的中国科学院重庆绿色智能技术研究院，与上海交通大学联合举办的上海交通大学重庆研究院，办学成效显著。这是由于重庆市与中国科学院大学有良好的合作历史，2011年中国科学院、国务院三峡办、重庆市人民政府三方共建中国科学院重庆绿色智能技术研究院，2014年正式成立，聚焦重庆发展需求，致力为重庆科技创新、产业发展贡献智慧和力量。上海交大与重庆市有着深厚的历史渊源,交通大学曾迁至重庆办学 6 年,从 1940 年到 1946 年,办学旧址就在重庆的九龙坡,源于这段历史,上海交大与重庆市开启了全面战略合作,成立了上海交大重庆研究院,加快推动成渝地区双城经济圈建设,取得良好的效果。

第三节 青岛市:不遗余力引进优质高等教育资源

作为山东省乃至全国重要的沿海城市,青岛有着雄厚的经济基础、完善的基础设施、宜人的气候条件。青岛借助国家和省域"双一流"建设大势,在大力引进国内外优质高等教育资源、推动城市高等教育跨越发展方面规划宏远、出手不凡、成果丰硕,形成了备受关注的"南深圳、北青岛"现象。[①] 青岛坚持引育并举,一方面"栽下梧桐树,引来金凤凰";另一方面通过加大政策供给,展现诚意,激发青岛新型大学组织的内生动力。目前,青岛已形成层次分明、类型丰富、特色各异、协同发展的高教良好生态,正书写着城市与新型大学组织共生共荣的时代故事。

一、青岛市新型大学组织建设背景

在城市变迁过程中,青岛也曾面临经济社会发展的一系列问题,急需加快产业转型升级、创新型城市建设、争夺高端人才、发展高等教育,诸多需求促使青岛引进优质高教资源,为新型大学组织建设创造了条件。

(一)产业转型升级的需要

青岛市新型大学组织建设紧跟城市产业结构升级步伐。按照《青岛市城市总体规划(2006—2020)》,到 2050 年,青岛拟建设成为现代化国际滨海城市,社会经济发展主要指标达到当时发达国家水平。2009 年,青岛的人均 GDP 已到达 8000 美元,根据国际经验和产业发展规律,青岛已开始进入向重工业转型的关键阶段,而彼时恰逢日本、韩国等发达国家向外转移此类产业,为青岛的发展

---

① 方海明、吴婉湘:《城市引进优质高教资源的战略举措——以"南深圳、北青岛"现象为例》,《高教发展与评估》2017 年第 5 期。

带来巨大机遇,青岛经济呈现"飞跃式"发展态势。但是,在经济发展的同时,青岛也面临着产业转型这一关键问题。发展经济的同时怎样引领产业有序优化调整和升级,关系到青岛未来城市目标是否能够实现和竞争力能否长久保持。这一时期,青岛产业发展存在三大产业结构不协调、民营经济规模小、中心城区工业结构层次低、大型企业垄断、资源约束等问题,对产业结构优化升级形成一定制约。作为中国经济较为发达的沿海地区,青岛在面临市场需求紧缩、要素价格上升的巨大压力下,迫切需要加快产业转型和升级。

(二)创新型城市建设的需要

青岛市新型大学组织建设贴合创新型城市发展需要。创新型城市是指主要依靠科技、知识、人力、文化、体制等创新要素驱动发展的城市,其创新性体现在思想观念、发展模式、机制体制、对外开放、企业管理和城市管理等多个方面。对于青岛来说,重塑制造业优势,培育更多创新性更强的新经济企业,还要特别注重创新力量的引进。尤其是其新经济产业在全国不占优势的情况下,青岛需要格外注重高校新型研发机构、"双一流"大学校区的引进,特别是跟青岛优势产业相关、跟企业合作密切的优质高教资源的引进。2010年,青岛市入选创新型城市试点单位,陆续颁布实施了《关于进一步推进标准化工作创新发展的实施意见》《关于强化科技引领加快推进国际化创新型城市建设若干政策措施的通知》等一系列创新政策,明确提出支持包括企业、大学、研究机构、中介机构等创新机构建设,培育建设了西安交通大学青岛研究院、同济大学青岛研究院、中国社会科学院大学青岛校区等一批新型大学组织,积极打造标准国际化创新型城市,矢志建设东部沿海重要的科技创新策源地。新型大学组织可以有力提升青岛城市创新水平,使其在富有活力的创新环境中得到了长足发展。2022年,青岛出台《关于印发青岛市实施"硕果计划"加快促进科技成果转移转化若干政策措施的通知》,从科技成果转化供给、需求、服务、保障四个方面提出16条具体举措,如激发高校服务地方活力,支持建设大学科技园服务科技成果本地转化,把大学科技园建设纳入各区市发展规划,开展驻青高校服务地方活力绩效评价,根据评价结果,对符合条件的给予最高1000万元综合奖补,着力提升全市科技成果转化活跃度和技术转移能力,服务创新型城市建设。

(三)争夺高端人才的需要

青岛新型大学组织建设根本上源于城市对高端人才竞争的需要。众所周知,人才是第一资源,城市的竞争归根结底是人才的竞争。一个城市欲提升能级与核心竞争力,务必聚焦高端产业、优化人才战略,二者缺一不可。城市发展离不开高端人才,高端人才是城市经济社会发展的驱动器,在城市能级提升过程中,需要高端人才发挥智慧力量。2018 年初,国务院正式批复《山东新旧动能转换综合试验区建设总体方案》。山东省新旧动能转换目标的实现需要高质量的人才支撑体系和合理有效的高等教育结构体系。2022 年青岛市召开第十三次党代会,明确提出建设新时代中国特色社会主义现代化国际大都市的总目标,"活力海洋之都、精彩宜人之城"的城市愿景蕴含着大量人才需求。但是对标先进,目前青岛人才工作尚存在产才融合程度不够高、人才结构亟须优化、适宜人才创新创业的发展生态尚未完全形成等问题,例如在人才规模上,青岛目前人才占比为 24.5%,与深圳的 34%、上海的 28%、成都的 27% 等相比尚有差距。[①] 而新型大学组织由于平台较高,能够有效发挥高端人才集聚效应,具有人才蓄水池作用,为青岛经济社会发展注入人才活力,在此基础上,引进并建设好新型大学组织显得尤为重要,意义非凡。随着新时代人才强国战略实施,各大城市纷纷抢抓国家建设世界重要人才中心和创新高地的重要机遇,青岛把人才工作紧紧嵌入经济社会发展大局,通过另辟蹊径,借助新型大学组织突出重围,这样有利于在新一轮城市竞争中争先进位。

(四)发展高等教育的需要

在知识经济时代,文化软实力成为衡量城市能级水平的重要标尺,而高等教育是文化软实力的重要标志,高等教育的规模、质量在城市能级水平提升过程中发挥着不可替代的重要作用。改革开放以来,青岛经济社会发展对高等教育的依赖性愈来愈强,特别是在经济新常态下,"人口红利"逐渐衰减,资源环境约束日益增强,外需拉动效果有限,青岛的经济社会发展以及经济、产业结构的调整迫切需要先进科技驱动和大量高层次人才支撑,而高等教育则是现代城市至关

---

① 回澜听涛:《青岛最高规格会议部署,聚焦人才、真金白银,逐条配套兑现"攻略"》,2022 年 4 月 25 日,见 https://baijiahao.baidu.com/s? id = 1731009457270104898&wfr = spider&for = pc。

重要的人才和科技资源,城市高等教育的规模和质量,直接关乎其创新力、知名度与发展潜力,关乎其亲和力、青春度与生机活力。21世纪之初,经济发达的青岛市的高等教育资源极度缺乏,高等教育水平也乏善可陈。作为山东乃至华东地区经济实力名列前茅的一线城市,青岛高等教育水平与其经济实力完全不匹配,成为严重制约城市进一步发展的短板。

据统计,1990年至2002年,青岛高等学校平均数仅为4.5所,青岛经济社会的可持续发展,需要高等教育源源不断地为其提供智力支持和精神动力,而高起点引进国内外优质高等教育资源,推进新型大学组织建设可以增强高等教育在青岛经济社会发展中的引擎作用,为落实城市发展战略提供强有力的人才保证、科技支撑和文化引领。建设新型大学组织从而进一步带动城市高等教育竞争力提升,成为青岛建设教育强市的重要战略举措和选择。

二、青岛市新型大学组织建设举措

近些年,经济社会发展引发各地对高等教育资源的争夺,青岛在这场竞争中占得先机,成为拥有新型大学组织数量领先的城市,其中得益于青岛在引进优质高教资源过程中作出的艰苦努力。

(一)战略规划引领

青岛是山东省第二大城市,是山东高等教育改革的践行者和急先锋。1987年,随着"科教兴鲁"教育发展战略出台,山东省高等教育开始加快了规模扩张的步伐,山东省政府逐步采取合并、扩建、引进等方式扩大高等教育规模。为了快速提升城市的科教实力和文化底蕴,引进高水平的高等教育资源成为青岛的当务之急。从2003年起青岛市就开始引进多所名校办学,2003年青岛高等学校数量从上一年的7所迅速增加到25所。[①] 2011年青岛市教育局出台《青岛市"十二五"教育事业发展规划》,明确提出鼓励在青高校引进高层次人才,加强与国内外知名高校的合作,继续引进国内一流大学来青办学。2016年,青岛市人民政府出台了《关于加快引进优质高等教育资源的意见》,旨在通过引进国内外

---

① 青岛市统计局:《2022年青岛统计年鉴》,2022年10月12日,见 http://qdtj.qingdao.gov.cn/tongjisj/tjsj_tjnj/tjnj_2022/202210/t20221012_6445363.shtml。

高水平大学来青办学,提升青岛创新活力和人才聚集能力,促进青岛高等教育多元化、国际化,打造科技和人才新高地。2016年青岛市教育局出台《青岛市"十三五"教育事业发展规划》,明确提出"加快引进国内外优质高等教育资源,推动国内外高水平大学来青创办校区、研究生院和研究院。推进高等教育中外合作办学项目,支持举办高水平中外合作办学机构"。"加大国内外高水平大学引进力度,重点推进复旦大学、北京航空航天大学、中国科学院大学等高校青岛校区建设。与国外高水平大学合作建设3—5所非独立法人的中外合作办学机构。"以此支撑青岛建成高等教育强市。2021年,青岛市人民政府办公厅印发《青岛市"十四五"教育事业发展规划》,其中提出"扩增优质高等教育资源",要求进一步集聚国内外优质高等教育资源,加快山东大学青岛校区二期等项目推进。①从中可以看出,青岛在新型大学组织引进与建设方面依然热情高涨。2022年,青岛市委教育工委印发《青岛市高等教育校地融合发展三年行动计划(2023—2025年)》,明确提出"积极推动'十四五'期间高校增设工作""到2025年,力争在青高校(含校区)总数超过32所"②。"上兵伐谋,规划先行",在青岛地方战略规划指引下,青岛新型大学组织建设展现出蓬勃之势,创造出属于青岛的高教"奇迹"。

(二)专项资金支持

发展高等教育是一项投入大、周期长的事业,极度考验区域经济实力。青岛是中国高教发展势头最强劲的城市之一,之所以在引进高教资源方面取得显著成效,源于其雄厚的经济实力:2022年青岛GDP达到1.49万亿元,③排名位居山东省第一、全国第13,④在全国13个生产总值逾万亿元的城市里,是除北京、

---

① 青岛市人民政府办公厅:《关于印发青岛市"十四五"教育事业发展规划的通知》,2021年10月26日,见 http://www.qingdao.gov.cn/zwgk/xxgk/bgt/gkml/gwfg/202112/t20211203_3902139.shtml。

② 青岛市教育局:《关于印发〈青岛市高等教育校地融合发展三年行动计划(2023—2025年)〉的通知》,2022年11月28日,见 http://www.qingdao.gov.cn/zwgk/xxgk/jyj/gkml/gwfg/202211/t20221128_6521794.shtml。

③ 青岛市统计局、国家统计局青岛调查队:《2022年青岛市国民经济和社会发展统计公报》,2023年3月31日,见 http://dpc.qingdao.gov.cn/fzggzg_45/zhc_45/gzdt_45/202304/t20230406_7106527.shtml。

④ 《2022年山东16市GDP榜单出炉,济南继续位居全国GDP20强》,2023年2月13日,见 https://m.gmw.cn/2023-02/13/content_1303281969.htm。

天津以外唯一的北方城市。

经济环境是新型大学组织生存发展的土壤,土沃则稻香,在经济支撑基础上,青岛设立了高等教育发展基金,重点支持高校引进、市校共建等项目,实施了优质高等教育资源引进工程,加大资金支持力度。青岛市政府对引进的国内外优质高等教育机构提供资金支持,对于引进并正式运行的国内外优质高等教育机构,市级财政第一年给予500万元至1000万元的启动补助资金,以后年度根据绩效情况每年补助200万元至400万元,连续补助5年。如2019年青岛市高等教育专项资金市本级财政支持6.86亿元,用于北京航空航天大学青岛研究院、同济大学青岛研究院等新型大学组织的建设发展。① 此外,经认定符合青岛市高端研发机构引进条件的,由市政府给予高端研发机构引进专项资金支持。同时,青岛市探索建立财政动态支持机制,市级安排专项资金,支持力度与服务青岛产业发展的关联度和贡献度相结合,制定专门的绩效考核评价指标体系,实施动态评价,以结果为导向,根据绩效评价分批给予经费支持,引导新型大学组织优化学科、组织结构,推动产学研深度融合。

(三)配套政策叠加

近年来,青岛印发《在青高校服务我市产业发展重点学科(专业)建设实施方案》等多部政策文件,制定多项措施,助推优质高等教育资源引进,引导在青新型大学组织主动服务青岛地方经济社会发展,推动校地合作,实现互利共赢。

一是给予事业编制。2016年,青岛市教育局会同市委编办、市发展改革委、市财政局、市人力资源和社会保障局、市科技局联合制定了《青岛市教育局加快引进优质高等教育资源实施办法》,明确在青设立的高等教育机构根据需要可在所属区域内登记注册,符合事业单位法人登记条件的,经其主管部门审查确认,并经市事业单位登记管理部门审核同意,可在青岛进行事业法人登记。事业单位身份为政府财政资助提供便利,同时增强驻青新型大学组织的归属感,增加了高端人才引进的稳定性。

---

① 青岛市人民政府:《2019年度青岛市高等教育专项资金》,2020年11月30日,见 https://www.renrendoc.com/paper/215919010.html。

二是给予人才优惠。2012 年,青岛市委、市政府办公厅印发《实施"青岛英才'211'计划",加快推进"百万人才集聚行动"的意见》,其中提出包括资金支持(一次性补助、住房补贴、项目资助、风险跟投、担保融资贷款)、办公用房、人才公寓等鼓励性举措,以及在青居留和出入境、落户、医疗、子女入学、配偶安置、税收等方面享受"一卡通"服务。通过高等教育机构引进来青的高端人才,符合"青岛英才'211'计划"的,可以享受上述同等的奖励和支持政策。2016 年《青岛市科技创新高层次人才团队引进办法(试行)》明确,对于引进的高层次人才团队,青岛科技专项资金给予团队 1000 万元至 1 亿元的综合资助经费,主要用于科研开发、团队建设、研发平台建设等,为新型大学组织特别是高等学校新型研发机构高端人才引进提供便利。2022 年,青岛市出台《关于实施新时代"人才强青"计划的意见》,提出实施"十大人才计划"(即人才基数倍增计划、顶尖人才集聚计划、高层次人才提升计划、"未来之星"储备计划、青年人才招引计划、技能人才培育计划、海洋人才发展计划、海外人才引进计划、产才融合促进计划、人才服务支撑计划),规定对自主培养或全职引进的国家级、省级重点人才工程人选,分别给予最高 100 万元、50 万元一次性人才补助,对人才所在单位,分别给予最高 30 万元、10 万元一次性奖励;对柔性引进的国家级、省级重点人才工程人选,连续三年按照在青用人单位实际给付个人劳动报酬的 30% 予以补贴;对规定范围内全职引进并与青岛市用人单位签订 5 年以上劳动(聘用)合同的高层次人才,给予最高 50 万元安家补贴。

三是机构配套支持。青岛市财政安排资金支持引进国内外优质高等教育机构,保障人才团队、设备购置、项目研发及其他教学和科研条件建设。建立财政资金引导机制,探索多元化融资模式,引导社会资本共同支持高等教育机构引进建设。2016 年印发的《关于加快引进优质高等教育资源的意见》提出,对引进的高等教育机构,落户地的区(市)政府、功能区管委要按规定对其教学科研活动、建设用地、人才公寓、房屋租赁、税收减免、机构设置等给予优惠政策。其中,引进对青岛市科技进步、产业发展、社会建设等具有特别重大意义的高等教育机构,可实行"一事一议",予以特别支持。

(四)实施"交钥匙"工程

为争取优质高教资源,青岛各区市纷纷为引进的高等教育机构无偿代建基础设施,实施"交钥匙"工程。以西海岸新区为例,2017年以来,已签约引进清华青岛艺术与科学创新研究院、复旦大学青岛研究院、中国科学院青岛科教园等高等教育机构13所,其中11所已开工建设、1所正在编制规划方案、1所完成签约,全部实行"交钥匙"工程,新型大学组织直接"拎包入住"。根据《关于加快引进优质高等教育资源的意见》规定,对国内外高水平大学来青举办校区或分校的,划出专门区域并预留0.33平方千米至2平方千米建设用地;对设立研究院、二级学院等二级办学机构的,根据需要预留相应面积的用地。2014年12月,国家发改委、教育部、科技部、工业和信息化部和国家海洋局5部委联合批复了《青岛蓝色硅谷发展规划》,打造以海洋为主要特色的高科技研发及高科技产业集聚区——"青岛蓝色硅谷"。同年,青岛批复"蓝色硅谷"核心区2平方千米校园规划用地,按照"交钥匙"工程的模式分三期建设,完工后,校区可入住2.5万名学生、4000名左右教职工。其中,山东大学青岛校区一期(2016)投入使用、二期(2021)加速推进,二期配套建设体育馆、公寓、艺术中心等7个项目,总投资规划超过18亿元,着力解决来青人才的吃、住、行、入学、就医等系列问题。截至2022年11月,青岛蓝谷已经引进包括山东大学青岛校区、北京航空航天大学、四川大学、中央美院等多所高校校区或研究院。

与山东大学青岛校区邻近的北航青岛国际科教新城项目,同样实施"交钥匙"工程。2016年,青岛与北京航空航天大学签署协议,共建北航青岛科教新城,其中就包含了北航青岛校区。该项目旨在开展本科及以上全日制学历教育、科研平台建设和国际交流等,一期建设投入41.83亿元,建设用地0.51平方千米,建设包括教学楼、图书馆、体育馆、学生宿舍等地上建筑面积0.065平方千米的校区,为北航青岛校区入驻及开展人才培养工作提供了便利。此外,对于城市本土兴建的新型大学组织,青岛一视同仁,同样实施"交钥匙"工程。譬如,青岛无偿提供康复大学建设配套用地0.67平方千米,负责康复大学基础建设,并主动承担康复大学办学经费和专项经费上支付不足部分,为康复大学落地全方位护航。①

---

① 灼见高校:《进击的青岛:从经济中心跃升为高等教育中心》,2022年6月17日,见
https://baijiahao.baidu.com/s? id=1735880228482804203。

三、青岛市新型大学组织建设进展

青岛市坚持扩大规模和内涵发展并举,推动高等教育实现跨越式发展,新型大学组织规模不断增长、类型逐渐多样,已初步形成了类型多样、特色鲜明、协同发展的高等教育良好生态。

(一)建设规模

青岛引进的高等教育机构主要是国内外知名高校,境内大学几乎都是国家"双一流"高校,境外大学为世界一流大学或拥有一流学科的大学。近年来,青岛新型大学组织数量不断增加,办学空间随城市空间延伸不断拓展。山东大学青岛校区、中国社科院大学青岛校区、中央美术学院青岛校区等多个校区已经投入使用,北京航空航天大学青岛研究院、四川大学青岛研究院、北京大学(青岛)城市治理研究院等诸多高水平高校新型研发机构在青落地运行。此外,中德工业大学正在筹建,对外经济贸易大学青岛校区、康复大学即将建成使用。

表 7-8　青岛新型大学组织基本信息一览表

序号	驻青新型大学组织	成立时间	合作方
1	山东大学青岛校区	2008 年 11 月	青岛市政府、山东大学
2	康复大学	2019 年 6 月	中国残联、教育部、国家卫健委、山东省政府
3	中德工业大学	2018 年 11 月	青岛科技大学、德国帕德博恩大学
4	北京航空航天大学青岛研究院	2016 年 5 月	北京航空航天大学、青岛市政府
5	中国社科院大学青岛校区	2017 年 1 月	中国社会科学院、青岛市政府
6	对外经济贸易大学青岛研究院	2016 年 3 月	对外经济贸易大学、青岛市政府
7	中央美术学院青岛校区	2016 年 7 月	青岛西海岸新区、中央美术学院、山东国际海岸文化产业股份有限公司
8	天津大学青岛海洋工程研究院	2014 年 1 月	天津大学、青岛市政府
9	西安交通大学青岛研究院	2013 年 2 月	西安交通大学、青岛市政府、胶州市政府
10	哈尔滨工业大学青岛科技园	2013 年 5 月	青岛市政府、哈尔滨工业大学
11	大连理工大学青岛研究院	2014 年 10 月	青岛市政府、大连理工大学
12	四川大学青岛研究院	2016 年 1 月	四川大学、青岛市政府

续表

序号	驻青新型大学组织	成立时间	合作方
13	西北工业大学青岛研究院	2017 年 8 月	西北工业大学、青岛市科技局、青岛市教育局、蓝谷管理局
14	吉林大学青岛汽车研究院	2015 年 12 月	吉林大学、青岛市李沧区政府、青岛市科技局
15	武汉理工大学青岛研究院	2017 年 9 月	青岛市政府、武汉理工大学
16	兰州交通大学青岛研究院	2018 年 2 月	兰州交通大学、青岛市城阳区政府
17	复旦大学青岛研究院	2016 年 7 月	复旦大学、青岛市政府、黄岛区政府
18	同济大学青岛研究院	2016 年 1 月	青岛市政府、同济大学
19	西南交通大学青岛轨道交通研究院	2016 年 9 月	青岛高新区、市科技局、西南交通大学
20	清华大学文化创意产业研究院	2015 年 4 月	清华大学、青岛市政府
21	北京大学（青岛）城市治理研究院	2016 年 12 月	北京大学城市治理研究院、青岛市市北区人民政府
22	中国政法大学中美城市管理学院（青岛）	2016 年 9 月	中国政法大学、青岛市政府
23	中国人民大学国家发展与战略研究院青岛分院	2017 年 9 月	国家发展与战略研究院、青岛市市北区人民政府
24	上海财经大学青岛财富管理研究院	2014 年 12 月	青岛市政府、上海财经大学
25	华东理工大学青岛创新研究院	2018 年 1 月	青岛市政府、华东理工大学
26	东北财经大学青岛金融研究院	2018 年 3 月	东北财经大学、青岛市教育局、青岛市崂山区政府
27	哈尔滨工程大学青岛创新发展基地	2017 年	哈尔滨工程大学、青岛市政府

青岛新型大学组织数量共计 27 所（详见表 7-8），占全市 57 所高等教育机构的比例约为 45.6%，规模接近一半。其中新型研究型大学和中外合作大学各 1 所，大学异地办学机构 5 所，其余 18 所为高等学校新型研发机构。

（二）类型分析

一是新型研究型大学。近年来，青岛逐步重视发展本土高等教育，支持新建研究型大学——康复大学。康复大学是由中国残联、国家卫生健康委等中央部门机构与山东省合建的一所以研究为基础、以应用为导向的国家级大学，驻地为青岛高新技术产业开发区。学校坚持学科交叉,构建以康复科学为核心,以医学、理学、工学为主体,管理学、教育学、社会学等多学科交叉融合的"大健康"学科专业体系。该校积极探索了公办大学筹建阶段联合培养研究生模式和特色人才培养模式,与山东大学和首都医科大学联合招收培养79名博士研究生,专业涵盖康复医学与理疗学、生物与医药等,与天津中医药大学、青岛大学等联合招收了35名硕士研究生;2024年将继续与山东大学联合招收博士研究生。①

二是中外合作大学。中外合作大学一般由国际或境外知名大学与国内大学、经济发达城市政府合作共建。2018年,青岛科技大学和德国帕德博恩大学在慕尼黑签署中德工业大学(筹)项目合作备忘录,双方将合作在青岛中德生态园筹建中德工业大学。此前,由青岛科技大学、德国帕德博恩大学、青岛中德双元教育科技有限公司、中德生态园管委四方共建的青岛科技大学中德工程学院,成立于2016年9月,主要负责青岛科技大学中德合作办学的化学工程与工艺专业、复合材料与工程专业教育教学和人才培养。

三是大学异地办学机构。近年来,青岛陆续引进独立法人性质的大学异地办学机构,包括山东大学青岛校区、北京航空航天大学青岛校区、中国社科院大学青岛校区、对外经济贸易大学青岛校区、中央美术学院青岛校区,为地方培养高素质人才添砖加瓦。

四是高等学校新型研发机构。青岛引进大量具备研究生培养、科学研究、技术转移、国际合作等职能的高等学校新型研发机构,各机构积极探索公办、民办、国有民办、混合制等多种所有制形式,采取合作办学、垫资办学、租赁办学、独立办学等多种办学方式,实现运行模式的多元化。

"十三五"时期,青岛市确定了十大战略性新兴产业,其中工业机器人、三维打印、动车组系统集成设计、海工装备、海洋生物等体现了特色优势。面向"十四五",青岛市聚焦高端智能家电、轨道交通装备、新能源汽车、高技术船舶与海工装备、高端化工等产业,加强供应链战略设计和精准施策,布局实施重大项目,全力打造代表国家参与全球竞争的标志性产业链和产业集群。根据城市产业发展需要,青岛引进的新型大学组织以海洋开发、新一代信息技术、新能源、新材

---

① 康复大学(筹):研究生招生概况,见 https://www.uor.edu.cn/info/1043/1701.htm。

料、节能环保、高端装备制造、生物医药、新能源汽车、轨道交通、船舶海工、航空经济等专业学科为发展重点,全方位覆盖了"高精尖"行业领域。

四、青岛市新型大学组织与城市共生发展成效

新型大学组织作为青岛创新生态系统的组成部分,是高端人才聚集地,是关键核心技术攻关、科技创新产出等方面的策源地,是城市文化品牌塑造的主力军,是城市高质量发展的源泉动力。

(一)形成人才虹吸效应

新型大学组织是城市吸纳人才的"蓄水池",是为城市输送人才的"主阵地"。作为城市高端人才蓄水池,新型大学组织为青岛经济发展注入了人才活力,如山东大学青岛校区启用后,在青岛就业的山大毕业生人数从过去的每年200多人骤升至1000多人,截至2024年3月,山东大学青岛校区在校生13574人,其中研究生7482人、本科生5914人、国际学生178人,[1]研究型大学校区雏形初步显现,留青就业的毕业生人数相比以往大大增加。再如,另一家与企业共建的北航青岛研究院,通过硕士、博士和博士后等培养,在材料工程、电子信息、计算机、机械、交通、精密仪器与光电等六大学科领域为青岛新经济发展储备了人才。北航青岛研究院已获批国家级博士后科研工作站、山东省新型研发机构,自2017年9月迎来首批北航研究生,累计共有545名北航学生到院开展科研攻关、产教融合及实习实训,汇聚了一大批北航及国内外顶尖学者和专家团队,园区内各类科技人员近600人。[2] 当前热炒的元宇宙概念,青岛之所以能占有一席之地,北航青岛研究院的人才支撑功不可没。

众所周知,聚集高端人才需要高端平台与之配套,其中一个策略是通过招引某些产业链环节的高端平台到城市实现就近配套,本地优秀人才实现就近就业,让高端人才在本地匹配到高层次的岗位,从而避免人才外流。新型大学组织为高端人才流入提供了高端平台,形成了人才虹吸效应。截至2021年底,在青高

---

① 山东大学(青岛):校区简介,见 https://www.qdxq.sdu.edu.cn/xqgk/xqjj.htm? eqid = aa6e79ea0001dc540000004645a0060。

② 北京航空航天大学青岛研究院:研究院简介,见 https://qdyjy.buaa.edu.cn/yjygk/yjyjs.htm。

校教职工中高级职称 11400 余人;全职和外聘两院院士总数较 2012 年增加了 60 人,国家杰出青年科学基金项目获得者较 2012 年增加 61 人,泰山学者较 2012 年增加了 317 人。① 其中,青岛引进建设的新型大学组织在引才过程中发挥了关键作用,同时在青新型大学组织人才培养"造血功能"持续加强。青岛市常住人口持续攀升,由 2010 年的 871.51 万人增长至 2022 年的 1034.21 万人。10 年间,青岛全日制专本研在校生数平均每年增加万余人,硕士研究生、博士研究生在校生数均翻了一番。如今每年超半数以上毕业生留青就业、创业,城市发展的人才"基本盘"更加殷实。

(二)科技创新能力显著增强

新型大学组织是基础和应用研究的主力军,是重大科技创新的策源地。党的二十大报告提出,深入实施科教兴国战略、人才强国战略、创新驱动发展战略,强调完善科技创新体系,对城市科技创新能力提出了更高要求。近年来,青岛深入挖掘国内外优质高等教育资源优势,积极推动政、校、行、企等多方资源融合,探索建立多方协同的产学研合作新机制、新平台,实现科技创新能力的新突破。

一是深化产学研合作创新。新型大学组织依托重点学科,聚焦青岛行业、企业技术需求,推动创建产学研合作联盟,打破组织壁垒,与科研院所、行业企业开展产学研协同创新,促进教学科研与产业发展有机衔接,为企业技术攻关、升级改造以及产业转型发展提供精准的解决方案。譬如,吉林大学青岛汽车研究院依托吉林大学优势学科,结合青岛市以及山东省汽车产业转型升级的实际需求,开拓具有核心竞争力的汽车整车、动力传动、电动底盘、轻量化、智能化等产业,有效促进产业链、人才链、技术链"三链合一"。

二是孵化科技企业。青岛教育行政部门积极发挥桥梁作用,鼓励新型大学组织结合自身学科优势和科研力量,引进孵化培育科技企业,为地方经济"造血"。如四川大学青岛研究院实施"以院促研、以研立企、以企养院"的发展模式,共引进孵化各类公司 17 家,注册资本 2.9 亿元,累计直接产值 1500 余万元;北航青岛研究院重点在虚拟现实、微纳电子、大数据等领域,引进孵化科技型企

---

① 青岛新闻网:《非凡十年·青岛答卷|青岛高等教育:与城市共同成长》,2022 年 10 月 8 日,见 https://baijiahao.baidu.com/s?id=1746070647373609374&wfr=spider&for=pc。

业 16 家,2020 年驻院企业累计产值近 3.7 亿元。

三是推动科技项目转移转化。随着校城融合效果愈发明显,更多新型大学组织科技创新成果落地转化,新型大学组织服务青岛经济社会发展的动能更加充盈。如西安交通大学青岛研究院近年来承担各类科技研发项目 20 余项,研发经费 8000 余万元,自主研发的 3D 打印机、钛纳米粉、智能弧焊跟踪器等产品逐步走向市场,申报发明专利 90 余项;落户于蓝色硅谷核心区的大连理工大学青岛研究院,围绕产业链形成涵盖专利、标准、流程等在内的创新技术产业方案,加快技术集聚,近年来申报专利 130 余项,推动科研成果走出"象牙塔"。

青岛市科研机构的科研成效显著,完成科研项目由 2010 年的 472 项增至 2022 年的 1250 项,取得科技成果由 2010 年的 472 项增至 2022 年的 1600 项。青岛市科技创新动力显著增强,创新成果持续涌现。2022 年,青岛市全年技术合同交易额,由 2010 年的 16.01 亿元增至 395 亿元,增加近 24 倍;全年有效发明专利,由 2016 年的 18290 件增至 61132 件,每万人有效发明专利,由 2017 年的 23.75 件增至 58.99 件,均增加了 2 倍;国家知识产权示范企业由 2016 年的 5 家增至 23 家,国家知识产权优势企业由 2016 年的 41 家增至 196 家,均增加近 4 倍。详见表 7-9。

表 7-9　2010—2022 年青岛市科学技术发展概况

年份	全年技术合同交易额(亿元)	全年有效发明专利(件)		国家知识产权示范企业(家)	国家知识产权优势企业(家)
		总计	每万人有效发明专利		
2010	16.01	(授权专利)6796	—	—	—
2011	20.75	(授权专利)9149	—	—	—
2012	25.37	(授权专利)12689	—	—	—
2013	35.40	(授权专利)1930	—	—	—
2014	60.53	(授权专利)2863	—	—	—
2015	89.54	(授权专利)5170	—	—	—
2016	104.12	18290	—	5	41
2017	126.66	21802	23.75	7	52

年份	全年技术合同交易额（亿元）	全年有效发明专利（件）		国家知识产权示范企业（家）	国家知识产权优势企业（家）
		总计	每万人有效发明专利		
2018	155.80	26267	28.50	10	60
2019	170.58	31929	34.37	12	108
2020	286.60	38549	41.00	12	107
2021	320.10	46609	46.28	12	107
2022	395.00	61132	58.99	23	196

注：数据来源于2010—2022年青岛市国民经济和社会发展统计公报。

（三）高教品牌树立，城市声誉提升

大学与城市总是相伴成长，珍贵的高等教育资源是一个城市的名片。近年来，青岛优质高教资源引进工程持续推进，逐步形成具有青岛特色、开放创新、充满活力的高等教育校地共生发展格局，为青岛加快建设新时代中国特色社会主义现代化国际大都市提供强有力的人才保证、科技支撑和智力支持。青岛作为优质高教资源聚集地的城市形象也在国内打响，引发各地效仿，产生了积极的社会影响。2022年底，青岛市普通高校在校生数由2010年的284788人增至472280人，专任教师由2010年的16996人增至25885人；研究生规模增速尤为显著，由23144人增至67281人，增加了1.9倍，详见表7-10。

表7-10　2010—2022年青岛市普通高等学校发展概况

年份	学校总数（所）	在校生数（人）		专任教师数（人）
		总计	研究生在校生数	
2010	25	284788	23144	16996
2011	22	291453	26072	17120
2012	22	296645	27647	18183
2013	22	300246	28703	18396
2014	22	313486	10441	18587
2015	24	322260	30565	19213

年份	学校总数（所）	在校生数（人）		专任教师数（人）
		总计	研究生在校生数	
2016	26	340875	32743	20151
2017	25	346238	37058	21231
2018	25	397982	41145	21576
2019	24	415824	50043	22849
2020	27	430671	53188	24321
2021	27	457201	61772	25059
2022	27	472280	67281	25885

注：数据来源于 2011—2023 年《青岛统计年鉴》。

优质高教资源持续不断引进塑造了青岛的高教品牌。随着国内外知名高教资源迁入和新建大学的成长，青岛的高等教育逐渐发展起来，但是青岛不满足于此，对于建设高等教育中心、提高城市创新力量，青岛雄心勃勃。为了踏上城市发展的新征程，青岛提出了"学深圳、赶深圳"这样雄心勃勃的口号，把创新作为城市发展的生命线，建设以市场为导向、产学研深度融合的科技创新体系。终于，在一轮又一轮优质高教引流中，形成了"南看深圳，北看青岛"高教品牌，青岛的高教力量获得了极大的提升。

青岛优质高教资源引进工程获得各大媒体报道，提升了城市的关注度和知名度。自青岛引进建设新型大学组织以来，相关措施频频走向热搜，获得各界关注，被地方媒体、省级媒体乃至中央媒体报道。如《冲击北方第三城！20 余所"双一流"已落户》《全力引进名校，打造区域高教中心，谈谈青岛的高等教育发展》《青岛成为高教领域黑马？20 余所"双一流"已落户！》等，相关报道聚焦青岛引进优质高教资源的一举一动，无论是政策出台，抑或发展成效，都能成为媒体宣传热点，提高了青岛城市知名度。

（四）辐射带动教育质量提升

近几年，青岛大力引进国内外优质高等教育资源，一大批高水平院校相继签约落地，有效提升了青岛高等教育的规模和水平。为充分发挥新引进高等教育机构的作用，引导高等教育机构更好地融入地方经济社会发展，构建高校与中小学联合育人模式,推动新型大学组织与中小学协同合作,互利互助,共享共赢,青岛教育局制定《"结对高校、联合育人"行动方案》,创新开展了"结对高校、联合育人"行动。该项目组织新型大学组织和中小学以"1+N""N+1"等方式开展结对共建。在此基础上,鼓励新型大学组织采取灵活方式,开展各种结对共建活动,充分发挥辐射带动作用。

结对共建内容主要包括资源开放,鼓励新型大学组织开放实验室、图书馆、实训基地等硬件设施;开放学术报告、专家讲座、高端论坛、特色课程等课程资源;开放文化、艺术、体育场所设施。师资供给,鼓励新型大学组织通过教师派遣、师资培训、科研及课程指导等方式,提高中小学科研水平,促进中小学教师的专业发展。联合育人,鼓励新型大学组织与中小学通过课程开发、共建认知实践基地、活动指导等方式,为中小学生拓展更多的进步空间。目前,已有包括北京航空航天大学青岛研究院在内的多个新型大学组织与中小学和中等职业学校结对,搭建合作交流与共建共享平台,发挥了高等教育对基础教育和职业教育的辐射作用。

第四节　苏州市:最强地级市谱写名城名校合作绚丽篇章

改革开放后,苏州作为地级市,在既没有深圳那样的特区优势,也没有南京那样省级首府地位的条件下,通过持续推进制度创新、发展外向型经济,逐步构建了独特的发展模式,即打造以工业为核心的实体经济基础、强调科技创新能力的发展导向、以充满活力的民营经济为补充。苏州市以国际化视野、超常规谋划、大手笔举措,引进全球高端教育资源,建设了数量众多的新型大学组织,有力促进了城市转型升级,谱写了名城与名校互利共生的绚丽篇章。

一、苏州市新型大学组织建设背景

从城市发展阶段来看,苏州经历了外向型经济和产业转型两个阶段,两个阶段均形成了对地方高等教育的强需求。与此同时,作为改革开放后"苏南模式"的策源地之一,苏州民营经济蓬勃发展,在创造了大量就业机会的同时,也形成了对高等教育的旺盛需求①,截至 2023 年,苏州至少引进了 23 所"双一流"大学,发展新型大学组织成为苏州实现城市转型升级的战略支撑和重要引擎。

（一）外向型经济模式对国际化人才保持旺盛需求

改革开放以来,苏州始终保持敢为人先的状态。1984 年,国家相继设立第一批沿海经济特区和经济技术开发区,苏州自担风险,耗资 50 万元率先建立中国第一个自费开发区,并在上海投放广告进行招商引资。此后,随着苏州各级各类开发区的建设,大量外资进入,苏州对人才的需求量逐年增加,于是,1994 年起,苏州开始实施大学本科毕业生取消户籍限制的政策,当年苏州制造业人口迅速增加至 182 万人。② 而要促成人口的强吸引,高等教育的发展必不可少,尤其是针对外向型经济对国际化人才的需求,2006 年,经教育部批准,西安交通大学与利物浦大学签订协议合作成立西交利物浦（国际）大学,2010 年该校获准授予利物浦大学研究生学位,2012 年教育部同意学校实施英国利物浦大学硕士和博士学位教育,成为苏州培养国际化人才的重要载体。

（二）科技创新能力提升对高端人才保持旺盛需求

在发展过程中,苏州始终保持高度的忧患意识,由此促使该市较早开始注重科技创新能力的培养和提升。2005 年,苏州工业园区初见成效,此时苏州市政府已经意识到过度依赖外向型经济及中低端制造业带来的风险,由此,及早谋划了工业园区的产业转型,使之转向创新型经济,并成功避免了 2008 年国际金融危机带来的冲击。在这一背景下,高等教育的引育工作成为助力产业转型的重要抓手。中国科学技术大学苏州高等研究院、西安交通大学苏州研究院分别于 2003 年、2004 年成立,成为苏州地区较早引进的高校,两校成立之初即明确服务于苏州工业园区建设需求。其中,中国科技大学苏州高等研究院与苏州市政府共建了软件学院和纳米科学技术学院,先后被评为"苏州工业园区教育工作先进单位""苏州独墅湖科教创新区年度先进集体"等;西安交通大学苏州研究院

---

① 刘颂辉:《"最强地级市"苏州炼成记:营商环境再优化　企业获得感增强》,《中国经营报》2021 年 11 月 29 日。

② 盛思鑫、陈树志:《深圳与苏州引进国际科教资源的比较研究》,《特区实践与理论》2020 年第 2 期。

则获苏州工业园区经济贡献突出奖等荣誉,充分体现了此类新型大学组织对园区发展的贡献。

（三）民营经济质量提升对科技人才保持旺盛需求

民营经济在苏南地区具有较为坚实的发展基础,其历史可以追溯至近代以来的民族工商业在苏南地区的实践。改革开放后,随着社会主义市场经济体制的建立和完善,以自身创新和国内资源来推动市场转型的"苏南模式"的形成与以乡镇企业为主体的民营经济发展有着较强的关联性。① 20 世纪 90 年代中后期,市场开始转向了买方市场,乡镇企业因技术储备不足而产生的弊端逐渐显现,"产品销售困难,生存空间备受挤压"②,这促使乡镇企业萌生了对高端技术、高端人才的需求。与此同时,苏南地区持续加速的城镇化进程促成城市吸纳大量青年群体,尤其是本科以上的知识群体,到 2012 年,苏州已成为仅次于深圳的全国第二大移民城市,外来流动人口占整个江苏的 1/3。③

二、苏州市新型大学组织建设举措

从历史进程来看,苏州与名校的合作早在 20 世纪 90 年代即已开始。通过校城合作,苏州不仅在科技创新、产业发展上获得了强有力的智力支撑,而且,高校培养的大量高素质人才成为推动城市转型的重要力量。例如,在苏州建立了软件学院和纳米科学技术学院的中国科学技术大学,累计向社会输送了 7000 多名研究生;西安交通大学苏州研究院培养了超过 2000 名全日制研究生;南京大学苏州校区启动第一年就迎来了 500 名本科生。苏州为增强城市竞争力,高度重视新型大学组织的培育,在引进措施上,苏州发挥区县的能动性,区县成为引进新型大学组织的主体。同时,苏州还发挥工业园区——产业企业的能动性,依托工业园区的建设发展布局新型大学组织,由此形成产教深度融合、市校共同发展的格局。

（一）以区、县为主体的引进模式

苏州对新型大学组织的引进工作是以区、县为主体,充分发挥区、县的自主

---

① 洪银兴、陈宝敏:《苏南模式与中国经济的市场化》,《宏观经济研究》2002 年第 10 期。
② 季小立、宗蕴璋:《"苏南模式"城市化及其演进》,《理论与现代化》2004 年第 6 期。
③ 顾秋萍:《苏州人口 1300 万已成全国第二大移民城市》,《扬子晚报》2012 年 3 月 14 日。

性和积极性。在校园建设上,苏州普遍采取"政府垫资代建、学校约定回购"的方式。在引进重点上,强化引进建设独立法人的中外合作大学,创造性地建设了两所"两头在外"的中外合作大学。昆山杜克大学是由美国杜克大学和中国武汉大学合作创办的非营利性中美合办高校,昆山市政府作为合作支持方参与建设,根据项目建设进度和关键绩效指标考核结果,采取多轮滚动支持。西北工业大学苏州太仓校区则由太仓市政府与西北工业大学合作建设,太仓市充分发挥西北工业大学在民用航空等领域的优势,制定了相关航空零部件产业园发展规划,在该校所在的娄江新城围绕高校布局各类科技研发平台、创新创业载体和产业孵化园区,着力构建教育、科研、产业孵化的融合创新格局,打造科技成果转移转化的承载区。

市场机制在苏州高校的"县域办学"过程中发挥了重要作用。一方面,县域经济转型发展对高校"县域办学"有着现实需求,区、县政府出地、出资引进高校是基于自身对人才、科技、文化等方面的现实需求。通过引进优质高教资源,集聚县域创新资源、助力县域经济转型升级,推进县域新型城市化的建设,带动新建校区周边土地升值开发,吸引高素质年轻群体落户,带动县域创新创业,是地方政府在引进高校落户过程中的重要考量。同时,在高等教育进入大众化、普及化发展阶段之后,部分高等院校同样面临着寻求新增办学资源、寻找新的办学亮点等一系列现实问题。因此,地方政府与高校之间通过协商谈判,使得高校落户县域,本质上是市场机制发挥了对高等教育资源配置的重要作用,市场动力成为这一轮高等教育地方化的驱动力量。①

同时,相关部属高校通过与苏州县级政府共建教研实体,充分发挥各自在学术、资金、技术、人才和市场方面的优势,针对县域企事业单位的重大问题共同开展具有深度和广度的联合育人、合作研发和社区共建工作。②

(二)与工业园区紧密合作的建设模式

在苏州引进和建设新型大学组织的过程中,苏州工业园区的建设发展不仅

---

① 徐军伟、胡坤:《县域办学:经济发达地区高等教育地方化的新探索》,《宁波大学学报(教育科学版)》2018年第2期。

② 李政、韩远:《新型城镇化视角下的县域高等教育体系研究》,《中国软科学》2017年第8期。

是该市构建地方高等教育体系的有利契机,也是推动各高校在服务地方中实现提质增效的载体。作为经开区、高新区、自贸区"三区合一"的特色园区,苏州工业园区拥有上市公司49家、国家科技型中小企业2630家、科创企业8000多家,集聚了国内外知名高校31所、科研院所42家、中外合作创新中心21个,截至2023年,园区实现地区生产总值3515.6亿元,拥有制造业企业超过9000家,形成了电子信息和装备制造2个2000亿规模的产业集群,生物医药和纳米新材料等产业迈入千亿级。其中,规模以上制造业企业93%实现了生产机械化,超过50%实现过程自动化。

为了向园区提供高端人才、激发人才集聚效应,2022年苏州为园区配套建设了独墅湖科教园区,该园区占地总面积约51.85平方千米,常住人口约24万。2012年,教育部与苏州工业园区管委会签署了《共建高等教育国际化示范区框架协议》,成立全国首个"高等教育国际化示范区"。根据该协议,教育部主要负责宏观指导、政策协调和资源支持,支持苏州独墅湖高等教育国际化示范区立足区内教育国际合作与交流发展需求,通过积极推动引进优质高等教育资源、创新中外合作办学工作机制、提升中外合作办学质量、聘请高层次外籍专家学者、提高来华留学质量水平等工作,进一步提升苏州独墅湖科教创新区高等教育国际化水平,创新国际化人才培养模式,并发挥其在提升高等教育对外开放水平方面的示范性作用。同时,独墅湖科教创新区依托教育部对外开放的政策优势、苏州工业园区中新联合协调理事会的体制优势、经济社会对外开放的区域优势,先行先试,探索更多方式利用国外优质高等教育资源,引领我国高等教育国际化发展,进而发展成为国内优质高等教育资源集中度最高、获批教育部中外合作办学机构和项目最多、高等教育国际化发展最具活力的区域。[①]

独墅湖科教创新区建设以来,坚持教育、科技、人才一体化发展,打造中国硅谷,由园区出钱、出地建设校园基础设施,高校"拎包入住",新型大学组织建设取得了显著成效。区内院校与美、英、法、澳等10多个国家建立了30多个中外

---

① 陶德胜、胡微:《当代中国"一区多校"管理模式创新实践初探——以苏州独墅湖科教创新区为例》,《知识经济》2020年第12期。

合作项目,是迄今全国唯一一家同时兼具高等教育国际化合作模式种类最全与中外合作高等教育学历体系最完整两大特色的区域,区内吸引设立33所高等院校,目前,该园区内教职工约6400人,在校生人数近8万人,留学生总数超3000人。

苏州市政府与园区采取了"一校一策"的引导策略,针对不同高校的不同特色,结合地区优势,多层次、全方位为每所学校制定"专属方案"。例如,中国科技大学苏州研究院、西安交通大学苏州研究院、中国人民大学苏州校区、南京大学苏州研究生院等落户独墅湖科教创新区后,校园没有围墙,园区提供了以公共设施共享、校园开放为原则的后勤社会化服务,便于师生往来沟通。

同时,苏州市政府与园区通过推进产教融合,促使高校与园区形成共同体。为了促进园区内高校与地方产业之间的紧密合作,独墅湖科创区对已落地的院校进行分门别类、优化配置,在学科建设、平台建设上进行质的提升,推动入驻院校"高端化、国际化、本地化、特色化"发展,让产业发展与人才培养相辅相成、相得益彰。园区内还成立了高校党建联盟,建立党建工作联席会制度,联席会主司技术创新、人才供给、成果转化等方面的联动融合。

三、苏州市新型大学组织建设进展

苏州引进大学的历史可以追溯至20世纪80年代引进中国中医科学院研究生院。其后在很长一段时间内,由于多种因素影响,苏州更为注重培育本土高校,2005年是苏州重新开始加大高等教育引进力度的关键节点,当年苏州引进了东南大学苏州研究院,落地苏州工业园区,由此成为该市引进新型大学组织的新起点,也为此后引进的新型大学组织提供了建设范本。

（一）建设规模

截至2023年,苏州拥有28个新型大学组织,其中本科8所,高职高专院校17所,中外合作大学2所,大学校区分校3所,与200多所国内外大院大所开展形式多样的合作,建设各类产学研创新载体158家,实施产学研合作项目20000多项。其中,苏州市新型大学组织是一支重要生力军,有力促进了全市科教事业发展,详见表7-11。

表 7-11 苏州市新型大学组织

序号	机构名称	成立年份	合作方
1	中国中医科学院研究生院	1984	中国中医科学院、苏州市政府
2	中国科学技术大学苏州高等研究院	2003	中国科学技术大学、苏州市政府
3	西安交通大学苏州研究院	2004	西安交通大学、苏州市政府
4	复旦大学—新加坡国立大学联合研究生院	2004	复旦大学、新加坡国立大学、苏州市政府
5	西交利物浦大学	2004	西安交通大学、利物浦大学、苏州市政府
6	东南大学苏州校区	2005	东南大学、苏州市政府
7	中国科学技术大学纳米科学技术学院	2006	中国科学技术大学、苏州市政府
8	中国人民大学苏州校区	2007	中国人民大学、苏州工业园
9	四川大学苏州研究院	2007	四川大学、苏州市政府
10	武汉大学苏州研究院	2008	武汉大学、苏州市政府
11	华北电力大学苏州研究院	2010	华北电力大学、苏州市政府
12	新加坡国立大学苏州研究院	2010	新加坡国立大学、苏州市政府
13	美国代顿大学中国（苏州）研究院	2010	美国代顿大学、苏州市政府
14	蒙纳士大学—东南大学苏州联合研究生院	2012	东南大学、蒙纳士大学
15	乔治华盛顿大学中国研究院	2012	乔治华盛顿大学、苏州市政府
16	山东大学苏州研究院	2012	山东大学、苏州市政府
17	昆山杜克大学	2013	武汉大学、杜克大学、昆山市政府
18	苏州工业园区洛加大先进技术研究院	2013	美国加州大学洛杉矶分校、苏州工业园区政府
19	哈佛大学韦茨创新中心	2017	哈佛大学、苏州工业园区政府
20	中国农业大学有机循环研究院	2018	中国农业大学、苏州市政府
21	牛津大学高等研究院（苏州）	2018	牛津大学、苏州市政府
22	南京大学苏州校区	2019	南京大学、苏州市政府
23	厦门大学昆山研究院	2020	厦门大学、昆山市政府

序号	机构名称	成立年份	合作方
24	南京医科大学姑苏创新研究院	2021	南京医科大学、苏州市政府
25	河海大学苏州研究院、苏州研究生院	2021	河海大学、苏州市政府
26	德国卡尔斯鲁厄理工学院中国研究院	2021	德国卡尔斯鲁厄理工学院、苏州市政府
27	欧洲工商管理学院中国校区	2021	欧洲工商管理学院、苏州市吴中区政府
28	哈尔滨工业大学苏州研究院	2022	哈尔滨工业大学、苏州市政府

苏州高等教育以引进为主，尤其是独墅湖区域成为苏州高等教育元素最丰富的地区，创造出了与经济发展交相辉映的高等教育版"园区速度"，截至2023年，园区内已吸引设立了中国科学技术大学苏州高等研究院、牛津大学高等研究院（苏州）等一大批中外院校和科研机构。在全省乃至全国高等教育版图中，苏州市的高校都已经成为一股不容忽视的力量，例如，中国人民大学苏州校区、西交利物浦大学、南京大学苏州校区、西安交通大学苏州研究院等。

（二）类型分析

与其他城市不同，苏州在培育建设新型大学组织的过程中，自始至终与产业发展、园区建设紧密结合，服务于地方经济社会发展需求。因此，从合作机构来看，苏州引进的新型大学组织集中在国内外排名靠前的高水平大学，实现了C9高校全覆盖。例如，国内高校中，苏州优先选择了中国科学技术大学、东南大学、西安交通大学等；国外高校中，苏州早期注重引进与城市有合作关系的国外高校，其中新加坡国立大学的引进是代表之一，后期则注重引进更多国际排名靠前的大学，牛津大学、利物浦大学等均是苏州的合作方。

从合作领域来看，苏州注重引进建设的新型大学组织同样以理工科为主，尤其是与苏州各类战略性新兴产业密切相关的高校，例如，2006年，中国科学技术大学纳米科学技术学院的成立，目的在于支持苏州在纳米新材料领域的开拓；2021年，南京医科大学姑苏创新研究院的创办，主要是为了打造生物医药产学研转化集群新高地。

四、苏州市新型大学组织与城市共生发展成效

新型大学组织既是地方资源的消费者,也是资源的聚集者。苏州培育的新型大学组织均与地方产业发展高度相关,走出了一条以产业发展为核心、高端人才为引领、新型大学组织为支撑、产学研深度融合为方向的发展模式,苏州高等教育与城市发展之间形成了"双向赋能"的良性循环格局。

(一)人才虹吸效应优化城市人口结构

作为较早启动招才引智的城市,苏州自 2007 年起,瞄准高科技产业发展实施了"姑苏人才"计划。2016 年,苏州推出了"人才新政 40 条",2020 年推出了"人才新政 4.0 版",2021 年发布了"人才制度改革十五条",形成了覆盖战略科学家、行业领军人才和创新团队、中青年科技工作者、大学生和技能人才等各类人才的人才政策体系。2020 年,苏州荣登"全国最佳引才城市"榜单。

新型大学组织的引进以及其与工业园区的融合发展为城市人口规模的提升、人口结构的优化作出了巨大贡献。① 有关数据显示,截至 2022 年,苏州常住人口达 1284.78 万、实有人口超 1300 万,其中常住外来人口已超过本地户籍人口,已成为仅次于深圳的全国第二大移民城市。2022 年 3 月,上海市社科院发布了《长三角地级和县级城市青年友好程度比较:从人口流动视角》报告,该报告指出,苏州人口为长三角地区人口"净流入"最多的城市,尤其是依托园区,通过完善产业链、推动产教融合等举措,新引进的新型大学组织为苏州带来的大批青年教师、本科生、硕士生、博士生,苏州青年人才和高端人才的集聚效应显著。

(二)科技成果转化助推城市产业创新

苏州在建设新型大学组织的过程中,注重将丰富的科教资源转化为发展优势。积极探索组建企业、高校、科研院所"创新联合体",通过加强科技创新、加速企业孵化、推动技术转型等方式促进城市产业整体发展。为进一步提升科教资源转化效率,苏州市政府出台了《关于完善大院大所科技合作政策举措的意见》,积极搭建培训研习、实习实训、人才招聘平台,鼓励相关科技人才在苏州申

---

① 胡志伟、彭迪云:《新兴产业创新驱动下科教资源低丰裕度地区大院名校汇流研究——以深圳、苏州、无锡为例》,《科技管理研究》2015 年第 4 期。

报各类创新创业计划,通过知识产权入股方式创办高新企业,并在进行校企共建、联合培养的同时,对高校科技人才或毕业生创办的创新创业企业给予经费、办公场地等方面的优先支持,推动地方、企业、高校平台共建、信息互通、资源共享。以生物医药产业为例,苏州高校按照产业特点,以技能型、专业型、研发型三类实训基地为主要方向,分层分类推进产教融合创新发展。

与此同时,以苏州工业园区为平台,苏州围绕创新驱动发展、长三角一体化等国家战略,积极推进"引校入企"、共建产业学院。在这一过程中,该园区发起成立了苏州工业园区智能制造人才培养联盟,帮助高校深度对接,实质融合长三角地区产业集群,通过地方政府、行业协会、企业机构共建共管共享现代产业学院,创造可复制、可推广的产教融合模式,为企业发展培养创新型人才,推动区域内创新主体不断集聚、创新氛围持续浓厚、创新成果加快涌现。

（三）国际化办学塑造城市对外开放形象

高校师资结构和学生培养的国际化是提升城市能级、塑造对外开放形象的重要抓手。苏州建设的各类新型大学组织通过各种渠道引进各学科领域知名学者,不断推动组建具有知识生产力的团队,充分发挥了知名学者的虹吸效应,截至 2021 年,苏州独墅湖科教园区内海外留学归国人才占苏州市的 40%,外籍高端人才占江苏省 20%,园区内拥有四类博士后工作站。其中,博士后科研工作站总站 5 家,下设分站 36 家;江苏省创新实践基地总站 11 家,下设分站 1 家;苏州博士后预备站 5 家;园区博士后孵化站 15 家。与此同时,为留住高校带来的大量人才,苏州不断优化提升城市功能和城市能级,以更加精细化的城市管理,为辖区居民提供更高品质的生活环境[1],逐渐形成了"体系完备、形式多样、协同创新"的高等教育国际化发展格局。[2]

---

[1]　尚琳琳:《国际校区建设:我国高等教育在地国际化办学的新探索》,2020 年 7 月 30 日,见 http://cssn.cn/index/zb/202007/t20200730_5163428.shtml。

[2]　郭强:《高等教育中外合作办学区域特色建构研究》,《教育理论与实践》2017 年第 33 期。

第八章 新型大学组织与经济发达城市 共生发展的策略

近年来,新型大学组织以迅雷不及掩耳之势在各个经济发达城市落户,那么"落地"之后怎样更好开花结果,亟待做好这后半篇文章。目前,有的校地合作虎头蛇尾、雷声大雨点小;有的校地合作成为"签约竞赛"下高校与地方政府"晒政绩"的手段;有的校地合作联姻状况有较多不尽如人意之处;也有的高校从地方迁回省会城市,出现"回流"现象。面对新形势新挑战,新型大学组织与经济发达城市要实现双向赋能,相互支持,互相成就,共生发展,就需要从布局结构、高校设置、治理体系、评价机制、高质量发展五个方面着手。

第一节 科学谋划新型大学组织布局结构调整

"全球—国家—地方模型"(GAH)理论模式认为,全球、国家、地方层面的相互影响错综复杂,不是简单地从全球向国家或地方的单向流动,而是同一时间发生的多向流动。国家和地方层面的机构和集体行动并不完全取决于全球机构和集体行动,相反,它们可能会重塑、批判或改变全球机构和集体行动理论,高等教育空间布局的成因复杂,既受政治、经济的影响,也与人口、地理、文化等因素相关。① 当前,我国高等教育资源布局存在区域发展不够均衡、与产业布局匹配度不够高等问题。在区域发展上,高等教育资源呈现"东高西低"的现象,优质高等教育资源更多集中在东部沿海地区,中西部相对不足;在与产业布局的结合

---

① 谷小燕:《探析全球化时代高等教育的几种理论视角》,《清华大学教育研究》2012 年第 6 期。

上,高等教育与各地区产业布局调整步伐不够协调,两者呈现一定程度的脱节现象。新型大学组织主要集聚在经济发达城市,具有一定的历史必然性,是政府驱动与市场驱动双重逻辑导致的结果。为进一步优化高等教育布局,促进新型大学组织与所在城市实现共生发展,需要科学谋划新型大学组织的布局结构。

一、支持东部"双一流"大学到中西部办学

目前,中西部地区已经逐渐认识到高端科教资源对于经济转型的重要性,陆续出台政策文件,加大引进培育力度。《湖北省教育事业发展"十四五"规划》提出,"支持襄阳市、宜昌市引进国际国内高水平大学建设一批创新研究院";江西省委、省政府出台《关于江西在新时代推动中部地区高质量发展中加快崛起的实施意见》,明确提出,"加大力度吸引国内外知名高校在江西开展合作办学";《关于支持郑州建设国家中心城市的指导意见》提出,支持郑州"引进国内外高水平大学和国家级科研院所设立分支机构,建设全国重要科教中心"。

针对中西部地区高等教育发展不平衡不充分的问题,可以鼓励东部高教资源密集地区大学到中西部地区创办新型大学组织。密切配合西部大开发、中部崛起战略,充分考虑不同地区发展特点,鼓励东部优质高教资源向弱势地区倾斜,补齐高教资源薄弱地区短板。近年来,已有北京大学、浙江大学、上海交通大学等高校赴西部地区办学,西安、重庆、成都、宜宾、遵义等西部发达城市创办了一批新型大学组织。

在加快形成以国内大循环为主体、国内国际双循环相互促进的新发展格局背景下,需要进一步加强东部地区"双一流"大学与中西部地区大学结对共建,对口支援中西部高校,促进其高质量发展。目前,全国共有 127 所中央部门所属高校和东部高水平地方高校对口支援 116 所中西部高校。例如,北京大学援助石河子大学建设,清华大学援助青海大学建设,南京大学对口帮扶西北大学,取得显著成效。

《教育部　国务院学位委员会关于进一步规范高等学校异地研究生培养的意见》虽然对高校异地办学从严控制,但是对于东部高校到西部办学却保留绿色通道,明确规定"引导东部高等学校到中西部地区开展非全过程培养,促进东西部协作"。面对新形势,需要进一步深化东西部合作,创新机制,推动优质教

育、科技、人才资源共建共享,增强中西部地区高等教育的"造血"能力。东西部高校合作是国家均衡发展战略的重要组成部分,国家可以为东西部高校人才流动、对口支援提供专项资金支持,东中西部联合培养博士生,进一步调动东部"双一流"大学的积极性。

要进一步健全区域科技合作体系,加快科技自立自强步伐,做好科技援疆、援藏、援青、支宁、兴蒙、入滇和深化跨区域结对合作,引导创新要素跨区域有序流动和高效集聚,畅通社会再生产过程中生产、分配、流通、消费各环节,发挥东部地区科教资源外溢效应,提升中西部和东北地区创新驱动发展能力。需要重视的是,在国家规范异地研究生培养、加强高校异地科研机构管理的背景下,各类新型大学组织应符合政策规定,避免盲目扩张。

二、探索中西部"双一流"大学辐射周边地区办学

《中华人民共和国国民经济和社会发展第十四个五年规划和2035年远景目标纲要》明确提出,"优化区域高等教育资源布局,推进中西部地区高等教育振兴"。在全面振兴中西部高等教育的过程中,不仅要促进东西部地区高等教育协调发展,还要促进中西部地区高等教育自身内部的协调发展,加强高等教育和区域经济社会发展的紧密联系,扎根中国大地办大学。

中西部地区高等教育长期面临资源紧缺、经费不足的压力,2021年全国普通高校生均一般公共预算教育事业费支出为2.10万元,其中东部地区2.58万元,中部地区1.75万元,西部地区2.35万元,呈现"中部塌陷"的格局。中西部地区非省会城市高校数量众多,但实力不强,是中西部高等教育的短板,而中西部省会城市的老牌大学如兰州大学、西安交通大学、武汉大学、四川大学等扎根区域,形成鲜明的办学特色和卓越的办学质量,在新发展格局下,将自身优势辐射扩散出去,带动周边地区经济社会文化发展,是践行高等教育使命的必由之路。"知识溢出是空间距离的函数,随距离的增加溢出效应减弱。"①

2021年9月,中共中央办公厅、国务院办公厅印发《关于新时代振兴中西部高等教育的意见》。2022年5月,教育部批复同意甘肃设立新时代振兴中西部

---

① 赵晶媛:《区域知识管理》,中国经济出版社2007年版,第21页。

高等教育改革先行区。推动中西部地区高等教育发展,要充分激发中西部地区高水平大学的内生动力和"头雁作用",发挥西安、兰州"双一流"大学的战略支点作用,带动西北地区高等教育质量提升;发挥重庆、成都"双一流"大学在西南地区的战略支点作用,促进高水平大学产生溢出效应;发挥武汉、长沙、郑州、南昌"双一流"大学的引领作用,带动中部地区高等教育崛起。"中西部要打造高等教育中西城市发展极"①,可以审时度势支持中西部省会知名"双一流"大学辐射周边县市,根据发展需要举办大学校区、研究院、产学研合作基地、新型研发机构等,打通打造中西部地区高等教育"内循环"。例如,四川宜宾全力打造成渝双城区域教育中心核心引擎,吸引了成都市部分"双一流"大学落户办学。四川省人民政府充分尊重科学规律,把中西部地区的各种资源充分利用起来,结合中西部地区城市独特的地理、历史、文化、产业特点,支持中西部省会老牌优势大学到周边经济相对发达地区举办新型大学组织,加强产教融合、科教融合,从而提升中西部高等教育整体实力,实现中西部高等教育的结构转型。

三、鼓励引入国际优质高等教育资源

站在中华民族伟大复兴战略全局与世界百年未有之大变局历史性交汇的重要历史节点,面对经济全球化潮流,中国提出构建新型国际关系,积极发展全球伙伴关系。高等教育在全球化进程中具有基础性、先导性作用,我国高校加快国际化步伐,积极"走出去""引进来",提高高等教育在全球的话语权、影响力,培养更多具有国际视野、国际胜任力的高层次国际化人才,是推进教育现代化,建设教育强国的题中应有之义。

为此,通过支持引入国际优质大学资源,既可以与国际科技前沿形成对接,同时也有利于提高我国高等教育质量。例如,海南正在加快建设中国特色自由贸易港,打造陵水黎安国际教育创新试验区,努力成为新时代中国教育对外开放新高地,积极吸引国内知名高校在海南设立分支机构,引进境外优质教育资源,举办高水平中外合作办学机构和项目。海南在全国首创本科以上层次中外合作

---

① 李立国:《中西部高等教育振兴发展的新使命与责任诉求》,《高校教育管理》2022年第3期。

办学机构的审批新模式"中外合作办学部省联审联批",优化了审批流程,提高了审批速度,目前,已经吸引英国、德国、俄罗斯、瑞士等多国高端高等教育资源,建立新型大学组织,更多优质境内外教育资源正在加速向海南汇聚。

在当前逆全球化和单边主义抬头的背景下,我们需要进一步解放思想,尽快完善相关政策,以高水平对外开放促进高等教育改革,支持我国高校加强与世界一流大学的合作,以中外合作办学、分支机构、科研团队、项目引进等方式促进新型大学组织落地,促进在地国际化。"在地国际化"作为一种试图超越流动性的国际化模式,已被纳入到多国高等教育国际化政策中。① 教育国际化应努力扩大"在地"国际化的举措,尤其是课程的国际化,以支持和扩大学生的全球学习。进一步加强研究生层次中外合作办学,提升中外合作办学的层次;完善高等教育对外开放评价指标,引导高校积极参与全球治理,推进"一带一路"建设,构建人类命运共同体;秉持"不求所有但求所用"的原则,开启"人才共享"模式,简化国籍、绿卡、签证等移民与入境制度,大力引进国外高层次人才和高水平智力资源②,努力建成区域国际教育枢纽,进一步发挥高等教育资源对城市发展的引领作用。

第二节　完善新型大学组织与城市共生发展的政策体系

新型大学组织创办历史短,更多依靠地方政府与各高校达成合作关系,其动力主体更为多元,办学层次和办学形式往往由地方和各高校自行确定,缺乏统一规范,造成责权利不清,资源分散,不利于新型大学组织可持续发展,因此亟须改变目前标准不清和不同法律法规各管一面的状况。

针对目前新型大学组织出现的一些无序扩张的乱象,教育部印发《关于加强普通高等学校异地培养研究生管理的通知》《关于规范高等学校异地科研机构建设和管理有关工作的通知》《关于"十四五"时期高等学校设置工作的意见》

---

① 王建梁、杨阳:《高等教育在地国际化的国际经验与中国路径选择——基于多国政策与战略的分析》,《社会科学战线》2022年第9期。

② 徐小洲、阚阅:《跨入新全球化——新时期我国教育对外开放的挑战与对策》,《教育研究》2021年第1期。

《关于进一步规范高等学校异地研究生培养的意见》等文件,强调严控高校异地办学行为,清理不规范的大学异地分校校区、研究生院。在此背景下,"双一流"大学异地办学踩刹车。部分高校开始逐步清理现存的异地校区和机构,如西南交通大学宣布撤销深圳、青岛、唐山研究院等机构;部分机构加快更名和管理体制调整,如西安交通大学研究生院(苏州)更名为西安交通大学产教融合协同育人基地(苏州)。

一、完善新型大学组织设置标准

当前,应进一步考虑健全高校设置标准,完善高校的分类设置、分类评价,对大学发展发挥重要的导向作用,促进不同类型高校的特色多样化发展。[①] 高校分类体系是立体多维的,局限于单一标准无法囊括所有学校的类型,高校分类设置的核心标准是保障高等学校职能实现的基本条件,但是不同层次、不同类型的高等学校应该有不同的设置标准。新型大学组织类型多样,针对不同样态的新型大学组织,应建立相应的设置标准。

(一)完善新型研究型大学设置标准

基于知识生产模式转型与创新型国家建设的多重驱动,我国开启了新型研究型大学的探索实践,《中华人民共和国国民经济和社会发展第十四个五年规划和2035年远景目标纲要》提出支持发展新型研究型大学等新型创新主体,在实践中各地深入探索建设新型研究型大学,如河南省宣布组建电子科技大学、航空航天领域的新型研究型工科大学;宁波市与宁波市虞仁荣教育基金签约筹建"高起点、高定位的新型研究型大学"——东方理工大学;福州市政府和河仁慈善基金会签约筹建福建第一所新型研究型大学——福耀科技大学等。相较于传统研究型大学,新型研究型大学呈现新理念、新机制、新体制等特点[②]。对此,需要基于传统的普通本科学校设置标准,根据新形势下研究型大学"小而精"特点,进一步明确办学条件、学科结构、人才培育、师资队伍、治理结构、经费供给、国际化办学等方面的设置标准,适应新型研究型大学"尖兵"突进支撑国家战略

---

①　史秋衡、康敏:《探索我国高等学校分类体系设计》,《中国高等教育》2017年第2期。

②　沈红、熊庆年、陈洪捷:《新型研究型大学的"新"与"生"》,《复旦教育论坛》2021年第6期。

科技力量建设的时代使命,树立新型办学观念、创新新型治理模式、优化新型环境制度,在开放、包容、多元的创新文化中走"小而精"的可持续性路线①,建立系统化的跨学科人才培育体系,促进基础学科与科技创新之间的互动,激活新型研究型大学创新知识生产与再生产的活力,解决"创新断层"等问题,打通创新链、产业链、人才链,由此成为区域创新生态的动力引擎,构建高等教育新发展格局,提升国家创新能力。

(二)完善中外合作办学机构设置标准

针对粤港澳大湾区、雄安新区、海南自贸试验区纷纷创建中外合作高等教育机构的现象,需要结合《中华人民共和国中外合作办学条例实施办法》等中外合作办学法律法规,健全境外高校的准入标准、中外高校的合作规范,完善中外合作办学机构的设置标准。② 建立审核的专业团队,加强审批组织或其委托的社会中介组织建设,提高审批的科学性和可操作性;加强对进入我国的境外高校办学资质认定与评估,从源头把控引进教育资源的优质性和适切性,确定办学性质、层次和类型,明晰名称、住所、法定代表人、办学宗旨、培养目标、合作内容、合作期限、各方投入数额、方式及资金缴纳期限等内容;制定教师准入标准,建立外籍教师资格的审查制度,引进合质合规的教师,确保中外合作办学机构教师队伍和人才培养的质量。教育行政部门负责加强全国中外合作办学工作的统筹规划、综合协调和宏观管理,开展清单管理,提升数字化治理水平,强化中外合作办学机构党的领导和建设,构建权利、义务、争议解决的协商机制,确保正确办学方向。

(三)完善大学异地分校校区设置标准

基于不同主体的发展诉求,大学异地分校校区在实践中得以筹建,如中国人民大学苏州校区、东南大学无锡校区、哈尔滨工业大学(深圳)等。针对目前大学异地分校、校区等新型大学组织,应进一步依据《教育部关于"十四五"时期高

① 沈红、熊庆年、陈洪捷:《新型研究型大学的"新"与"生"》,《复旦教育论坛》2021年第6期。
② 董俊峰、倪杰:《我国高校中外合作办学的新走向》,《江苏高教》2020年第11期;林梦泉、吕睿鑫、张舒:《新时代中外合作办学质量治理体系构建理论与实践探究》,《中国高教研究》2020年第10期。

等学校设置工作的意见》等文件,因校制宜,健全大学异地分校、校区、研究生院的设置标准。具体而言,不鼓励、不支持高校跨省开展异地办学,特别是严控部委所属高校、中西部高校在东部地区跨省开展异地办学,原则上不审批设立跨省异地校区,确需设立省内异地校区的,由省级人民政府统筹,纳入本省高校设置规划,严控数量、严把条件,按照隶属关系履行审批程序;对于现存的高校异地校区,本着平稳有序的原则逐步清理规范;新申报设置的高校,须不存在跨省异地校区,促进大学异地分校校区规范发展。对于高校在省域范围内跨市办学现象,研究制定相关标准,对校名使用、占地面积、师资队伍等作出规定,提供制度遵循,基于不同地区、不同类型大学所面临发展问题的多样性与复杂性,差异化建立大学异地分校校区设置标准,全方面分析大学异地分校校区的异地办学行为[1],聚焦办学动机、办学模式及对社会产生的影响,避免"一刀切",分类施策,对症下药,有针对性地采取差异性对策。实行质量管控,促使大学异地分校校区传承大学多年积淀而成的精神、思想、价值、目标,在新的时空背景下创造新文化、生成新价值,深化异地校区教师、学生及管理者对母体文化制度的认知和认同,提高高等教育资源配置质量[2],促进健康有序发展。

（四）健全大学新型研发机构设置标准

大学新型研发机构近年来如雨后春笋,发展迅猛,一般由高校和地方政府合办,比如新加坡国立大学苏州研究院、北京理工大学长海研究院（嘉兴）、清华大学无锡应用技术研究院等,顺应国家大力实施创新驱动发展的战略背景,致力于提升国家创新体系整体效能。由于混合性、跨界性的组织属性,大学异地新型研发机构与传统大学存在较大差异,例如,广东省科技厅、东莞市政府和华中科技大学于2007年共建的广东华中科技大学工业技术研究院,按照"事业单位、企业化运作"的模式组建,具有"三无"（无行政级别、无固定编制、无固定财政经费支持）、"四不像"（不完全像大学、不完全像科研院所、不完全像企业、不完全像事业单位）的机制特色。虽然2019年《科技部关于促进新型研发机构发展的指导

---

① 王文龙:《中国高校异地办学的类型、原因与利弊分析》,《北京社会科学》2020年第6期。

② 赵俊芳、王博书:《一流大学异地办学的生成逻辑与增值效应》,《高等教育研究》2020年第4期。

意见》对新型研发机构的设立条件、管理规范、分类评价作出规定,但是高校新型研发机构毕竟不同于企业新型研发机构,有自身的类型特征。因此,设立高校异地新型研发机构既不能完全使用科技部门的政策规定,也不能简单套用原有整齐划一的高校设置标准,需要进一步明确机构命名、占地面积、建筑面积、人员队伍、经费投入、申请审批、研发实验条件、科学研究平台等事项,规范大学新型研发机构的规划建设与运行管理。通过健全设置标准,以开放共促的标准框架,促使大学新型研发机构借助大学的优质科研资源和科研成果①,形成体制机制新型化、团队建设专职化、产品研发高端化、技术服务规模化、产业孵化链条化,助力构建促进产学研要素流动的体制机制②,强化对所在区域的服务能力,孵化高新技术企业,加快科技成果转化,促进城市创新实力的快速提升。

(五)完善大学境外办学机构设置标准

针对我国北京大学、清华大学、浙江大学、上海交通大学、复旦大学、厦门大学、苏州大学、深圳大学等20多所大学走出国门,实施一批教育对外开放重大项目,赴美国、英国、新加坡、匈牙利、泰国、老挝、柬埔寨、马来西亚等国建立分校或校区的现象,应健全大学赴境外办学的"一揽子"政策。如优化办学标准和程序③,健全大学赴境外办学的评估和审批制度。探索国际认证标准和引入地政府评价体系,遵循教育质量,平衡不同治理制度④,建立跨境政府部门之间的协调机制,增强大学境外办学机构的合法性地位,增强我国高等教育国际竞争力,提升我国高等教育的自主发展能力。政府应依据循序渐进原则,结合《高等学校境外办学指南》,完善大学境外办学机构政策体系,规范资金资产出境、教师出境、跨境招生等多个领域的政策,促进教育、科技、财政、外事、安全、宣传等多部门的权责互动融合,在国际变局中扩大教育开放。因地制宜地

---

① 袁传思、马卫华:《高校新型研发机构专利成果转化的激励机制——以广州部分重点高校为例》,《科技管理研究》2020年第15期。

② 周治、王浩绮、刘兆星:《创业型大学建设新型研发机构的逻辑与对策——从双轨运行到多维协同》,《中国高校科技》2020年第4期。

③ 陈慧荣:《高等学校境外办学概念框架研究——基于境外办学规范发展的视角》,《重庆高教研究》2020年第5期。

④ 蒋凯、夏红卫:《高校境外办学的瓶颈问题与应对策略》,《江苏高教》2019年第11期。

构建大学境外机构的扶持保障政策,完善国家相关政策的实施方案和细则,强化属地高校境外办学项目遴选到实施全过程管理,形成支持和推动境外办学的合力,建设特色鲜明的大学境外办学机构,在对外开放中增强国际影响[1],提升高等教育国际化程度。

二、健全新型大学组织发展配套政策

近年来,名城引进名校,名城新建名校的步伐明显加快,但是,各类新型大学组织在蓬勃发展的同时,也暴露出一些问题,对此,需要进一步加强顶层设计,健全相关政策,为新型大学组织与发达城市良性互动、共生发展创造良好的制度环境和政策保障。

2020 年,我国召开了新中国成立以来第一次全国研究生教育会议,对加快提升研究生教育质量作出一系列新部署。我国虽然建成了世界研究生教育大国,但"有的单位对研究生教育规律认识不够,片面追求上层次、规模扩张,申请时重视、建设时忽视、培养时轻视"[2]。《教育部　国家发展改革委　财政部关于加快新时代研究生教育改革发展的意见》提出,研究生教育要面向世界科技竞争最前沿,面向经济社会发展主战场,面向人民群众新需求,面向国家治理大战略,瞄准科技前沿和关键领域;明确要求"优化布局结构,服务国家区域发展战略",完善省域研究生教育布局,建设区域性研究生教育高地;大力支持雄安新区、粤港澳大湾区、长三角、海南自由贸易试验区和长江经济带等区域发展优质研究生教育,振兴东北地区研究生教育。

为了引导高等学校服务国家和区域需求开展高质量的产教融合、科教融合,督促高等学校坚守主责主业,纠正资源分散、管理松散、无序扩张的倾向,切实保障研究生教育质量,2021 年 5 月,《教育部办公厅关于加强普通高等学校异地培养研究生管理的通知》对高校异地办学、研究生异地培养作出严格规定,"研究生必须在学校章程载明的注册和办学地的相应学位授权点进行培养和严格管理。自本通知下发之日起,除已经国务院教育行政部门批准之外,凡是高等学校

---

①　薄云、陈武元:《高校境外办学特点、趋势与推进策略》,《中国高等教育》2019 年第 9 期。

②　翁铁慧:《全面落实全国研究生教育会议精神　推进新时代研究生教育高质量发展——在 2020 年省级学位委员会工作会议上的讲话》,《学位与研究生教育》2020 年第 11 期。

章程载明的注册和办学地所属市域范围之外的其他地点,不得开展全过程研究生培养。全过程研究生培养是指除招生和学位授予外的其他所有培养环节"。文件要求,一律停止新设异地研究生院、研究生学院及其他类似机构,教育部将对异地培养研究生行为进一步规范管理,"双一流"建设高校异地培养研究生情况纳入"双一流"建设监测。

2021年12月,《教育部 国务院学位委员会关于进一步规范高等学校异地研究生培养的意见》对高校异地研究生教育进一步加强规范管理:"规范异地研究生培养机构命名,不得异地单独设立研究生院,高等学校异地举办具有研究生教育功能的机构,不得冠以诸如含有研究生院、研究生学院、研究生院分院等字样的名称。"对于已经国务院教育行政部门批准设立的异地研究生院、研究生学院及研究生院分院,可以继续使用原名称,未经批准的,应当3个月内完成更名,调整并明确其功能定位。严格异地全过程研究生培养管理,高校原则上不得开展异地全过程研究生培养,异地全过程研究生培养是指除招生和学位授予外的其他全部培养环节均在异地进行。同时,文件对于对接服务国家重大战略,确需开展异地全过程研究生培养的给予适当政策倾斜,要求异地机构应当完善相关学科或专业学位类别的师资队伍、办学条件并独立成体系,达到本校同类学位授权点的基本条件;高等学校报注册地省级教育行政部门同意、中央部门所属高等学校还须经主管部门同意后,提交异地机构所在地省级教育行政部门初审;初审通过的,高等学校将有关情况报国务院学位委员会办公室复核;经复核同意开展异地全过程研究生培养的机构,参照学位授权点进行监管评估。

对照高质量发展的时代要求,需要进一步落实落细国家严格规范高校异地研究生培养的政策精神,健全省级层面和高校层面配套政策体系。这表明,符合国家重大战略的高校异地研究生教育机构依然会存在。

一是完善省级教育行政部门管理异地研究生培养机构的具体办法。在备案管理上,省级教育行政部门应加强对跨省承担研究生培养任务的异地机构进行备案管理,细化备案分类,编制备案清单,提升备案效率,加强行政备案规范化、法治化建设。在质量监督方面,省级教育行政部门须对异地研究生培养机构的办学行为、安全事项等实施监管,避免其成为"三不管"(输出地教育行政部门不管、高校不管、输入地教育行政部门不管)的真空地带。

二是完善高校管理异地研究生培养机构的具体办法。高校应制定异地办学机构规范管理意见,建立健全管理制度和工作机制,完善专门的管理队伍、实施方案、培养计划,实行全链条过程管理和质量监控,加强科教融合、产教融合、科学研究、实习实训、党建思政等环节规范管理。目前,已有部分高校出台相关规定,加强对异地办学机构的管理,例如,《武汉大学校地校企共建联合研发机构管理办法》对武汉大学与地方政府、企业共建的联合研发机构的建设与管理作出规定,"设立为独立法人的联合研发机构,原则上应实行理事会、董事会(以下简称"理事会")决策制和院长、主任、总经理(以下简称"院所长")负责制,根据法律法规和协议制定章程,依照章程管理运行"。理事会成员原则上应包括共建协议方、产业界、行业领域专家以及本机构代表等。

三、制定新型大学组织与经济发展城市共生发展评价机制

近年来,新型大学组织遍地开放,发达城市引进和建设新型大学组织亦是不遗余力。那么两者之间到底产生了怎样的效果,如何评价新型大学组织与城市共生发展的成效,是双方不容回避的问题,也是社会各界关注的议题。

为了更好地评估共生发展的效果,需要建立健全新型大学组织与经济发达城市共生发展评价体系。该评价体系能够促进新型大学组织与城市的深度融合,实现共生共赢的局面。新型大学组织可参照评价体系,根据自身的实际情况,制定合理的发展战略和规划,确定清晰的发展方向和目标,推动高校创新发展;城市则可利用评价体系,评估新型大学组织对城市人才培养、科技创新、能级升级等方面的成效。

新型大学组织与经济发达城市共生发展成效,需综合考虑人才培养、科学研究、技术创新、产业升级等方面内容,涉及面广。科技部与国家发展和改革委员会出台《建设创新型城市工作指引》,引导全国开展创新型城市建设,并进行监测评价,定期发布监测报告。例如,2023年科技部和中国科学技术信息研究所分别发布《国家创新型城市创新能力监测报告 2022》和《国家创新型城市创新能力评价报告 2022》。

关于新型研发机构建设,科技部印发《关于促进新型研发机构发展的指导意见》。一些省市制定了新型研发机构管理与评价意见,譬如,《山东省新型研

发机构备案标准》《广东省新型研发机构管理办法》等,相关制度提出了对新型大学组织在内的新型研发机构进行管理与评价。其中,《徐州市新型研发机构绩效评价管理办法(试行)》从团队建设、研发支出、运营支出、科技服务、科研产出、成长衍生、机制创新、其他体系运行实效情况等八个方面对新型研发机构进行绩效评价。

总之,创新型城市评价与研究、新型研发机构管理与研究、研究型大学评价等研究成果对新型大学组织与经济发达城市共生发展评价研究提供了一定的研究基础。由于新型大学组织发展历史较短,关于新型大学组织与经济发达城市共生发展的评价标准,目前尚未达成共识。

新型大学组织与经济发达城市共生发展评价体系可依据经济学、管理学、教育学等多学科知识,运用统计学、测量学、评价学方法与手段,借鉴高等教育质量、创新型城市、科技创新城市、城市综合竞争力等评估指标体系,采用 CIPP 评价模型,构建评价指标体系。1967 年美国学者斯塔弗尔比姆(Stufflebeam)在对泰勒行为目标模式反思的基础上提出了 CIPP 评价模型。① 斯塔弗尔比姆把评价过程分成四个组成部分,即背景评价、输入评价、过程评价和成果评价,这四个步骤的英文缩写即为"CIPP",评价模式如图 8-1 所示。

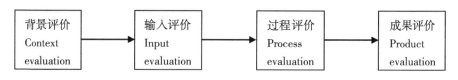

图 8-1　CIPP 评价模型过程

背景评价是对目标本身进行评价,判断目标方案的合理性,服务计划决策;输入评价是对方案进行评价,判断方案的可行性与效用性,服务组织决策;过程评价是对方案实施过程进行评价,监督和检查方案实施情况,服务实施决策;成果评价方案的成效,服务再循环决策。

该评价模式理论和步骤较完整,突出评价的发展性功能,侧重于改进工作,"CIPP 模式是一种决策类型评价模式,其评价最重要的意图不是为了证明,而是

---

① 蒋国勇:《基于"CIPP"的高等教育评价的理论与实践》,《中国高教研究》2007 年第 8 期。

为了改进,是为决策提供信息,为决策服务"①。借鉴 CIPP 评价思想,立足于新型大学组织与城市共生发展的现实状况,我们可以背景评价、输入评价、过程评价和成果评价为评价"四维",确定新型大学组织与城市共生发展评价体系的要素。

一是背景评价。主要任务是确定新型大学组织与经济发达城市共生发展的目标定位,主要包括经济发达城市发展目标定位、城市发展中面临的内外部环境分析,新建或引进高水平研究型大学的必要性分析,新型大学组织与城市共生发展目标分析。新型大学组织的知识创新和学科发展,也为城市转型升级提供了全方位的服务与支撑。"高等教育集群通过提升人才培养的质量与规模,促进顶尖人才的集聚,为城市科技转型提供人才支撑"②,城市的创新发展需要大学的智力支撑,制定新型大学组织与经济发达城市共生发展的目标时,需充分考虑新型大学组织在城市科技创新、产业升级方面的作用。

二是输入评价。主要任务是确定经济发达城市引进高水平研究型大学、建设新型大学组织的对策举措与目标的可行性,分析经济发达城市对新型大学组织的资源与条件保障,包括人才引进、科技创新等方面的举措。"不论是经济发展、科教环境还是各种人造舒适物设施建设,政府都扮演着重要角色。"③当地政府部门应研究制定有利于引进高水平研究型大学的人才、科技、高教政策,保障建设新型大学组织顺利进行。

三是过程评价。主要任务是考察分析经济发达城市建设新型大学组织的政策落实情况,监督引进高水平研究型大学、建设新型大学组织的实施及相关政策执行情况。评价目标不是为了证明,而是为了进一步改进。过程评价侧重于了解相关政策落实的进度、是否依原计划实施,发现经济发达城市建设新型大学组织过程中的潜在问题,为相关政策制定者、管理者与执行者提供信息反馈,便于

---

① 杨江水:《基于 CIPP 模式的大学发展规划决策模型研究——以重庆师范大学为例》,西南大学博士学位论文,2016 年。

② 卓泽林、张肖伟:《从金融中心转向科创中心:高等教育集群赋能城市转型发展——基于纽约市的探讨和分析》,《华东师范大学学报(教育科学版)》2023 年第 2 期。

③ 叶晓倩、陈伟:《我国城市对科技创新人才的综合吸引力研究——基于舒适物理论的评价指标体系构建与实证》,《科学学研究》2019 年第 8 期。

调整与改进实施过程。

四是输入评价。主要任务是分析新型大学组织与城市共生发展的结果,判断预期目标是否达成,总结实施过程中的经验教训。"大学与城市的互动,主要是将大学发展的'地区维度'嵌入和融入教学和科研等关键职能中,促进社会包容和流动,提供技能培训,通过基础科学研究推动创新。"①制定输入评价部分指标内容时,需要综合考虑新型大学组织的人才虹吸效应、科研成效以及对城市经济发展、转型升级的促进作用。

在新型大学组织与城市共生发展评价体系要素的基础上,研究指标体系具体内容,分别确定一级指标、二级指标具体内容,系统设计和构建共生发展绩效评价指标体系,详见表8-1。

表8-1　新型大学组织与经济发达城市共生发展绩效评价指标体系

评价类别	一级指标	二级指标	指标内容说明
背景评价	A1 目标定位	B1 目标背景分析	城市建设新型大学组织的必要性分析。主要包括城市发展定位、城市经济发展水平、城市发展中面临的瓶颈、城市产业结构分析、高等教育资源概况、建设新型大学组织等
		B2 确定目标方案	确定新型大学组织与经济发达城市共生发展目标。主要包括应涵盖人才培养、科技创新、经济贡献等方面的内容
输入评价	A2 资源条件	B3 制定建设新型大学组织政策	城市发展新型大学组织的政策分析。主要包括办学用地、校区建设等方面的举措
		B4 制定人才政策	制定有利于建设新型大学组织的人才政策
		B5 制定科技政策	制定有利于建设新型大学组织的科技政策
		B6 制定高教政策	制定有利于建设新型大学组织的高等教育相关政策
过程评价	A3 政策执行	B7 政策落实情况	人才政策、科技政策具体落实情况
		B8 新型大学组织建设	城市建设新型大学组织概况分析。主要包括引进高校的办学层次、学科专业,新型大学组织办学规模等

① 沈蕾娜:《互惠与正义:大学与城市协同发展的空间逻辑——以英国大伦敦区为例》,《国家教育行政学院学报》2020年第11期。

续表

评价类别	一级指标	二级指标	指标内容说明
成果评价	A4 共建成果	B9 人才培养成效	集中反映新型大学组织的人才虹吸效应,主要包括在校大学生数量、高等教育师资力量、研究生在校数量、每万人在校大学生数、两院院士数量等内容
		B10 科技创新成果	集中反映新型大学组织与经济发达城市共生发展中科研成效,主要包括科研成果数量和质量、技术转化效果、专利申请等内容,如全年研究与试验发展(R&D)经费支出情况、高端研发机构、科学技术支出占公共财政支出的比重、国家重点实验室数量、高新技术企业数量、技术市场签订成交合同、专利授权/发明专利授权等内容
		B11 经济贡献成效	集中反映新型大学组织与经济发达城市共生发展提升经济发展水平,主要包括经济总量、产业升级和创新、就业创业和税收贡献等

该评价体系注重对新型大学组织与经济发达城市共生发展出现结果的原因分析,能够对共生发展过程、方案进行改进和修正,促进二者在创新互动中谱写新篇章,实现共生发展。

四、健全新型大学组织与经济发达城市共生发展的保障体系

为了促进新型大学组织高质量发展,需要建立一套完整的外部保障体制,要求持续加强制度保障、经费保障、人才保障、组织保障,以保证教学科研、科技创新、人才培养和社会服务等功能的有效实现。

(一)加强制度保障

名校资源入驻经济发达城市、建设新型大学组织的行为可视为与属地政府达成了一种交易合作。正如阿费尔德所说,合作离不开交易的多次重复,这就要求博弈双方不能退出交易或使对方遭受灾难性损失而不遭报复。[①] 这意味着在交易之前已经存在能够使之重复下去的、交易双方都不能不置身于其中的某种制度安排。通过强化校城合作的制度安排,即在政府主导下,将校城合作纳入城

---

① 林岗、刘元春:《诺斯与马克思:关于制度的起源和本质的两种解释的比较》,《经济研究》2000 年第 6 期。

区布局规划、科技规划、产业布局规划和创新型城市建设规划,形成多部门、多方面共同推进新型大学组织与经济发达城市共生发展的制度保障,切实推进两者实质性互融、协调与发展。

一是校企合作制度。新型大学组织与经济发达城市的合作主要表现为新型大学组织与城市头部行业企业的合作,地方政府要创新新型大学组织与行业企业联动的决策、运行和实施机制、建立利益平衡机制、健全交流互动机制和沟通协商机制,以制度建设推进各主体协作。大力推动新型大学组织与行业企业人员相互交流,促使企业界精英、新型大学组织教研人员交叉挂职、深入合作,互相提供知识、科技和人才服务,发挥新型大学组织与行业企业的智力、技术优势,为新型大学组织质量建设以及企业经济效益发展奠定坚实保障。

二是科研成果分配激励制度。2022 年 4 月,中共中央办公厅、国务院办公厅印发了《关于完善科技激励机制的意见》,从强化使命激励、贡献激励、保障潜心研究等方面提出了系列改革举措,为地方政府、新型大学组织完善科技激励机制指明了方向。在政府层面,地方政府要建构科学合理的科技激励制度,可以依托第三方机构,对已经进行转化并产生经济价值和社会效益的科技成果进行评估,按照贡献导向设立利益分配与奖励制度,最大限度地将科技成果转化收益和奖励让利于完成人、研究团队以及其他科技成员,对具有重大社会价值的科技成果,政府可给予额外奖励。在学校层面,新型大学组织要建立系统完备的科技激励制度体系,建立健全科技成果转化重大事项领导班子集体决策制度,加强专业化科技成果转化队伍建设,健全科技成果转化流程,完善科技成果评价机制与绩效考核评价体系,依法完成科技成果转化的具体工作。特别是要完善科技成果转化收益分配机制,明确成果转化净收益以及其他与成果转化相关的所有收益,最大限度激发人才的创新活力和动力。

三是校际合作制度。地方政府应整合城市高等教育资源,打造新型大学组织、高等院校集群,搭建校际沟通、交流、合作的桥梁。通过制度创新撤除新型大学组织有形和无形的围墙,打通人力资源、科教资源、研究成果、校园文化向周边新型大学组织、高校辐射的通道,构建"新型大学组织 A—新型大学组织 B—高等院校"战略联盟,各主体在组织上突破了"有形边界",借助外力增强了新型大学组织的灵活性与高效性,以联动力量和团队优势改变各自在高等教育场域内的位置和实力,规避并降低了改革过程中的风险与危机,有利于实现内外资源的协同效应,在竞合中发挥最大化的效率、效益与效能。

（二）加强经费保障

其一,要发挥国家财政保障功能。加大中央建设新型大学组织的财政事权和支出责任,推动科技进步,助力实现高水平科技自立自强。2016年国务院印发了《关于推进中央与地方财政事权和支出责任划分改革的指导意见》,要求"适度加强中央的财政事权,保障地方履行财政事权,减少并规范中央与地方共同的财政事权,建立财政事权划分动态调整机制"①。在保证现有措施得以落实的同时,中央可以考虑进一步加大支持力度,设立新型大学组织财政扶持专项,分梯度进行资金投入,定期组织评估扶持专项落实情况,从而推动新型大学组织高质量建设及可持续发展。

其二,加大新型大学组织地方财政支持力度。地方政府财政投入对于新型大学组织的跨越式发展具有积极的促进作用。深圳市财政仅在2015—2017年、2019—2021年两轮广东省高水平大学建设中,除正常投入外,先后给予深圳4所省高水平大学建设高校至少64亿元专项经费支持。② 经济发达城市在引进高等教育资源时,一方面可以设立专项基金,对新型大学组织给予绩效性奖励和竞争性拨款资助;另一方面可以建立与高校生均培养成本相适应的地方公共经费投入保障机制,同时争取省级层面向新型大学组织予以适度财政性投入。譬如,浙江出台的《浙江省引进高水平大学省级引导资金管理办法》,明确规定,对引进设立独立法人本科高校、引进设立校区(分校)、引进设立二级学院、引进设立研究生院,分别给予最高不超过5亿元、3亿元、1.5亿元、1亿元的支持额度。此外,地方政府还可以在税收、信贷、土地、编制等方面给予一定政策支持,支撑新型大学组织的可持续发展。

（三）加强人才保障

优质人力资源是决定新型大学组织发展质量的关键。那些处于全球顶尖地

---

① 国务院:《关于推进中央与地方财政事权和支出责任划分改革的指导意见》,2016年8月16日,见http://www.gov.cn/zhengce/content/2016-08/24/content_5101963.htm。

② 许建领:《地方高等教育跨越发展研究——以深圳高等教育为例》,《中国高教研究》2022年第4期。

位的高水平人才需要经济发达城市与新型大学组织合力引育,特别是要发挥地方政府在其中的领导保障作用。为促进新型大学组织高质量发展,地方政府要创新高层次人才引育机制,汇聚和培养一批有影响力的学术领军人才和学术骨干,激发新型大学组织创新活力;要强化协同育人模式,支持新型大学组织架设跨院系、跨校际、跨领域、跨国界的联合培养模式,培养一批复合型人才,为特色新型智库建设以及资政服务助力。

在政府层面,由属地政府教育部门会同财政、人力社保、机构编制等部门协同推进,加大对人才引育的统筹支持,结合地方发展实际,因地制宜地采取给予编制、项目经费支持、家属安置、医疗保障等一系列措施,提高高层次人才的稳定性和工作积极性。例如,对于符合条件的高层次人才可协助解决其随调配偶、子女就业,由地方人力资源和社会保障部门配合新型大学组织妥善安置;对于引进人才未成年子女需要在本地入学的,由地方教育主管部门优先安排学校入学;对于符合条件的人才参照省部级干部的医疗待遇,对发生在规定范围内的医疗费给予全额报销;市财政每年安排经费用于体检和疗养;等等。

在学校层面,新型大学组织根据自身发展规划情况制订学校引才招聘计划,细化引才类别及待遇条件;母体高校应坚持"一个大学,多元发展"的理念,积极探索母体高校向新型大学组织分权的边界,给予新设立的异地校区足够的支持。这一过程中,要充实新型大学组织的管理架构并提升领导层管理能力,适当让渡一部分办学的自主权,以便新型大学组织能够建立相对独立的办学体系,并逐步摆脱对母体大学的资源依赖,培育自有师资,促进高质量发展。

(四)加强组织保障

新型大学组织建设需要充分的组织保障,要强化服务型政府建设,以确保新型大学组织发展质量和发展效益。服务型政府以发展社会事业和解决民生为重点,要求政府创新公共服务和社会管理方式,在服务中实施管理,在管理中体现服务。地方政府要在新型大学组织高质量发展进程中树立、强化服务意识,便捷、高效地提供公共教育服务,切实满足新型大学组织生存和发展的基本需求,在新型大学组织管理上,必须实现从"牧民之术"(administration of the public)到"为民之术"(administration for the public)的转变,要从"划桨者"变为"掌舵者",

促进新型大学组织功能的顺利实现。目前,新型大学组织自主权在某些方面仍未落实,在发展规划、研发领域等方面受到地方主管部门的干扰,必须进一步加强对新型大学组织领域的简政放权,关键在于重构权力清单制度,明确哪些该管、哪些不该管,做到"法无禁止皆可为",真正激发新型大学组织新机制的灵活性。

新型大学组织建设是一个系统工程,涉及产业发展、科技创新、人才安置等内容,仅靠教育部门是无法完成的,需要税收、发改、财政、编制等部门的配合。在新型大学组织建设过程中,须进一步建立健全由地方省级政府统筹协调、多部门协同参与、紧密配合联动的工作体制,充分发挥省级政府教育统筹权,鼓励地方创新,针对不同区域、不同类型、不同模式的新型大学组织,指导出台适合的保障方案;要进一步强化市、县级政府扶持责任,将优质高等教育资源引进、管理列为地方高等教育发展的常规工作,加大对在地新型大学组织发展的保障力度,通过地方政府牵头成立新型大学组织建设领导小组,将财政、教育、国土、人社、税务、编办、国资委等党委、政府部门纳入协同系统中来,形成合力,形成快速联动,统筹开展新型大学组织培育、建设工作,在发展规划、重大项目、资金投入、校企合作、人力资源开发等方面加强各部门的沟通协调,促进新型大学组织高质量发展。

新型大学组织涉及跨地域问题,需要母体大学、在地政府齐心协力、协同发力,共同保障新型大学组织平稳落地、运行。要健全母体大学、新型大学组织、属地政府三方参与的协同工作机制,定期召开联席会议,共商新型大学组织发展事项。首先,属地政府应及时、主动与母体大学沟通联系,共同研究需要支持配合、协同完成的工作,协商具体保障措施,共同回应新型大学组织诉求,共同化解矛盾隐患。其次,母体大学应组建专项工作组或异地办学管理中心,对挂牌新型大学组织实施集中指导、管理,根据各地发展实际,助力在地新型大学组织完善法人治理结构、健全组织章程,帮助理顺新型大学组织理事会的工作机制,使理事会正常运行,更好地承担独立决策的大任。对教师流转、清产核资、招生入学、经费保障等开展专题调研、政策指导和过程督促。

第三节　提升新型大学组织治理现代化水平

大学的发展逻辑不断变革,组织形态也随之发展,大学组织形态由传统的学术组织变革为学术组织、科层组织、政治组织与企业化组织并存的组织形态。[①]在急剧变化的外部环境作用下,新型大学组织的领导管理体制、内部治理结构、质量监控机制需要随之调整优化。

一、理顺新型大学组织领导管理体制

推进新型大学组织可持续发展,必须完善领导管理体制,落实新型大学组织的办学主体地位,加强对新型大学组织的规范管理和指导,依法保障新型大学组织办学自主权。

一是做好顶层设计。新型大学组织建设涉及高等教育布局结构调整的问题,牵涉到经济社会发展的诸多方面,应置于国家层面统筹考虑。要坚持系统观念、强化战略思维、做好顶层设计,根据区域新型大学组织存量,出台相应支持或限制政策,调控新型研究型大学、中外合作大学、大学异地办学机构及高校新型研发机构类型占比,缓解中西部地区高等教育资源外流、东部地区新型大学组织扎堆的局面,进一步提高高教资源薄弱地区的高等教育竞争力,营造适宜中西部和东北地区新型大学组织生根落地的政策"土壤"。

二是理顺府际关系。世界经合组织认为,政策的分权化能够促进高校与地区的合作。[②]我国高等教育管理处于"块块分割"的状态,省域之间相互封闭,缺乏应有的交流与协作。[③]新型大学组织涉及跨区域行政治理,存在多中心治理,需要健全政府间统筹协调机制,深入开展跨区域政府间的交流与磋商,理顺国家教育行政部门、省级人民政府、属地城市政府、母体大学、其他联合主办单位等多方面的关系,明晰相关主体间的权责边界。要进一步深化高等教育管理体制改

---

① 李立国:《大学发展逻辑、组织形态与治理模式的变迁》,《高等教育研究》2017 年第 6 期。

② 经济合作与发展组织:《高等教育与区域:立足本地制胜全球》,清华大学教育研究院译,教育科学出版社 2012 年版,第 11 页。

③ 蒋华林:《我国高等教育"块块分割"的效应及制度分析》,《高等教育研究》2016 年第 4 期。

革,淡化行政区域色彩,促进新型大学组织跨区域交流,以开拓创新和开放包容的心态推动域内新型大学组织资源共享。

三是强化地方责任。流入地城市政府是新型大学组织发展的受益方,对新型大学组织发展负有直接责任。在实践中,新型大学组织发展环境复杂、存在颇多问题,如高校新型研发机构法人属性较多,一些机构更是集事业单位、企业、民非多重属性于一身,为地方政府治理带来挑战。要切实提升地方政府治理能力,省级和市级政府要把新型大学组织发展纳入区域经济社会发展规划全局中来考虑,政府该放的权力放到位,该管的管到位,该服务的服务到位,通过加强政府与新型大学组织的沟通、协调,构建新型府学关系。

二、健全新型大学组织内部治理结构

新型大学组织要从坚持党的领导,健全大学章程,构建咨询、决策及执行组织与权力框架等方面健全内部治理结构。

一是坚持党的领导。加强新型大学组织党的领导,是建立具有中国特色的新型大学组织内部治理结构的重要内容,是确保社会主义办学方向的根本所在、命脉所在,是新型大学组织建设的题中应有之义。目前,有的新型大学组织未能建立完善的党组织,无法有效开展党建活动。要确保党的领导无死角,选优配强新型大学组织的书记班子,持续加强基层组织建设,积极开展党建活动,保证新型大学组织的正确工作意识形态,为加快建设创新策源地打好政治基础和思想根基。

二是完善组织章程。章程对于新型大学组织治理结构的变革起着纲领性的作用。《中国教育现代化 2035》中将完善高校内部治理结构,加强高等学校章程建设作为教育现代化的战略任务之一。① 新型大学组织应当在母体高校的指导下依法完善组织章程,落实章程作为校内"根本大法"的地位。在章程中进一步明确内部治理结构和框架,明确各层次职能权力边界,通过章程将新型大学组织的发展理念、思路、目标等制度化、法定化。章程并非一成不变,应当与时俱进,

---

① 《中共中央、国务院印发〈中国教育现代化 2035〉》,2019 年 2 月 23 日,见.http://www.gov.cn/xinwen/2019-02/23/content_5367987.htm。

及时修订。在新型大学组织发展过程中,组织内外部环境不断发生改变,组织的价值和理念也有可能发生变化,甚至出现内部组织机构的淘汰与更迭,因此需要及时修订完善章程,赋予新生事物合法性。章程修订后,以章程为准则,全面清理组织内部各项规章制度,同时开展章程教育,真正做到"用制度管人、按规章办事"。

三是合理创设内部治理架构。新型大学组织数量众多、类型各异,不同组织实行的内部管理体制大相径庭。有的新型大学组织容易受到母体高校影响,盲目照搬、模仿母体高校内部治理架构,与灵活多变的市场脱节,导致建设整体成效未能达到政府、高校、社会等各方预期。毫不夸张地说,内部治理架构事关新型大学组织的运行效率甚至"存亡",要结合组织类型、目标定位、城市文化等多方要素,建立科学的组织架构和自主管理体系,完善决策机构、监督机构、业务机构,依法落实新型大学组织法人财产权,提升组织治理能力现代化水平。我们也应认识到母体大学和新型大学组织之间的权力结构调整比较缓慢,需要理顺关系,落实新型大学组织的办学自主权。

三、加强新型大学组织质量监控机制

为避免新型大学组织行为失范,各级主管部门应紧密依托既有治理结构,通过科学合理的制度和规范设计,在各个层面加强对新型大学组织的日常监管与引导,建立动态的质量监控体制。

一方面,建立多主体协同监督体系。教育主管部门、第三方教育质量评估机构、新型大学组织三个层面共同参与质量监控。国家、省、市教育主管部门负责制定符合实际的新型大学组织办学质量标准,原则上不得开展异地全过程研究生培养,确需开展异地全过程研究生培养的,新型大学组织应完善师资队伍、办学条件,达到同类学位授权点的基本条件。要规范管理未纳入管理序列的高校异地科研机构,对质量不高的异地科研机构予以清理。第三方教育质量评估机构与政府部门保持对接,对新型大学组织办学质量进行动态和定期相结合的评估。新型大学组织根据国家质量标准,制定学校具体的质量保障办法,履行质量主体责任。

另一方面,完善质量风险预警体系。传统大学通常与地方政府或社会力量共建独立的新型大学组织,其中异地办学校区的管理和招生均独立运行,师资力量、教学质量与本部之间差异较大。这种建立在经济利益上的分割性的异地办学模式,办学成本高、管理难度大,普遍存在圈地、面临师资困境、招生标准降低等问题,其教学质量和发展前景社会认可度不高,需高度重视,要重点监管、定期评估,对存在的问题要及时整改。① 与上述质量监督主体一致,预警主体包括主管新型大学组织的所在城市行政部门及组织内部设置的预警机构,在新型大学组织发展过程中,必须实时监测质量风险的转化态势,有针对性地采取防控措施,各预警主体确定好职责范围、合理分工,如校内预警机构对办学质量进行监测预警,地方行政部门则对侵害国有资产、非法关联交易等行为进行监测预警。各单位要厘清责任,制定责任清单,形成完整的责任链条和齐抓共管的责任格局,提高新型大学组织发展质量水平。

第四节　加快新型大学组织与经济发达城市高质量发展

"日益深化的劳动分工在相当大的程度上依靠更加多样和开放的高等教育系统"②,经济发达城市高质量发展,需要新型大学组织提供有力的人才支撑与科技支撑。新型大学组织与经济发达城市要实现共生共荣,必须贯彻新发展理念,切实转变发展方式,推动质量变革、效率变革、动力变革,走以创新为第一动力、协调为内生特点、绿色为普遍形态、开放为必由之路、共享为根本目的的高质量发展之路。

一、加强新型大学组织内涵发展

"内涵式发展"是当前我国高等教育发展的核心理念,走内涵式发展道路是我国现阶段高等教育发展的必然趋势。③ 新型大学组织应走内涵式发展道路,

---

① 陈东阳等:《结构—功能理论视角下高校异地办学问题分析》,《复旦教育论坛》2022 年第 4 期。

② [美]伯顿·R.克拉克:《高等教育新论——多学科的研究》,王承绪等译,浙江教育出版社1999 年版,第 267 页。

③ 宜勇:《内圣外王:高等教育从内涵发展到大学能力建设》,《清华大学教育研究》2020 年第3 期。

提升使命担当意识,促进学科交叉融合,加强人才队伍建设,加强有组织科研,提高全球开放水平,增强服务国家和社会需求的能力。

（一）促进学科交叉融合

"知识在学科之间被分离、肢解和箱格化,而现实或问题愈益变成多学科性的、横向延伸的、多维度的、跨国界的、总体化的和全球化的,这两者之间的不适应变得日益宽广、深刻和严重。"①学科的交叉融合,是知识创新的突破点,也是新兴学科的生长点。美国学者朱丽·汤普森·克莱恩（Julie T. Klein）认为,"大学一旦围绕现实或问题来组织活动,不但是学科,就连学科交叉也不再是一种教学方法或视野,而是一种组织化的需求"②。学科交叉"成为科学发展的重要时代特征,多学科交叉与多技术融合成为常态,交叉学科研究日益成为解决人类发展重大难题不可或缺的研究范式"③,"跨学科性是未来研究的最根本特征"④。

聚焦战略性新兴产业领域开展教学科研与技术攻关,助力城市科技创新、经济发展的新型大学组织,要统筹推进面向新兴科学前沿交叉领域和国家重大战略需求的学科交叉融合,加强多学科对综合性复杂问题的协同攻关,研究解决跨学科、跨领域的科学问题,探索新发明、催生新学科与新科技,解决经济社会发展面临的复杂科学问题与社会问题。2022年,上海科技大学进入第二轮"双一流"建设高校。作为一所年轻的大学,上海科技大学非常注重学科交叉融合,该校的"双一流"建设学科材料科学与工程,发挥跨学科优势,强化光子大科学与物理学、化学和生物学等基础学科知识教学与科研,在拓扑量子材料、生物大分子材料、功能材料等领域科研成果显著。

（二）加强人才队伍建设

无论是人才培养、科学研究,还是技术创新、成果转化,均需一流的师资队

---

① ［法］埃德加·莫兰:《复杂性理论与教育问题》,陈一壮译,北京大学出版社2004年版,第101页。

② ［美］朱丽·汤普森·克莱恩:《跨越边界:知识·学科·学科互涉》,蒋智芹译,南京大学出版社2005年版,第11页。

③ 钟秉林:《瞄准科技前沿和国家重大需求 积极稳妥发展交叉学科》,《光明日报》2022年9月15日。

④ 金吾伦:《跨学科研究引论》,中央编译出版社1997年版,第307页。

伍。教师是高等教育事业发展的关键因素，"盖有非常之功，必待非常之人"[①]，"人才培养，关键在教师。教师队伍素质直接决定着大学办学能力和水平"[②]。新型大学组织建设过程中，比拼的关键是人才的竞争，要实施人才强校战略，建立人才资源竞争优势，打造人才中心和创新高地。依托新型大学组织学科优势，聚焦当地科技与经济主战场重大需求，精准引进培养大师、战略科学家、一流科技领军人才和创新团队、青年科技人才，建设高水平师资队伍。高等教育国际化水平是衡量高等教育质量的重要指标，教师国际化是大学国际化的重要组成，为此，新型大学组织应聚天下英才而用之，加大海外优秀人才引进力度，吸引海外高端人才回国发展，建设一流科技领军人才与创新团队。

改革人才评价制度，着重评价对当地战略发展的实际贡献、所取得的自主知识产权和重大技术突破以及技术创新与集成能力等。改革人才评价体系，以从事相关领域研究的实际要求为研究目标，加快建立以创新价值、能力、贡献为导向的人才评价体系，形成并实施有利于科技人才潜心研究和创新的评价体系。如 2022 年获批设立的香港科技大学（广州），积极推进师资队伍国际化，面向全球招聘教师，因地制宜地引进外籍高端人才，营造开放多元的国际化人才引进使用环境，招聘首批约 180 位长聘制教授，九成毕业于剑桥大学、普林斯顿大学、牛津大学、哈佛大学等境外一流高校。[③] 根据美国斯坦福大学 2023 年 10 月发布的第六版全球前 2% 顶尖科学家榜单（World's Top 2% Scientists），香港科技大学（广州）有 34 位教授进入榜单，其中 24 位教授入选"终身科学影响力排行榜"，29 位教授入选"年度科学影响力排行榜"，入选教授人数占学校学术人员总人数的 15%。[④]

（三）加强有组织科研

有组织科研即"以现实需求为导向，通过一定的结构设计和制度安排，汇集

---

① 中共中央文献研究室编：《十八大以来重要文献选编》（中），中央文献出版社 2016 年版，第 26 页。

② 习近平：《在北京大学师生座谈会上的讲话》，人民出版社 2018 年版，第 7—8 页。

③ 南方 Plus：《一文读懂丨广州如何举全市之力推进南沙建设发展？》，2023 年 6 月 14 日，见 http://hmo.gd.gov.cn/ygahz/content/post_4198959.html。

④ 香港科技大学（广州）：《祝贺！港科大（广州）34 位教授入选全球前 2% 顶尖科学家榜单》，2023 年 10 月 16 日，见 https://ait.hkust-gz.edu.cn/archives/3473。

不同领域的科研人员,集中优势资源,对关键核心技术进行协同攻关的科技创新运行模式"①。新型大学组织是国家发展战略科技力量的重要组成部分,作为国之重器,其与国家战略和城市发展联系更紧密,科技创新的组织性、建制化、体系化程度更高。面对科技高水平自立自强的时代要求,新型大学组织需要进一步强化有组织科研,变革科研范式、制定科技创新等专项规划,着力提升自主创新能力,形成科技创新策源地。要以国家与当地重大战略需求为导向,以新型大学组织学科优势为基础,确定有组织科研的重点任务与主攻方向,明确主要科研任务与目标。聚焦国家和地方主导产业发展需求,加强应用研究,"聚焦主导产业发展目标,遵循产业发展规律,着力解决社会经济发展中的基础性、前瞻性和战略性技术问题"②,加快科研成果转化,为社会经济产业转型升级提供强有力的技术支撑。加快国家战略急需领域的基础研究与关键核心技术攻关研究,全面参与构建以战略需求引领的创新体系,形成重大科技突破的策源地。

深圳清华大学研究院面向战略性新兴产业,引进培育重大科研项目团队,成立了110多个研发中心和实验室,解决国家重大关键领域"卡脖子"问题;培养上市公司29家,累计孵化企业3000多家。③再如,浙江清华长三角研究院立足浙江,面向长三角地区经济社会发展需求,在柔性电子、生态环境、生命健康等关键领域设立了研究所(中心)50余家,国家重点实验室等重点研发平台9个,承担科技项目1200余项,孵化培育科技企业2700余家,包括500余家高新技术企业,规模超百亿企业20余家,上市企业或并购70余家④,有组织科研成效显著。

(四)提高全球开放水平

"科学具有国际性的特点"⑤,因此"从第一所大学开始就有一个国际性的

① 张娟、荀振芳:《高校有组织科研的内涵、特征及实施路径》,《高等工程教育研究》2023年第6期。

② 安雅梅、王明生:《坚持以"四个面向"引领高校科技创新的高质量发展》,《中国高等教育》2022年第Z2期。

③ 深圳清华大学研究院:关于研究院,见 https://www.tsinghua-sz.org/about。

④ 浙江清华长三角研究院:院情简介,见 https://www.tsinghua-zj.edu.cn/institute/introduce。

⑤ [加]约翰·范德格拉夫:《学术权力:七国高等教育管理体制比较》,王承绪等译,浙江教育出版社2001年版,第162页。

学生团体"①,"当德国大学追求真理,把高深知识的研究作为大学的重要职能时,大学的国际性也随之而来"②。因为科学知识具有普遍性和统一性,必然会跨越时代和地理边界。国际化办学是高等教育内涵式发展的题中应有之义,在后疫情时代,新型大学组织应坚持"引进来"与"走出去"并举,推进在地国际化,提升教育对外开放水平。通过出国访学、参加国际学术会议等形式提升现有师资队伍水平,积极引进高水平外籍教师或有国际教育背景的优秀教师,引育并举建立国际化师资队伍;推动课程教学内容与国际接轨,建设国际化课程,与国外高水平大学开展学分互认;积极与国际知名高校、全球龙头企业等组建联盟,积极开展兼具深度和广度的国际交流合作,研究和攻关国际问题,扩大科研国际化影响力。

如西湖大学的专任教师大多来自海外著名高校,从国外归来的教师占到了92%,师资队伍的高度国际化,为该校人才培养与科研攻关提供了强大保障。南方科技大学对外积极与海外一流高校建立战略伙伴关系,开展师生国际交流活动,组建科技联盟如南方科技大学—巴黎 HEC 商学院国际管理和创业联合中心、南方科技大学—昆士兰大学联合神经科学与神经工程研究中心、南方科技大学—东京大学超智慧城市联合研究中心等,提升了国际影响力和国际声誉;对内大力推进校园国际化,拓宽学生国际化视野,提高学生的学术水平与科研实践能力;建设国际化高水平教师队伍,教学科研系列教师中,60%以上具有在世界排名前100名大学工作或学习的经历,90%以上拥有海外工作经验。③

二、推进科产城人融合发展

产城融合,是在城镇化背景下针对产城分离提出的一种发展思路,"要求产业与城市功能融合、空间整合",以实现"以产促城、以城兴产、产城融合"。④ 伴随着新型城镇化建设的深入推进,以人为核心的理念深入人心,仅关注"产"与

---

① 〔美〕菲利普·G.阿特巴赫:《比较高等教育:知识、大学与发展》,人民教育出版社2000年版,第219页。

② 赵鹤、叶赋桂:《高等教育国际化政策冲突及其动因》,《江苏高教》2023年第4期。

③ 南方科技大学:师资,见 https://www.sustech.edu.cn/zh/faculty/。

④ 李文彬、陈浩:《产城融合内涵解析与规划建议》,《城市规划学刊》2012年第S1期。

"城"而忽视"人"的发展思路不合时宜,产城人融合发展成为必然趋势,"产城融合更高阶段是产城人融合"①。其中,"'产'是动力系统,提供就业岗位;'城'是硬件系统,提供生产生活服务;'人'作为主体,是活力系统,提供劳动力和技术支撑"②。

"随着社会发展、经济发展水平的提高,知识在经济中的含量与日俱增"③,新一轮科技革命和产业变革正在全球范围内蔓延,在城市发展、升级过程中,科教资源发挥的作用越来越大。"日益深化的劳动分工在相当大的程度上依靠更加多样和开放的高等教育系统"④,城市建设发展中,需坚持科技是第一生产力、人才是第一资源、创新是第一动力的发展战略。毋庸置疑,科技创新成为未来城市发展的关键因素,"大学是科技创新的发源地和人才的集聚地,科技创新是促进城市群经济快速发展的根本要素"⑤。在此背景下,为了满足人民群众对美好生活的需要,"坚持人民城市人民建、人民城市为人民"⑥,协同推进科技创新、产业升级、城市提质与人才聚集融合发展,实现科产城人融合发展,是推动城市高质量发展的必然选择。科产城人融合发展经历了产城融合发展、产城人融合发展、科产城人融合发展三个阶段(见图 8-2)。

科,即科教资源,主要指含新型大学组织在内的各类教育和科技资源,为城市与产业发展提供创新驱动。产即产业,包括行业企业,是科教活动、人才培养、城市发展的基础。城即城市,为科教资源、产业发展、集聚人才提供用地、平台、资金等各种条件保障。人,即人才,是科教创新、城市发展、产业升级的智力资源。科产城人融合发展,即以人为核心,推动科教资源、产业、城市等基本要素有机融合、互动发展。

---

① 吴福象、张雯:《长三角区域产城人融合发展路径研究》,《苏州大学学报(哲学社会科学版)》2021 年第 2 期。

② 何笑梅、洪亮平:《从"产城融合"走向"产城人融合"——浅析"产—城—人"融合的内在逻辑与互动关系》,载 2017 中国城市规划年会:《持续发展 理性规划——2017 中国城市规划年会论文集》,2017 年,第 252—262 页。

③ 张楚廷:《高等教育哲学通论》,高等教育出版社 2010 年版,第 307 页。

④ [美]伯顿·克拉克:《高等教育新论——多学科的研究》,徐辉译,浙江教育出版社 2001 年版。

⑤ 高德友等:《本地高校助力成渝地区双城经济圈高质量发展的路径探究》,《研究与发展管理》2022 年第 6 期。

⑥ 《中国共产党第二十次全国代表大会文件汇编》,人民出版社 2022 年版,第 27 页。

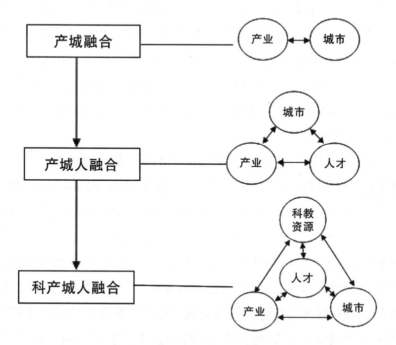

图 8-2 科产城人融合发展阶段

加强科产城人融合发展,是新型大学组织与城市共生发展的必由之路。目前,越来越多城市意识到科产城人融合发展的重要性。例如,重庆市专门出台24 条政策,支持建设西部(重庆)科学城建设,在"科""产""城""人"方面初显成效,集聚了众多高等院校,拥有 20 余万大学师生,科研资源丰富,创新要素集聚。面向未来,真正实现科产城人融合发展仍然任重道远。

一是推动科技创新。科技创新是产业结构调整的动力,在相关产业上的应用及其前向、后向、旁侧的扩散和渗透效应,会促进新主导产业群的形成。[①] 应加快科技自立自强,利用科技创新驱动,提升产业技术水平。创建科技园区和孵化器,汇聚高技术企业,促进企业科技进步,形成创新产业集群,推动科技和产业的深度融合。建立健全科技创新的政策体系,培育创新型企业和科技创新人才;对接产业发展需求,大力推进科技成果产业化、技术转移,孵化高新技术企业,推动科技创新与经济发展相结合。

———————————

① 程强、武笛:《科技创新驱动传统产业转型升级发展研究》,《科学管理研究》2015 年第 4 期。

二是加快产业升级。产业结构升级是优化经济结构、实现经济高质量发展的重要环节,要发挥"经济实力、人力资本、科技创新等优势,持续推进产业结构合理化和高级化"①,实施创新驱动发展战略,加快推进新型工业化,推动传统优势产业转型升级;推动城市制造业向高新化、智能化、绿色化、服务化方向发展,优化升级制造业;发展战略性新兴产业、高新技术产业,建设城市现代化产业体系,推动经济高质量发展。

三是提升城市能级。党的二十大报告提出,提高城市规划、建设、治理水平,加快转变超大特大城市发展方式,实施城市更新行动,加强城市基础设施建设,打造宜居、韧性、智慧城市。这为新时期推进以人为核心的新型城镇化指明了基本方向。1978—2021年,我国城镇常住人口从1.7亿人增长到9.14亿人,城镇人口城镇化率从17.92%提升至64.72%,但是"城市病"也困扰着城市治理。面对人们对美好生活的向往,需要完善公共服务配套,改善城市发展环境,优化城市功能布局,增强城市综合竞争力,推动城区综合功能升级,夯实产业和科技基础,加快提升交通枢纽能级,改善城市环境和公共服务,打造宜居城市、智慧城市、绿色城市,努力提升城市宜居品质和吸引力。

四是集聚优秀人才。城市的人才数量决定发展的后劲,面对日趋激烈的竞争态势,城市需要坚持人才是第一资源,深入实施人才强市战略,建设人才中心和创新高地。大力引进、建设国内外的优质高教资源,更广泛地汇聚包括高校科研人员、大学生、工程师、高技能人才在内的各类人才;加强对高层次人才的政策扶持,提高人才待遇和福利,大力集聚各方面优秀人才,吸引更多的人才留在城市,为城市高质量发展提供坚实的智力支撑。

五是推进科产城人融合式一体化发展。促进新型大学组织与城市共生发展,需要贯彻新发展理念,加强顶层设计,加强城市各要素的联系,统筹推进"强科、育产、建城、聚人",探索科产城人融合高质量发展路径。城市规划失误是最大的浪费,各级政府应该以系统化思维提升城市规划的科学性,用代表未来方向的现代化城市建设理念引领城市建设,高起点谋划、高标准定位、高水平建设。

---

① 朱凤慧、刘立峰:《我国产业结构升级与经济高质量发展——基于地级及以上城市经验数据》,《云南财经大学学报》2020年第6期。

加强政策协调和配套措施的制定,形成政策合力,加强资金和技术支持,促进科技、产业、城市、人才一体化发展,为科产城人融合发展提供坚实保障。加快城市数字化转型,充分运用前沿技术推动城市治理创新,打造共建共治共享的城市治理模式。

浙江大学和海宁市合作建设的浙江大学国际联合学院(海宁国际校区)在推进科产城人融合发展方面进行了有益探索。该学院超常规集聚高端教育、科技、人才要素资源,汇聚一流教育资源,推动教育链、人才链与产业链、创新链有机衔接,形成创新要素有序集聚、有效配置和充分共享的创新生态系统,推进科教产协同联动,积极推进科教产城融合发展。该学院引进了来自15个国家的90余名外籍教师,建立了覆盖13个国家46所高校的全球科研合作网络,获批建设全国首批国际合作教育样板区;构建了"大师+平台+项目"的互促引才模式,建立起政府、企业、市场、资本、机构等多元主体的科技成果转化落地机制,探索新兴产业发展的新路径;持续推进高校、科研院所与地方开展科研联合攻关、科技成果转化和创新人才培养,初步形成科教产城融合发展的浙大海宁模式。

三、以新型大学组织建设助力提升新质生产力

2023年9月,习近平总书记在黑龙江考察时首次提出加快形成新质生产力,推进现代化产业体系建设。2024年1月,习近平在中共中央政治局第十一次集体学习时对新质生产力的内涵进行了详细阐述。新质生产力是创新起主导作用,摆脱传统经济增长方式、生产力发展路径,具有高科技、高效能、高质量特征,符合新发展理念的先进生产力质态。它由技术革命性突破、生产要素创新性配置、产业深度转型升级而催生,以劳动者、劳动资料、劳动对象及其优化组合的跃升为基本内涵,以全要素生产率大幅提升为核心标志,特点是创新,关键在质优,本质是先进生产力。①

赋能新质生产力乃新型大学组织的天然使命。新质生产力的形成和发展关键是科技创新与教育改革。新型大学组织高起点发展,培养拔尖创新人才;面向

① 《习近平在中共中央政治局第十一次集体学习时强调:加快发展新质生产力　扎实推进高质量发展》,2024年2月1日,见 https://www.gov.cn/yaowen/liebiao/202402/content_6929446.htm。

战略性新兴产业,开展科技研发,推动原创性、颠覆性科技创新;开展关键核心技术攻坚战,促进成果转化,孵化高新技术企业……这些新使命新职能新定位为城市转型升级培养了更多的创新人才与高素质劳动力,为战略性新兴产业与未来产业的发展提供了源源不断的人才与科技动力,这对于促进产业升级、增强经济的内生增长动力、助力新质生产力发展具有至关重要的作用。

新型大学组织要充分发挥其虹吸效应,大力加强战略人才队伍建设,构建一大批具有国际水平的战略科技人才、科技领军人才与创新团队,完善人才培养、引进、使用、合理流动的工作机制,建设人才集聚平台;根据学科发展动态与国家、区域行业产业发展需要,围绕制造强国、质量强国、网络强国、数字中国和农业强国等战略需求,优化学科专业设置,提升本科和研究生教育质量,与企业共建一体化联合培养基地与研发基地,推动产学研一体化,建设科技创新高地,以产学研深度融合培养高层次创新型人才,形成人才支撑体系,助力新质生产力加快发展。

培育和发展新质生产力,创新是核心要素。新型大学组织作为重大科技突破的"策源地"之一,应坚持以服务国家战略需求为导向,积极响应建设现代化产业体系的战略部署,面向产业发展对于新质生产力的迫切需求,紧密对接城市产业发展需求,推进学科建设,大力提升学科发展与现代化产业体系之间的匹配度,以学科为引领,增强科学研究和人才培养服务高质量发展的靶向性,增强引领产业创新的核心竞争力。要牢牢把握科技创新这个发展新质生产力的核心要素,聚焦城市现代化产业体系建设的关键核心技术需求和前沿颠覆性技术需求,有组织开展科研和科技攻关,开展原始技术创新与关键核心技术攻关,解决关键核心科学问题和"卡脖子"问题,产出更多独创和颠覆性的科技创新成果,增强新型大学组织的原始创新策源能力。

譬如,浙江清华长三角研究院高举科技创新大旗,瞄准尖端科技和"卡脖子"技术,与龙头企业建立联合研发团队,面向产业需求,加快科技成果转化。截至2024年3月,该校组建长三角国家技术创新中心(浙江),建有柔性电子国家重点实验室,拥有研究团队80余个,累计承担科技项目1500余项;获批国家国际科技合作基地、国家级科技企业孵化器等国家级创新创业平台,孵化培育科技企业近2000家;在全球设立了9家离岸孵化器和2家技术创新中心,累计为浙江引育 800 余名海外高层次人才①,是国内启动最早规模最大的海外招才引智平台之一,为新质生产力的形成和发展提供坚强的人才与科技支撑。

再如,上海科技大学着重培养学生"立志、成才、报国、裕民"的社会责任感,培养从事科学发现、高技术创新与新兴产业创业的拔尖人才;结合重大科学设施、重点产业与重大科研项目,培养国家战略急需人才;主动服务国家创新驱动发展战略,聚焦基础研究前沿领域,推动学科交叉和科教融合,在光子科学、生物医药、能源科学、人工智能等重大创新领域积极布局,取得了多项重大原创性成果,获批"智能感知与人机协同"教育部重点实验室、"先进医用材料与医疗器械"全国重点实验室等,承担多项国家大科学装置项目,打造国之重器,担当教育、科技、人才工作一体化推进的践行者。②

四、促进新型大学组织群与城市群协同发展

从世界各国大学发展趋势来看,大学与城市互动发展到一定阶段,将走向集群化,出现大学群对接城市群、学科专业链对接产业价值链的发展趋势,以集群效应提升区域发展的整体实力。同样,随着新型大学组织的日益壮大,其发展也呈现出集群发展之势,加快推进新型大学组织群与所在城市群的协同发展,成为未来重要趋势。

(一)城市群是中国经济格局中最具活力的战略支撑点

城市群一般指以中心城市为核心、多个城市构成的城市集合体,各城市之间具有密切的联系,经济上紧密依存,交通设施互联互通、公共服务共建共享、生态环境共保共治,是集整体规划、基础设施、城市功能于一体的具有鲜明地域特色的社会生活空间网络。③ 几个城市群或单个大的城市群可进一步构成国家层面的经济圈,对国家乃至世界经济发展产生重要的影响力。

国内外对于城市群概念的界定起步较晚,但其思想萌芽可以追溯到 19 世纪末。1898 年,英国城市学家、现代城市规划的先驱者霍华德出版《明天:一条通

---

① 浙江清华长三角研究院:院情简介,见 https://www.tsinghua-zj.edu.cn/institute/introduce。
② 上海科技大学:学校简介,见 https://www.shanghaitech.edu.cn/1054/main.htm。
③ 顾朝林:《城市群研究进展与展望》,《地理研究》2011 年第 5 期。

向真正改革的和平道路》,主张将城市周边地区的城镇纳入城市规划范围,把城市和乡村的改造作为一个统一的问题来处理,并提出城镇集群(town cluster)的概念。1915 年英国苏格兰近代西方人本主义城市规划思想家格迪斯(Geddes)通过对英国城市的研究,出版《进化中的城市》,发现当时的城市处在这样的变化中:一方面城市在城郊的疏散中进行了进一步的扩张;另一方面某一些要素如铁路、公路、运河在空间上交织形成节点,使工业与经济规模在一地快速进一步扩大,使城市发展明显地集中在这些地区。1957 年法国地理学家戈特曼根据对北美城市的深入考察发表代表论文《城市群:东北海岸的城市化》,首次明确提出城市群(urban agglomerations)概念。

我国对于城市群的研究开始于改革开放初期,经过 40 年左右的时间,完成了城市群概念的本土化过程。中国的城市群概念开始是以"城市连绵带"的构想而出现的,1988 年,有学者提出了与大都市带接轨且符合中国特点的"都市连绵区"的概念,指出中国东南沿海已经形成了两个都市连绵区,即长江三角洲和珠江三角洲(含港澳)地区,并分析了这些地区所共有的社会经济特征①。进入 20 世纪 90 年代,我国城市体系不断趋于完善,在一些经济比较发达的地区,受城市化和郊区化的共同影响,以中心城市为核心,且与周边区县存在紧密交互作用的都市区成为我国城市化的新形式,并开始出现由若干个都市区组成的城市密集区。该阶段,沪宁杭、京津冀、珠江三角洲、辽东半岛和山东半岛城市群发展较快,群体组合的趋势更加明显。这些城市群逐渐成长为推进中国现代化和城镇化的主要力量。进入 21 世纪,我国城市群进入快速发展阶段,学术界和政府层面对于城市群的理论研究和实践探索不断深入,围绕长三角、珠三角、京津冀等大城市群的研究成果不断丰富。可以说,城市群是我国新型城镇化建设的重要平台和主要载体,已经成为我国经济发展的重要核心区和增长极。

当前,我国城市群的发展重心已从"十三五"规划提出的三大城市群的集中发展模式,向"十四五"规划纲要中提出的 19 个主要城市群协调发展模式转变,尤其是长江中游城市群和成渝城市群的战略地位快速提升。城市群是支撑中国

① 史育龙、周一星:《关于大都市带(都市连绵区)研究的论争及近今进展述评》,《国际城市规划》2009 年第 S1 期。

经济高质量发展的主要平台。当前 19 个城市群以 25% 的土地集聚 83% 的人口，创造 88% 的 GDP，其中城镇人口占比 84%。中国位居前十的城市群详见表 8-2。

表 8-2　中国主要城市群

序号	名称	主要城市
1	京津冀城市群	包括北京、天津两大直辖市，囊括河北省的保定、唐山、廊坊、石家庄、秦皇岛、张家口、承德、沧州、衡水、邢台、邯郸和河南省的安阳
2	长江三角洲城市群	上海，江苏省的南京、无锡、常州、苏州、南通、盐城、扬州、镇江、泰州，浙江省的杭州、宁波、温州、嘉兴、湖州、绍兴、金华、舟山、台州，安徽省的合肥、芜湖、马鞍山、铜陵、安庆、滁州、池州、宣城等 27 市
3	珠江三角洲城市群	包括"广佛肇"（广州、佛山、肇庆）、"深莞惠"（深圳、东莞、惠州）、"珠中江"（珠海、中山、江门）等三个新型都市区。大珠江三角洲地区还包括香港、澳门特别行政区，即粤港澳大湾区
4	成渝城市群	重庆 27 个区（县）和 2 个区县的部分地区，四川省的成都、自贡、泸州、德阳、绵阳、遂宁、内江、乐山、南充、眉山、宜宾、广安、达州、雅安、资阳等共计 16 市
5	长江中游城市群	以武汉城市圈、环长株潭城市群、环鄱阳湖城市群为主体形成的特大型城市群。包括：湖北省的武汉、黄石、鄂州、黄冈、孝感、咸宁、仙桃、潜江、天门、襄阳、宜昌、荆州、荆门，湖南省的长沙、株洲、湘潭、岳阳、益阳、常德、衡阳、娄底，江西省的南昌、九江、景德镇、鹰潭、新余、宜春、萍乡、上饶及抚州、吉安的部分县（区）
6	山东半岛城市群	以济南和青岛为双核，包括济南、青岛、烟台、淄博、潍坊、东营、威海和日照等城市
7	粤闽浙城市群	以福州和厦漳泉为双核，包括福州、厦门、泉州、莆田、漳州、三明、南平、宁德、龙岩、温州、丽水、衢州、上饶、鹰潭、抚州、赣州、汕头、潮州、揭阳和梅州等城市
8	中原城市群	以郑州为核心，包括郑州、洛阳、开封、南阳、安阳、商丘、新乡、平顶山、许昌、焦作、周口、信阳、驻马店、鹤壁、濮阳、漯河、三门峡、济源、长治、晋城、运城、邢台、邯郸、聊城、菏泽、宿州、淮北、蚌埠、阜阳和亳州等城市
9	关中平原城市群	以西安为核心，包括西安、宝鸡、咸阳、铜川、渭南及商洛、运城、临汾、天水、平凉、庆阳的部分地区
10	北部湾城市群	以南宁和海口等城市为多核，包括广西壮族自治区的南宁、北海、钦州、防城港、玉林、崇左，广东省的湛江、茂名、阳江和海南省的海口、儋州、东方、澄迈、临高、昌江

（二）新型大学组织群是高等教育区域发展的重要增长极

当前，"高等教育甚至更加普遍地成为新知识和以知识为基础的技能的中心"[①]，大学资源在区域集聚，是世界各国特别是发达国家高等教育发展的重要现象。世界上比较著名的大学群主要集中在英美等发达国家。这些都市群集聚众多一流大学、科研机构和一批企业，并成为该国或该地区的高等教育中心。

目前，我国新型大学组织群与城市群之间存在吻合现象，长三角、京津冀、成渝城市群、粤港澳大湾区汇聚了一批新型大学组织群。各类新型大学组织由经济发达城市群相继举办，形成了如今我国新型大学群发展模式，例如江苏省的苏锡常城市群集聚了一大批新型大学组织；浙江省的杭绍甬城市群有一些新型大学组织密集扎堆。

（三）新型大学组织群与城市群协同发展的着力点

进入新时代以来，锦标赛制对于地方政府的激励导向已经发生变化，软实力竞争已成为当前地方政府竞争的新动向。[②] 尤其是经济发达地区的地方政府，已经逐步从以 GDP 增长为主的竞争模式转向更加倚重科技文化和创新驱动的竞争模式，大力发展高等教育成为地方政府的优选项。

为促进区域协调发展，党中央相继提出京津冀协同发展、长三角一体化发展、粤港澳大湾区建设、成渝地区双城经济圈等区域重大战略，这已成为新时代我国区域深化改革的战略行动。城市群是综合国力的核心引擎，大学群是国家高等教育的主体，城市群与大学群有耦合发展特点。[③]

区域大学群崛起已成为一个新兴发展动向，尤其是在经济产业活跃和创新需求旺盛的城市群。如何推进新型大学组织群与城市群互动发展，成为国家、社会都高度关注的重要议题。新型大学组织是城市社会经济发展的重要助推器、动力源，拥有高水平新型大学组织是所在区域具有核心竞争力的重要因素。

2021 年修订的《中华人民共和国科学技术进步法》提出：完善高效、协同、开

---

① ［美］克拉克·克尔：《高等教育不能回避历史——21 世纪的问题》，王承绪译，浙江教育出版社 2003 年版，第 273 页。

② 晃嵩蕾：《中国大学治理与知识生产的激励机制研究》，浙江大学博士学位论文，2022 年。

③ 刘祖良、冒荣：《建设高等教育强国：我国大学群发展政策研究》，《高等教育研究》2014 年第 5 期。

放的国家创新体系,增强创新体系整体效能。区域创新体系是国家创新的重要战略支柱,是国家创新体系的重要组成部分,加强校城互动,健全新型大学组织所在区域创新生态体系,对促进创新要素在二者之间顺畅流动、高效配置,形成创新驱动发展的实践载体、制度安排和环境保障极为重要。

目前,创新范式经历过线性转移之后开始进入创新生态系统时代。区域创新生态系统是在一定区域范围内,创新主体与创新环境因参与创新的物质、能量、信息的流动而相互作用、动态演化以及相互依存,从而形成具有生态系统特征的网络化创新系统。区域创新生态系统概念超越了传统区域网络与集群的内涵,强调非线性的复杂、动态和自适应性,在这样的系统中,同样的投入通常会产生不同的结果,系统的行为并非个体部分的简单相加。[1]

推动两者集群发展,要推进管理一体化。集群发展的重要特征之一,便是管理的一体化,这对于实现层类结构和布局结构优化都是不可或缺的。[2] 尤其是如何将城市群所在区域的特点,有效转化为教育集群发展的优势,是当前两者集群发展管理一体化的一个重要路向。因此,要以系统思维推动新型大学组织群一体化发展,构建一个高质量的集群体系。从以往注重单个城市建设走向更加注重城市群和都市圈的培育与建设,加强高等教育和区域经济社会发展之间的互动。未来要实现资源互补、内外贯通、整合联动、有机发展的高等教育生态格局,必须跨越行政壁垒,突破不均衡的发展现实,切实策动高校个体间循序渐进的"联动行为",真正促进区域新型大学组织一体化的发展。

推动两者集群发展,要组建技术产业创新联盟,探索符合产业集群需求的高等教育形式结构。[3] 产业集群的"群"特征、"链结构"及"网络"形态,不仅对集群企业间的协同互动提出了较高的要求,更对围绕其形成的科技教育人才支持体系、公共服务体系也提出了协同创新的共性要求。近年来,我国企业、新型大学组织、科研机构,以企业的发展需求和各方的共同利益为基础,正积极探索联

---

[1]　邹晓东、王凯:《区域创新生态系统情境下的产学知识协同创新:现实问题、理论背景与研究议题》,《浙江大学学报(人文社会科学版)》2016年第6期。

[2]　吴思、卢晓中:《国际一流湾区高等教育集群发展的结构优化及对粤港澳大湾区的启示》,《北京教育(高教)》2022年第11期。

[3]　王少媛:《协同发展:产业集群背景下区域高等教育结构调整策略》,《大学教育科学》2013年第2期。

合开发、优势互补、利益共享、风险共担的技术创新合作组织——产业技术创新战略联盟。这在一定程度上,被视为高等教育传统组织结构的一种新型变革。

推进两者集群发展最终要落到人才上。新型大学组织集群助力城市转型发展,通过提升人才培养的质量与规模,促进顶尖人才的集聚,为城市科技创新提供人才支撑,从而实现大学群与城市群协同发展。新型大学组织是企业直接的人才渠道与创新源头,通过科技成果转化助力企业技术升级从而促进城市产业转型升级,实现城市群经济可持续性发展。

结　束　语

　　新型大学组织是我国近些年涌现出的一种新生事物,在内部制度、组织形式、发展路径、人才培养等方面摆脱了传统惯性掣肘,相对于历史悠久的传统大学而言,方兴未艾。

　　城市作为一种客观存在,已有 5000 多年的历史,它是世界各国传承文明、集聚人类、创造财富的最主要地域。在中世纪乃至近代欧洲,大学大都位于较为繁华的城市。如美国知名历史学家托马斯·本德(Thomas Bender)所言:"准确地说,大学就是一个城市机构,这不只是因为没有人想到会把大学建在乡村与山巅上的堡垒中,在前工业时代也唯有城市才能为这么多聚集的人口提供膳宿、娱乐以及如书本生产等特殊的服务。"作为中国高等教育中一支崭新的力量,新型大学组织从诞生之日起就与城市有着千丝万缕的联系,在创办、发展、壮大的过程中,打下了城市的鲜明烙印,相互之间正在形成一种协调、开放和共享的交集。

　　新型大学组织何以为新? 达尔文说:"在丛林里,最终能存活下来的,往往不是最高大、最强壮的,而是对变化能做出最快反应的物种"。新型大学组织虽然历时尚短,但具有创新意识强、体制机制活、运行模式新、发展速度快等特征,显示出强大的生命力和发展潜力。在产业转型、经济发展、政绩竞争多重逻辑驱动下,经济发达城市不遗余力引进国内外一流高等教育资源,支持培育、建设新型大学组织,新型大学组织也有效回应了城市的多元需求,践行着科技创新、人才培养、社会服务的重要使命,逐渐成为城市经济社会发展的"动力源"和"加速器",谱写了新时代新型大学组织与经济发达城市互动共生的崭新篇章,成为中国高等教育界的一道亮丽风景线。

　　本书以组织理论、新增长理论、共生理论为理论基础,在整合组织理论、新增长理论和共生理论的基础上,构建了一个兼具诊断、描述和分析功能的一般性框架,用以阐述新型大学组织的涌现原理,解释经济发达城市的转型动因,刻画新型大学组织与经济发达城市的共生关系。在剖析新型大学组织兴起背景、类型、特征、体制后,透视新型大学组织与经济发达城市共生发展的现状,发现新型大学组织与经济发达城市共生关系的演化历经萌芽阶段的弱互动、探索阶段的强互动、崛起阶段的共荣共生三个阶段,两者共生发展的政策类型多元、载体日趋多样。目前,我国东中西部新型大学组织的区域分布不够均衡、不同直辖市新型大学组织数量还有差距、副省级城市新型大学组织密集扎堆、经济雄厚地级市新型大学组织涌现、经济强县新型大学组织的数量增多,随着新型大学组织不断成长,双方之间的合作互动渐入佳境。

本书采用案例研究的手段对深圳、重庆、青岛、苏州4座代表性城市与当地新型大学组织互动现象进行质性分析,揭示互惠共生发展奥秘和有益经验,在此基础上归纳新型大学组织与经济发达城市共生发展具有空间上的就近性、规模上的集聚性、合作上的互利性、结构上的合理性、资源上的流动性等特点,分析了两者共生的组织、行为模式,发现新型大学组织与经济发达城市功能、要素相互交织、彼此作用,呈现出校城共建、人才共育、资源共享、产教共融、利益共生、价值共创的内在共生机理。我国新型大学组织要走创新之路、谋求高起点高层次高目标办学、重视提升教育国际化水平、积极服务区域发展。

在理论分析和实证研究的基础上,针对新型大学组织、城市的相关管理者、行业企业、教育行政人员开展调查和访谈,听取国内外相关专家意见,以及全国范围内实地走访考察,发掘现有新型大学组织与城市共生发展存在的问题,探询改进的建议。总而言之,要持续完善新型大学组织与城市的共生机制,调适新型大学组织与城市趋向共生关系,使共生关系呈现有章可循的螺旋上升趋势,并保持一定的张力,从而达成一种以相对满意为标准的状态,实现经济学和社会学意义上的"帕累托改进"。

虽然本书对新型大学组织的兴起背景、内涵特征、体制类型等进行了探讨,对新型大学组织与经济发达城市共生发展的现象及其背后蕴含的机理开展了深入研究,形成了初步的认识,但是,仍然存在一些有待进一步深化的地方,今后本领域研究应该着重体现以下几点。

首先,对于新型大学组织的内涵及治理需要进一步深入探索。与"新兴大学""创业型大学""新型研发机构""全球大学"等新近概念相比,"新型大学组织"内涵显得更加丰富,随着办学实践持续推进,其内涵与外延势必进一步拓展,需要与时俱进、持续关注。对新型大学组织内涵的辨析、澄清是一个具有很强政策性、实践性的问题,本质上是为了实现新型大学组织治理现代化,这是建设教育强国必须面对的重大课题。治理的变革首先源于大学组织发展动力与自身逻辑的变革。可以预见,未来新型大学组织形态将更加多元化、多样化,实践内容也会更加丰富,对政府治理能力和治理水平提出更高要求。要抓好新型大学组织普遍性和特殊性的关系,更加深入细致地把握不同形态新型大学组织的内涵特征,进一步明确"谁在治""治什么""如何治",要根据不同新型大学组织特点给予分类指导,强化新型大学组织的地方性、特色化,引导新型大学组织高质量发展,使其真正成为城市打造高等教育枢纽的重要增长点。

其次,对于经济发达城市未来发展的趋势需要进一步深入思考。促进东中西部区域协调发展,以城市群、都市圈为依托构建大中小城市协调发展格局,是推动我国经济社会高质量发展的题中应有之义。城市是我国经济、政治、文化、社会等方面活动的中心,习近平总书记就城市工作发表过一系列重要论述,党的二十大报告提出:"坚持人民城市人民建、人民城市为人民,提高城市规划、建设、治理水平,加快转变超大特大城市发展方式,实施城市更新行动,加强城市基础设施建设,打造宜居、韧性、智慧城市。"①从高等教育的角度看待城市、研究城市,有针对性地提出科学建议,是回应党和国家期待,响应社会主义现代化国际大都市治理需要的关键之举,要求积极研判各类城市未来发展趋势,主动反思高等教育机构在解决城市人口老龄化、资源短缺、转型升级、创新驱动等问题时的应为与可为,提高城市工作的全局性,这是新时代教育研究者的责任和使命。

最后,对于新型大学组织与经济发达城市共生关系需要持续深入发掘。新型大学组织是高等教育普及化、在地国际化背景下产教融合、科教融汇的产物,它的名称可能一直在变化,组织样态多种多样,比如大学校区、研究院、研究中心、产学研基地、智慧港等,但归结起来总离不开人才培养、科学研究两大职能,且实践中更加偏重科学研究的职能。因此,从供给侧角度讲,新型大学组织是

① 《中国共产党第二十次全国代表大会文件汇编》,人民出版社2022年版,第27页。

"科技创新"的供给主体,经济发达城市是需求主体,科技创新是新型大学组织与经济发达城市共生的重要抓手。党的二十大报告强调,教育、科技、人才一体化部署,"科技是第一生产力、人才是第一资源、创新是第一动力"①。如何推进新型大学组织与城市互惠共生,进而促进区域协调发展,推进高水平对外开放,强化国家战略科技力量,提升城市创新体系整体效能,实现高质量发展,为助推实现中国式现代化、建设教育强国、建设世界重要人才中心和创新高地作出应有贡献,这是一个重大的课题,任重道远,道阻且长,这也是未来研究需要关注的地方。

近年来,高等教育逆国际化创伤还未弥合,全球高等教育格局正在发生巨大变革,中国高等教育所面临的挑战也在随之加剧。值此之际,新型大学组织的兴起及其与经济发达城市的互动无疑令人精神一振。但从客观上讲,这种新生事物的发展变化,如同爱菲斯学派的赫拉克利特(Heraclitus)所言,"它过去、现在和将来永远是一团永恒的火焰,按一定比例燃烧,一定比例熄灭",新型大学组织能否成为我国高等教育领域生生不息的火焰,发展成全球性大学和创新动力源,让我们拭目以待。

---

① 《中国共产党第二十次全国代表大会文件汇编》,人民出版社 2022 年版,第 28 页。

参 考 文 献

一、中文文献

专著

[1]经济合作与发展组织:《高等教育与区域:立足本地制胜全球》,清华大学教育研究院译,教育科学出版社2012年版。

[2]郄海霞:《美国研究型大学与城市互动机制研究》,中国社会科学出版社2009年版。

[3][美]泰勒:《科学管理原理》,赵涛译,电子工业出版社2013年版。

[4][美]丹尼尔·A.雷恩:《管理思想的演变》,李柱流等译,中国社会科学出版社1997年版。

[5][英]约翰·戈达德、保罗·瓦兰斯:《大学与城市》,陈宇、尔惟、郭雪婷译,天津大学出版社2019年版。

[6]何睦:《象牙塔与摩登都市:近代天津的大学成长与城市发展》,社会科学文献出版社2021年版。

[7]中国城市创新生态系统评价(2020)课题组、清华大学创新发展研究院、清华大学社会科学学院经济所、清华大学社会科学学院新经济与新产业研究中心:《中国城市创新生态系统评价(2020)》,社会科学文献出版社2020年版。

[8]周振华:《全球城市发展指数2019》,上海人民出版社、格致出版社2019年版。

[9][美]梅奥:《工业文明的社会问题》,时勘译,机械工业出版社2016年版。

[10][美]切斯特·巴纳德:《组织与管理》,詹正茂译,机械工业出版社2016年版。

[11]斯科特:《制度与组织——思想观念与物质利益(第3版)》,姚伟、王黎

芳译,中国人民大学出版社 2010 年版。

[12][美]W.理查德·斯科特、杰拉尔德·F.戴维斯:《组织理论:理性、自然与开放系统的视角》,高俊山译,中国人民大学出版社 2011 年版。

[13]胡仁东:《大学组织内部治理研究:基于权力场域的视角》,南京大学出版社 2022 年版。

[14]张永宏:《组织社会学的新制度主义学派》,上海人民出版社 2007 年版。

[15][美]沃尔特·W.鲍威尔、保罗·J.迪马吉奥:《组织分析的新制度主义》,姚伟译,人民出版社 2008 年版。

[16][美]福斯特、卡普兰:《创造性破坏》,唐锦超译,人民大学出版社 2007 年版。

[17][苏格兰]亚当·斯密:《国民财富的性质和原因的研究》上卷,郭大力、王亚南译,商务印书馆 1972 年版。

[18][英]阿尔弗雷德·马歇尔:《经济学原理》,朱志泰译,商务印书馆 1981 年版。

[19]梁小民:《高级宏观经济学教程》(下),北京大学出版社 1996 年版。

[20][美]刘易斯·芒福德:《城市发展史——起源、演变和前景》,中国建筑工业出版社 2014 年版。

[21][美]克拉克·克尔:《大学的功用》,陈学飞等译,江西教育出版社 1993 年版。

[22][美]布鲁贝克:《高等教育哲学》,王承绪等译,浙江教育出版社 2001 年版。

[23][美]菲利普·G.阿特巴赫等:《新兴研究型大学:理念与资源共筑学术卓越》,上海交通大学出版社 2020 年版。

[24]亨利·埃茨科维兹:《三螺旋:大学·产业·政府三元一体的创新战略》,东方出版社 2005 年版。

[25]张德祥、李枭鹰:《大学与城市互动发展论》,科学出版社 2018 年版。

[26]刘祖良:《建设高等教育强国:城市群视野下的大学群发展新论》,知识产权出版社 2015 年版。

[27]姜婉星:《城市创新动力研究——以上海市为例》,经济管理出版社 2021 年版。

[28][美]伯顿·R.克拉克:《高等教育新论——多学科的研究》,王承绪等译,浙江教育出版社 1999 年版。

[29]陈先哲:《从竞争到竞合:粤港澳大湾区高等教育集群发展》,广东高等教育出版社 2022 年版。

[30][英]杰佛里·韦斯特:《规模》,张培译,中信出版集团 2018 年版。

[31][美]曼瑟·奥尔森:《集体行动的逻辑:公共物品与集团理论》,陈郁译,格致出版社 2018 年版。

[32]成军、官产学:《三重螺旋研究》,社会科学文献出版社 2005 年版。

[33]尚正永:《城市空间形态演变的多尺度研究》,东南大学出版社 2015 年版。

[34]吴彦:《沙特阿拉伯政治现代化进程研究》,浙江大学出版社 2011 年版。

[35]陈爱梅:《马来西亚私立高等教育:全球化、私营化、教育转型及市场化》,广西师范大学出版社 2012 年版。

[36][美]罗伯特·诺齐克:《无政府、国家和乌托邦》,姚大志译,中国社会科学出版社 2008 年版。

[37]崔玉平、张平:《苏南高等教育与地区经济互动关系研究》,苏州大学出版社 2013 年版。

[38]谢巧燕:《城市群经济与金融系统耦合协调法制机理——基于耦合协调四维研究框架》,中国经济出版社 2020 年版。

[39]张德祥、李枭鹰:《阿富汗、伊拉克、伊朗、沙特阿拉伯教育政策法规》,大连理工大学出版社 2020 年版。

[40]《马克思恩格斯选集》第 1 卷,人民出版社 1972 年版。

期刊文章

[1]王一鸣:《百年大变局、高质量发展与构建新发展格局》,《管理世界》2020 年第 12 期。

[2]李捷:《"双循环"背景下高等教育发展格局的优化研究》,《高校教育管

理》2021 年第 5 期。

[3]张应强、姜远谋:《创业型大学兴起与现代大学制度建设》,《教育研究》2021 年第 4 期。

[4]宣勇、张鹏:《论创业型大学的价值取向》,《教育研究》2012 年第 4 期。

[5]杨玲丽:《共生理论在社会科学领域的应用》,《社会科学论坛》2010 年第 16 期。

[6]郝晓伟、闵维方:《各级教育投入与经济增长的关系研究》,《清华大学教育研究》2022 年第 5 期。

[7]吴岩等:《建构中国高等教育区域发展新理论》,《中国高教研究》2010 年第 2 期。

[8]高耀、顾剑秀、方鹏:《中国十大城市群主要城市高等教育与区域经济协调综合评价研究——基于 107 个城市 2000 年和 2010 年的横截面数据》,《教育科学》2013 年第 3 期。

[9]张文耀:《西部高等教育与区域经济协调发展的关系分析》,《财政研究》2013 年第 5 期。

[10]高新才、杨芳:《西部地区高等教育与经济发展水平测度——兼论其协调性》,《西北师大学报(社会科学版)》2016 年第 2 期。

[11]郝晓伟、闵维方:《各级教育投入与经济增长的关系研究》,《清华大学教育研究》2022 年第 5 期。

[12]王家齐、闵维方:《教育公平对省域经济增长的影响研究》,《教育与经济》2021 年第 1 期。

[13]张德祥、贾枭:《我国高等教育布局结构优化的一个战略选择——逐步向中小城市布局高等学校》,《西北工业大学学报(社会科学版)》2018 年第 4 期。

[14]劳昕、薛澜:《我国高等教育资源的空间分布及其对地区经济增长的影响》,《高等教育研究》2016 年第 6 期。

[15]刘华军、张权、杨骞:《中国高等教育资源空间分布的非均衡与极化研究》,《教育发展研究》2013 年第 9 期。

[16]杨振芳:《我国高等教育区域布局结构的变化与分析——基于

2009—2019 年教育统计数据》,《国家教育行政学院学报》2021 年第 6 期。

[17]袁婷、王世斌、郄海霞:《大学如何影响城市群创新生态系统形成与演化？——基于价值共创视角的案例研究》,《科学学与科学技术管理》2022 年第 4 期。

[18]倪鹏飞、白晶、杨旭:《城市创新系统的关键因素及其影响机制——基于全球 436 个城市数据的结构化方程模型》,《中国工业经济》2011 年第 2 期。

[19]何舜辉、杜德斌、焦美琪:《中国地级以上城市创新能力的时空格局演变及影响因素分析》,《地理科学》2017 年第 7 期。

[20]刘晖、李嘉慧:《论大学与城市发展的时空逻辑》,《教育发展研究》2018 年第 5 期。

[21]徐龙志、钱华生:《大学城与创新型城市互动机制研究——以常州市为例》,《对外经贸》2020 年第 9 期。

[22]郑浩、张印鹏:《中国高校数量规模对经济发展影响的实证研究》,《中国高教研究》2017 年第 8 期。

[23]李春林、王开薇、陆风:《一流大学建设中高校科技创新服务区域经济社会发展研究》,《科技管理研究》2020 年第 24 期。

[24]方海明、吴婉湘:《城市引进优质高教资源的战略举措——以"南深圳、北青岛"现象为例》,《高教发展与评估》2017 年第 5 期。

[25]田凤、姜宇佳:《高校异地办学的利弊分析及其分类治理》,《教育发展研究》2022 年第 5 期。

[26]卢彩晨、廖霞:《我国"双一流"建设高校扩张模式与区域走向研究——基于区域经济发展的视角》,《中国高教研究》2020 年第 12 期。

[27]廖辉:《基于路径演化的大学组织结构变革》,《中国高教研究》2014 年第 3 期。

[28]李立国:《大学发展逻辑、组织形态与治理模式的变迁》,《高等教育研究》2017 年第 6 期。

[29]周详、杨斯喻:《从"科教分立"到"科教融合":大学功能的结构、变迁与实现》,《首都师范大学学报(社会科学版)》2017 年第 3 期。

[30]伍宸:《我国"新兴大学"的特征、内涵及实践品格》,《大学教育科学》

2020 年第 5 期。

[31]阙明坤、顾建民:《新型大学组织与城市共生发展》,《教育研究》2022 年第 9 期。

[32]徐小洲、阚阅:《跨入新全球化——新时期我国教育对外开放的挑战与对策》,《教育研究》2021 年第 1 期。

[33]沈红:《研究型大学的自我迭代:新型研究型大学的诞生与发展》,《教育研究》2022 年第 9 期。

[34]夏人青、朱炎军:《世界新兴大学的分布特征及动力机制》,《现代教育管理》2017 年第 1 期。

[35]朱炎军、宋彩萍:《世界新兴大学:内涵、动力机制与发展策略》,《国家教育行政学院学报》2018 年第 3 期。

[36]陶向南、赵曙明、邹亚军:《法约尔管理思想及其在管理学史中的地位》,《经济与管理研究》2016 年第 12 期。

[37]李功网、桂起权:《从科学哲学观点看管理学方法论——泰勒与梅奥的古典管理理论解读》,《自然辩证法研究》2010 年第 7 期。

[38]胡建华:《大学中两种组织的矛盾与调适》,《教育研究》2012 年第 5 期。

[39]张德祥、朱艳:《基于制度视角的大学组织发展同质化研究》,《教育科学》2011 年第 6 期。

[40]朱勇:《罗默的新增长理论述评》,《中国人民大学学报》1997 年第 5 期。

[41]刘耀:《博洛尼亚:城市的战略转型与大学的制度选择》,《高等教育研究》2011 年第 9 期。

[42]崔瑞霞、谢喆平、石中英:《高等教育内涵式发展:概念来源、历史变迁与主要内涵》,《清华大学教育研究》2019 年第 6 期。

[43]习勇生:《"双一流"建设中地方政府的注意力配置——基于 30 项省域政策文本的 NVivo 软件分析》,《教育发展研究》2017 年第 21 期。

[44]王文龙:《中国高校异地办学的类型、原因与利弊分析》,《北京社会科学》2020 年第 6 期。

[45]靳玉乐等:《笔谈:新时代中西部高等教育振兴的攻坚策略》,《现代大学教育》2022 年第 2 期。

[46]陈东阳、哈巍、叶晓阳:《高校与区县经济增长——基于主要城市新建校区的实证分析》,《北京大学教育评论》2021年第3期。

[47]刘佳燕、徐瑾:《全球化挑战下大学和城市的共生之路——来自英国的经验》,《城市发展研究》2016年第8期。

[48]姜璐、李玉清、董维春:《我国高等教育结构与产业结构的互动与共变研究——基于系统耦合关系的视角》,《教育科学》2018年第3期。

[49]耿孟茹、田浩然:《高等教育与产业结构耦合协调及其经济效应——基于省级面板数据和空间杜宾模型的实证分析》,《重庆高教》2022年第8期。

[50]周光礼:《国家工业化与现代职业教育——高等教育与社会经济的耦合分析》,《高等工程教育研究》2014年第3期。

[51]刘晶:《高水平大学异地办学的资源配置方式和成效》,《教育发展研究》2020年第5期。

[52]彭湃、张雷生:《一所新型研究型大学的50年:韩国科学技术院的发展及启示》,《高等工程教育研究》2022年第3期。

[53]马青、黄志成:《沙特阿拉伯王国建设世界一流大学体系:动力、战略及实践》,《比较教育研究》2017年第2期。

[54]史秋衡、康敏:《探索我国高等学校分类体系设计》,《中国高等教育》2017年第2期。

[55]沈红、熊庆年、陈洪捷:《新型研究型大学的"新"与"生"》,《复旦教育论坛》2021年第6期。

[56]蒋凯、夏红卫:《高校境外办学的瓶颈问题与应对策略》,《江苏高教》2019年第11期。

[57]卓泽林、张肖伟:《从金融中心转向科创中心:高等教育集群赋能城市转型发展——基于纽约市的探讨和分析》,《华东师范大学学报(教育科学版)》2023年第2期。

[58]邹晓东、王凯:《区域创新生态系统情境下的产学知识协同创新:现实问题、理论背景与研究议题》,《浙江大学学报(人文社会科学版)》2016年第6期。

[59]韩海波等:《大学与区域创新体系建设的协同路径探析》,《研究与发展

管理》2022 年第 6 期。

[60]施孝忠:《大学与创新型城市协同发展研究》,《江苏高教》2018 年第
7 期。

[61]阙明坤、王佳桐:《协调发展视域下地方高校与城市共生发展研
究——基于韩国地方高校与创新城市联动的分析》,《高校教育管理》2022 年第
6 期。

学位论文

[1]赵光龙:《中国高等教育资源配置空间分布研究》,华东师范大学硕士学
位论文,2014 年。

[2]程大涛:《基于共生理论的企业集群组织研究》,浙江大学博士学位论
文,2003 年。

[3]缪奇:《新兴中心城市引进优质高等教育资源研究——以深圳、青岛、苏
州为例》,南京师范大学硕士学位论文,2020 年。

[4]杨江水:《基于 CIPP 模式的大学发展规划决策模型研究——以重庆师
范大学为例》,西南大学博士学位论文,2016 年。

[5]晁嵩蕾:《中国大学治理与知识生产的激励机制研究》,浙江大学博士学
位论文,2022 年。

报纸文章

[1]温才妃:《新型研究型大学何以为"新"》,《中国科学报》2022 年 1 月
11 日。

[2]刘颂辉:《"最强地级市"苏州炼成记:营商环境再优化　企业获得感增
强》,《中国经营报》2021 年 11 月 29 日。

[3]顾秋萍:《苏州人口 1300 万已成全国第二大移民城市》,《扬子晚报》
2012 年 3 月 14 日。

[4]钟秉林:《瞄准科技前沿和国家重大需求　积极稳妥发展交叉学科》,
《光明日报》2022 年 9 月 15 日。

电子文献

[1]威斯康星理念:《威斯康星大学麦迪逊分校》,2022 年 5 月 22 日,见 ht-

tps：//www.wisc.edu/wisconsin-idea/。

［2］科技部：《关于促进新型研发机构发展的指导意见》，2019 年 9 月 12 日，见 http：//www.gov.cn/gongbao/content/2020/content_5469722.html。

［3］《东南大学与无锡市举行深化市校合作工作会》，2021 年 10 月 27 日，见 https：//xxgk.seu.edu.cn/2021/1027/c10804a387711/page.htm。

［4］《浙大探索新型校地合作方式　地方研究院浙江 11 市全覆盖》，2022 年 7 月 6 日，见 https：//baijiahao.baidu.com/s? id = 1737556853784831670&wfr = spider&for = pc。

［5］《中共深圳市委　深圳市人民政府〈关于加快高等教育发展的若干意见〉的通知》，见 http：//www.sziicom.org/news/html/? 427.html。

［6］湖南大学重庆研究院：《全面发力、纵深推进！湖南大学重庆研究院科研能力建设再上新高》，2022 年 9 月 2 日，见 http://cyy.hnu.edu.cn/info/1025/1311.htm。

［7］上海交通大学重庆研究院：发展历程，见 https://www.sjtu.cq.cn/profile/c24。

［8］青岛市教育局：《关于印发〈青岛市高等教育校地融合发展三年行动计划（2023—2025 年）〉的通知》，2022 年 11 月 28 日，见 http：//www.qingdao.gov.cn/zwgk/xxgk/jyj/gkml/gwfg/202211/t20221128_6521794.shtml。

［9］青岛市人民政府：《关于加快引进优质高等教育资源的意见》，2017 年 8 月 14 日，见 http：//www.jiaozhou.gov.cn/n31281551/n31281553/n31281839/n31281841/191203143105652540.html。

［10］南方科技大学：师资，见 https://www.sustech.edu.cn/zh/faculty/。

二、英文文献

［1］Brockliss L., *Gown and Town：The University and the City in Europe，1200-2000*，Minerva.

［2］Rowley L. L.，"The Relationship between Universities and Black Urban Communities：The Clash of Two Cultures"，*The Urban Review*，2000.

［3］Kerr C.，*The Uses of the University*（*5th ed.*），Boston：Harvard University

Press,2001.

[4]Mowery D.C.,Nelson R.R.,Sampat B.N.,et al.,"The Growth of Patenting and Licensing by u.s.Universities:An Assessment of the Effects of the Bayh-Dole Act of 1980",*Research Policy*,2001.

[5]Scott,G.D.,"Plant Symbiosis in Attitude of Biology",*Studies in Biology on 16*,Edward Arnold London,1969.

[6] Carvalho L., Winden W. V., "Planned Knowledge Locations in Cities: Studying Emergence and Change",*International Journal of Knowledge-Based Development*,2017.

[7]van Winden W.,Carvalho L.,"Urbanize or Perish? Assessing the Urbanization of Knowledge Locations in Europe",*Journal of Urban Technology*,2016.

[8]Bathelt H.,Malmberg A.,Maskell P.,"Clusters and Knowledge:Local Buzz, Global Pipelines and the Process of Knowledge Creation",*Progress in Human Geography*,2004.

[9]Gunasekara C.,"Reframing the Role of Universities in the Development of Regional Innovation Systems",*The Journal of Technology Transfer*,2006.

[10]Asheim B.T.,Coenen L.,"Knowledge Bases and Regional Innovation Systems:Comparing Nordic Clusters",*Research Policy*,2005.

[11]Yigitcanlar T.,O'Connor K.Westerman C.,"The Making of Knowledge Cities:Melbourne's Knowledge-based Urban Development Experience",*Cities*,2008.

[12]Russo A.P.,van den Berg L.,Lavanga M.,"Toward a Sustainable Relationship between City and University:A Stakeholdership Approach",*Journal of Planning Education and Research*,2007.

[13]Benneworth P.,Herbst M.,"The City as a Focus for Human Capital Migration:Towards a Dynamic Analysis of University Human Capital Contributions",*European Planning Studies*,2015.

[14]Allen J.H.,Beaudoin F.,Gilden B.,"Building Powerful Partnerships:Lessons from Portland's Climate Action Collaborative",*Sustainability:The Journal of Record*,2017.

[15] Keeler L.W., Wiek A., Lang D.J., et al., "Utilizing International Networks for Accelerating Research and Learning in Transformational Sustainability Science", *Sustainability Science*, 2016.

[16] Chatterton P., "The Cultural Role of Universities in the Community: Revisiting the University–Community Debate", *Environment and Planning A*, 2000.

[17] Huggins R., Johnston A., Steffenson R., "Universities, Knowledge Networks and Regional Policy, Cambridge Journal of Regions", *Economy and Society*, 2008.

[18] Thanki R., "How do We Know the Value of Higher Education to Regional Development?", *Regional Studies*, 1999.

[19] Shane S.A., *Academic Entrepreneurship: University Spinoffs and Wealth Creation*, Edward Elgar Publishing, 2004.

[20] Cooke, Philip N. and Andrea Piccaluga, eds., *Regional Economies as Knowledge Laboratories*, Edward Elgar Publishing, 2004.

[21] Paytas J., Gradeck R., Andrews L., *Universities and the Development of Industry Clusters*, Carnegie Mellon University, Center for Economic Development, 2004.

[22] Chatterton P., Goddard J., "The Response of Higher Education Institutions to Regional Needs", *European Journal of Education*, 2000.

[23] Etzkowitz H., Zhou C., *Triple Helix Twins: Innovation and Sustainability*, Science and Public Policy, 2006.

[24] Feller I., "Virtuous and Vicious Cycles in the Contributions of Public Research Universities to State Economic Development Objectives", *Economic Development Quarterly*, 2004.

[25] Stoneman P., Diederen P., "Technology Diffusion and Public Policy", *The Economic Journal*, 1994.

[26] Feldman M., Desrochers P., "Research Universities and Local Economic Development: Lessons from the History of the Johns Hopkins University", *Industry and Innovation*, 2003.

[27] Markman G.D., Phan P.H., Balkin D.B., et al., "Entrepreneurship and University–Based Technology Transfer", *Journal of Business Venturing*, 2005.

[28] Debackere K., Veugelers R., "The Role of Academic Technology Transfer Organizations in Improving Industry Science Links", *Research Policy*, 2005.

[29] Lockett A., Wright M., Franklin S., "Technology Transfer and Universities' Spin-out Strategies", *Small Business Economics*, 2003.

[30] Storey D.J., Tether B.S., "Public Policy Measures to Support New Technology-Based Firms in the European Union", *Research Policy*, 1998.

[31] Chatziioanou A., Sullivan E., "University Technology and Research Parks: Panacea or Menace for Engineering Education?", *Industry and Higher Education*, 2004.

[32] Tornatzky L.G., Waugaman P.G., Gray D.O., *Innovation U.: New University Roles in a Knowledge Economy*, Research Triangle Park, NC: Southern Technology Council, 2002.

[33] Couchman P.K., McLoughlin I., Charles D.R., "Lost in Translation? Building Science and Innovation City Strategies in Australia and the UK", *Innovation: Management Policy and Practice*, 2008.

[34] Meyer J.W., Rowan B., "Institutionalized Organizations: Formal Structure as Myth and Ceremony", *American Journal of Sociology*, 1977.

[35] John Henry Newman, *The Idea of a University*, University of Notre Dame Press, 1982.

[36] F. A. Hayek, *The Constitution of Liberty*, Chicago: University of Chicago Press Economics Books, 1978.

[37] Philip G. Althach, "Is there a Future for Branch Campuses", *International Higher Education*, 2011.

后　记

人生天地之间,若白驹之过隙。

读书、写作、研究,一直是我内心深处简单而恒久的追求。本书就是近年来我阶段性研究的一个体现。立身以立学为先,立学以读书为本。2020年,承蒙恩师顾建民教授不弃,我有幸进入浙江大学教育学院博士后流动站从事研究工作。2023年3月,短暂而充实的博士后研究生涯结束。两度春秋,跨越四载,还没来得及到浙大紫金港校区启真湖"留得残荷听雨声",也未曾穿过竹林幽径感受南华园"鱼翔浅底鸥鹭飞",弹指一挥间博士后工作画上句号,但是研究工作永远没有休止符。

回首过去,感慨万千。博士后期间,在浙江大学教育学院这个温暖的大家庭两年多共计836个日日夜夜,在顾老师的悉心指导、教诲栽培下,我主持了中国博士后科学基金面上项目、全国哲学社会科学规划办公室国家高端智库重点课题、教育部发展规划司委托课题、中央高校基本科研业务费专项青年科研创新课题等6项课题,在《教育研究》《教育发展研究》《人民日报》《经济日报》等报刊发表一系列文章,顺利完成了在站期间的各项研究任务。本书就是博士后研究的一个缩影。

付梓之际,纸短情长。书不尽言,唯有感谢。

感谢合作导师顾建民教授。顾老师谦谦君子之风范,虚怀若谷之气度,严谨治学之精神,让我受益终身。在站期间,顾老师从学术到生活,给予我高屋建瓴的指导、无微不至的帮助,让我如沐春风,感动不已。人生的道路很漫长,但关键处只有几步,有幸得到顾老师的点化,是我这辈子的福分。

感谢博士后开题和答辩汇报的指导老师。浙江大学求是特聘教授张应强老师、全国教育科学规划领导小组办公室常务副主任邓友超、北京大学教育学院院长阎凤桥教授、浙江大学区域协调发展研究中心副主任董雪兵教授、浙江大学教育学院院长阚阅教授、浙江大学国家创新基地兼职教授和美国亚洲文化学院（UACA）院长助理兼国际教育研究中心主任郭玉贵教授、浙江大学教育学院吴华教授、浙江大学教育学院"百人计划"研究员吴寒天老师对本研究提出了客观中肯、入木三分的建议，非常有针对性，为本研究的深入推进、不断完善指明了方向。

感谢专家学者对本研究的指点。国家教育咨询委员会委员、中国高等教育学会原会长瞿振元，国务院教育督导委员会总督学顾问、北京师范大学原校长钟秉林，中国高等教育学会副会长、国家民委原副部长级专职委员管培俊，中国工程院院士、山东大学校长李术才，中国高等教育学会副会长、教育部高教司原司长张大良，上海师范大学原校长杨德广教授，南京大学教育研究院龚放教授，中国教育科学研究院原副院长马陆亭研究员，厦门大学教育研究院史秋衡教授，长三角教育研究院院长胡卫研究员，北京师范大学教育学部洪成文教授，北京师范大学高等教育研究院院长周海涛教授，北京大学国际高等教育研究中心主任、北京大学教育学院教授蒋凯，南京师范大学教科院院长王建华教授，北京大学教育学院沈文钦副教授等专家提出了许多真知灼见，让我获益良多。感谢上海纽约大学、宁波诺丁汉大学、昆山杜克大学、南方科技大学、华中科技大学无锡研究院、广东省教育厅、上海市教委、苏州市教育局、无锡市科技局、深圳市教科院等单位的领导和管理者对本研究给予的指点。感谢孙俊华、俞健、王佳桐、张荣馨、蒋晓蝶、倪涛、许松、康亚华、雷承波等学友给予的支持。

感谢浙江大学教育学院的领导和老师。浙江大学教育学院院长阚阅教授亦师亦友，经常关心我的学术研究和个人发展，给予勉励，让我备受鼓舞。教育学院副院长孙元涛教授在科研项目和智库建设方面指点迷津，让我方向更明。教育学院科研与合作科科长陈红玉老师、党政办主任姚加丽老师、组织人事科科长周丹老师为我的研究、工作、生活提供了许多帮助，对此，我心存感激。

感谢浙江大学社科院、国家制度研究院、国家高端智库区域协调发展研究中心各位领导和老师们的支持帮助。浙江大学北京研究院常务副院长、国家制度研究院副院长袁清引领我开展前瞻性、战略性、储备性研究，浙江大学区域协调发展研究中心副主任、社科院副院长徐宝敏对我从事智库研究给予极大鼓励，浙江大学区域协调发展研究中心副主任董雪兵教授对我开展决策咨询研究给予指点，对于他们的谆谆教诲、暖心帮助，我铭记于心。感谢浙大北京研究院林成华副院长、浙大国家制度研究院陈泽星主任、浙大党委办公室田雨老师、浙大社科院周石部长经常给予选题指导。

时间像种子，撒向哪里，就在哪里收获。

从事决策咨询，参与智库建设，是我博士后期间的重要工作，占据了大量时间。清晰记得，有一次撰写好咨询报告，发完邮件时，已是凌晨 4 点多，"不知东方之既白"。在站期间，我撰写的多篇智库报告获得党和国家领导人肯定性批示，一系列咨询报告被省部级以上单位采纳，还有一项国家高端智库成果直接转化为国家社科基金项目，忝列全国工商联社情民意工作先进个人、浙江大学"智库青年之星"。如果说取得些许成绩的话，那么完全是受益于浙江大学提供的高端平台。

感谢家人对我学术研究、职业发展一如既往的支持。作为一位从农村走出来的青年学人，多年来我一直笃信要拼搏就注定了漂泊，总是忙于工作和科研，错过了庭前花开花落，忽略了天上云卷云舒，没有时间陪伴家人，他们总是任劳任怨，默默承担，让我心无旁骛投入到学习和工作中。

因学养和能力有限，力有不逮，本研究还有诸多不足，谫陋难免，有待后续进一步拓展对该问题的研究，尚祈学界先达指正，恳请方家不吝赐教。

阙明坤

2024 年 3 月

责任编辑：王彦波

封面设计：汪　阳

图书在版编目（CIP）数据

新型大学组织与经济发达城市共生发展 ／ 阙明坤著.
北京 ：人民出版社，2024. 10. -- ISBN 978 - 7 - 01 - 026827 - 9

Ⅰ．G64；TU984

中国国家版本馆 CIP 数据核字第 202455TL43 号

新型大学组织与经济发达城市共生发展
XINXING DAXUE ZUZHI YU JINGJI FADA CHENGSHI GONGSHENG FAZHAN

阙明坤　著

人民出版社 出版发行

（100706　北京市东城区隆福寺街 99 号）

北京建宏印刷有限公司印刷　新华书店经销

2024 年 10 月第 1 版　2024 年 10 月北京第 1 次印刷
开本：710 毫米×1000 毫米 1/16　印张：25.25
字数：418 千字

ISBN 978 - 7 - 01 - 026827 - 9　定价：99.00 元

邮购地址 100706　北京市东城区隆福寺街 99 号
人民东方图书销售中心　电话（010）65250042　65289539